# 북한의 사회불평등 구조

## 기원과 심화과정, 정치경제적 함의를 중심으로

이성로 지음



도서출판 해남

# 머리말

북한은 우리에게 있어 철저히 이중적인 존재다. 수천 년 동안 역사와 문화를 공유해 온 단일민족으로서 공존공영(共存共榮)하면서 통일을 지향해 나가야 할 존재인 동시에 체제와 이념을 달리하는 또 다른 국가로서 우리와 경쟁(競爭)하는 적대적인 모습을 동시에 지니고 있다.

강대국에 의해 남북이 분단되고 자본주의와 공산주의라는 전혀 다른 체제가 한반도에 이식된 지 60년이 지난 현재, 남북의 모습은 매우 다르게 변화되어 왔다. 남한은 선거를 통해 여러 차례 집권세력이 교체되는 등 민주주의가 공고화된 반면, 북한은 김일성 주석이 50년 동안 절대적 권위로 통치를 하고 그 아들인 김정일 국방위원장에게 권력이 승계되어 있으며, 김정일의 어느 아들이 3세대 후계자가 될 것이냐를 두고 다양한 예측이 나오는 등 독특한 정치체제를 이루고 있다.

북한은 2008년 현재 1990년대 중반의 극심한 경제위기를 다소 벗어나기는 했지만 아직까지도 식량과 에너지의 절대부족으로 인해 공장가동률이 30% 미만으로 내려가 노동자들이 출근해도 할 일이 없으며, 극심한 자재난으로 자재분배를 둘러싼 부패행위가 만연해 있는 것으로 알려져 있다. 또한 국가가 의식주를 전적으로 책임지던 배급제를 포기하면서 취약계층인 기본계층과 복잡계층은 겨울만 되면 먹을 것을 구하기 위해 북한 전역을 떠돌고 있으며, 수만 명이 조중국경을 넘어 중국 북부지방으로 탈출해 갖은 고생을 하고 있는 것으로 알려지고 있다.

북한 당국은 선군정치를 통해 군(軍)을 치안유지 수단으로 활용하는 등 국가가 군에 의해 유지되는 모습을 보이고 있다. 2000년 이후 경제가 부분적으로 나아지기는 했지만 2002년부터 다시 불거진 2차 북한 핵문제로 인해 국제사회의 지원이 격감하는 등 경제위기가 심화일로에 있으며, 북한 당국은 체제이완을 막기 위해 주민들에 대한 사상통제를 강화하면서 경제복원에 힘쓰고 있다.

북한은 현재 과거의 사회주의권 국가들과 구별되는 독특한 체제를 형성하고 있다. 정치·사회시스템은 구소련의 스탈린 모델을 그대로 답습하고 있으나 사회주의 경제교과서라고 할 수 있는 마르크스의 자본론을 강의하는 대학은 210여 개 대학 가운데 단 한 곳도 없는 것으로 알려지고 있다.

이에 대해 많은 연구자들은 북한은 이미 사회주의 국가가 아니며 사회주의에서 금기시하는 개인우상화가 종교적 차원까지 달해 있다는 시각에서 북한을 종교국가의 범주에 넣기도 하며, 사회 전체가 하나의 병영집단처럼 되어 있고 병영처럼 관리되는 사회라는 의미에서 병영국가, 우상화를 통한 권력승계라는 차원에서 왕조적 전체주의 국가로 보는 등 정상국가의 범주에서 이탈해 있는 것으로 보고 있다.

또한 북한만의 독특성이 바로 수령제 정치시스템이다. 수령제는 북한식 논리로 수령-당-대중의 유기체적 연결을 핵심으로 하며 브루스 커밍스가 지적한 바와 같이 유기체적 연결 때문에 코포라티즘으로 볼 수 있는 측면도 있다. 수령제에는 유일지도체제, 사회정치적 생명체론과 같은 담론이 있는 것으로 볼 때 북한이 추구하고 싶은 이념이 유기체적 국가주의(organic statism)에 가까운 것으로 볼 수도 있다.

유기체적 국가주의에 따르면 국가의 구성원인 국민들은 국가가 추구하는 목표를 달성하기 위해 각자에게 주어진 역할과 지위, 기능을 스스로 충실하게 수행해 나간다. 전체를 위해 각 부분이 유기체적으로 연결되었다는 것은 이념적으로는 아주 매혹적이지만 북한의 현실을 보면 이러한 담론을 지탱하는 실제적인 작동을 발견하기 어렵다.

북한에서 수령과 당은 대중을 통제하고 지도하는 역할을 하며 대중은 그에 복종하면 되는 것이다. 표면적인 담론으로 볼 때는 이것만으로 유기체적 국가주의가 구현되는 것으로 볼 수도 있지만 실제 현실은 유기체적이 아니라 기계적인 측면이 농후하다. 북한은 수령이 정점이 되고 바로 그 외곽에 당핵심요원들을 포진시키고, 그 다음에 중간급 관료층, 맨 마지막에 일반대중을 포진시키고 있다. 다시 말해, 북한 사회를 계층화하고 이를 통해 통합시켜야 할 대상과 배제해야 할 대상, 그리고 통합과 배제의 혼합을 통해 통치하고 있다. 이것은 사회적 불평등현상이 북한 정치체제의 구조적 특성과 체제유지의 배경으로 작용하고 있음을 의미한다.

이처럼 사회적 불평등에 토대를 둔 층위화(stratification)는 소수의 충성분자들에게는 수령과의 일체화를 통해 통합의 요소로 작용하지만 체제에 대해 미온적인 태도를 갖거나, 반대의 가능성을 가진 사람들에게는 배제요소로 작용한다. 따라서 사회적 불평등은 북한 정치를 이해하는 핵심고리라고 할 수 있다.

이에 북한 체제의 어떠한 점이 현재의 위기구조를 초래했으며 북한이 정상국가로 가기 위해서는 어떤 면에서 어떤 노력을 해야 할지를 살펴보는 것이 의미 있는 연구가 될 것으로 생각한다. 또한 그 연장선상에서 북한 사회불평등구조의 특성과 심화과정을 살펴보는 것도 북한을 이해하는 새로운 척도가 될 수 있을 것이라는 판단에서 이 책을 집필하게 되었다.

북한의 경우 아직까지도 1950~1960년대 구사회주의권의 정치·경제시스템을 상당부분 그대로 지니고 있기 때문에 사회주의 사회가 보편적으로 지니고 있었던 불평등구조를 대별해 보는 것도 북한 사회불평등구조의 심화 정도를 이해하는 데 있어 의미 있는 일이 될 것이다.

국가별로 다소 차이가 있기는 하지만 사회주의 국가들이 지니고 있던 불평등구조의 특성은 크게 일곱 가지로 대별해 볼 수 있다.

사회주의 국가에서 보편적으로 일어난 불평등현상 가운데 가장 큰 특징은 연좌제이다. 사회주의가 도입될 당시 그 부모나 가족의 지위가 기업가·지주였는지, 노동자·머슴이었는지, 종교인이었는지에 따라 적극적 포섭대상인 핵심계층과 배제대상인 적대계층으로 분류되고 대물림되는 특성을 지닌다. 북한의 경우 일제시대 친일관료 출신 여부와 한국전쟁 당시 이적행위 여부가 성분분류의 또 다른 기준으로 작용하고 있다. 일단 사회적 성분이 결정되고 나면 분류된 계층구조에 따라 가족구성원의 사회적 지위와 상향이동 가능성이 차별적으로 결정된다. 일단 적대계층으로 분류되면 불평등하게 적용되는 여러 가지 제약 때문에 상층부로 진입하지 못하고 각종 사회적 불이익이 대물림되는 양태를 나타내고 있다.

두 번째는 각 기관이나 부문에서 직원채용시 각종 시험제도 등 공개채용제도를 채택하지 않고 당에 의한 추천·배치시스템을 활용함으로써 '기회균등의 원칙'이 무시되고 있다는 점이다. 핵심관료나 당료들은 추천·배치시스템을 운용하면서 각종 부패에 연루되면서 사회불평등구조를 심화시키고 있다. 실제로 관리자들은 자본주의 사회의 최고경영자와 마찬가지로 기업과 산업시설의 운영에 관한 권한을 포괄적으로 행사하면서 직원들의 채용·배치·재배치·퇴직에 관한 모든 기득권을 행사하고 있다.

세 번째는 제도적 차원에서 볼 때 지역별·성별 불평등은 적어도 완벽할 정도로 해소되어 있다는 점이다. 특히, 성별 불평등문제는 제도적 수준에서는 전혀 문제가 없다. 단, 국가에 따라 자원의 풍부 유무와 사회적 정서의 연장선상에서 적용과정에 차이가 있을 뿐인데 사회주의 성립기에 비교적 잘 지켜지던 원칙이 해체기로 가면서 지켜지지 않는 것 또한 보편적인 현상이다.

네 번째는 기본권적 자유에 대한 경시 태도이다. 인권문제가 되기도 하는 이 문제는 주민들이 최소한으로 누릴 수 있는 종교의 자유, 직업선택의 자유, 거주이전의 자유, 여행의 자유마저도 극히 제한되며 죄수노동, 매스컴의 국가독점, 일당독재 내지는 최고지도자에 대한 우상숭배 등 인권사각지대에 있어 왔다는 사실이다.

다섯 번째는 사회주의 사회가 해체기로 오면서 그 구조적 모순으로 인해 완화·변형·포기되는 모습을 보이고 있는 '국가배급시스템'으로 국가가 주민의 이동을 통제하고 충성심을 제고하기 위한 목적으로 활용해 온 제도이다. 배급제도는 주민들을 지위고하에 따라 몇 등급으로 나누고 의식주 각 부문의 배급에 질과 양의 차등을 두고 통제하는 시스템으로 사회주의 사회 불평등구조의 한 축을 이루고 있다.

여섯 번째는 이른바 청산과 배제의 대상으로 구분된 주민들을 가족단위로 집단 수용하고 있는 정치범수용소를 운영하고 있다는 점이다. 구소련·중국·동구권에서도 과거 대규모 수용소를 보유하고 있었던 것으로 널리 알려져 있다.

일곱 번째는 정보독점으로 인한 불평등이다. 사회주의 사회는 구소련·동구권·중국 등 모든 국가가 폐쇄체제를 지향했기 때문에 주민들의 저항에 부딪쳐 붕괴되었으며, 실제로 주민들이 국내외 주요 정보를 직접 접하고 활용한다는 것은 거의 불가능했다. 극히 일부의 권력운용자들이 모든 정보를 접하고 확대·증폭 또는 왜곡·축소과정을 통해 활용할 뿐이며 주민들은 국영언론이나 각종 관제조직의 유도대로 정치사회화되고 동원될 뿐이었다.

북한의 경우 일제강점기에서 해방을 맞았고, 한국전쟁을 경험했다는 측면에서 기존 사회주의 국가들이 지니고 있던 사회불평등구조에 한국적 특성 몇 가지가 더 추가되어 있다. 북한의 경우 일제강점기 관료계층 담당자(일선 하급관리까지 포함)와 한국전쟁 당시 이적행위 여부에 따른 요소들이 계층구조의 주요 변수를 형성하고 있다는 점이다.

북한에 사회주의 체제가 이식된 지도 60여 년이 되었다. 수십 년의 세월을 한 시점에서 포착해 정의를 내리는 일은 아무리 폐쇄적인 사회라 하더라도 무모한 일이다. 사회불평등구조 역시 1945년 해방부터 한국전쟁을 거쳐 1960년대 사회주의 건설기까지, 1970년대 초반 김정일이 후계자로 내정된 이후 권력을 장악해 최고통치자가 되기까지의 수령절대주의하 권력분점기, 1994년 김일성 사후 현재까지로 나누어 그때그때의 변수들을 살펴보면서 사회불평등구조가 어떻게 변화되고 심화되어 갔는지를 살펴보는 것이 합리적일 것으로 판단된다.

사회주의 사회는 정치 중심의 이념과잉 사회이지만 해체기로 접어들면서 비공식적 시장이 생겨나고 국가가 이를 추인하는 과정을 거쳐 자본주의적 요소가 확대되어 나가는 과정을 거쳤다. 북한의 사회불평등구조 역시 이념의 투명성이 주요 변수로 작용하던 초기의 사회주의 체제 이식기에서 현재로 다가오면서 공식·비공식 시장이 확산되고 부패가 일반화 되는 등 정치·경제·사회 전 영역이 한데 뒤섞인 복합적인 문제로 인식되어야 할 것이다. 이 책의 주요 관점 중 하나도 사회불평등구조를 심화시켜 가는 변수들의 변화과정을 추적하는 것이다.

그 동안 북한 연구는 절대권력자 김일성·김정일 관련 연구와 당·정·군의 역할과 한계를 둘러싼 권력구조문제, 개혁·개방을 둘러싼 경제문제를 주로 다루어 왔다. 이는 사회주의 국가에서 사회영역이 정치·경제영역에 비해 덜 중요하게 평가받아 왔고 내부자료가 부족한 데에서 기인하고 있다. 그러나 최근 들어 사회영역은 정치·경제영역 못지않게 중요시되고 있다. 이는 구소련이나 동유럽에서 사회주의 체제를 무너뜨리고 자본주의 체제로 전환하게 한 원동력이 사회영역이며, 중국·베트남 등 시장사회주의 국가들 역시 정치영역이 사회영역을 잘 제어하면서 주민들의 동의와 협력을 통해 높은 경제성장을 이끌었기 때문이다. 북한의 향후 변화방향도 정치영역과 사회영역의 관계변화가 주요 변수가 될 것이다.

사회영역을 분석하는 데 있어 가장 중요한 척도가 바로 사회불평등구조일 것이다. 북한의 권력자들은 어떤 의도를 가지고 기존의 사회불평등구조를 청산하려고 했으며, 그 과정에서 기존의 불평등구조는 완전히 청산되었는지, 새로이 나타난 불평등현상은 어떤 변화과정을 겪으면서 구조화되었는지를 탐색하고자 한다. 또한 북한 권력자들은 권력의 유지·강화를 위해 어떤 의도로 사회불평등구조를 심화시켰으며, 사회영역은 심화되어 가는 사회불평등구조에 어떻게 반응했는지, 그 상호작용과 정치적 함의를 고찰하는 것 역시 이 책의 주제가 될 것이다.

# 감사의 글

북한 관련 공부를 하면서 많은 분들로부터 큰 도움을 받았다. 우선 연세대 정외과에 재직하셨던 이기택·정진위 교수님께 감사말씀을 드리고 싶다. 이 교수님께서는 탁월한 국제정치학자로서 후학들을 위해 할 일이 많이 남아 있음에도 병마를 이기기 못하고 금년 봄에 작고하셨다. 이 교수님과 정 교수님께서는 북한에 대해 피상적으로 알고 희망적 사고에 사로잡혀 있던 필자에게 새로운 시각을 제시해 준 고마운 분들이셨다.

당시 북한에 관한 공부에 열중하면서 북한 관련 자료를 찾아서 이 교수님을 찾아뵙고 좌충우돌 식으로 마구 따져 물어도 전혀 개의치 않으시고 차분하게 말씀해 주시던 모습이 지금도 눈에 선하다. 정 교수님은 공산주의이론 연구의 권위자로 북한 체제의 전체주의성에 대해 말씀하시던 모습과 그 말씀들을 지금도 간직하고 있다.

중앙대 정외과 김동성 교수님 역시 필자가 공부하는데 있어 지대한 도움을 주신 분이다. 박사과정 시험 인터뷰때 국제정치와 북한에 대해 이것저것을 질문하시다가 필자가 묵묵부답으로 있자 "도대체 아는 게 뭐냐"고 말씀하시면서 조용히 웃으시던 모습에서 저런 분을 스승으로 모시고 공부했으면 좋겠다는 기대가 생겼었다.

수업시간에 접한 김 교수님은 무척 엄격한 분으로 수업준비가 조금이라도 미진할 때면 가차 없는 질책이 날아들고는 했다. 지금도 교수님을 생각하면 엄한 아버지 같다는 생각이 든다. 그런 교수님 밑에서 공부는 진전되어 갔고 논문지도를 받으면서 이론적으로도 체계화됨을 느낄 수 있었다. 김 교수님의 엄한 질책과 사랑이 있었기에 졸업도 할 수 있었고, 이 책도 출판하게 되었다는 생각이 든다.

북한대학원대학교 유길재 교수님도 큰 도움을 주신 분이다. 대학원 수업에 오셔서 북한의 '당의 유일사상체계확립을 위한 10대 원칙'에 대해 강의하시면서 "이것을 모르면 북한 사회를 전혀 모르는 것"이라고 강조하셨던 점이 기억난다. 또한 박사논문 심사위원으로 참가하셔서 논문의 문제점에 대해 정확하게 지적하고 충고해 주신 점 깊이 감사드린다.

논문심사에 참가하셨던 이화여대의 최대석 교수님께도 깊이 감사드린다. 최 교수님께서는 필자의 긴 논문을 꼼꼼히 읽으시고 시기구분과 쟁점이 될 만한 사안들을 지적하면서 정리해 주셨다. 중앙대 정외과의 이우진·장훈·최영진·이혜정 교수님 역시 큰 도움을 주신 분들이다. 다시 한 번 훌륭한 스승님들로서 존경의 인사를 드리는 바이다.

북한에 대한 공부를 하면서 통일연구원의 서재진·박형중·김병로 선생님의 자료를 특히 많이 읽었다. 뵌 적은 없지만 훌륭한 연구를 통해 후학들에게 좋은 자료를 제시해 준 선생님들께 감사드린다. 또한 '데일리NK'를 비롯한 북한 관련 매체의 인터넷 자료를 많이 활용했는데, 여러 면에서 어려우실텐데도 소명의식을 가지고 매체를 운영해 주시는 데 대해 후일 남북통일이 이룩된다면 이 분들께 가장 큰 상을 드려야 하지 않을까 싶다.

또한 같은 분야를 공부하면서 수시로 여러 가지 조언과 충고를 주셨던 김성회 형님과 외국어대 이광은 교수께도 깊은 감사를 드린다. 두 분의 조언은 필자의 견해가 어느 한 쪽으로 치우치지 않고 균형을 잡는데 있어 큰 도움이 되었다.

필자가 이 자리까지 오는데 많은 친척과 지인들의 기대와 기다림이 있었다. 시골에서 농사지으면서, 공장에서 일하면서, 택시운전을 하면서 못난 친구가 홀로 설 수 있도록 격려와 충고를 해 준 친구들이 있었고, 지금은 각자 다른 길을 가면서 다양한 시각을 가지고 가끔은 열띤 토론을 하고는 하는 대학과 대학원에서 함께 공부한 소중한 친구들이 있다.

필자가 공부하는데 실제적인 도움을 주고 격려해 준 사무실 동료들께도 깊이 감사드린다. 동료들이 아니었으면 공부도 중도 포기되었을 것이고 책 출판은 꿈도 꿀 수 없었을 것이다. 따뜻하고 인정 많은 동료들이 있었기에 모든 것을 이룰 수 있었다.

도서출판 '해남'의 노현철 사장님과 관계자 분들께도 깊이 감사드린다. 노 사장님께서는 2년 전에 출판을 결정하고 교정지를 받고서도 바쁘다는 핑계로 차일피일 출판을 지연시킨 필자를 너그럽게 이해하시고 관용을 베풀어 주셨다. 책을 사랑하는 정말 멋진 출판인이라고 생각하고 깊이 감사드린다.

특히, 20년이라는 오랜 기간 동안 병석에 계신 시부모님을 정성껏 간호하고, 지속적인 어려움 속에서도 긍정적인 시선으로 바라보아 준 아내 임희순과 건강하게 자라 준 수영, 현규에게도 고맙다는 말을 전하고 싶다.

2008년 11월 늦은 밤
중계동 집에서

# 차 례

# 1

# 서　　론

Chapter 1

1. 이 책의 연구범위 및 전개방식
2. 연구의 방향 및 접근방법

## 1. 이 책의 연구범위 및 전개방식

사회불평등은 한 사회 안에서 '사회적 평등'을 지향하는 두 가지의 서로 상이하면서도 연관되어 있는 일련의 사회적 과정으로 이해될 수 있다. 그 중 하나는 계급형성 및 계급유대와 밀접하게 관련되어 나타나는 계급의식 형성과정이고, 다른 하나는 이러한 계급의식의 형성에 영향을 미치는 지위체계 형성과 사회적 이동과정이다.

이러한 측면에서 볼 때 "사회불평등이란 사회적 지위와 보상을 둘러싼 차별적 분배체계"로 규정할 수 있는데, 사회적 지위와 보상체계는 사회적 가치의 '배분문제'와 직결되어 있으며 한 사회가 이상사회나 복지사회를 이루기 위해서는 공평한 배분체계를 지향해야 한다는 것을 의미한다.

현대사회는 사회구조적 차원에서 교육, 사회단체나 정당 가입, 취업, 공공시설 이용, 정보화 시대에 따른 정보 공유, 집회·결사·출판·의사표현의 자유, 권력 상층부로의 진입과 퇴출 등에 있어 성·지역·연령·교육수준별 규제와 제한이 완화되고 균등한 기회가 부여되는 방향으로 나아가고 있다.

한 국가의 사회불평등현상은 역사적·사회문화적 배경에 따라 다른 양태를 나타내고 있다. 유사한 사회구조를 가진 국가들의 경우 통치구조나 엘리트충원 양태, 생산방식, 세대 간 유대관계, 성역할 및 지역차별문제 등 사회문화적 관습이 비슷한 지향성을 보이고 있다.

이 책에서는 북한 지역에 사회주의 체제가 이식되면서부터 현재까지 발생했거나 새로이 발생하면서 지속 또는 심화되고 있는 사회불평등구조를 다루고자 한다. 북한의 사회불평등현상을 다룸에 있어 비교사회주의적 시각에서 다른 사회주의권이 보편적으로 지니고 있었던 사회불평등문제의 주요 변수들의 심화 정도를 비교·분석하면서 살펴보고자 한다. 따라서 자본주의 사회에서 나타나고 있는 대표적인 사회불평등문제인 연령별·지역별·도농 간 차별에서 비롯된 문제는 제한적으로 다루고자 한다. 이 주제들은 자본주의 사회에서는 매우 민감하고 첨예화된 쟁점이지만 북한이나 다른 사회주의 국가에서는 그다지 큰 변수가 되지 않기 때문이다.

반면, 구사회주의권의 구조적 불평등문제였던 기본권에 관한 문제, 기회균등의 문제, 사회적 상층부로 이동시 시혜와 배제의 문제, 의식주 등 생활필수품 배분시 차별문제 등에 중점을 두고 사회불평등구조를 다루고자 한다. 이념이나 권력구조에서 비롯되는 불평등 이슈가 사회주의권 사회불평등의 핵심을 이룬다는 시각에서 엘리트충원과 퇴출구조, 인권문제와도 맞닿아 있는 사회통제정책, 폐쇄적 계층구조에 기반을 둔 배제와 청산, 시혜와 발탁 등의 변수를 중심으로 살펴보고자 한다.

'심화의 문제'는 북한 60년을 세 시대로 구분하고 각각의 시기마다 새로이 발생하거나 발생했던 현상이 보다 강화되어 가는 과정을 추적하고자 한다. 시대구분은 북한에 사회주의 체제가 이식되고 나서 김일성이 정적들을 제거하면서 유일독재체제를 이루어 나간 시기, 유일체제를 강화하는 가운데 김정일 후계체계가 떠오르고 공고화되는 시기, 김일성 사후 극심한 경제난의 와중에서 김정일체제를 공고화하기 위해 노력한 시기로 구분하고 각각의 시기마다 특성을 대별해 비교하고자 한다.

현재 북한의 정치·사회체제는 급격한 정세변화에도 불구하고 과거 냉전체제의 틀을 그대로 유지해 오고 있다. 북한의 정치체제는 과거와 전혀 변함 없이 당우위의 성격,[1] 최고권력자의 유일지도적 성격과 고도로 중앙집권화된 통치구조를 지니고 있으며, 김정일 국방위원장의 초법적 통치로 인해 민주적인 질서가 부정되고 상부의 지시와 명령만이 존재하는 전제성에서 벗어나지 못하고 있다. 그러나 1990년대 중반 이래 극심한 경제위기로 인해 공장가동률이 30% 이하로 내려갔으며 약 20만 명의 주민이 국경선을 넘어 중국으로 탈출하고,[2] 북한 내부에서 주민들이 부랑자화하고 있다는 사

[1] 김일성 시대에는 당우위의 원칙이 철저히 지켜졌으나 사회주의권이 몰락하는 과정에서 권력을 이양 받은 김정일은 위기관리를 위해 군을 전면에 내세우는 선군정치를 취해왔는데, 서대숙은 북한 군사국가화론을 주장하면서 "북한은 당이 아니라 군부가 통치하는 아주 강경한 체제이며 국방위원회가 모든 것을 결정하는 역할을 하고 있다"고 주장한다. 이종석은 "군대의 위상이 강화되었으나 북한의 군대는 당의 군대이며 군대가 당을 대체하거나 당보다 우위에 서기는 어렵다"고 강조하고 있으며, 김연철은 "북한은 위기관리 상황에서 당조직보다 군조직을 통치수단으로 삼고 있다"고 주장한다(이대근, 2003, pp. 17~24).

[2] 북한 이탈주민 숫자에 관해 한국의 많은 민간단체들은 10~30만 명으로 추정하고 있으며, 난민구호단체인 (사)좋은벗들은 동북3성 2,479개 마을에 대한 현지조사를 통해 동북3성에만 14~20만 명이 있을 것으로 보았고, 미국의 인권단체인 난민위원회는 15만 명, 중국 당

실은 북한 체제의 취약성을 그대로 드러내고 있다.

지금까지 북한의 정치·사회체제에 대한 연구는 여러 연구자들에 의해 다양하고 광범하게 진행되어 왔다. 대체로 기존 연구들은 북한 체제가 주체사상을 토대로 한 전체주의적 특성을 갖는다는 데 초점을 맞추고 있다. 북한 체제의 특성은 스탈린주의적 정권, 동원체제, 세습통제체제, 전체주의 국가, 왕조적 전체주의론, 병영국가론, 수령유일체제론, 신정체제론 등 다양하게 분석되고 있다.[3]

그런데 북한의 정치·사회체제를 어떻게 정의하건 그 근저에는 매우 심화된 사회불평등구조가 자리하고 있음을 발견하게 된다. 매우 엄격히 분류된 계층구조하에서 사회정책을 통해 시혜와 배제의 형태로 차등 적용되는 여러 가지 차별조치로 인해 간부나 엘리트로 상향이동하기 위한 기회가 불평등하게 적용되고 있으며, 이 과정에서 사회불평등구조가 심화되고 신분이 세습될 수밖에 없는 구조가 되고 있다.

이에 북한 사회불평등구조에는 어떤 특성이 있고 어떤 과정을 통해 심화되어 갔는지를 살펴보는 것도 의미 있는 일이라고 생각하였다. 북한 사회불평등구조의 성격과 심화과정을 시계열적으로 분석해 보고 절대권력자인 김일성·김정일은 어떤 의도를 가지고 기존의 사회불평등구조를 깨고 새로운 사회를 구축하려 했는지, 그 과정에 영향을 미친 요인에는 어떤 것이 있는지, 그들의 노력은 어떤 과정을 거쳐 구체화되고 심화되거나 변화되어 갔는지를 주민성분분류에 기반을 둔 포용과 배제정책의 변화, 엘리트 충원구조의 변화, 사회통제정책의 변화라는 세 가지 차원의 변화와 심화과정을 통해 살펴보고자 한다.

---

국은 1만 명, 한국 정부는 1~3만 명 정도로 추산하고 있는데 일반적으로 10만 명 정도가 되는 것으로 추정되고 있다(통일연구원, 2006, pp. 245~246).

3 전체주의국가론을 주장하는 연구자로는 양호민·이상우가 있고, 왕조적 전체주의이론 주장자로는 박형중이, 병영국가론 주장자로는 이기택·서대숙·류길재 등이 있고, 수령유일체제론 주장자로는 이종석·최성이 있고, 신정체제론 주장자로는 이상우·전현준·김병로 등이 있다(전현준, 2002, pp. 27~32).

## 2. 연구의 방향 및 접근방법

이 책은 한반도 분단 이후 60여 년 동안 북한 지역에서 행해졌던 사회불평등의 양태를 통치구조의 변화, 주민들의 일상생활 속에서 나타나는 상호작용[4]들을 통해 분석하고자 한다. 분석의 주요 관점은 통치구조의 변화를 살펴보는 정치적 관점과 실생활에 필요한 재화의 취득방법과 활용을 살펴보는 경제적 관점, 주민들의 인식과 행태 탐색을 통한 사회학적 관점이 될 수밖에 없다.

따라서 이 책에서는 북한의 사회구조가 다른 사회주의권 국가들과 비교해 볼 때 심한 변화지체현상을 나타내고 있다는 점에서 전체주의적·제도적 접근방식이, 한국전쟁이나 종파투쟁, 주체사상 제기, 판문점 도끼만행, 김일성 사망, 극심한 경제난 등 주요 사건이 있을 때마다 불평등의 심화 정도가 크게 달라졌다는 측면에서 사건 중심의 역사적 접근방법, 북한 당국의 심한 사회통제정책에도 불구하고 주민들의 행태는 그래도 온정주의적 심성과 유교적 관습이 많이 남아 있다는 점에서 사회문화적 접근방법이 복합적으로 차용될 것이다.

그러나 북한을 연구대상으로 할 때 한 방법론에 지나치게 집착하는 것은 다른 차원에서 발생하는 여러 변수들을 간과하기 쉬운 점이 분명히 있으므로 북한의 사회문화적 현상에 대한 연구는 이러한 접근에서 나타날 수 있는 한계들을 보완하는 방향으로 진행되어야 한다. 다시 말해, "북한 연구는 북한 사회의 어떤 측면을 연구대상으로 삼든 그 방법이 사실에 입각해야 하며, 종합적인 시각에서 접근해야 한다"고 보며, 연구자가 어떤 문제의식을 갖고 접근하느냐가 중요한 과제라고 할 수 있다. 특히, 북한의 사회문화에 대한 연구는 단순히 그 현상을 아는 데서 머무는 것이 아니라, 그것이 형성

[4] 이 상호작용을 구성하는 요인들에는 주로 국가와 주민의 관계, 지도자와 주민의 관계, 주민 상호간에 느끼는 일체감과 동질감의 정도, 사회보장시스템 공유 정도 등이 있다.

된 과정과 이에 큰 영향을 미친 주요 요인들을 검토하는 것이 중요하다.

이 책은 북한에서 해방 직후 사회주의 체제가 이식되면서부터 2008년 현재까지라는 특정한 역사적 조건이 지배하고 있는 시기에 나타나고 있는 북한적 현상에 대한 탐구라는 점에서 역사적 접근방식에 크게 의존하고 있다. 북한 연구는 과거에 대한 역사탐구적 사실복원의 단계를 넘어선 북한의 역사와 현실을 접목하고 관통하는 하나의 접근방법을 필요로 한다.

이에 따라 본 연구에서는 사료분석을 통한 실증적 검증에 역점을 두고 있는 역사적 접근방법을 통해 북한의 사회불평등구조 심화과정을 조명해 보고자 한다. 역사적 접근방법은 각 나라의 역사적 전통뿐만 아니라 정치적·경제적·사회적 측면의 구조적 조건들을 모두 분석대상에 포함시켜 그 나라의 역사적 특수성을 밝혀 내는 접근방법이기 때문에 이 접근방법은 북한의 특수성을 규명하는데 상당한 설득력을 지닌다고 할 수 있다.

전체주의적 접근방식은 여러 가지 문제점[5]이 지적되면서 많은 연구자들이 기피하는 접근방식이라는 평가가 있지만, 북한 사회가 아직까지 구소련이 가지고 있었던 전체주의적인 모습을 상당부분 지니고 있다는 점에서 나름의 적실성이 있는 것으로 여겨진다.

프리드리히(C. Friedrich)와 브레진스키(Z. Brzezinski)가 주장한 전체주의적 독재는 유일한 이데올로기, 최고권력자 1인에 의해 지배되는 유일정당, 테러적인 경찰, 정보의 독점, 무력의 독점, 중앙집권적 통제경제 등 6개의 본질적 특성을 가지고 있는데 사회주의 사회가 바로 이런 전체주의적 특성을 많이 가지고 있다는 것이다. 2006년 현재 북한 사회를 제도적·구조적으로 분석해 보면 이 6가지 요소가 엄존(儼存)함을 알 수 있다. 이 점은 북한이 60여 년 동안 김일성·김정일의 전제체제하에서 역동적으로 발전하지 못하고 심한 변화지체현상이 나타나고 있다는 것을 실증해 준다고 할 수 있다.

어떤 통치자가 모든 국민들을 자신의 지지자로 만들기 위해 지극히 효율적인 방법으로 정치사회화를 시도한다고 해도 모든 국민이 동화되어 맹

[5] 안병영은 이 접근방법은 전체주의라는 개념이 지나치게 모호하고 다양하게 이해되기 때문에 문제가 있다. 어떤 학자는 전체주의가 추구하는 목표만 지나치게 강조하고 어떤 이는 수단에 치우친 경향이 있다(안병영, 1982, p. 360). 전체주의적 접근방법은 사회주의 사회의 역동성을 부정하고 목적론적인 방법으로 사회주의에 접근하고 있으며, 부분적 공통성을 본질적인 공통성으로 일반화함으로써 사회주의 사회의 본질에 거의 접근하지 못했다고 할 수 있다(김순은, 1995, pp. 8~12에서 재인용).

목적으로 행동하는 것은 아니다. 1940년대 구소련은 스탈린 치하에서 모든 수단을 총동원해 주민들을 통제하고 특혜와 배제, 청산을 통해 사회를 재구축했지만, 1960년대에 들어서자마자 스탈린은 그의 후계자 흐루시초프로부터 심각한 격하대상이 되어야만 했다. 이런 측면에서 사회문화적 접근방식의 중요성이 드러난다.

사회문화적 접근방법은 한 사회의 저류를 관통하는 지향성이나 반조류의 경향을 권력 이외의 생활행태에 중점을 두고 관찰하는 접근방법이다. 북한 당국의 주민통제정책에 대응하는 주민들의 대응방식, 연장자나 여성들을 대하는 사람들의 자세, 노동을 대하는 입장 등은 사회문화적 접근방법이 아니고는 실제에 접근하기 어려운 점이 있다. 극심한 식량난에도 불구하고 북한 지역 어느 한 곳에서도 소요사태가 일어났다는 것을 들어본 적이 없다. 아직까지도 북한 주민들에게 있어 1994년 사망한 김일성은 함께 숨 쉬고 생활하는 실존적인 존재다. 어떻게 이런 현상이 가능한가를 구명하는데 있어 사회문화적 접근방법은 적실성이 매우 크다고 할 수 있다.

또한 이 책에서는 국가 차원에서 행해지는 북한의 사회불평등구조를 면밀히 관찰하기 위해 제도와 엘리트구조라는 두 측면을 중심으로 접근하는 복합적인 접근방법을 시도하고 있다. 제도론자들에 의하면 북한적 현상은 제도적 맥락에서 발생하는 것이며, 제도적 맥락과의 관계에서만 올바로 이해될 수 있다. 따라서 제도론자들은 현상의 배후에 작용하고 있는 제도의 중요성을 주장하면서 제도를 현상의 발생요인으로까지 지목하고 있다.

정치적 제도는 권력의 획득 및 이동에 관한 방법과 절차를 규정함으로써 권력행사의 근간으로 작용하게 된다. 따라서 행위자들의 이익이나 선호가 제도에 의해 형성된다는 것이 역사적 제도주의의 가장 큰 특징이다. 홀(Peter Hall)은 제도를 "정치·경제의 각 분야를 구성하고 있는 개인 간 관계를 구조화하는 공식적인 규칙, 순응 절차, 일반적인 관행"[6]으로 정의하고 있다. 제도주의적 입장에서 볼 때 정치체제를 구성하고 있는 각각의 제도들은 원칙·규범·규칙·절차 등에 관한 유기적 연관관계를 통해 위계질서를 이루면서 체제의 성격을 규정하는 것으로 간주된다. 북한의 사회불평등구조 역시 제도적 측면을 도외시할 수 없음은 물론이다. 동시에 이 제도들을 운용

[6] Peter Hall(1986), p. 19.

하는 인물들은 어떻게 구성되며 그 충원과 퇴출구조를 살펴보는 엘리트 접근방법 또한 큰 적실성을 갖는다고 할 수 있다.

북한의 사회불평등구조는 제도적 수준에서 충분하게 설명하기 힘든 실제적 어려움이 존재한다. 북한의 제도화 수준은 매우 낮은 편이며 그나마 제도화된 규정이나 절차마저도 제대로 지켜지지 않고 있다. 북한의 권력구조에 대한 설명은 엘리트 접근방법을 통해 보완이 가능하다.

사회주의 체제의 변화방향과 속도를 결정함에 있어 가장 중요한 요소는 체제 상층부를 구성하고 있는 소수의 특수집단이다. 엘리트집단은 정책을 결정하고 집행한다는 점에서 최종결정권을 가진 집단이라고 할 수 있다. 사회주의 사회에서 지배엘리트는 다른 어느 사회보다도 지배계급으로서의 기득권이 많고 응집력이 크며, 압도적인 영향력을 행사하는 집단이기 때문이다. 사회주의 체제에서는 정치·행정 엘리트들이 국가권력을 독점하고 생산수단에 대한 실제적 통제권을 행사함으로써 정치적 차원뿐만 아니라 경제적·사회적·법률적 차원에서까지 독점적으로 지배적 지위를 유지하는 집단으로 된다.[7]

북한의 사회불평등구조에 대한 엘리트 접근방법의 유용성은 북한 사회가 내포하고 있는 특수성에서 비롯된다. 주체사상의 사회정치적 생명체론에서와 같이 북한에서는 사람 중심의 사회주의를 표방하고 있다. 김정일의 통치스타일에서도 공식적인 제도보다는 인치를 선호하는 경향이 강하게 나타난다.

북한 연구는 연구의 기초가 되는 현장조사방법이 크게 제한받기 때문에 북한 문헌이나 국제기구의 통계자료, 다른 연구자들의 논문·단행본, 새터민 등 북한 경험자들의 증언에 크게 의존될 수밖에 없다는 한계를 가지고 출발한다. 물론 자료의 적실성과 일반화의 한계와 논란의 여지가 분명히 있지만[8] 최대한의 검증과정을 통해 이를 극복해 나가고자 한다.

따라서 이 책에서도 다른 연구자들의 관련논문이나 단행본, 새터민 등 북한 생활 경험자들의 증언, 언론사의 북한 관련자료 등을 중심으로 문헌

7 서재진 외(1999), p. 20.

8 현성일은 "당이나 국가구조와 활동, 정책의 작성과 실행이 헌법이나 당규약 등 합법적인 기준이나 절차에 의해 제약되는 것이 아니라, 김정일이라는 독재자의 구미에 맞게 임의로 변화될 수 있는 북한을 기존의 자료나 연구를 토대로 평가하고 예측한다는 것이 얼마나 어려운가 하는 것을 전문가들은 익히 체험했을 것이다"라고 주장한다(현성일, 1990, p. 6).

중심의 연구를 하려고 한다. 그러나 북한 사회불평등구조에 관한 기존 연구가 길태근과 김성철, 김병로, 서재진 등이 쓴 몇몇 소논문에 국한되는 등 연구의 토대가 그다지 넓지 못한 점과 북한 원전에 대한 접근제한에서 비롯된 자료부족이 이 책의 한계요인이 됨은 너무도 자명하다.

이 책은 과거 봉건사회가 지니고 있었던 불평등구조를 타파하고 누구나 모두가 잘 사는 평등사회를 지향하고자 했던 북한에서 새로운 불평등구조가 생겨나 특성화되고 심화되어 가는 과정을 다루고자 한다. 전개방식은 북한의 사회불평등구조에는 어떤 특성이 있는지를 여러 이론에 비추어 살펴보고 과거 사회주의권 국가들의 경우와 비교하면서 특화한 다음, 이 사회불평등구조가 각각의 시기마다 어떻게 바뀌면서 심화되어 갔는지를 역사적 전개순서에 따라 분석해 가고자 한다.

# 2

# 사회불평등에 관한 이론과 분석틀

Chapter 2

1. 사회불평등이론의 쟁점과 한계
2. 사회불평등의 공간과 영역
3. 사회주의 사회불평등구조의 특성
4. 북한 사회불평등구조의 특성과 심화구조

제2장에서는 사회불평등을 연구해 온 주요 연구자들의 이론과 쟁점, 한계들을 개괄하는 가운데 북한의 사회불평등구조가 갖는 의미를 분석하고 북한의 사회불평등을 심화시켜 온 심화모델을 설정하고 분석모델을 제시하고자 한다.

제1절 사회불평등이론의 쟁점과 한계에서는 사회불평등이론의 4대 구분을 특징짓는 마르크스(Karl Marx)의 '계급이론', 막스 베버(Max Weber)의 '권력의 다차원적 토대', 구조기능주의의 '사회구조와 역할중시이론', 에밀 뒤르껭(Emile Durkheim)의 '사회적 연대를 통한 사회불평등 해소이론'을 살펴보고 이들 이론이 갖는 한계와 이를 극복하기 위한 후학들의 연구방향을 분석한다. 제2절 사회불평등의 공간과 영역에서는 에드워드 그랩의 '사회불평등의 제 공간과 영역'에 대한 분석을 통해 정치·경제·이데올로기 영역에서 생겨나는 사회불평등의 공간과 복합교차적 영향에 대해 살펴본다.

제3절 사회주의 사회불평등구조의 특성에서는 자본주의 사회가 지닌 사회불평등의 특성을 약술하는 가운데 사회주의 사회가 지니고 있는 체제적 성격에서 비롯되는 사회불평등구조의 특성을 이론 차원과 실제 사례를 통해 분석한다.

제4절 북한 사회불평등구조의 특성과 심화구조에서는 북한의 사회불평등구조가 형성되고 심화되어 가는 과정에서 사회적 기초를 이루는 성분별 위계구조와 기능별 위계구조가 어떻게 형성되고 변화되어 가는지, 정치영역에서는 북한 당국은 사회불평등구조를 어떤 의도를 가지고 심화시키게 되고 사회영역에서는 정치역역의 행위에 대해 어떤 자세로 대응하게 되는지, 각각의 상호작용 과정을 살펴본다. 북한 사회불평등구조의 심화모델과 정치적 계층화에서는 '북한 사회의 직무상 위계에 따른 폐쇄적 순환구조', '북한 사회불평등구조의 심화과정'의 설정을 통해 이 책 전체를 관통하는 분석틀을 제시한다.

제2장에서의 작업은 이 책 전체를 통해 북한 사회불평등구조의 내용과 성격, 심화과정과 구조화를 분석하고 해명하는데 있어 비교의 준거틀로 활용될 것이다.

# 사회불평등이론의 쟁점과 한계

한 국가나 사회를 평가하는데 있어 사회불평등문제만큼 오랫동안 관심의 대상이 되고 많은 사람들에 의해 논의되어 온 주제도 드물 것이다. 어느 사회에서나 사회적 불평등은 시공(時空)을 초월해 존재하는 보편적인 현상으로 간주되어 사회변동의 요인이 되어 왔다. 이 사실은 어느 사회나 제도화된 불평등이 항시 존재해 왔다는 것을 의미한다. 사회불평등이 시간과 장소를 초월한 사회적 실재(實在)라고 한다면 "그러한 불평등이 어디에서 유래하는가" 하는 의문이 제기된다.

오랫동안 사회불평등현상은 사유재산이나 사회적 분업에서 비롯되는 것으로 평가되어 왔다.[1] 사회불평등의 기원을 사유재산의 소유 유무를 통해 설명하고자 하는 관점은 로크, 루소, 마르크스에 이르는 약 2세기 동안의 지배적인 시각이었다.

사회불평등현상이 사회분업에서 비롯된다는 관점은 19세기 말에 이르러 쇼몰러(Schomoller), 짐멜(Simmel), 뒤르껭(Durkheim) 등 초기 사회학자들의 이론에서 나타난다. 사회적 위계면에서 볼 때 사회불평등은 직업과 같은 사회적 분화에서 유래한다는 사실은 매우 설득력이 있다. 그러나 사회분업이나 사회적 분화는 단지 기능면에서의 분화를 나타낼 뿐 위계면에서 사회적 불평등을 초래하는 직접적인 원인이 될 수는 없다. 따라서 사회적 분화와 사회불평등 사이에 직접적인 인과관계는 없다고 할 수 있고, 위계상 불평등은 사람들이 서로의 위치를 비교·평가하는 경향을 가지고 있다는 일종의 심리적 요소의 개입을 전제로 해야만 한다.

사회불평등현상은 사회분화와 사회적 평가의 산물이라고 할 수 있다. 이러한 불평등이 한 사회 안에서 규범과 제재에 의해 지지를 받게 되면 제도화된 사회불평등이 생겨나고 구조화된다. 이 구조화된 사회불평등이 합법

[1] Ralf Dahrendorf(1968), pp. 151~178.

적 권력을 배경으로 하고 있다면 그것에는 어떤 권위구조가 작용한다는 것을 의미한다. 사회불평등구조가 사회의 다수 성원들에게 강제되고 강요된 것으로 인식될 때 그 체제는 권위(authority)보다는 권력구조(power structure)에 통치기반을 두고 있을 경우가 많다. 이러한 관점에서 한 사회의 권력구조는 사회불평등구조보다 선행한다고 볼 수 있다.[2]

사회불평등은 한 사회 안에서 '사회적 평등'을 지향하는 것으로 믿어지는 서로 다르면서도 연관된 두 가지 사회적 과정에 의해 이해될 수 있다. 첫째는 계급형성 및 계급유대와 밀접한 연관 속에서 계급의식이 형성되는 과정이고, 둘째로는 이러한 계급의식 형성에 영향을 미치는 지위체계 및 사회적 이동과정이다. 결국 사회불평등이란 사회적 지위와 보상의 차별적 분배체계로 규정되며,[3] 한 사회가 이상사회나 복지사회를 이루기 위해서는 공정한 배분체계를 지향해야 하기 때문에 사회적 불평등은 '배분의 문제'와 직결되어 있다고 할 수 있다.

## 1.1. 마르크스의 계급이론과 막스 베버의 다차원적 토대

### 칼 마르크스의 불평등이론

마르크스적 불평등이론은 크게 두 유형으로 구분되는데 하나는 마르크스 자신이 주장한 것이고, 다른 하나는 마르크스의 이론에 바탕을 두고 변형을 가한 이론들로서 네오마르크스주의자들의 이론이다. 마르크스는 일반적인 사회불평등현상을 연구한 이론가는 아니지만 그가 행한 연구의 여러 측면들은 현상분석을 위한 주요 토대를 제공해 주고 있다.

마르크스는 계급이라는 개념을 사회분석 도구로 활용했는데 지금까지 이 개념의 다양한 사용과 빈번한 오용에서 비롯된 개념상 혼란이 사회불평등 연구의 대부분이라고 해도 과언이 아닐 정도로 이 개념은 중요하게 평가되고 있다. 계급과 계급구조에 대한 마르크스적 접근은 사회불평등연구의 중요한 출발점이 되고 있다.

---

2 양춘(1984), p. 36.

3 프랭크 파킨(Frank Parkin)은 사회불평등의 주요 기제를 '보상구조'와 인원의 '충원과정'으로 구분하고 이와 관련해 국가의 역할과 기능, 직업질서, 정당이라는 세 가지 주요 차원이 어떻게 기능하며 상호 연관되어 있는가를 분석해야만 적절히 이해할 수 있다고 주장한다(길태근·김원동 공역, 1987, p. 13).

마르크스에 의하면 계급, 즉 생산체계에서 서로 다른 역할을 수행하는 인간집단들 사이의 기본적 차이에 의해 그 시대의 특징이 부여된다. 마르크스는 모든 사회가 자본가와 노동자라는 두 주요 계급 간 투쟁으로 인해 사회변동이 일어난다고 주장한다.

마르크스는 지금까지의 모든 사회를 유산자와 무산자, 압제자와 피압제자 사이의 투쟁으로 묘사하면서 계급투쟁을 사회변동의 일관된 토대로 보고 있다.[4] 그는 이러한 계급이론을 바탕으로 자본주의 사회에서 발생하는 왜곡된 노동의 성격을 다루고, 자본주의의 변형을 촉진하는 주요 요인들을 분석하는 가운데 자본주의 사회의 종식과 공산사회의 도래를 예고했다.

이러한 마르크스의 계급이론은 무수한 비판에도 불구하고 생산요소의 소유 유무를 통해 계급관계의 기원을 밝히고 자본주의의 내적 모순을 지적했다는 점에서 현대 정치사상에 큰 영향을 미쳤다. 마르크스 사망 이후 그의 저작들 속에 함축되어 있는 사상을 재조명하고 재확립하려는 시도들이 후학들에 의해 부단히 진행되어 왔는데 대표적인 학자가 폴란차스(Nicos Poulanzas)와 라이트(Erik O. Wright)이다. 네오마르크스주의[5] 학자들은 기본적으로 마르크스의 계급이론에 바탕을 두고 현대 자본주의에서 발생되는 소외 등 계급차원의 문제, 자본주의 국가의 성격, 사회주의 전망 등을 다양하게 다루고 있다.

### 막스 베버의 사회불평등이론

막스 베버는 마르크스와 함께 사회불평등연구의 대가로 평가받고 있다.

---

[4] 마르크스에게 있어 자본주의 사회불평등의 기준은 재산을 소유하고 통제하는 사람과 그렇지 못한 사람들 사이에 있다. 여기서 재산(property)이라 함은 단순한 개인적 소유물이 아니라 가치 있는 것을 생산해 내고 부를 창출하는데 사용될 수 있는 자원(즉, 토지, 임대주택, 기계류, 공장 등)을 의미한다. 그는 "자본주의 사회의 무산노동자는 노예나 농노의 경우와 마찬가지로 자신의 노동을 재산가에게 제공하지 않을 자유가 부여되어 있지 않다. 이들에게 있어 노동 하지 않는다는 것은 아사(餓死)를 의미하기 때문이다"라고 주장한다(양춘 역, 2003, pp. 20~24).

[5] 1970년대 이후 보다 다양화된 사회경제적·정치적 조건들에 영향을 받으면서 나타난 마르크스주의를 재구성하려는 시도들을 통칭하는 용어로 정통 마르크스주의적 국가론과 계량주의적 국가론을 비판하는 과정에서 생겨났는데, 대체로 자본주의 국가를 '역사적으로 특수한 형태'로 보아야 한다는 점, 즉 "국가는 개별 자본 모두로부터 분리되어 있으며, 잉여가치의 생산과 점유가 이루어지는 직접적인 생산과정으로부터 분리되어 있는 정치제도"라는 견해에 대해 의견일치를 보이고 있다.

베버의 이론은 마르크스의 계급이론에 대한 대안인 동시에 이탈로 간주되기도 한다.[6] 베버는 마르크스보다 훨씬 다양하고 복합적인 변수들을 중요하게 취급하고 있다.

그는 관념과 물질적 현실 사이와 사회생활의 주관적 측면과 객관적 측면 사이에는 복잡한 상호관계와 인과적 다원주의가 존재한다고 주장한다. 따라서 베버의 자본주의 사회 계급구조에 대한 접근도 매우 다차원적이다. 베버는 사회구조의 서열체계와 집단형성의 여러 토대들에 큰 관심을 보이면서 권력과 지배의 유형들이 불평등문제와 어떻게 연관되는지를 분석하고 있다.[7]

마르크스주의자들은 사회불평등의 근본적 토대를 경제적인 것에서 찾고 있지만, 베버는 비경제적인 사회력이 불평등에 미치는 영향을 보다 중시한다. 그는 비경제적인 사회력이 경제적 토대에 종속되거나 그에 의해 결정된다는 이론에 강한 의문을 제기한다. 베버는 비경제적 요인들, 즉 정치, 종교 및 여타 제도적 특성에서 비롯되는 여러 관념과 이해관계들은 경제적인 것으로부터 어느 정도 자율성을 갖는 것으로 보고 있다.[8] 오히려 이러한 것들은 경제적 요인에 의해 영향을 받는 것 못지않게 경제구조 및 경제행위에 영향을 준다고 보고 있다.

이러한 베버의 이론은 파킨(Frank Parkin)과 기든스(Anthony Giddens) 등 신베버주의자로 불리는 학자들에 의해 다양하게 계승되고 있다. 그러나 마르크스주의자들은 베버의 이러한 다차원적 접근을 사회생활의 근본인 물질적 토대를 희석시키고 은폐시키려는 의도를 가진 것으로 비난하고 있다.[9]

## 1.2. 구조기능주의의 합의와 에밀 뒤르껭의 사회적 연대

### 구조기능주의자들의 사회불평등이론

구조기능주의 이론은 한 이론가로부터 비롯된 단일 이론이라기보다는 사상의 한 학파로 볼 수 있다. 현대 구조기능주의 형성에 가장 큰 영향을

---

[6] H. Gerth and C. W. Mills(1967), p. 63.
[7] H. Gerth and C. W. Mills(1967), pp. 34~65.
[8] 양춘 역(2003), pp. 51~53.
[9] 방영준(1999), pp. 85~88.

미친 사람은 에밀 뒤르껭이다.[10] 구조기능주의 이론에서 볼 때 '사회는 여러 구조를 형성하는 상호연관된 부분들의 체계이며, 각 구성부분이 전체 체계를 위해 어떤 기능을 수행하는 것'으로 간주하고 이를 분석하고 있다.

구조기능주의에서 나온 사회불평등이론의 특징을 단순화시켜 보면 다음과 같다. 첫째, 구조기능주의자들은 불평등문제를 계급의 문제로 보지 않고 계층 위계의 문제로 보려는 경향이 강하며, 계급의 개념도 고전적인 용법과 크게 다른 의미로 사용하고 있다.

둘째, 갈등보다는 합의에 많은 관심을 보이고 있다. 즉, 불평등을 야기하는 여러 과정들 가운데 갈등 측면보다는 합의 측면에 많은 비중을 두고 있다.

셋째, 강제력의 중요성을 과소평가하고 있다. 이것은 사회질서는 대체로 정당하면서도 일반적으로 수락된 사회통제의 토대로부터 비롯되는 것이며, 대부분의 사람들은 사회화 과정을 통해 규칙적이고 유익한 사회적 상호작용을 가능하게 해 주는 일련의 규정된 규칙과 학습을 받아들이면서 사회질서를 유지해 나간다는 것이다.

이러한 구조기능주의 불평등이론은 계급과 권력의 역할, 인간 상호작용에 있어 갈등의 긍정적 역할과 사회변화에서 갈등이 차지하는 의미에 대해 지나치게 과소평가하고 있다는 비판을 받고 있다.[11] 그러나 구조기능주의에 대한 이 같은 비판은 그들의 이론적 토대인 다양성을 너무 간과하고 지나치게 단순화한 데서 나왔다는 반격도 받고 있다.[12]

---

[10] 에밀 뒤르껭은 사회불평등문제를 낙관적으로 보고 있다. 그는 한 사회의 불평등구조를 혁명이라는 강압적 수단을 통하지 않고도 해결가능한 것으로 보고 있는데그것이 바로 강한 도덕적 규제에 토대를 둔 사회적 연대라고 강조한다. 그는 국가활동을 기본적으로 선한 의지를 지닌 것으로 보고 각 부문들이 분화를 통해 다양한 분업체계를 이루면서 강한 유대 속에서 갈등을 자체 조정해 나가는 것으로 보고 있다.

[11] 구조기능주의적 시각은 "사회란 여러 구조들을 형성하는 상호연관된 부분들의 체계이며 각 구성부분들이 전체 체계를 위해 일정한 기능을 하고 있다"고 보고 있다. 따라서 각 개인은 사회구조 안에서 어떤 지위를 점유하게 되는데 여기서 지위란 한 개인의 위세를 말하는 것이 아니라 단순히 위치 그 자체를 의미한다. 한 지위를 점유하고 있는 개인에게는 일정한 권리와 의무가 부여되는데 그것은 그 지위에 따른 개인의 역할을 의미한다. 이 지위와 역할은 항상 함께 붙어다니면서 행동을 규제하게 된다.

[12] 양춘 역(1994), pp. 143~148.

### 심리학적 형평이론

사회불평등문제가 인류보편의 현상이라고 한다면 사회구성원들이 이 문제를 어떻게 받아들이느냐 하는 것은 매우 중요하다. 이는 체제유지 및 질서유지 문제와 밀접한 관계를 맺고 있다. 형평이론(equity theory)은 심리학적 차원에서 사회정의의 문제를 다루고 있다.

평등과 형평의 개념은 흔히 혼용되기도 하지만 본질적으로는 다른 의미를 지니고 있다. 평등은 기본적으로 사실 차원의 논의이고 형평은 개개인의 주관적 평가에 따른 윤리적·심리적 차원의 논의다. 따라서 평등한 배분이 형평한 배분의 바탕이 될 수는 있어도 평등한 배분이 곧 형평배분을 의미하는 것은 아니다.

형평이론의 주요 관심주제는 '상대적 박탈감', '지위불일치', 또는 '계급결정화', '배분적 정의' 등이다. 이러한 주제들은 불평등현상 자체보다 불평등현상을 야기하는 주관적·심리적인 문제를 주로 다루고 있다. 상대적 박탈감, 지위불일치, 배분적 부정의 등은 심리적 차원에서 볼 때 긴장상태를 의미하며, 개개인은 이러한 긴장상태를 완화·소멸시키기 위해 다양한 형태로 대응한다. 이것은 다양한 집단행위나 사회운동으로 나타나기도 하고 이념적 정향으로 표현되기도 한다.

상대적 박탈감은 준거집단과 비교하여 자신이 느끼는 상대적 열등감, 불쾌감이라고 할 수 있다. 상대적 박탈감의 정도가 사회정치적 성향에 큰 영향을 미친다는 사실은 여러 연구결과를 통해 확인되어 왔다. 지위불일치는 지위결정화의 정도가 낮은 상태를 말하며 그 정도에 따라 정치적 태도나 행동이 크게 달라진다는 것이다. 지위불일치자는 사회운동에 적극적으로 참여함으로써 반체제적인 성격을 갖기 쉽고, 지위불일치자가 많을수록 그 사회는 불안정하고 사회변동의 가능성도 높다고 할 수 있다.

배분적 정의의 문제를 심리학적 측면에서 최초로 거론한 사람은 호만스(G. C. Homans)이다.[13] 그는 배분적 정의를 투입-산출 간의 균형으로 보았다. 따라서 한 개인이 그가 투입한 것에 대한 산출이 타인과 비교하여 기대했던 것보다 적을 때 배분적 부정의를 느끼게 된다는 것이다. 투입과 산출

[13] G. C. Homans(1974), pp. 171~173.

은 경제적인 것뿐만 아니라 포괄적인 자원을 의미한다. 즉, 투입이란 연령, 교육수준과 같은 사회적 조건을 뜻하며, 산출 역시 이러한 조건으로부터 나오는 사회적·심리적 보상이라고 할 수 있다.[14]

사회심리적 요소인 상대적 박탈감, 지위불일치, 배분적 정의의 문제들은 독립된 주제라기보다는 상호영향을 주면서 복합적으로 얽혀 있다. 이 주제들은 북한의 사회불평등구조를 분석하고 진단하는데 있어 매우 유용한 개념적 틀이 될 수 있을 것이다.

## 1.3. 사회불평등이론의 최근 추세와 전망

### 사회불평등이론의 최근 추세와 주요 사회학자들

사회학 이론을 주도해 온 대표적인 사회불평등이론 4가지를 앞 절에서 개괄해 보았다. 마르크스의 경제결정론적 불평등구조, 막스 베버의 정치적 타협과 조정의 여지를 많이 둔 다양한 토대 중시의 불평등구조, 에밀 뒤르켕의 사회적 연대를 통한 자율조정기능이 한층 더 강화된 불평등구조, 탈코트 파슨스의 분업화된 사회에서 구조와 기능의 결합이라는 차원에서 사회적 합의를 통한 사회불평등구조 분석이 그것들이다.

이들의 분석틀은 경제구조 중심적 분석에서 정치적·사회적 타협과 조정 중심적 분석으로, 비관적인 폭력혁명을 통한 해결방안 모색에서 낙관적인 사회적 합의를 통한 해결방안 모색까지 그 스팩트럼이 매우 넓다. 그 이후 분석대상의 폭과 변수들이 매우 다양해졌는데 그것을 정리한 것이 〈표 2-1〉이다.

〈표 2-1〉 주요 불평등이론의 연대기와 대략적인 위치들은 현대 사회학의 불평등이론을 평면적으로 정리한 것이다. 상하는 이론이 나온 시기별 순서이고, 좌우는 불평등을 둘러싼 인식의 정도와 해결방법을 나타내고 있다. 좌익(left)과 우익(right)은 편의상 급진성과 폭력성의 정도를 나타내기 위해 붙여졌다. 이 축을 기준으로 해서 좌익축상에 위치하는 사람들은 사회불평등이 적대적인 집단 사이의 갈등 또는 투쟁에서 발생하는 것으로 보며, 불평등의 근원을 계급위치나 경제권력에 대한 통제와 같은 단일요인에서 찾

[14] 방영준(1999), pp. 87~88.

**표 2-1 주요 불평등이론의 연대기와 대략적인 위치들**

| 출현 또는 부상시기 | 좌익 ⟵ | | ⟶ 우익 |
|---|---|---|---|
| 1900년대 이전 | 마르크스 | | |
| 1900~1920년 | 초기 마르크스주의 막스 베버 뒤르껭 | | |
| 1920~1950년 | | | 다렌도르프 구조기능주의 |
| 1950~1960년 | | 렌스키 | |
| 1960~1970년 | 풀란차스 | | |
| 1970~1990년 | 라이트 기든스 프랭크 파킨 | | |
| 1990년 이후 | 성과 인종의 이론들 | | |
| | 불평등은 대립투쟁에 기초하며 계급 내지 경제권력에서 유래하는 것으로서, 급진적 행동에 의해 변화되어야 한다는 입장 | ← → | 불평등은 합의에 기초하며 매우 다원주의적인 근원을 갖는 것으로서, 안정과 그 밖의 사회적 이익을 제공한다는 입장 |

자료: 양춘 역(2003), p. 171.

을 뿐 아니라 불평등이 야기하는 주요 사회문제들을 강조한다.

이와 대조적으로 우익축상에 위치하는 사람들은 사회불평등을 합의된 행동규칙에 입각해 상호경쟁하는 개인들 사이의 합의적 상호작용의 결과로 보며, 불평등이 하나 또는 소수의 근원들이 아닌 매우 많은 요인들로부터 유래한다고 믿고 있다. 또한 그들은 불평등의 사회안정과 통합에 대한 긍정적인 결과를 강조한다.[15]

보다 최근으로 다가오면서 고전적 접근[16]을 벗어난 보다 다양하고 새로운 사회불평등이론이 나타나는데 이 이론들은 성, 지역, 인종, 연령 등에 중점을 두고 있다. 이 이론의 주창자들은 산업사회의 계급갈등문제를 위주로

---

15 양춘 역(2003), p. 170.

16 마르크스의 생산수단 소유 유무를 중심으로 한 극단적 사회불평등과 혁명을 통한 계급청산이론, 마르크스의 이론을 비판적 시각에서 발전시켜 정당이나 권위에 기반을 둔 합리적 지배라는 차원에서 사회불평등을 진단하고 해결방안을 모색했던 막스 베버의 이론, 구조적으로 맞추어진 직업들의 사회적 유대에 토대를 두고 불평등문제에 접근한 에밀 뒤르껭, 복잡하게 얽힌 사회구조 속에서 지위와 그에 따른 역할에 중점을 두고 높은 책임의식을 수반한 동의를 통해 불평등문제를 해결할 수 있을 것이라는 구조기능주의적 시각을 일컫는다.

불평등문제를 다룬 다렌도르프(Ralf Dahrendorf), 권력과 특권문제에 중심을 두고 불평등문제를 연구한 렌스키(Gerhard Lenski), 네오마르크시스트의 관점에서 불평등을 본 풀란차스와 라이트, 자본주의적· 시각에서 마르크시즘의 문제점을 적시하고 비판한 파킨, 마르크스와 베버 사이에 위치하면서 계급이나 국가로부터 비롯되는 불평등의 구조화 문제에 집중한 앤서니 기든스 등 여섯 명의 사회이론가들이다.

다렌도르프는 구조기능주의학파에 의해 제시된 사회적 조화, 안정 및 합의를 허위이며 공상적이라고 비판하고, 마르크스주의는 사회갈등의 실상을 외면하고 있다고 지적하면서 사회주의 체제는 진보와 자유를 질식시키는 '어두운 일률성'에 의한 평등을 강요한다고 주장한다. 그는 어떤 공정한 사회에서도 희망과 자유는 필수불가결하지만 "희망은 일률성이 아닌 다양성에서 생겨나며 자유는 평등에서가 아니라 불평등에서 생겨난다"고 강조하면서, 사회는 양 극단의 두 계급만 대립하고 있는 것이 아니라 중간적 집단들이 다양한 사회적 환경 내에서 권위체계를 이루고 있다고 주장한다.[17]

렌스키는 권력에 대한 접근가능성과 활용의 여지를 중심으로 불평등구조를 보고 있다. 그는 "권력에 대한 차별적 접근기회가 궁극적으로 물질적 특권의 불평등을 결정하며, 이러한 권력과 특권이 사회의 여러 집단이나 개인들에게 부여되어 있는 대부분의 위세를 결정한다"고 주장한다. 권력서열을 구성하는 기준들은 나라와 역사적 시기에 따라 다양하지만 재산소유권, 직업, 교육, 종교, 인종, 성 및 연령 등과 같은 다양한 토대들을 포함하고 있다.[18]

풀란차스는 마르크스주의자들이 자본주의적 생산관계에 너무 집착한 나머지 교조적인 경제결정론에 빠져 있다고 비판하고 마르크스주의만으로는 사회불평등의 모든 것을 설명할 수 없다고 주장한다. 그는 사회주의 국가들의 국가지상주의를 공격하면서 "국가는 권력의 중심이기도 하지만 동시에 어떤 권력도 소유하고 있지 않다"고 강조하면서, 사회는 적대적인 자본가와 노동자만 있는 것이 아니라 그 중간에 신푸티부르주아지[19]가 있는데

[17] 다렌도르프의 분석은 마르크스와 베버가 강조한 각각의 요소들을 사회불평등에 대한 새로운 토대에 포함시킴으로써 교조주의적 구조기능주의의 문제점을 지적한 최초의 시도라는 데에서 그 의미를 찾을 수 있다(양춘 역, 2003, p. 187).

[18] Lenski Gerhard(1966), pp. 84~86.

[19] 신푸티부르주아지에는 기술자, 감독자, 화이트칼라 노동자 및 3차산업에 종사하는 기술자

이들은 자본가와 상당한 정치적·이데올로기적 유대를 공유하고 있으며, 이 중간계급이 성장하면서 적대적인 두 계급에 영향을 미치고 국가도 신푸티 부르주아지의 권익이나 노동자의 권익에 초점을 두고 기능할 수밖에 없게 만든다고 주장한다.[20]

파킨은 자본주의적 시각에서 마르크스주의를 비판하는 입장을 취하고 있다. 그는 마르크스주의자들이 자본가와 노동자라는 두 계급 간 대립에 너무 천착해 있다고 주장하면서 사회에는 계급과 구별되고 계급구조 그 자체와 무관하게 지속되는 착취의 무수한 토대들이 있다고 강조한다. 착취의 다른 형태들은 사회에 따라 차이가 있긴 하지만 인종, 민족, 성, 종교 등을 포함한 일련의 사회적 기준들을 포함한다.[21]

파킨은 사회불평등의 전체구조는 지속적인 권력투쟁에서 비롯되며 이 과정에서 '사회적 폐쇄'가 행해지게 된다고 주장한다. 여기서 사회적 폐쇄란 일부 사회집단이 다른 사회집단들의 '자원과 기회에의 접근'을 제한하는 여러 과정들을 지칭하는 용어다. 그는 사회적 폐쇄의 형태를 두 가지로 보는데 하나는 배제(exclusion)로서 이것은 지배자들이 피지배자들에게 권력을 부여하지 않는 가장 중요한 수단이며, 다른 하나는 강탈(usurpation)로서 이것은 피지배자들이 자신의 지배자들로부터 다소의 권력을 다시 빼앗고자 시도하는 주요 수단이다. 이 부분에서 파킨은 폐쇄의 과정들이 계급관계에 부가하여 인종적·종교적·성적 착취형태들을 포함한 모든 사회불평등구조의 이면에 존재하는 공통 요소임을 강조한다.[22]

기든스는 국가의 행위나 권력을 이중적인 것으로 보고 있다. 그는 권력이란 원래 위로부터의 억압과 아래로부터의 정당한 복종을 어느 정도 결합한 것이고 시민들에게 제한을 가하고 수사하기 위해 사용될 수도 있는 반면, 해방과 변혁을 도모하기 위해 사용될 수도 있는 것으로 보고 있다. 또한 권력은 공식적인 제도와 법, 비공식적인 관습과 전통에 대해 폭넓게 작

---

등이 포함된다.

[20] Nicos Poulantzas(1978), pp. 242~244.

[21] Frank Parkin(1979), p. 89.

[22] 권력이나 폐쇄의 법적 토대에 관한 파킨의 초점은 그 자체만으로도 정당화할 수 있지만, 그것을 확대시켜 전통적 신념, 풍습, 관행에 확립되어 있는 비공식적이면서도 공식적인 것 못지않은 여러 규칙들에서 비롯되는 사회적 지배의 비법률적인 토대에 관한 보다 상세한 논의를 할 수 있다는 것이다.

용할 수 있으며 상급자들에 의한 직권적 행위뿐만 아니라 하급자들에 의한 근무태만이나 수동적 저항행위 등을 수반할 수도 있는 것으로 보고 있다.

기든스도 파킨과 마찬가지로 사회불평등문제를 인식하는데 있어 공인된 기술과 학위증을 소유한 이들은 단순 육체노동자나 단순 정신노동자들과 달리 '중간계급'으로 분류해야 하며, 이 중간계급의 사회적 구조화 정도가 사회불평등의 수준을 가늠하는 요소라고 주장한다. 그는 국가가 행할 수 있는 감시능력과 폭력수단에 대한 통제를 자본주의적 계급관계와 계급갈등 못지않게 중요한 독립변수로 보고 있다.[23]

### 향후 사회불평등이론의 연구전망

서구사회에서 시민사회 형성 이후 나타난 민주주의 이념은 "인간은 기본적으로 평등하게 태어났다"는 것이었다. 그러나 실제 사회 속의 인간관계를 보면 권력·소득·사회적 위신 등의 배분이 불평등하게 결정되고 있음을 발견하게 된다. 이러한 사회불평등현상은 인류의 역사만큼이나 오랫동안 사회문제가 되어 왔을 뿐만 아니라 다가올 미래사회에도 가장 중요한 쟁점으로 떠오를 것이다.

사회불평등은 부유층과 빈곤층, 기득권층과 비기득권층 사이에서 발생하는 시혜와 박탈 등을 의미하는데 더 구체적으로는 사람들이 일상생활을 영위해 가는 과정에서 그들이 행사하는 권리나 기회, 그리고 그들이 누리는 보상이나 특권에서 가장 현저하게 나타나는 차이를 의미한다.

어떤 연구자들은 이 같은 불평등의 중심 토대가 선천적 능력, 동기부여, 일하고자 하는 의욕 등에서 비롯된 개인적인 차이로 보고 있고, 다른 분석자들은 불평등이란 경제적 계급, 인종, 연령, 민족성, 성별, 종교 등과 같이 사회적으로 규정된 특성들에 근거하여 사람들이 행하는 차별대우에서 비롯된다고 주장한다. 사회불평등 분석시 또 하나의 쟁점은 불평등을 구성하는 토대의 중요성 평가에 있어 의견일치를 보지 못하고 있다는 점이다. 앞에서 다룬 여러 이론 가운데 사회불평등을 야기하는 가장 큰 주체로 거론되는 대상이 권력[24]과 계급,[25] 국가[26]이다.

---

[23] 기든스는 마르크스 이후 생겨난 다양한 형태의 국가사회주의에 대해 매우 비판적이며, 그 대안으로 북유럽식의 '민주적' 또는 '자유주의적 사회주의'를 순수 자본주의의 대안으로 제시하고 있다.

19세기에서 현대로 넘어오면서 사회불평등의 여러 측면들도 보다 완화되고 감소되어 가고 있다는 견해가 지배적이다. 절대 다수의 국가들이 전체주의 사회에서 민주사회로 진입하면서 제도적으로 국민들을 구분해 특혜와 제한을 가하던 사회적 불평등의 정도가 거의 없어졌거나 크게 완화되어 가고 있다. 이런 불평등구조 해소에 낙관적인 시각을 제공해 주는 것이 정보화 시대의 도래다.

정보화 사회는 자본주의의 구조적 문제인 '가진 자'와 '못 가진 자' 사이의 장벽을 허물고 민주적이고 평등하며 다양한 미래를 제공해 줄 것이라는 기대와 함께, 시간과 공간의 제약이 상당부분 극복되어 국경이 무너지고 세계가 하나로 되는 지구촌시대가 보다 빨리 도래할 것이라는 낙관적인 예측을 가능하게 해 준다. 동시에 정보화 사회가 기존의 사회불평등구조를 해소해 줄 수 있을지에 대해 많은 질문과 연구가 지속될 것이다.

---

24 권력이란 '남을 지배하여 강제로 복종시키는 힘'을 의미하는데 그것을 부당하고 억압적인 것으로 규정하건, 부당함과 억압을 예방하거나 감소시키기 위한 수단으로 규정하건 간에 권력이 무엇으로부터 비롯되며 그 원천이 얼마나 다양한가 하는 것은 매우 중요하다. 문제는 권력이 소수의 주요 분파나 이익집단에 의해 장악되어 있는가, 아니면 사회구성원 개개인이나 집단에 널리 확산되어 있는가 하는 것인데 그들로부터 행해지는 행위들은 불평등한 권리·기회·보상·특권 등을 야기하고 지속적인 영향을 미치고 있기 때문이다.

25 계급을 계층과 동일시 할 수 있느냐 하는 것은 아직도 합의에 이르지 못하고 있지만 사회불평등문제 고찰에 있어 계급은 가장 중요한 변수가 되고 있다. 상위계급은 한 사회에서 각종 특권을 향유하면서 헤지모니를 장악하고 있고, 그와 정반대의 하위계급은 각종 기회와 권리가 박탈된 채 생활하고 있기 때문이며 상위계급은 정치사회화나 제도적 차별을 통해 이들의 진입을 막고 있기도 하며 진입의 용이함의 정도가 불평등의 주요 척도가 되고 있다.

26 적어도 민주사회에서 국가는 일반의지(general will)의 공식적 태도로 간주되기 때문에 사회불평등을 확립하거나 감소시킬 수 있는 법률과 정책들을 무력으로라도 수립하고 시행할 책임을 갖는다. 입법과 시행에 관련된 이러한 권리는 계급불평등뿐만 아니라 인종적·성적 차별 등 다양한 형태의 불평등에 대한 공식적 통제력을 국가에 부여하고 있다. 현대사회에서 국가는 각종 집단 분규에 개입하면서 권력투쟁에서 주요 역할자로 등장했고, 사회불평등에 대한 분석에서도 고려해야 할 주요 변수가 되고 있다.

## 2. 사회불평등의 공간과 영역

사회불평등에 관한 다양한 이론을 종합해 일반적인 개념틀을 만드는 데는 많은 어려움이 있다. 여러 이론들의 다양한 견해를 한 틀에 묶는 것은 불가능할 뿐만 아니라 바람직한 일이 아닐 수도 있다. 그럼에도 불구하고 많은 이론들이 서로 공유하고 있는 관점이 많이 있다는 점 또한 간과할 수 없을 것이다. 사회불평등에 관한 이론과 전망들 가운데 광범위한 유사점들을 공통의 어휘로 엮어 불평등에 관한 일반적 개념틀을 만들 수도 있을 것이다. 사회불평등의 공간과 영역을 살펴보는데 있어 그랩(Edward G. Grabb)이 제시한 사회불평등이론의 종합도식은 그 적실성을 인정받고 있다.

〈표 2-2〉 사회불평등의 제 공간과 영역은 어떤 사회환경에서 권력관계가 정립되기 위한 주요 수단과 지배형태가 출현하고 재생산되는 과정에서 나타나는 지배구조들과, 이러한 지배구조의 교차 속에서 작용하는 사회불평등의 주요 토대에 대한 추상적 표현이라고 할 수 있다. 〈표 2-2〉를 보면 권

**표 2-2 사회불평등의 제 공간과 영역**

| 권력의 수단 | | 물질적 자원, 생산에 대한 통제 | 인간자원, 사람에 대한 통제 | 관념, 지식에 대한 통제 |
|---|---|---|---|---|
| 지배구조 | | 경제구조(채취, 생산, 재정, 상업 등) | 정치구조(행정부, 사법부, 관청, 경찰, 군대 등) | 이데올로기구조(종교, 대중매체, 교육과 과학 등) |
| 사회불평등의 토대(폐쇄, 배제, 착취 등) | 계급과 관련된 토대 | 1. 소유권, 부, 수입<br>2. 교육<br>3. 직업 | | |
| | 기타 토대 | 4. 성 5. 인종, 민족, 언어<br>6. 공간적 위치(나라, 지역, 도시, 농촌, 거주지)<br>7. 연령 8. 종교<br>9. 정당가입 10. 기타 | | |

자료: 양춘 역(2003), p. 295.

력의 개념이 가장 핵심적 위치를 차지하고 있다.

여기서 권력이란 사회적 행위자들 간에 지배와 복종의 구조화된 비대칭적 관계를 야기하는 자원에 대한 차별적 통제력으로 규정된다. 권력이 정상적으로 생성되는 데에는 세 가지 주요 수단이 있는데 물질적 자원에 대한 통제, 인간자원에 대한 통제, 관념에 대한 통제가 그것들이다. 이러한 권력의 세 가지 수단 아래 이에 부수되는 세 가지 구조, 즉 경제, 정치 및 이데올로기 구조가 있다. 권력의 세 가지 수단과 이에 부수되는 세 가지 지배구조의 연결이 표에는 1대1의 단순한 도식으로 표현되어 있으나 실제로는 이들이 복합적으로 교차하면서 서로에게 영향을 미치고 있다.

권력의 세 가지 상이한 수단과 이에 상응하는 지배구조의 틀 속에서 불평등의 사회적 특성들은 목록화가 가능해진다. 이러한 불평등의 사회적 토대는 바로 사회불평등의 원인과 영역을 구체화하는 출발점이 된다. 불평등의 사회적 토대들은 크게 두 범주로 나뉘는데 계급과 연관된 토대와 비계급적 토대들이다. 계급과 관련된 토대로는 소유권, 수입, 교육, 직업 등이 중요한 요소로 거론된다. 이러한 요소들은 지배의 모든 구조에서 다른 요소들과 복합적으로 교차 작용하면서 다양한 계급체계를 지향하게 되고 이에 따라 계급적 불평등현상이 나타난다. 비계급적 토대로는 성, 인종, 민족성, 언어, 공간적 위치, 연령, 종교, 정당가입 등이 거론된다. 이것들은 계급불평등과 상호연관되지만, 계급형성에 직접적으로 영향을 미치는 고유한 요소가 아닌 불평등의 가변적 토대들이다. 이러한 불평등의 토대들이 나타나는 양상과 영향력의 정도는 사회마다 다르게 나타난다.

기든스는 지리적 위치에서 비롯된 불평등관계에 주목한 이론가이다. 그는 어떤 한 나라가 다른 나라를 착취하는 경우를 언급하고 있다. 이 문제는 현대 자본주의의 '세계화' 증대와 연관되어 선진국이 저개발국을 조직적으로 종속적인 위치에 머물게 만드는 과정과 관계가 있다. 이에 덧붙여 한 나라 내부에서도 농촌과 도시에 살고 있는 사람들 간에 발생하는 불평등이 그러한 맥락에서 이해될 수 있다.[27]

〈표 2-2〉에 나타난 불평등의 계급적·비계급적 토대들은 사회불평등의 원인과 영역을 밝혀내는데 큰 틀을 제시해 주고 있다. 이러한 토대는 사회

[27] Immanuel Wallerstein, "The Capitalist World-Economy"(Cambridge: Cambridge University Press, 1979), 양춘 역(2003), p. 300.

변화와 문명의 틀 변화에 따라 다양하게 추가될 수 있다. 환경문제와 관련하여 인간과 자연의 불평등문제가 그 대표적 사례라고 할 수 있다. 불평등의 원인과 공간, 영역의 문제는 불평등 이슈를 체계적으로 다루고 구체적 과제를 모색하는데 있어 설계도 역할을 할 수 있을 것이다.

# 3. 사회주의 사회불평등구조의 특성

## 3.1. 사회주의 사회불평등구조의 특성

### 불평등의 원인과 양상

사회불평등구조는 인류역사와 함께 존재해 온 보편적인 현상으로 무계급 평등사회를 지향하는 사회주의 사회에서도 예외가 아니다. 마르크스주의자들은 현대 자본주의는 생산수단의 소유 여부에 따라 지배계급과 피지배계급으로 나뉘지만 사회주의 사회에서는 새로운 생산양식이 도입됨으로써 사회적 불평등이 사라진다고 주장한다. 그러나 사회주의 사회에서도 경제생활을 비롯한 사회생활 전반에 걸쳐 다양한 형태의 사회불평등현상이 나타나고 있고, 지속적으로 확대·심화되고 있음을 쉽게 발견할 수 있다.[28]

원래 마르크스는 자본주의 사회불평등현상에 초점을 맞추었지만 모든 사회에서 발견되는 불평등의 중요한 원인인 생산영역에서의 불평등을 지적하고 있다는 점에서 보편적인 불평등구조 분석에 크게 기여했다. 그는 생산

[28] 사회주의 사회는 전반적으로 엘리트계층으로의 진입에 상당한 제약을 두고 있다. 엘리트계층으로 진입하기 위한 전제조건이 '당에 대한 충성심 확보'와 '전문적 능력'의 배양인데 이 두 요소에 대한 기회부여에 있어 매우 불평등한 구조를 가지고 있으며 이로 인해 사회불평등이 세습되는 경향도 나타나고 있다. 주요 공직 채용에 있어 '공개채용제도'를 채택하지 않고 '추천제'를 활용하는 것은 이 같은 경향을 확대재생산하고 있다. 국공유 산업시설의 운용에 관한 권한을 갖고 있는 고위관리자들은 자본주의 사회의 자본가와 다를 바 없으며 이들의 인적·물적·사회적 연줄망을 활용한 각종 부패행위로 인해 경제적 불평등이 심화되고 사회주의가 붕괴하게 되었다.

수단을 소유하고 통제하는 사람과 자신의 노동력에 의존해 생계를 꾸려 가는 사람들 사이에 지배-피지배 관계가 형성된다는 사실을 밝혀 냈다.

베버(Max Weber)는 사회적 불평등은 다양한 요인들에 의해 구조화되며 경제적 차원의 계급뿐만 아니라 정당과 같은 권력이나 신분, 인종, 성별, 종교 등 사회적 지위에 의해서도 영향을 받는 것으로 보았다. 베버에 의하면 한 사회의 불평등이 지속되는 주요 기제는 경제구조나 경제적 자원에만 국한되지 않으며 국가가 향유하는 권력과 물리력을 포함한다. 따라서 자본주의적 생산양식이 철폐된 이후에도 여전히 사회적 불평등은 존재할 것으로 보고 있다.

또한 사회주의 국가들은 모든 국민이 생산수단에 대한 동등한 소유권을 가지고 있다고 주장하지만, 이는 형식적인 성격에 불과하다는 것이 연구를 통해 드러났다. 콘라드(J.K. Konrad)는 사회주의 사회에서 생산수단 사용권을 통해 나타나는 불평등은 사회경제적 차이를 가져오며 분배·교환 및 소비의 참여에서도 불평등을 가져온다고 주장한다. 이런 점에서 사회주의 사회에는 경제활동을 통제하고 생활수단을 배분하는 정치적 명령권을 갖는 계층이 존재함으로써 사회불평등이 지속적으로 심화·확대된다고 할 수 있다.[29]

렌스키(G. Lenski)는 사회주의 사회가 생산수단의 사유화를 철폐함으로써 소득불평등의 실질적 감소를 가져오기는 했지만, 정치적 불평등을 제거하거나 감소시키지 못했으며 노동의 불평등, 성별 불평등, 도농 간 불평등 등 주요 사회적 불평등을 전혀 해소하지 못했다고 주장했다. 사회주의 사회에서는 고도의 중앙집중식 관리시스템을 채택함으로써 최상층이 권력을 독점하게 되고 정치범을 양산시켰으며 일반대중은 정책수립 과정에서 철저히 소외되어 있다. 경직된 권위구조로 인해 노동자들의 불만은 폴란드 및 구소련에서 나타난 바와 같이 폭동으로 치달을 정도로 팽배해졌다.[30]

---

[29] 콘라드는 "사회주의적 소유란 생산수단에 대해 사회적으로 평등한 처분권을 보장한다고 하지만 이것은 엄격히 보면 형식적이고 법적인 관계일 뿐 구체적이고 개인적인 처분권을 의미하지는 않는다. 이 같은 처분권 활용의 문제는 사회주의 사회의 정치적 불평등문제를 야기시키며 실제로 구소련을 비롯한 사회주의 사회에는 국민경제를 사실상 통제하고 개별 사회집단에 대해 생활수단을 배분하는 정치적 명령권을 갖는 계층 및 계급이 존재하고 있다(길태근, 1994, pp. 148~149).

[30] 렌스키는 세 측면에서 사회주의 사회의 불평등을 강조하고 있다. 첫째, 사회주의 사회들

이와 유사한 맥락에서 제기되는 사회주의 사회의 불평등은 행정적 배분에 의한 불평등이다. 행정적 배분에 의한 불평등은, 특히 국가관료제와 유일정당에 의해 야기된다. 사회주의 사회는 당(黨)이 모든 의사결정 과정을 독점하며 당 이외의 어떤 제도적 기관도 자율적인 결정권을 가질 수 없다. 권력을 점유하고 있는 당료는 자신들의 목적과 원리에 상응하는 관료들에 대한 보상과 특권을 허용한다.

사회주의 국가의 관료는 국가권력의 분신으로 분배를 집행하며 고급시설 이용권, 외국여행 기회, 공공 승용차나 국가재산의 이용, 밀수용품 획득 등 여러 면에서 상당한 수준의 혜택을 누리게 된다. 또 당원증을 소유하고 있는 화이트칼라 지식인 계층은 파워엘리트로서 체제정당화의 첨병역할을 함으로써 동일한 혜택을 부여받는다. 사회주의 국가에서의 보상-분배는 자본주의 시장의 보이지 않는 손에 의한 것이 아니라, 당과 국가라는 매우 뚜렷한 '보이는 손'에 의해 지배되며 불평등은 자본주의 사회보다 오히려 더 첨예화되는 경향이 있다.

사회주의 사회에서 지배층은 국가와 당의 권력을 기반으로 한층 공고화된다. 질라스(Milovan Djilas)는 사회주의 사회에서는 새로운 착취계급으로 공산당 관료 중심의 지배적 특권층인 신계급(new class)이 형성된다고 주장한다. 질라스는 이 신계급을 '그들이 가지고 있는 행정적 독점 때문에 특권과 경제적 우위를 지니게 된 사람들'이라고 정의하는데, 이들은 단순히 전문직이나 관리직에 있는 사람들이 아니라 체제의 주요 수혜자인 전업 정치가나 당관료들을 가리킨다. 이 신계급은 국가자원을 효율적으로 통제하며 사람과 재화 및 용역을 배분하기 때문에 실제적 의미에서 보면 재산소유자라고 할 수 있다.[31]

---

이 '정치적 불평등'을 제거하지 못했을 뿐 아니라 감소시키지도 못했다. 이론적 전제와 달리 공산당을 중심으로 한 프롤레타리아 독재의 민주집중제는 당엘리트들에게 권력과 권위를 집중시키고 불법적인 분파주의를 낳았으며 최상층의 권력을 완전히 독점함으로써 노동자·농민을 비롯한 최하층의 다수가 정치범으로 전락하는 결과를 초래했다. 둘째, 사회주의 사회에서도 노동자의 소외를 극복하지 못했다. 셋째, 성적 불평등과 도시와 농촌 간의 불평등을 극복하지 못했다(송복 편저, 1986, p. 252).

31 질라스는 이 새로운 계급을 '그들이 가지고 있는 행정적 독점 때문에 특권과 경제적 우위를 지닌 사람들'이라고 정의하면서 이들은 단순히 '당원'인 전문직이나 관리직에 있는 사람들이라기보다는 체제의 주요 수혜자인 전업적인 정치가나 당관료들로 보고 있으며, 보스렌스키는 이 신계급을 노멘클라투라로 규정하고 있다. 이들은 소련 사회의 지배계급으

사회주의를 전체주의 체제로 보든 국가자본주의로 보든, 아니면 국가사회주의로 규정하든 사회주의 사회는 국가권력을 독점하고 사회경제적 혜택을 누리는 지배계층과 노동자·농민으로 구성되는 피지배계층 사이에 심각한 불평등구조가 존재하고 있다는 점에서는 공통적이다. 전체주의적 시각에서 보면, 공산당이 모든 의사소통의 통로를 독점하고 있으며 하위집단의 불만이 표출될 수 있는 합법적인 통로는 차단되어 있다. 관료주의의 발달과 당과 국가기구의 독점적 지배를 강화하는 규범적 합의에 의해 정치적 순종이 조장되고 강제된다. 그 결과 국가관료는 생산과 자원분배와 관련된 계획과정을 통제함으로써 의료 및 교육사업, 주택, 소비재, 설비 등 물질적 생활수준에서 특혜를 받게 된다.

정치적 이데올로기보다 국가의 물질적 토대를 강조하는 국가자본주의 시각에서 보면 사회주의 체제의 특권지배층은 자본주의 체제의 자본가와 전혀 다를 바 없다. 즉, 사회주의 사회에서는 자본가인 국가가 국가의 이윤창출을 위해 노동력을 착취한다는 것이다. 따라서 자본주의와 사회주의 간에 생산과정의 성격에는 전혀 차이가 없으며 단지 소유관계에서 개인과 법인이 아닌 국가가 소유하고 있다는 점이 다를 뿐이다. 이러한 시각은 사회주의 체제가 붕괴되고 자본주의로의 편입이 심화되면서 더 설득력을 얻어가고 있다.

사회주의를 국가자본주의로 보지 않고 국가사회주의로 보는 입장에서도 사회주의 사회의 불평등은 당과 관료층에 의해 강화된다. 국가사회주의 체제에서는 국가의 중앙계획 및 통제와 조정기능을 통해 노동자인 일반사람들을 관리·통제한다. 이러한 계획과 통제는 구체적으로 당엘리트와 관련된 행정부처에 의해 결정된다. 계획과 통제는 기능에 따른 위계구조를 만들어 냄으로써 권력이나 특권, 그리고 위신상의 각종 불평등의 원인이 된다.

이러한 정치적 불평등에 따라 각 계급 간 소득불평등이 나타난다. 각 계급·계층은 국가로부터 차별적으로 자율성이나 권한이 부여되며 정치적 통제를 받는다. 따라서 이들이 누리는 특권이나 특별수입은 정치적 신임의

---

로 존재하며 국가재산의 집단적 소유자라는 점에서 착취계급이기도 하다. 이들만이 호화롭고 풍요하게 살 수 있는 권리를 가진 특권계급이며, 소련 사회의 독재적 형태를 가능하게 한 계급이고 사회적 생산에 기여하지 않는 기생계급이기도 하다는 것이다(홍순호 역 1982; 길태근, 1994에서 재인용).

지속 여부에 좌우되는 것이지 개인의 힘이나 기업의 경제적 역량에 좌우되는 것은 아니다. 경제적 불평등은 기술수준이나 자격 등의 기준에 따라 분배를 결정하는 중앙계획기관에 의해 좌우된다. 사회주의 사회에서 수입을 기준으로 한 사회불평등구조는 서구사회만큼 결정적인 것은 아니지만, 권력이나 경제적 기능 및 지위의 차이에서 비롯되는 소득이나 재화의 불균등 배분현상은 지속되고 있다.

사회주의 사회에서는 권력관계와 정치적 활동이 불평등을 규정하는 지배적 요소이기 때문에 정치적 위계구조는 경제 및 사회영역에 폭넓게 영향을 미친다. 국가를 형성하는 정치구조는 인간행동을 강제할 수 있는 능력을 지님과 동시에 경제영역에서도 국가소유권 등을 통해 물질적 자원을 통제하기 때문이다. 이런 점에서 사회적 불평등을 결정짓는 궁극적인 요인은 권력이라고 할 수 있다.

사회주의 사회의 노동력 충원 및 배치는 산업 및 도시의 발전과 더불어 다양한 형태로 나타난다. 사회주의 사회의 불평등은 간부와 인민 사이에서뿐만 아니라 도시노동자·농민 등 다양한 직업에 종사하는 사람들 사이에도 존재한다. 이러한 불평등은 사회주의 체제 자체에 의해 형성되고 심화되는 구조적 특성을 지닌다.

특히, 생산재 중심의 급속한 산업화를 통해 자본주의 사회를 경제적으로 따라잡으려는 시도는 농촌경제보다는 도시경제를, 농민보다는 노동자를 우대하는 다양한 정책과 제도를 만들어 냈다. 대다수 농민들은 거주 및 이동에 대한 경직된 통제로 인해 열악한 농촌생활을 벗어날 수 없으며, 북한의 경우에도 '농민의 노동계급화'라는 목표아래 농촌기계화를 추진하고 농촌경제를 도시경제와 긴밀히 통합시키는 노력을 추진했지만 큰 성과는 없었던 것처럼 보인다.

한편, 사회주의 체제의 변화를 모색하는 과정에서 불평등 심화현상이 나타나기도 한다. 사회주의 체제는 경제침체에 직면하여 점진적인 개혁·개방정책을 실시하거나 탈사회주의화를 통해 경제활성화를 추구한다. 이 과정에서 체제의 기득권 세력이 개혁·개방의 제도적 혜택을 독점함으로써 사회불평등구조가 심화되는 것이 일반적이다. 특히, 중국과 같이 사회주의 체제를 유지하는 가운데 개혁·개방을 추진하는 시장사회주의 국가는 그 과정에서 발생할 수 있는 다양한 불평등현상의 정치사회적 부작용을 고려하여 개혁·개방의 속도와 폭을 의식적으로 조절하기도 한다.

### 사회주의권 국가들의 사회불평등에 대한 정치사회적 대응

사회불평등구조의 심화가 주민들에게 급진적인 태도를 형성하게 하고 정치사회적 저항을 야기해 체제를 변화시킨 대표적인 현상이 바로 구사회주의권 붕괴였다. 러시아의 경우 공공기업의 사유화 등 개혁·개방의 제도적 틀을 활용해 구체제의 권력층과 관료들이 결탁해 단기간 내에 부를 축적함으로써 신흥 유산계급으로 급부상했다. 구소련 사회의 장관, 공산당 수뇌부 인사, 대학의 고위관리자, 국영기업체의 장 등이 정부기관의 관료기업설립, 주식회사 경영자로의 변화, 은행설립에 이르기까지 다양한 분야에서 권력을 활용해 부를 축적한 것이다. 특히, 경제개혁의 근간을 이루는 사유화는 계층 간의 경제적 이해관계 대립을 격화시키고 이념갈등을 야기하는 주원인이 되었다.

중국의 경우 등소평의 선부론에서 나타나듯이 개혁과정에서 일부 집단의 선도적 축재와 빈부격차 발생 및 확대현상은 불가피한 것으로 보인다. 개혁기에 사회불평등현상이 다소 심화되더라도 국가경제 전체의 발전과 인민 모두의 복지향상을 유도하기 위해서는 불가피하다는 논리다. 과도기의 제도적 틈새를 이용해 권력층과 결탁하여 부정부패로 부를 축적하는 신흥부유층이 생겨나고 있다. 그러나 중국에서는 빈부격차 발생에 대해 개혁기의 빈부격차가 전체적인 경제발전 및 생활수준 향상을 위한 과도기적 현상이며 이는 불가피하다는 지도층의 정당화 논리를 주민들이 수용하고 있는 것으로 보인다.[32]

이 같은 불평등 심화현상은 시장사회주의를 추진중인 베트남에서도 나타나고 있으나, 중국과 달리 베트남 지도부는 개혁·개방을 추진하면서 나타난 빈익빈 부익부의 불평등 심화현상을 인정하지 않고 있다. 오히려 베트남은 자신들의 사회주의 체제가 평등사회를 추구하고 있다는 점을 사회주

[32] 중국은 구소련을 위시한 동유럽 사회주의권의 몰락을 지켜보면서 그 원인이 중앙집중식 통제경제시스템에서 발생한 비능률·비효율을 개선하기 위해 채택한 분권화와 자유화를 통해 부분개혁체제, 사회주의적 상품경제로 이행하는 과정에서 고위관료들이 인적·물적 연줄망을 통해 부패구조를 형성하고 그것이 심화되면서 몰락한 것을 인식하고, 자본주의식 경영관리방법을 채택하면서도 관료부패를 근절하고자 최선의 노력을 경주하고 있다(박형중, 2002, pp. 6~9).

의 체제의 정당성을 확보하는 가장 핵심적인 요소로 강조한다.

베트남 지도부는 자본주의를 빈익빈 부익부 체제로 규정하고 사회주의는 평등을 추구한다고 주장한다. 그러나 이러한 주장은 아직 베트남의 개혁·개방 정도가 중국과 비교할 때 불평등을 심화시킬 만큼 진전되지 않았다는 점을 반영하는 것이다. 이런 점에서 개혁·개방의 속도와 범위가 베트남에도 미치지 못하는 북한의 경우, 개혁·개방에 따른 불평등구조의 심화와 사회구성원들의 상대적 박탈감은 베트남에 비해 크지 않을 것으로 추측된다.

한편, 계층 간 사회적 이동이 어느 정도로 개방되어 있는가 하는 것은 사회불평등에 대한 인식에 있어 매우 중요하다. 사회적 상향이동을 할 수 있다고 믿는 한 사람들은 불평등구조를 인정하고 받아들일 것이기 때문이다. 사회주의 사회에서 당(黨)은 사회적 상승이동을 위한 핵심기제로 작용한다. 자본주의 사회에서 흔히 나타나는 교육이나 전문적 경력 및 개인적인 부의 축적 등을 통한 계층상승의 경로는 사회주의 사회에서는 가능하지 않거나 아니면 정치적 신임을 통해서만 보장된다.

사회주의 사회에서 정치엘리트들은 많은 특권을 누리고 있으며 상당부분을 다음 세대에까지 물려줄 수 있는 가능성을 갖고 있다. 예컨대, 직업적 사회적 위계구조의 정상은 전체 노동인구의 1~2%에 불과한 극소수의 정치엘리트로 이루어지는데 이들은 공산당 상층부 또는 그에 준하는 사람들과 완전히 일치한다. 국가나 계획기구의 핵심간부진을 구성하는 것은 본질적으로 정치적인 집단이다.[33] 그러나 자본주의에서와 달리 상속의 어떤 법적 권리주장을 할 수 없기 때문에 자립적이거나 독립적인 사회집단이라고 할 수는 없다.

그런데 반드시 사회적 이동이 개방되어 있어야만 정치사회적 불만이 해소되는 것은 아니다. 계층 간 불평등구조를 어느 정도 형평성 있는 것으로 인정하는 것이 사회의 지배적 가치라면 유사한 계층 내의 불평등 정도가 상대적 박탈감과 정치사회적 불만을 야기하는데 오히려 중요한 기준이 될

33 북한의 경우 김일성·김정일 우상화를 통해 당=국가 위의 '김일성·김정일'이라는 등식이 성립되어 있고 계층이동은 엄격히 제한되고 있으며 김일성의 친인척인 신성가족, 김일성의 빨치산 동료들의 가족 및 후손들인 항일혁명 유가족, 핵심군중의 순으로 동심원적으로 확대되는 권력구조를 지니고 있다. 따라서 인구의 40%를 차지하는 기본군중이나 27%를 차지하는 복잡군중의 경우 상층부로의 상승이동통로는 완전히 막혀 있다.

수도 있다. 이런 점에서 지배계층의 지배구조를 정당화하기 위해 동원하는 역사·사회·문화적 자원은 사회구성원의 의식과 정치사회적 태도를 형성하는데 지대한 영향을 미치고 있다.

## 3.2. 자본주의 사회불평등구조의 특성

이 책은 사회주의 사회, 특히 북한의 사회불평등구조가 지닌 특성과 심화구조를 연구대상으로 삼으려 한다. 그런데 사회주의 사회불평등구조의 특성을 도출하는 데 있어 자본주의 사회불평등에 대한 고찰은 주제연구를 한층 더 선명하게 해 줄 수 있기 때문에 자본주의 사회불평등구조에 대해 간략히 살펴본다.

자본주의 사회의 불평등문제는 크게 두 범주로 나눌 수 있는데 제도적 측면과 심리적 측면이다. 그러나 실제로 자본주의 사회불평등현상을 구체적으로 분석해 그 특성을 도출할 경우 두 측면의 구분은 매우 모호하게 나타난다.

현재 자본주의 사회의 불평등문제는 자본주의적 사회질서 안에서 제도적 차원의 불공정이 주가 되며, 이를 사회구성원들이 어떻게 인식하고 있느냐 하는 데 초점이 있다고 할 수 있다. 현재 자본주의 사회가 안고 있는 사회불평등현상은 세 가지로 집약된다.

### 배분적 정의의 문제

자본주의 사회불평등구조에서 가장 중요한 것이 배분적 정의의 문제다. 배분적 정의[34]는 공정한 분배를 의미한다. 사회성원들이 누구나 공정하다고 느낄 정도의 배분이 이루어지고 있다면 배분적 정의는 잘 지켜지고 있는 것이다. 일반적으로 사회구성원들이 배분적 정의가 지켜지지 않고 있다고 느끼는 경우는 다음의 사회경제적 조건에서다.

[34] 대체로 배분적 정의에는 세 가지 원칙이 있다. 공정한 분배, 균등한 분배, 기회의 균등이 그것이다. 공정한 분배원칙은 생산에 기여한 것에 비례해 각자 분배의 몫이 결정되어야 한다는 것이며, 균등한 분배는 생산과정에의 기여 정도에 관계 없이 모든 사람에게 동등한 분배권리를 부여하는 것이다. 기회균등은 공정한 분배가 올바르게 이루어지기 위해서는 모든 구성원에게 생산에 기여하여 자신의 능력과 창의력을 발휘할 수 있도록 동등한 기회가 주어져야 한다는 것이다(정기방, 2001, p. 117).

첫째, 계층 간 소득격차가 크게 벌어지고 부의 집중이 심화될 경우다. 둘째, 부유층의 부의 축적과정이 비윤리적이거나 부조리하게 이루어졌다고 사회구성원들이 인식하고 있을 경우다. 셋째, 부유층의 자기과시적 소비행태가 계층 간 위화감을 확대시키는 경우다. 넷째, 생활조건이 나아져 기대수준이 높아지는 경우로, 기대와 현실 간의 격차가 벌어져 상대적 빈곤의식을 느끼는 경우다. 이 같은 조건들은 자본주의 사회 배분적 정의의 문제점을 특화시키는 조건이기도 하다. 중요한 점은 시민들이 자본주의 체제를 고수하면서도 부 자체에 대한 비판의식이 강하다는 점이다. 이는 있는 자들의 도덕성과 부의 축적과정에 대한 불신 등이 중요한 원인이 된다고 할 수 있다.

### 기회구조의 불평등문제

기회구조의 불평등문제는 가치의 배분보다 가치를 획득하는 수단에 대한 접근가능성의 문제다. 배분적 정의가 결과에 초점을 둔 것이라면 기회구조의 평등은 가능성에 초점을 맞추고 있다. 이것은 성공기회가 개인의 능력과 노력에 비례하느냐, 아니면 사회구조에 의해 특정 계층에 유리하게 결정되느냐의 문제다. 자본주의 사회에서 기회구조의 불평등영역은 매우 다양하게 나타나고 있다. 즉, 근로자의 고용기회와 고용조건의 불평등, 성차별로 인한 불평등, 교육에서의 불평등, 학력으로 인한 불평등, 사회복지 서비스의 불평등, 법 집행의 불평등, 출신지역으로 인한 불평등 등이 대표적 사례다.[35]

교육에서의 불평등문제는 그다지 심각하게 나타나지 않았으나 최근 들어 우려할 만한 징후들이 나타나고 있다. 교육비 증가로 인한 경제적 부담, 취학지역에 따른 교육의 질 차이 등으로 인해 저소득층의 교육기회가 좁아지고 있다. 명문대 입학생의 대부분이 '가진 계층'의 자녀로 나타나고 있다. 종래에는 교육이 계층상승의 주요 기제로서의 역할을 많이 했으나 최근 들어 계층고착의 역할을 하고 있지 않나 하는 우려감을 갖게 하고 있다.

이러한 기회구조의 불평등은 배분의 불평등보다 더 심각한 사회적 불평등을 가져온다. 개인의 능력과 노력 차이에서 오는 불평등은 정당하게 받아들여질 가능성이 높은 반면, 개인의 능력이나 노력에 상관 없이 차별적으

[35] 방영준(1999), pp. 90~93.

로 주어지는 기회구조는 소외계층을 절망·분노하게 만든다. 나아가 사회의 윤리의식을 저하시키고 사회정의의 인식을 말살시킨다.

#### 경쟁규칙의 불평등문제

경쟁규칙의 불평등문제는 게임규칙이 제대로 지켜지느냐의 문제다. 공정한 배분제도와 기회구조가 마련되어 있다 하더라도 그 제도가 운영되는 규칙이 공정하지 못하다면 사회성원들은 심한 사회적 박탈감을 느낄 것이다. 자본주의 사회에서 나타나고 있는 경쟁규칙의 공정성 문제는 매우 심각하다. 그 원인 가운데 가장 큰 것이 연고정실주의다.

개인적인 삶에 있어 연고와 정(情)은 매우 소중하지만 그것이 공적 차원으로 확대되어 나타나면 심각한 경쟁규칙의 왜곡현상을 야기한다. 연고정실주의는 집단이기주의로 연결되기도 하며 편법주의적 풍조를 만연시킨다. 공정한 게임규칙이 지켜지지 않을 때 사회성원들은 사회의 보상체계에 불만을 갖게 되고 이것은 사회불안의 큰 요인으로 등장한다. 또한 연고정실주의는 사회주의 국가들이 해체기로 접어들면서 간부들의 인적 네트워크를 활용한 부패행위가 급증했었다는 점에서 양 체제 모두에서 경쟁규칙의 심각한 왜곡현상을 초래하고 있다.

## 4. 북한 사회불평등구조의 특성과 심화구조

### 4.1. 북한 사회불평등구조 형성의 사회적 토대

앞 절에서 사회주의 사회가 지향한 '완전평등이 실현된 사회'는 결과적으로 정치적 구호에 그쳤다는 것을 살펴보았다. 즉, 역사상 등장했거나 현존하는 사회주의 사회에는 비록 자본주의 사회와 같은 잉여가치 착취에 따른 불평등의 심화형태는 아닐지라도 사회생활의 다양한 차원에서 불평등이 존재하고 있고 그것이 지속적으로 구조화되고 있음을 확인할 수 있었다.

이 책에서는 해방 이후 북한에서 행해진 사회불평등구조가 각 시기별로 어떤 특성을 지니면서 심화되고 구조화되어 가는지를 살펴볼 것이다. 또한 북한 당국의 사회불평등을 보는 시각은 어떠했으며 어떤 구조로 가져가려 했는지, 주민들은 그 불평등구조를 어떤 시각에서 바라보았으며, 그 시각은 어떻게 변화되어 왔고 변해갈 것인지를 밝혀 나가려고 한다.

북한 사회 역시 다른 사회주의 국가들과 마찬가지로 권력과 권위가 당-국가 엘리트에 집중되고 정치적으로 노동자·농민계급이 통치대상으로 전락하여 피지배계급화되어 있고, 노동자는 실제로 피착취자의 지위로 전락해 있으며 거주이전의 자유가 없음으로 인해 농민들은 토지에 속박되어 있다.

북한은 생산수단의 국유화, 공개채용제도나 시험을 통한 승진제도의 불채택으로 인한 직업선택의 자유 불허, 거주이전의 자유 불허, 언론 및 종교의 자유 불인정, 중앙집중식 명령경제시스템[36] 등을 통해 엄격한 통제체제가 실시되는 사회다. 이러한 북한 사회에서 사회적 불평등은 '당=국가'라는 이름으로 행해지는 '행정적 배분'에 의해 구조화되며, 김일성·김정일이라는 절대권력자 1인을 중심으로 구현된 수령의 지침이나 현지 지시가 당과 국가에 의해 전적으로 수용되는 독특한 '수령-당-국가체제'를 갖춤으로써, 수령-당-국가에 의해 결정된 정책은 바로 행정적으로 실행되고 그에 따른 배분이 이루어진다.

북한은 행정적 배분의 기초가 되는 매우 엄격한 사회적 기준을 가지고 있는데 그것은 성분별 위계구조와 기능별 위계구조이다. 북한의 사회정책은 당과 국가의 일방적인 행정적 배분에 의해 결정되며 북한 사회 계층화 현상은 당=국가가 지시하는 바를 철저히 실행하고자 하는 전략적 선택의 산물이다. 이 전략의 반복적 활용을 통해 불평등현상이 구조화되고, 이 구조화는 다시 사회불평등구조를 심화시키면서 다양한 자원의 행정적 배분에 직접적인 영향을 미치고 있다. 또한 행정적 배분은 사회주의적 '동원'과 '통제'라는 전략적 측면을 기초로 하고 있고, '정치성·기능성'이라고 하는 개인 및 집단에 대한 평가가 맞물리면서 결정되고 있다. 따라서 북한의 불평

[36] 북한의 경우 중앙집권적 명령경제체제에서 부분개혁체제로 이행하고 있다는 견해가 일반적이다. 부분개혁체제는 국가계획위원회를 통한 중앙관리체제의 기본틀을 유지하면서 분권화와 인센티브제 개선을 통해 경제의 효율성을 높이기 위한 경제관리방식으로 2002년 7월 1일 시행한 '7·1 경제관리개선조치' 이후 연합기업소를 해체하고 독립채산제가 강화되는 등 인센티브제가 부분적으로 도입되고 있다.

등한 위계구조는 이러한 평가결과에 따라 구조화된다는 가설의 설정이 가능하다.

북한 주민의 불평등한 위계구조는 1958년부터 지속적으로 시행하고 있는 주민성분조사사업[37]에서 분명하게 드러난다. 이 조사사업은 사회주의 혁명을 강력히 추진하기 위해 사회주의 이전 사회의 다양한 계급·계층을 사회주의 이념에 부응하는 '정치성'을 기준으로 재분류하는 작업이었다. 여기에다 분단과 전쟁을 치르고 난 이후 북한 사회의 특수성이 크게 반영되었다.

주민성분조사사업은 '사회통제적 배분전략'에 의한 것으로 새로운 사회체제에 대한 반대세력을 통제하고자 하는 목적에서 시도된 것으로 볼 수 있다. 개인에 대한 평가는 가족을 최소단위로 그들만의 '정치성' 기준에 따라 연좌제를 통해 개인을 그 속에 종속시키면서 위계화하는 것이다. 여기서 '정치성'은 당성에 의해 평가되고, 당에 대한 충성도는 곧 김일성·김정일 일가에 대한 충성임은 물론이다. 이것을 주체사상의 철저성을 가늠하는 '이념성'이라고 한다면 반당 또는 반사상성을 출신성분에 따라 미리 색출하여 사회적 통제를 원활히 하고자 하는 목적이 숨겨져 있는 것이다.

출신성분에 따라 선천적으로 결정된 계층적 지위는 정치적 자원의 배분에 지대한 영향을 미치게 된다. 즉, 당·정·군 등에서 행정적 배분의 담당자적 지위를 차지할 수 있는 자격이 결정되며 당원이 될 수 있는 자격도 여기서 결정된다. 이러한 정치적 자원의 확보 정도에 따라 여타의 경제적·문화적 자원의 배분도 결정된다.

북한에서 가장 중요한 '정치적 자원'은 당원이 되는 것이다. 모든 행정적 배분이 당=국가에 의해 이루어지기 때문에 당원이 된다는 것은 행정적 배분의 담당자로 고위직에 오르기 위한 필수조건이다. 현재 노동당 규약에

37 주민성분조사는 1958년 중앙당 집중지도사업이 이루어진 이래 1967년부터 주민재등록사업의 결과를 바탕으로 전 주민을 3계층 51개 부류로 구분하는 사업을 실시했다. 또한 1972년부터 1974년까지는 '주민요해사업'으로 주민동태사업을 벌임으로써 전 주민을 믿을 수 있는 계층인 핵심계층, 반신반의자인 기본계층, 체제변동시 적의 편에 가담할 가능성이 높은 적대계층으로 구분해 관리해 왔다. 1980년에는 월북자 등 외부에서 입북한 자들을 13계층으로 분류해 감시자료를 작성했으며 이후 주민증갱신사업 등을 통해 지속적으로 주민성분조사사업을 시행하고 있다. 2005년 9월부터는 주민들의 출신성분 자료를 컴퓨터에 전산화하여 활용하기로 결정했으며 이는 북한 사회의 주민통제기제를 한층 더 강화시켜 줄 것으로 예견되고 있다(연합, 「北, 주민 신분등록 전산화」, 2005. 8. 24, www.NK.Chosun.com/Main/Main.html).

명시된 입당절차를 보면 당의 자체심사에 의해 철저한 출신성분 분석을 기준으로 선발되는데 심사과정에서 가장 중요한 문제는 가족들의 '과거와 현재의 사회정치적 활동'인 것이다. 출신성분에 따른 계층적 위계가 다른 자원의 배분과 반드시 일치하지 않는다고 하더라도 북한 사회에서 기능적 중요성을 가진 직업적 지위로 이동하는데 있어 요소가 되고 있다.

북한 사회도 다른 사회주의 국가와 마찬가지로 다양한 직종과 직업에 따라 주민들이 위계화될 수밖에 없을 것이다. '정치성'은 기능적 중요성을 중심으로 이루어진 직종 및 직업의 층화구조에 새로운 인원을 충원하는데 있어 핵심적인 규정력을 갖는다. 사회주의 이념상 각 직업 및 직종의 기능은 위계적으로 계층화되는 것이 아니라 상호보완적이고 협동적으로 구성되어야 하지만 실제로 나타나는 차별적 성격은 그러한 이념적 규정과는 무관한 것임을 보여 준다.

북한 사회도 공업화가 진전됨에 따라 사무직 및 전문직 종사자의 직업적인 '기능적 중요성'이 증대되고 있는 것으로 보인다. 사무전문직 종사자는 다른 사회주의권에서 널리 쓰이는 이른바 '신중간계급'[38]이라고 할 수 있는데 사회주의 이념상 핵심적인 계급인 노동자·농민보다 사실상 높은 지위를 차지하고 있다고 할 수 있다.

이러한 '기능적 중요성'의 증대는 북한 사회 위계구조를 질적으로 규정하는 '정치성'에도 영향을 미칠 수밖에 없다. 권력엘리트집단으로 진입하는 사회적 상승이동이 사무직 및 근로인텔리 출신이라고 할 수 있는 전문관료집단에서 가장 활발하게 이루어지고 있기 때문이다. 현재 정무원과 노동당의 40~50%, 정치국 정위원의 50%, 후보위원의 70%가 전문관료 출신이라는 사실은 이를 보여 주는 지표이다. 또한 최고인민회의 대의원의 직업별 출신성분에서도 잘 나타나는데 노동자와 농민의 비율은 점차 감소하고 고학력

38 소련을 위시한 사회주의권 국가들에서 중간계급의 성장은 사회의 전체주의적 성격을 완화시키고 분권화·자유화를 통해 민주화를 이루는 데 중요한 동인이 되었다. 북한의 경우도 산업화와 경제위기로 인한 국가공급시스템의 마비로 인해 불가피하게 연합기업소가 해체되고, 분권화와 독립채산제, 인센티브제를 확대하는 등 중간계급의 성장가능성이 점쳐지고 있다. 신중간계급으로 분류될 수 있는 사람들은 지속적인 사회적 상승이동을 통해 권력엘리트로 진입했는데 정무원과 노동당의 30~40%, 당정치국 정위원의 50%, 후보위원의 70%가 이에 해당된다. 그러나 북한에서 신중간계급은 핵심군중으로서 대를 이어 당=국가로부터 특혜를 받아온 수혜계층으로 정권에 완전히 포섭되어 있으며 체제변동세력으로서의 면모는 아직까지 전혀 보이지 않고 있다.

테크노크라트 중심의 사무직 및 전문직 출신이 급격히 증가하여 2003년 제11기 대의원 구성에서는 59.4%에 달해 절반 이상을 차지하고 있다.[39]

이러한 경향은 공업화의 결과 사무전문직 종사자의 수가 크게 증가했다는 사실과 함께 이 직종의 '기능성'이 증대되면서 높은 직업적 지위를 확보해 가고 있다는 점을 보여 준다. 산업화가 확대되어 사회적 분화와 다원화가 증대하면서 정치적 리더십보다는 실무적이고 실용적인 리더십의 중요성이 점점 더 중요해짐에 따라 전문관료집단의 역할이 증가하고 있는 것이다. 그러나 기능적 중요성이 보다 중시되고 있다 하더라도 북한 사회는 여전히 '정치성'의 기준이 가장 중요한 충원요소가 되고 있음은 주지의 사실이다.

사회적 동원과 통제라는 사회주의적 이념에 기초한 '정치성'과 '기능성'은 북한의 사회유지와 재생산 기제이자 사회불평등구조 형성의 사회적 기초로 작용하고 있다고 볼 수 있다. 그리고 이처럼 엄격한 사회적 기준에 따라 행정적 배분이 불평등하게 이루어짐으로써 사회불평등구조가 더 심화되고, 그 구조화된 불평등구조는 강한 정치적 성격을 띨 수밖에 없다고 가정하고자 하는 것이다.

이 책에서는 북한의 사회불평등구조가 북한 당국의 각종 통치기제를 통한 정치사회화에 의해 어느 정도로 정당화되어 왔고 주민들은 이를 어떻게 받아들여 왔는지, 그리고 북한 당국의 사회통제력이 현재 얼마나 효과적으로 작동하고 있으며 향후에도 현재의 심화된 불평등구조가 지속될 수 있을지에 초점을 두고 분석을 진행해 나가고자 한다.

## 4.2. 북한 사회불평등구조의 심화모델과 정치적 계층화

많은 사회주의 국가들이 국가라는 이름으로 당국에 의해 행해진 배분

[39] 2003년 8월 3일 실시된 제11기 최고인민회의 대의원 선거의 특징은 10기와 비교할 때 고학력 및 전문가 우대경향이 매우 크게 나타난 것으로 보아 정권엘리트 구성에서 테크노크라트적 경향이 크게 증가한 것으로 볼 수 있으며 10기와 비교해 보면, 노동자·농민비율은 10기 42.7%에서 11기에 40.6%로, 연령별로 보면 56세 이상이 차지하는 비율이 10기에 49.6%에서 11기에 47.7%로, 대졸 이상이 10기 85%에서 11기 91.9%로, 학위소유자·과학자·기술자·전문가가 10기에 64.5%에서 11기에 89.5%로, 성별로 보면 10기와 11기 모두 20.1%로 나타나 국가 차원(북한에서는 개인 차원에서의 자유 출마가 전혀 허용되지 않고 있음)에서 노장청·성별·직업별 안배를 하고 있음을 알 수 있다(박형중, 2003, pp. 5~7).

의 차별화에서 비롯된 사회불평등구조가 원인이 되어 붕괴되었다. 소련이나 동구 사회주의 국가에서 사회주의 체제가 붕괴하게 된 배경의 하나는 경직된 계층구조의 운용에서 비롯된 모순과 갈등 때문이었다.

사회주의 사회에서 계층 간 갈등이 심화되는 또 다른 이유는 부, 권력, 사회적 위신 등 다원화된 가치에 의해 사회계층이 분화된 자본주의와 달리 사회주의에서는 권력이라는 단일 가치에 의해 사회가 계층화되기 때문이다. 또한 사회주의 체제는 지배계급의 존재를 은닉해 왔고, 계층갈등의 존재 자체를 인정하지 않았기 때문에 갈등이 점점 더 심화되어 갈 수밖에 없었다.

경직된 계층구조의 운영은 사회영역의 반발을 불러 왔고 구조화된 사회불평등구조에 저항감을 가지고 있던 주민들이 일시에 불만을 폭발시킴으로써 사회주의 체제의 붕괴를 앞당기게 되었다. 북한의 사회불평등구조도 다른 사회주의권 국가들의 경우와 많은 부분에서 유사성을 지니고 있다는 것을 이 책 전체를 통해 구명해 나가고자 한다.

북한은 아직까지도 생산수단의 국유화, 계획경제시스템의 유지, 중앙집중적인 관리방식 등을 통해 매우 엄격한 사회통제시스템이 가동되고 있으며, 자유로운 경쟁이나 공평한 기회가 전혀 주어지지 못하는 가운데 사회불평등구조에 큰 영향을 미치고 있는 요소들은 폐쇄적 순환구조 속에서 확대재생산되고 있다는 점이다. 북한 당국은 정권수립기부터 지속적으로 '배치의 원칙'을 고수해 오고 있으며 승진시에도 시험제도의 채택 없이 추천과 심사를 통한 재배치와 이동이 있을 뿐이다. 당성과 기능성은 추천과 심사에 있어 가장 중요한 요소가 되고 있다.

당성은 곧 체제에 대한 충성심을 의미하는데 객관적으로 측정할 수 없으므로 가족의 정치적 배경인 성분(成分)이 중심이 될 수밖에 없다. 직위의 고하, 노동 강도에 따라 고려의 정도는 다를 수 있으나 그 어떤 경우도 성분에서 자유로울 수 없다. 탄광 등 육체노동자의 경우 고등중학교를 졸업하는 복잡군중의 자녀들을 곧바로 배치한다. 그들에게는 군입대도 불허되고[40] 대학진학도 불허됨은 물론이다.

중하위 직급의 경우 본인 직계가족의 범위 내 성분이 문제가 되고, 고

[40] 2000년대 초부터 군인수 확보를 위해 복잡군중의 자녀들도 군대에 가고 있는 것으로 드러나고 있으나 주요 군사시설이나 휴전선, 국경선 근무는 제한을 받고 있는 것으로 알려지고 있다.

위직으로 올라갈수록 신원조회가 까다로워지며 범위가 넓어진다. 고위층의 경우 직계 8촌, 외가와 처가 4촌까지가 심사대상이 된다. 따라서 같은 노동자라고 하더라도 그가 그 직장에서 성장할 수 있는 한계가 출발단계에서 이미 정해지는 것으로 공개채용과 시험제도의 불채택은 공개경쟁과 균등한 기회부여의 여지가 원천적으로 차단됨을 의미한다.

북한 당국은 주민들을 핵심군중, 기본군중, 복잡군중 등 3계층으로 분류해 관리하고 있다. 의식주 등 국가 공식 배급체계는 지위고하나 직무 성격에 따라 차등적으로 행해지지만 위계구조상 상층으로 이동하는 데 있어 성분은 절대적 기준이 되고 있다. 핵심군중은 인구의 23% 정도를 차지하는 성분에 전혀 문제가 없는 사람들로 입당, 직장배치, 교육, 승진시 많은 혜택이 주어진다. 이들은 부친이나 가까운 친척의 지위에 큰 영향을 받으며 추천시 이들의 영향력은 절대적이라고 할 수 있다.

기본군중은 인구의 약 40%를 차지하는데 극소수이기는 하지만 입당이 허락되기도 하고 하급관료로까지 진출이 가능하지만 핵심군중으로의 이동은 거의 불가능하다. 주민 가운데 약 27%를 차지하는 복잡군중의 경우에는 상승이동 통로가 완전히 봉쇄되어 있다. 복잡군중의 자녀들은 군입대와 대학진학시 많은 제약이 따르고 대개 고등중학교 졸업과 동시에 현장 배치되며 그 직장에서 사회생활을 마감하게 된다. 군입대는 입당과 대학입학의 주요 통로이기 때문에 매우 중요하지만 복잡군중의 자녀에게는 거의 허용되지 않고 있다.

아무리 직무상 전문성이 요구된다고 하더라도 교육기회의 원천 봉쇄는 그 직무에 대한 접근가능성이 완전 차단됨을 의미하며 사회불평등구조의 핵심을 이루게 된다. 〈그림 2-1〉 북한 사회의 직무상 위계에 따른 폐쇄적 순환구조는 이러한 현상을 잘 나타내 주고 있다.

북한의 국가계획위원회는 당의 기본정책을 토대로 모든 행정적 배분계획을 종합하고 작성하는 일을 맡고 있다. 국가계획위원회의 기능이 강화된 것은 1964년에 '계획의 일원화 방침'이 채택되면서부터였다. '계획의 일원화'란 전국의 국가계획기관이 일원화된 계획체계를 구성하여 계획의 유일성을 확보하려는 것이며, '계획의 세부화'를 통해 국가계획을 조직화하려는 것으로 볼 수 있다.

지구계획위원회는 대체로 도, 직할시 수준에서 설치하여 중앙의 국가계

그림 2-1 북한 사회의 직무상 위계에 따른 폐쇄적 순환구조

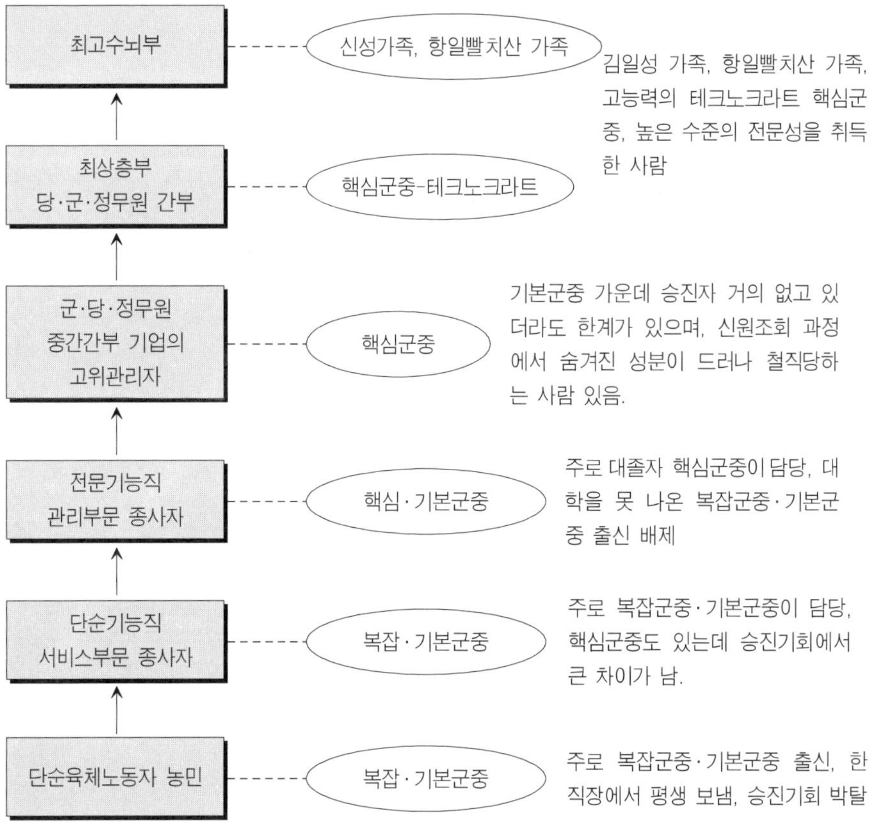


획을 집행·감독하고, 각 시·군단위로 지구국가계획부를 설치해 해당 지역 내의 국가계획안을 종합검토하며 분기별·월별 실적을 중앙에 보고한다. 이 같은 국가조직적 배분체계의 성격은 북한 사회가 강력하고 중앙집중화된 통제구조에 의해 획일화되고 일방적인 수행의 형태를 갖게 된다는 것을 말해 준다.

당-국가에 의한 일방적인 행정적 배분은 '사회적 동원'과 '사회적 통제'라는 전략적 목표에 토대를 두고, 이를 실현하기 위해 '정치성'과 '기능성'이라는 평가적 기준에 따라 자원을 불평등하게 배분한다. 이처럼 정치성과 기능성이라는 차원에서 불평등하게 배분되는 자원은 '정치적 자원'의 배

그림 2-2 북한 사회불평등구조의 심화과정 모델

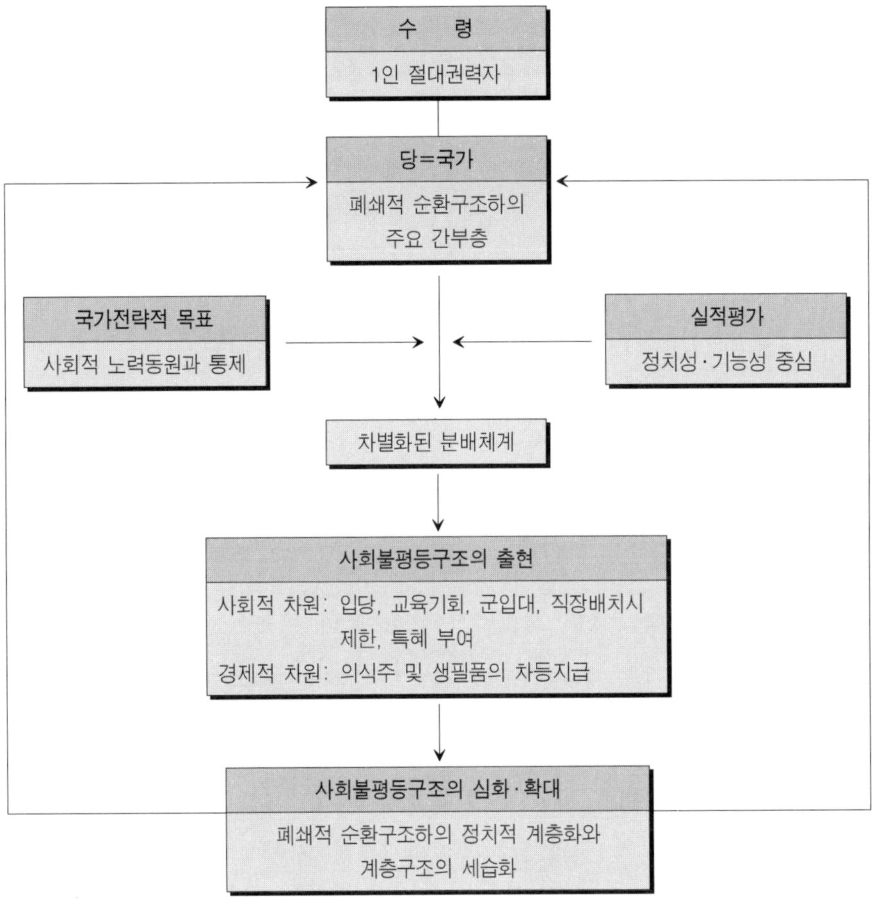


분이 어떤 기준에 의해 실행되느냐에 따라 나머지 자원의 배분이 결정되는 경향이 높다. 즉, 당원과 비당원의 구분, 당 내에서도 보다 핵심적인 지위의 획득, 김일성 일가와의 근접성 등이 중요한 정치적 자원이며, 이를 획득할 수 있는 사회적 자원의 기초는 대부분 핵심군중에 있다.

그러나 북한 사회의 기본계급인 노동자와 농민은 그 이념적 지향과 가능성에도 불구하고 현실적으로 정치적 자원의 획득이 매우 어려운 상황에 있다. 실제로 노동자와 농민은 피지배계급으로 전락해 있으며, 유일사상으로 체계화되어 있는 북한에서는 그 정도가 더 심할 것으로 보이기 때문이다. 이러한 '정치적 자원'이라는 차원에서의 우월적 지위확보는 '행정적 배분 담당계층'으로의 진입을 의미하며, 배분의 담당자가 되는 것은 경제적·물질적 자원의 사용과 문화적 자원에의 접근을 동시적으로 확보하는 것이다.

이 결과 전 사회적으로 정치적 자원과 경제 및 문화적 자원은 체계적으로 불평등하게 배분될 수밖에 없다. 따라서 행정적 배분의 담당자를 중심으로 실질적인 지배계급이 존재하게 되는 것이다. 이들은 자본주의 사회와 달리 정치적 자원은 물론이고 경제적·문화적 자원을 거의 독점하고 있어서 동질성이 매우 높은 단일 지배계층을 형성한다고 볼 수 있다. 북한 사회주의의 극단적인 획일성과 비민주성은 이러한 사회화의 결과이다.

북한은 귀속적 성격의 출신성분이 사회전략적 측면에서 매우 강조되고 이를 기초로 한 '정치적' 기준이 사회적 상승이동의 절대적 기준이 되고 있다. 또한 사회의 거의 모든 자원을 관리·독점하는 단일 지배계급이 존재하는 엄격한 전체주의적 체제를 유지하고 있다. 이처럼 정치적 기준에 의해 사회불평등이 심화되어 간다는 점에서 '정치적 계층화'의 개념으로 사회불평등 심화구조를 설명할 수 있을 것이다.

북한 사회불평등구조의 심화부분은 이 책의 주제이자 전체를 관통하는 관심사이며 사회불평등의 '재생산과 심화'는 서로 맞물려 있을 수밖에 없다. 따라서 논의를 전개해 나가는 과정에서 기회구조의 불평등문제를 다룰 때 함께 다루고자 한다. 결국 북한의 정치계층화는 매우 체계적이며, 정치적 기준에 따라 충원되고 이에 따라 총체적인 사회적 자원이 행정적으로 불평등하게 배분됨으로써 지속적으로 심화과정을 밟아 나가게 된다고 할 수 있다.

이후 제3장부터는 각각의 시기에 생겨난 사회불평등구조의 특성과 심화구조를 이 책의 주요 분석틀인 〈그림 2-2〉 북한 사회불평등구조의 심화과정 모델을 통해 폐쇄적인 계층구조, 사회통제정책, 차별적인 국가배급시스템의 적용이라는 세 가지 변수를 중심으로 분석하고자 한다.

3

# 김일성 정권하 사회불평등구조의 기원과 심화과정

Chapter 3

1. 정권성립기 사회불평등구조 청산의 문제
2. 전후복구와 국유화 과정에서 발생한 새로운 사회불평등구조
3. 주체사상 등장기의 사회불평등구조 심화과정
4. 소　　결

제3장은 1945년 해방과 함께 북한에 사회주의 체제가 이식되면서부터 1974년 2월 조선노동당 제5기 8차 전원회의에서 김정일이 후계자로 공식화되기까지 29년 동안 북한에서 행해진 사회불평등구조를 살펴본다. 이 시기는 소련에 의해 북한에 사회주의 체제가 이식되고 한국전쟁의 비극을 경험하는 가운데 연립정권의 형태를 띠고 있던 북한의 권력구조가 김일성 일파를 중심으로 재편되고, 후계구도를 염두에 둔 유일독재체제로 변화되어 간 1974년까지이다.

이 시기에 북한 당국은 어떤 의도로 기존의 사회불평등구조를 청산하고자 노력했으며, 이 과정에서 주민들은 어떤 태도로 당국의 의도를 이해하고 대응했는지를 사회불평등 연구의 보편적 주제인 기본권 제한에 관한 문제, 기회균등의 문제 등에 중점을 두고 살펴본다. 또한 이념이나 계층구조의 운용에서 비롯된 사회불평등현상이 사회주의권 사회불평등의 주류를 이룬다는 시각에서 당·정·군의 엘리트충원과 퇴출구조, 인권을 심각하게 침해하는 전체주의적 사회통제정책, 국가배급시스템의 차등 적용 등의 변수를 중심으로 분석하고자 한다.

제1절 정권성립기 사회불평등구조 청산의 문제에서는 해방 직후 소련에 의해 사회주의 체제가 이식되는 과정에서 기본계급인 노동자와 농민이 핵심계급으로 급부상하고, 과거 기득권 계급이었던 기업가·친일관료·지주·종교인 등이 배제와 청산대상으로 급락하는 과정에서 발생한 사회불평등현상을 정권수립기 당·정·군 주요 간부충원과, 주요 간부 경력분석, 사회주의적 개조과정에서의 포용과 배제라는 측면에서 살펴본다.

제2절 전후 국유화 과정에서 발생한 새로운 사회불평등구조에서는 한국전쟁으로 생겨난 막대한 피해를 조기에 극복하고 북한 체제에 대한 지지를 유도하기 위해 전쟁시 북한 정권에 대한 기여 정도를 중심으로 한 주민분류를 종전의 주민성분분류에 추가하면서 새롭게 발생한 사회불평등구조의 양태를 살펴보고, 농업집단화와 상공업 국유화 등 사회주의적 개조과정에서 발생한 주민들의 저항과 배제계층에 대한 집단이주조치 등 불평등한 정치적 위계구조 확립과정을 분석하고자 한다.

제3절 주체사상 등장기의 사회불평등구조 심화과정에서는 동서 긴장완화와 흐루시초프의 스탈린 격하운동에서 비롯된 중·소 대립과정에서 태동한 주체사상 등장기의 심화되어 가는 사회불평등구조를 다루고자 한다. 이

시기의 “자력으로 경제를 발전시켜야 한다”는 대의명분 아래 생겨난 사회불평등구조를 노력경쟁운동과 노력동원 과정에서 발생된 ‘시키는 자와 시킴을 받는 자’ 사이의 사회적 불평등 확산, 4대군사노선 추진으로 대별되는 군사적 동원체제화 과정에서 발생한 사회적 불평등, 김일성 유일사상체계 등장기에 발생한 사회적 불평등으로 대별해 북한 당국의 체제강화 의지와 주민들의 피로누적이라는 관점에서 살펴본다.

## 1. 정권성립기 사회불평등구조 청산의 문제

해방 이후 남북한은 미국과 소련이라는 강대국에 의해 서로 다른 체제가 이식되면서 탈식민지화의 길을 걸어 나갔다. 남한에서는 점진적인 개조를 통해 자본주의 체제가 이식된 반면, 북한에서는 각 지역에 급조된 인민위원회를 기반으로 한 매우 급진적인 사회변혁조치를 통해 국가기구가 갖추어지고 새로운 관료층이 형성되면서 사회주의 체제가 이식되어졌다.

남한에서는 미국 유학생, 일제하 관료들을 기반으로 풍부한 인적 자원을 활용할 수 있었던 반면, 북한에서는 혁명적인 상황 속에서 배일사상을 지닌 사회주의자들만 활용이 가능했다. 북한 당국은 과거 러시아와 동구권에서 행해졌던 사회주의 혁명과정을 따라 봉건잔재 청산, 친일파 숙청, 종교타파라는 세 가지 대전제 위에서 사회체제를 변혁시켜 나갔다.

이 과정에서 과거 피지배계층이었던 사람들이 혁명의 중심세력으로 급부상하고 과거 지배계급이었던 기업가, 지주, 친일관료 등이 배제와 청산대상으로 전락하게 된다. 토지개혁과 주요 산업시설의 국유화, 친일파 청산과정을 통해 배제와 충원구조가 확연히 드러나는 가운데 생산수단의 소유자였던 지주와 자본가, 친일파, 종교기관 재직자 등은 일체의 공직충원에서 배제됨은 물론 토지와 생산수단을 몰수당하고 생활근거지에서 100리 밖으로 추방당하는 등 새로운 평등사회를 구축하는 과정에서 또 다른 불평등현상이 생겨나 향후 60년 동안 구조화되고 심화되게 된다.

## 1.1. 정권수립기 당·정·군 주요 간부 충원과정

북한은 관료충원시 조선총독부 기구를 접수해 활용하는 손쉬운 방법을 취하지 않고 각 지방에서 형성된 인민위원회를 국가기구로 통합하는 방법을 취해 나갔다. 이 과정에서 총독부 관료들은 완벽하게 배제되었으며, 인민위원회 위원들을 중심으로 새로운 행정관료층이 형성되어 갔다. 사회주의 혁명과정에서 배제된 대부분의 지주와 친일경력자, 종교인들은 새로운 체제에 저항하기보다는 월남의 길을 택하게 되는데 북한 당국은 이들의 남하를 적극적으로 저지하지 않고 방치하는 정책을 통해 체제안정을 꾀하게 된다.[1] 해방 직후 북한은 고등교육을 받은 사람, 특히 간부의 부족으로 큰 어려움을 겪게 되는데, 당시 북한 지역에는 의사도 수백 명밖에 없었으며 기사와 기술자 역시 약 100여 명이 있을 뿐이었다.[2]

북한의 극심한 간부부족 문제는 소련이 과도기적 행정마비를 타개해 줄 전문가들을 공급해 줌으로써 어느 정도 해소되게 된다. 1946년부터 소련군 사령부는 북한 임시인민위원회의 요청으로 전문능력을 지닌 여러 분야의 군인들을 차출해 북한으로 이동시켰다. 소련 군정의 지원을 받는 북한 정권은 철저한 성분, 실적 심사를 통해 국가기구에서 부정적인 요소들을 배제하는 한편, 단기 간부양성소를 세워 새로운 엘리트층을 만들어 나갔다.

북한 당국은 1945년 말부터 1946년 2월 북조선임시인민위원회 수립 이후 본격적으로 성분심사를 통해 간부층을 정화해 나갔다. 북한 당국은 국가기구 내에서 친일적 요소와 반사회주의적 요소를 배제하기 위해 지속적으로 숙청과 충원을 병행해 나갔는데, 공직자 숙청은 보안국이 창설된 직후인 1945년 11~12월부터 광범하게 실시되었다.[3] 북조선임시인민위원회 창립 이후인 1946년 3월 7일에는 '친일파, 민족반역자에 대한 규정'을 채택하여 배제의 기준을 명문화했으며 그 이후 심사와 파면이 본격화되었다.

동시에 북한 정권은 교육을 통한 민족간부 양성정책을 추진해 나갔다. 이를 위해 간부양성을 위한 특수교육기관들이 각 직능별·지역별로 설립되었다. 신진간부를 양성함은 물론 재직간부를 재교육하는 기관으로 중앙에는

---

[1] 고태우(1996), p. 59.
[2] 레베데프(1989), p. 97.
[3] 박명림(1996), p. 212.

**표 3-1 정권수립기 북한의 대표적 간부양성기관**

| 구 분 | 기 관 명 | 설립일자 |
|---|---|---|
| 당간부 양성기관 | 중앙당학교 | 1946년 6월 1일 |
| | 평안북도당학교 | 1946년 6월 1일 |
| | 함경남도당학교 | 1946년 6월 5일 |
| | 함경북도당학교 | 1946년 6월 5일 |
| | 황해도당학교 | 1946년 6월 20일 |
| | 강원도당학교 | 1946년 7월 10일 |
| | 평안남도당학교 | 1946년 9월 15일 |
| | 야간당학교 | 1946년 11월 14일 |
| 경제관리간부 양성기관 | 중앙고급지도간부학교 | 1946년 7월 1일 |
| | 북조선법률학원 | 1946년 5월 3일 |
| | 야간고급지도학교 | 1947년 6월 5일 |
| | 상업간부양성소 | 1947년 2월 3일 |
| | 중앙은행간부학교 | 1947년 3월 1일 |
| | 농업간부양성소 | 1947년 4월 1일 |
| | 로동간부양성소 | 1947년 4월 16일 |
| | 체신간부양성소 | 1947년 5월 10일 |
| 정치군사간부 양성기관 | 평양학원 | 1946년 2월 23일 |
| 혁명가 유자녀 교육기관 | 평양혁명자유가족학원 | 1947년 10월 12일 |

자료: 김성보(1997), p. 216.

행정·사법·검찰·교육·산업 등 각 분야에 걸친 간부양성기관이 창설되었다. 지방에는 각 도마다 행정간부학교, 교육간부학교, 체신기술원양성소, 상업간부양성소 등을 설치했다. 이 양성기관들은 3개월 내외로부터 2년에 걸친 수료제이며 각급 인민위원회와 정당, 사회단체로부터 추천 또는 선발된 열성분자들이 학습하고 있었는데 그 중 절대다수는 노동자, 농민, 기타 근로인민들이었다(〈표 3-1〉 정권수립기 북한의 대표적 간부양성기관 참조).

이들 가운데 정권기관 고위간부 양성기관은 '중앙고급지도간부학교'였다. 이 학교는 소련공산당 중앙위원회의 재가에 의해 설립되었으며 교장은 조선의용군 출신의 박효삼, 고문은 소련군 소좌 스베레듀크, 교육과장은 재소한인 박영빈이었다. 귀국한 소련공산당원 출신 재소한인 8명이 강의를 담당했다.

최고위급 간부양성뿐만 아니라 중하위 기술관료들의 양성도 병행되었다. 각종 기술자를 양성하기 위해 청년 500명을 선발해 소련에 유학 보냈으며, 북한 내 55개소의 기술전문학교와 11개 대학과 산업간부 대학을 설치해 8,700여 명의 대학생과 1만 7,000여 명의 전문학교 학생들을 양성했다. 이 밖에도 131개의 직장기술학교와 13개의 직장기술전문학교에서 1만여 명의 기술자들이 양성되었다. 1949~1950년에 걸쳐 기술자와 민족간부가 1만 109명이 나올 것으로 보고되었다.[4]

당시 북한에서는 친일경력자와 반소반공적 입장의 인물 등 '반민족분자'들을 성분심사 후 파면하는 방식으로 국가기구에서 배제하는 한편, 사회주의화를 지향하는 혁명성과 전문성 양자를 갖춘 인물들을 특수교육 과정을 통해 재교육하거나 양성하면서 충원해 갔다.

### 1.2. 정권수립기 당·정·군 주요 간부 경력분석

북한은 정권수립기에 네 번의 충원기회를 갖게 되는데, 첫 번째가 소련군 진주 이후 첫 조각이었던 1945년 11월 19일에 행해진 행정 10국이고, 두 번째가 1946년 2월 9일의 북조선임시인민위원회, 세 번째가 1947년 2월의 북조선인민위원회, 네 번째가 1948년 9월의 초대 내각이었다. 이 기간은 일제에 가담하지 않았던 배일사상이 철저한 인텔리이면 누구나 큰 무리 없이 간부로 채용된 시기로 이 시기가 지나면서 각종 간부학교 출신들로 주요 간부층이 채워지고 인텔리들은 숙청과정을 밟아 배제되어 나가게 된다.

이 기간 동안 부처장으로 임명되었던 주요 간부 41명의 학력, 경력, 고향, 사회단체 가입 등을 분석해 보는 것은 이 시기 관료충원의 기준을 살펴보는 데 큰 도움이 될 것이다(〈표 3-2〉 정권수립기 부처장들의 주요 경력 및 일제하 활동 참조). 이 시기에 각 기관의 책임자를 맡은 인물들은 고등교육

4 북조선인민회의에 보고된 1948년도 간부양성계획에 의하면 간부양성비로 총액 6,905만 7,000원이 계상되었으며, 내무 및 보안간부 양성을 제외하고 고급간부 500명, 정치교원 200명, 사법간부 200명, 고급교원 400명, 농림간부 310명, 보건간부 200명, 재정간부 240명 등 1,800명과 각 도에서 양성하는 간부 1,550명을 민족간부로 양성할 방침이었다(국토통일원, 1988, p.318).

표 3-2 정권수립기 부처장들의 주요 경력 및 일제하 활동

| 이 름 | 부 서 | 출신지 | 학 력 | 정당 | 일제하 주요 활동 |
|---|---|---|---|---|---|
| 김원봉 | 국가검열상(48) | 경남 | 중, 금릉대 | 공화 | 의열단, 조선의용대 |
| 김익선 | 최고재판소장(48) | 함북 | | 북로 | 민족해방동맹 |
| 김정주 | 총무부장(47) | | 일, 일본대 | 청우 | |
| 김 책 | 산업상(48) | 함북 | 중, 동흥중 | 북로 | 동북항일연군 |
| 박문규 | 농림상(48) | 경북 | 한, 경성대 | 민전 | 조선사회사정연구소 |
| 박일우 | 내무국장 | 평남 | 중 | 북로 | 독립동맹, 조선의용군 |
| 박헌영 | 외무상(48) | 충남 | 소, 국제레닌 | 남로 | 조선공산당 |
| 백남운 | 교육상(48) | 전북 | 일, 동경상과대 | 근민 | 연희전문 교수 |
| 송봉욱 | 양정국장(47) | | 한, 수원고농 | | |
| 오기섭 | 노동국장(47) | 함남 | 소, 동방노력자 | 북로 | 원산총파업 |
| 윤기녕 | 보건부장(45) | 서울 | 한, 경성대 | | 의사 |
| 이강국 | 외무국장(47) | 경기 | 한, 경성대 | 민전 | 조선사회사정연구소 |
| 이극로 | 무임소상(48) | 경남 | 독, 베를린대 철학 | 민자련 | 보성전문 교수 |
| 이동영 | 보건국장(47) | | 한, 경성의전 | 민주 | 의사 |
| 이문환 | 산업국장(46) | | 중, 남만공전 | 무 | 기술자 |
| 이병남 | 보건상(48) | 전남 | 일, 큐슈대 | 남로 | 의사, 조선공산당 |
| 이봉수 | 재무부장(45) | 함남 | 일, 메이지대 | 북로 | 조선공산당 |
| 이순근 | 농림부장(45) | 경남 | 일, 와세다대 | 북로 | 경성콤그룹 |
| 이승엽 | 사법상(48) | 경기 | 한, 보성법률 | 남로 | 조선공산당 |
| 이 용 | 도시경영상(48) | 함남 | 중, 절강성군관 | 신진 | 고려의용군 |
| 이주연 | 총무부장(46) | 함남 | 한, 중동학교 | 북로 | 단천농민운동, 신간회 |
| 이청원 | 선전부장(46) | | 일 | | |
| 장시우 | 상업국장(47) | 평남 | 한, 평양숭실 | 북로 | 조공만주총국 |
| 장종식 | 교육부장(45) | | 한, 경성중앙 | 북로 | |
| 장해우 | 검찰소장(47) | 함북 | | 북로 | 공산주의 운동 |
| 정준택 | 산업국장(45) | 함남 | 한, 경성고등공업 | 북로 | 기술자 |
| 정진태 | 기획부장(46) | 전북 | 한, 경성대 | 민전 | 원산노조 |
| 조송파 | 사법부장(45) | 소련 | | | |
| 조영열 | 체신부장(45) | | | | |
| 주영하 | 교통상(48) | 함남 | 한, 경성대 | 북로 | 태평양노조 |
| 주황섭 | 체신국장(47) | | 일, 니혼대 | 청우 | |
| 최용건 | 보안부장(45) | 평북 | 중, 운남강무 | 민주 | 동북항일연군 |
| 최용달 | 사법국장(46) | 양양 | 한, 경성대 | 북로 | 보성전문 교수 |
| 최윤옥 | 최고재판소장(47) | 평남 | 한, 보성전문 | | 평양노동동맹 |
| 최창익 | 인민검열국장(47) | 함북 | 일, 와세다대 | 북로 | 독립동맹 |
| 한동찬 | 상업부장(45) | 평양 | 일, 동경치과 | 무 | 의사, 상공업 |
| 한설야 | 교육국장(47) | 함남 | 일, 니혼대 | 북로 | 카프 |
| 한희진 | 교통국장 | | 한, 법률학교 | 무 | 철도기술자 |
| 허성택 | 노동상(48) | 함북 | 소, 동방노력자 | 남로 | 성진농조 |
| 허정숙 | 선전부장(47) | 함북 | 일, 고베신학 | 북로 | 근우회, 독립동맹 |

주: 부서란에는 처음 직위만을 밝힘.

자료: 『북조선인민회의 제1차회의 비망록』(평양: 북조선인민위원회, 1947); 『북조선인명록』(1967); 강만길·성대경 엮음(1996); 기창덕(1995).

을 받은 인텔리, 기술자, 의사의 3부류로 구분할 수 있다. 북조선임시인민위원회(이하 '임시인위')의 이봉수·장종식·최용달, 북조선인민위원회(이하 '인위')의 이강국·이순근·김정주·송봉욱 등은 인텔리에 해당한다. 정준택·허남회·이문환은 기술자들이다. 그리고 임시인위 보건국장 윤기녕, 인위 보건국장 이동영은 의사로서 보건행정에 참여하게 된 인물이다.

5도행정국은 물론 임시인위, 인위 모두 위의 기본원칙에서 벗어나지 않는다. 5도행정국은 민공연립적 성격을 지녔으며, 이후 임시인위부터는 조공-노동당 우위의 조각이 이루어졌다. 특히, 주요 부서는 조선공산당(조선로동당)이 장악하게 된다. 다만 전문성의 요구를 반영하는 실무형 조각이었다. 1946년 2월의 북조선임시인민위원회 역시 실무형 구성에는 변함이 없었다. 이문환, 이순근, 이봉수, 한동찬, 윤기녕, 최용달, 정진태 모두 그 분야의 전문학교나 대학교육을 받은 인물들이었다.

1947년 2월의 북조선인민위원회도 실무형이다. 실무형을 기본으로 하되 각 정당별 배려가 엿보인다. 민주당, 청우당에 대한 배려, 그리고 무소속이 참여한 점 등이다.

1948년 9월 분단정부가 북한에 수립되면서 남한의 친북세력들이 대거 월북하여 권력배분이 요청되었고 내각을 비롯한 국가기구의 직책은 실무적 성격이 약화되고 사상중시, 권력배분적 성격이 강화되었다. 이 시기는 1946년 5월경부터 본격화된 각종 간부양성기관을 통해 새로운 소양을 갖춘 간부진이 광범위하게 배출되는 시기이기도 하다. 상(相)들의 비전문성을 보완해 준 쪽은 부상들이었다.

이 시기 관료충원의 가장 큰 특징은 지역이나 파벌에 크게 구애받지 않았다는 것이다. 그러나 서구 선교사들이 설립한 연희전문 출신이나 미국 유학자들이 전혀 포함되어 있지 않은 점은 북한 정권이 소련에 의해 완벽하게 소비에트화되어 갔다는 것을 의미한다.

그러나 1948년 이후 각종 간부학교 출신 신진관료들이 대거 진출하면서부터는 친소련적, 친사회주의적 인물들을 대거 등용하게 되면서 초기의 인텔리들이 숙청과정을 통해 점차 배제되고, 간부들의 연령층이 20~30대로 하향되면서 노동당원이 절반 이상을 차지하게 된다.[5]

---

[5] 김한길(1988), p. 170.

**표 3-3 남북한의 토지개혁 비교**

| 항 목 | 남 한 | 북 한 |
|---|---|---|
| 소작제 | 철폐 | 철폐 |
| 농업노동자에 대한 농지분배 | 분배 않음 | 분배 |
| 소작인에 대한 농지분배 | 분배 | 분배 |
| 구래지주의 농지보유상한선 | 농가 평균보유량 초과 | 농가 평균보유량과 같음 |
| 사적 농업노동시장 | 존속 | 철폐 |
| 농업용 기계, 연장의 분배 | 미분배 | 분배 |
| 비료 등 농업용 상품 조달방식 | 사적 상업시장에서 조달 | 국가·협동조합에서 조달 |
| 저수지, 산림 등 농업하부구조 | 사유화 존속 | 국유화 또는 사회화 |
| 분배농지의 저당 및 판매 | 농지대금 완납시까지 금지 | 영구금지 |
| 지주에 대한 농민부채 탕감 | 탕감조치 없음 | 전면탕감 |
| 고리대금업 등 사적 신용시장 | 존속 | 전면금지 후 공적 신용기관으로 대치 |

자료: 강정구(1996), p. 132.

사법기관의 경우 전문성보다는 사상우위의 인선기준에 의해 선발되었다. 초기의 사법부 간부들은 일제하에서 법학을 전공했으나 판·검사 경력이 없고 민족운동·사회주의 운동에 참여한 인물들이 발굴되었으나 법률학원 출신자들이 배출되기 시작하면서 노동자·농민 출신 중심으로 변해 갔다. 1949년 1월에 실시된 '판사 및 참심원선거'에서 선출된 판사의 성분은 노동자 출신 56%, 빈농 출신 27.2%, 사무원 출신 13.8%, 중농 1.4%, 기타 1.6%로 정치성 내지 성분이 절대적 기준이 되고 있음을 알 수 있다.[6] 북한의 사법부는 독립성이나 전문성에 기반을 둔 재판보다는 정치성 짙은 권력의 통치수단이 될 수밖에 없는 한계를 가지고 출발했다고 할 수 있다.

### 1.3. 반제반봉건민주주의 혁명과정에서의 포용과 배제, 청산과정

남한에서 미군정에 의해 자본주의 체제가 이식된 것과 마찬가지로 북한에서는 소련에 의해 사회주의 체제가 이식되었다. 소군정은 소련에서 행했던 사회주의 혁명의 경험을 북한에 적용했고, 북한 당국은 '프롤레타리아

[6] 『조선중앙연감』 1950년판, p. 229. 김성보(1997)에서 재인용.

독재'의 완성이라는 슬로건하에 주민들을 포섭계층과 배제계층으로 구분하고 이른바 반제반봉건민주주의 혁명을 추진해 나갔다.

이 과정에서 대규모 토지를 소유하고 있었던 지주와 친일자본가 등이 최우선적인 청산대상이 되었다. 5정보(1만 5,000평) 이상의 땅을 소유하고 있었던 지주와 친일자본가들은 그들이 소유하고 있던 생산시설로부터 100리 밖으로 추방되었다. 북한의 반제반봉건혁명은 1946년 3월 5일 「북조선 토지개혁에 대한 법령」이 선포되면서 본격적으로 시작되어 같은 해 8월 10일 「산업·교통·운수·체신·은행 등의 국유화에 관한 법령」이 공포되어 주요 산업의 국유화가 마무리되기까지 6개월 동안 매우 급속하게 진행되었다.

북한의 토지개혁은 혁명적으로 진행되었다. 3월 5일 발표된 「토지개혁 법령」, 「토지개혁 실시에 따른 임시조치법」, 3월 8일에 발표된 「토지개혁법령에 관한 시행세칙」은 기존의 토지소유 관계를 전면 부정하고 무상몰수·무상분배의 원칙을 규정했는데 그 핵심내용은 다음과 같았다.

첫째, 일제의 소유 토지와 친일파, 민족반역자들의 소유지 및 5정보 이상을 가진 지주의 토지, 계속 소작을 주고 있던 모든 토지를 무상으로 몰수하여 토지가 없거나 적은 농민들에게 무상으로 분배한다. 둘째, 농가의 가족수와 노력자수에 따라 토지를 분배하며 분여된 토지의 매매와 저당, 일체 소작제도를 금지한다. 셋째, 몰수한 산림, 관개시설, 과수원 및 농민들이 경작하기에 불리한 일부 토지는 국유화한다.[7]

이런 원칙하에 실시된 토지개혁은 3월 31일 완료를 선언함으로써 불과 26일이라는 초단기간 내에 마무리되었다. 토지개혁이 사상 유례가 없을 정도로 빠른 시일 내에 마무리될 수 있었던 것은 농민들의 열광적인 지지 덕분이었다. 농민들의 토지에 대한 숙원은 김일성이 '세기적 열망'이라고 말할 정도로 대단한 것이었으며, 토지개혁이 농민들에게 안겨준 기쁨은 엄청난 것이었다.[8]

북한 당국은 3주라는 짧은 기간 동안 토지개혁을 통해 4만여 지주로부터 '100만 325정보의 토지를 몰수해 72만 4,522호의 농민들에게 98만 1,390

---

7 김성보(1997), pp. 233~234.

8 해방 직후 북한에서는 전체 농가의 4%에 불과한 지주가 총경지면적의 58.2%를 차지하고, 농가의 56.7%에 해당하는 빈농이 경지면적의 5.4%를 나누어 가질 정도로 토지문제는 심각한 사회문제였다.

정보의 토지를 무상분배했다.[9] 토지개혁은 북한 공산당의 대중적 기반을 결정적으로 강화시켜 주었다. 토지개혁 과정에서 많은 농민들을 공산당원으로 확보했으며, 농민들의 지지도 획기적으로 높아졌다. 이것은 김일성과 공산당의 권력기반이 공고해졌음을 의미하는 것이기도 했다. 김일성은 토지개혁의 완수에 대해 다음과 같이 말했다.

> "우리 당은 토지개혁을 수행함에 있어서 각당, 각파, 각계 각층과의 통일전선을 강화하며 그들의 힘을 총동원하기 위해 노력하였습니다. 그리하여 우리 당원들 이외에도 70여만 명의 맹원을 가진 북조선농민련맹, 35만 명의 맹원을 가진 로동조합 그리고 조선민주당, 조선신민당, 30여만 명의 맹원을 가진 녀성동맹, 50여만 명의 맹원을 가진 민청, 그 밖에 평양학원, 문화단체, 예술련맹, 교원동맹, 인민극단 등 도합 300여만 명의 조직된 군중이 동원되어 농촌위원회들을 도와 주었습니다. 이것은 우리 당이 시종일관 견지하여 온 통일전선정책의 승리인 것입니다."[10]

토지개혁의 성과가 북한 사회에 미친 영향은 크게 네 가지로, 첫째 농민발전에 질곡으로 되어 있던 토지의 봉건적 소유관계를 완전히 청산하게 되었다. 둘째, 토지개혁 과정에서 빈농과 고농 가운데 많은 당원을 흡수하여 농촌의 당기초를 세웠고, 당의 성분을 바꾸어 당을 확대시키고 공고하게 만들었다. 셋째, 노동계급과 농민의 동맹을 튼튼하게 했으며, 넷째 공업부문이 정상적으로 발전할 수 있도록 식료와 원료의 보장을 가능하게 해 주었다(〈표 3-3〉 남북한의 토지개혁 비교 참조).

북한 당국은 토지개혁의 성과를 토대로 주요 산업시설 국유화 조치를 취해 나갔다. 북한 당국은 주요 산업시설 국유화를 위해 1946년 8월 10일에 「산업·교통·운수·체신·은행 등의 국유화에 관한 법령」을 공포하고 추진해 나가게 된다. 주요 내용은 일본 국가와 일본인 개인 및 법인 등의 소유 또는 민족반역자 소유로 되어 있는 일체의 기업소, 광산, 발전소, 철도, 운수, 체신, 은행, 상업 및 문화시설 등은 전부 무상으로 몰수하여 이를 조선인민의 소유, 즉 국유화한다는 것이었다.

이 법령에 의해 당시 북한 지역의 90%에 달하는 공장과 기업소 1,034

---

[9] 임영태(1999), p. 93.
[10] 김근식(1991), p. 40.

개를 무상몰수하여 국유화했다. 그렇지만 개인소유의 공장, 기업소, 탄광, 창고, 회사, 상업기관 등은 특별한 경우에만 인민재판소나 임시인민위원회의 결정에 의해 몰수할 수 있도록 했다. 이는 당시의 개혁조치가 반제반봉건 혁명노선에 의해 진행되고 있었기 때문이다.[11] 이는 개인의 기업활동을 보장함으로써 소자산가와 민족자본가들까지 건국에 참여시켜야 한다는 '민족통일전선'의 원칙에 따른 것이었다.

이 같은 북한 사회 재구조화 과정에서 기존의 지배계급이었던 지주·친일자본가 등이 생산기반을 박탈당하고 피지배계급화되었으며, 빈농·고농·노동자 등이 단기 간부양성소를 거치면서 새로운 지배계급으로 급부상하게 되었다. 북한 당국은 인민위원회 등 사회단체를 총동원하여 기존 지배계급의 저항을 무자비하게 탄압하면서 노동자·농민의 세상을 만들어 갔는데 이때 100만 명 정도의 구지배계급이 탄압을 피해 남하하게 된다.[12]

이 시기 북한 사회의 특성 가운데 중요한 변수 중 하나가 종교탄압이었다. 해방 당시 평양은 동방의 예루살렘이라고 불릴 정도로 기독교가 번성해 있었다. 일제치하의 선각자 가운데 기독교인이 절대 다수였으며 김일성의 부친 김형직도 숭실학교 출신으로 알려져 있다.

북한 당국은 1946년 「토지개혁에 관한 법령」을 선포하면서 성당·예배당·사찰 등 종교단체들이 가지고 있었던 1만 5,095정보의 토지를 몰수했으며, 「산업국유화 법령」으로 종교단체가 경영하고 있던 일체의 기업체를 무조건 약탈하면서 종교단체 재단을 무력화했다. 또한 종교시설의 개축과 신축은 물론 복구를 일체 허용하지 않은 결과 성당과 예배당은 전폐되었으며, 수많은 사찰이 삼림관리소 사무실, 당간부들의 휴양시설로 활용되었으며 명승지의 일부 사찰만이 대외선전용으로 보존되어 현재에 이르고 있다.

이 때 종교인과 그 가족으로 분류된 사람이 약 10만 가구 45만 명으로 집계되었는데 그들과 그 후손들은 아직까지도 복잡군중으로 분류되어 심한 사회적 차별을 당해 오고 있다.[13] 이 때 형성된 북한의 사회불평등구조는

---

11 임영태(1999) p. 97.

12 토지를 몰수당한 지주 약 3만 가구의 13%인 3,911가구만 100리 밖의 타 군(郡)으로 이주하였고, 나머지 87%인 100만 명 정도가 월남하게 되는데 이는 북한 당국이 의도한 방향이었다. 남하의 방임과 유도는 혁명을 용이하게 하기 위한 저항세력 축출정책의 일환이었다(박명림, 1996, pp. 200, 356).

13 이항구(1978. 1), pp. 263~264.

한국전쟁을 거치면서 한 번 더 재구조화 과정을 통해 확대·심화의 길로 나가게 된다.

# 2. 전후복구와 국유화 과정에서 발생한 새로운 사회불평등구조

## 2.1. 한국전쟁 기여도를 중심으로 한 새로운 사회불평등구조의 추가

앞 절에서 북한 사회불평등구조의 기원이 된 사건이 토지개혁에서 시작되어 주요 산업시설 국유화 조치로 귀결된 지배계급 교체작업이었음을 밝힌 바 있다. 사회주의 혁명을 통해 북한 사회 지배계급을 교체한 김일성은 한반도 전역의 사회주의화를 도모하기 위해 한국전쟁을 감행하게 되는데 전쟁과정에서 남북한이 입은 피해는 이루 말할 수 없이 컸다.

북한은 해방 직후인 1945년 10월 '조선공산당 서북5도 당책임자 및 열성자대회'에서 일제의 식민지 지배를 청산하고 새로운 질서를 수립하기 위해 반제반봉건민주주의 혁명을 수행해야 하며, 이를 위해 노동자를 중심으로 농민, 애국적 지식인, 양심적 민족자본가들이 민주주의 민족통일전선을 형성해 사회주의 체제의 핵심세력을 조직화해야 한다고 주장했다.[14]

이러한 계급노선은 한국전쟁을 계기로 질적 변화를 겪으며 새로운 차원으로 발전한다. 즉, 전통적인 노동자·농민 중시의 사회주의 계급성에다가 한국전쟁의 피해상황을 기준으로 한 성분구분이 추가된 것이다. 한국전쟁을 거치면서 북한 지역에서는 인명의 대량손실로 인해 가족구조와 사회구조가 파괴됨으로써 사회재편의 필요성이 제기되었다. 한국전쟁은 북한에 엄청난 인적·물적 손실을 가져오면서 북한의 가족구조와 사회구조에 지각변동을 초래했다.

[14] 김병로·김성철(1998), p. 12.

한국 정부의 자료는 북한군 사망을 52만 명, 부상자를 40만 6,000명으로 평가하여 한국전쟁으로 인한 북한군의 인적 피해를 93만여 명으로 파악하고 있다. 또 중국 인민군을 포함한 공산측의 병력손실은 150만~200만 명으로 평가되고 있다.[15] 브루스 커밍스(Bruce Cumings)와 존 홀리데이(Jon Halliday)는 전쟁으로 인해 북한측 민간인 200만 명, 군인 50만 명 등 최소한 250만 명이 희생되었다고 주장한다.[16] 이는 당시 북한 인구의 25~26%에 해당하는 엄청난 규모다. 북한에서 남한으로 이동한 인구도 약 65만 명에 이른 것으로 추정되며 전후 전쟁미망인의 수가 40만 명에 달한 것으로 밝혀지는 등 전쟁으로 인한 북한의 인적 손실은 막대했다.[17]

북한의 공식 인구자료는 1949~1953년 사이에 113만 명 가량의 인구가 감소한 것으로 집계되어 있는데 이것은 1949년 북한 인구의 12%에 해당하는 숫자다. 그러나 인구증가율을 감안하면 실제 인적 피해는 이보다 훨씬 많았을 것으로 여겨진다. 피해규모가 적은 쪽으로 계산하더라도 전쟁사망자 수는 최소한 북한 전체 인구의 15% 정도라고 볼 수 있고, 거기에 부상자 182만 명(전체 인구의 19%)을 포함하면 북한 인구의 33% 이상이 전쟁으로 직접적인 피해를 받았으며 적어도 북한 가정의 절반 이상은 이산가족이 되었다는 설명이 된다.

북한 당국은 전쟁 피해자가 주민의 다수를 차지하고 있는 상황에서 전사자·피살자 가족을 사회의 핵심세력으로 등용하면서 계층구조를 재정비했다. 만경대혁명유자녀학원, 강반석혁명유자녀학원 등 각 도별로 유자녀학원을 설립하고 이들을 사회주의 제도에 흡수했다. 그 결과 북한은 주민의 25~30%를 차지하는 전쟁의 직접 피해자들이 사회주의 체제를 지탱하는 핵심세력으로 성장하게 되었다. 전 주민의 노동자화라는 이데올로기적 언술에도 불구하고 전쟁 피해보상 차원에서의 실질적인 사회구조 재편이 불가피했던 것이다.

전후 북한 당국이 취한 계급노선의 질적 변화는 전쟁의 막대한 피해라는 역사적 경험을 반영하는 정치적 위계구조 형성이었는데, 이는 혁명의 중

15 국방부 전사편찬위원회(1987), p. 168.

16 한국전쟁으로 북한의 주요 5대 도시가 전소되었으며 그 중 원산의 피해는 더 막심해 '원산폭격'이라는 유행어가 생겨날 정도로 공포스런 것이었다(Jon Halliday and Bruce Cumings, 1988, p. 202). 김병로·김성철(1998)에서 재인용.

17 전광희(1992), pp. 60~92.

심세력을 노동자·농민·인텔리 등 계급적 특성으로 구분하는 것이 아니라 한국전쟁과 관련한 피해 정도를 기준으로 했다는 것이다. 북한은 1958년 8월 사회주의적 제도개혁을 완비하고 그 해 12월부터 출신성분별로 주민들을 분류하는 작업을 추진했다.

이는 북한 당국이 전 주민에 대해 가족의 출신배경과 사회적 활동 등을 기준으로 정치성향을 파악하고 소집단으로 분류함으로써 주민들을 효과적으로 관리·통제하기 위해 시도한 계급정책이었다. 특히, 한국전쟁과 관련해 전쟁가담 정도와 성격, 피해자, 월남자 등 구체적인 성분분류작업을 실시했다. 핵심계층으로 기존의 혁명가 가족 이외에 전사자·피살자 가족이 부상했기 때문이었다. 그 반면에 국군에 협력했던 사람들이나 월남자 가족은 적대계층으로 분류되어 현재까지 극심한 사회불평등을 겪어 오고 있다.

## 2.2. 사회주의적 개조에 따른 사회불평등구조의 심화

전후 북한 지역은 전 산업시설이 폐허로 변했다. 휴전과 함께 북한이 처한 절대과제는 전쟁피해를 최단기간 내에 복구하는 일이었다. 북한 당국은 1953년 8월 5일에 개최된 조선노동당 제2기 6차 당중앙위원회 전원회의에서 '중공업을 우선적으로 발전시키면서 경공업과 농업을 급속히 발전시킨다'를 전후 경제건설의 기본노선으로 정하고 전후 경제복구를 3단계로 나누어 추진하게 된다.[18]

제1단계에서는 6개월~1년 내에 전후복구를 위한 준비와 정리사업을 진행하고, 제2단계에서는 3개년 계획을 실시해 경제를 전쟁 전인 1949년 수준으로 회복시키며, 제3단계에서는 제1차 5개년 계획을 실시하여 사회주의 공업화의 기초를 쌓는다는 것이었다. 김일성은 당내 연안파나 소련파의 반발에도 불구하고[19] 6차회의 방침을 밀고 나갔다.

1954~1955년의 복구사업이 성공적으로 평가되면서 김일성의 주장은 더 설득력을 얻었고, 1956년부터는 '중공업 우선과 경공업·농업의 동시 발전

[18] 김현수 외(1995), p. 107.

[19] 주로 소련계와 연안파의 일부 인사들로서 소련 정책에 영향을 받은 사람들이었다. 이들은 전쟁으로 피폐화된 주민들의 생활을 향상시키기 위해서는 소비재 산업을 우선적으로 발전시켜야 한다고 주장했다(임영태, 1999, pp. 298~300).

노선'을 전면적으로 추진하게 된다. 1953년 8월부터 시작된 전후복구 준비단계사업은 6개월 만에 끝나고, 이어 1954년부터는 인민경제 복구발전 3개년 계획이 본격적으로 실시되었다. 3개년 계획은 공업생산을 2.6배로 늘리고 농업생산을 전쟁 이전 수준으로 향상시킨다는 의욕적인 목표였다. 이 목표는 전후 광범위하게 전개된 증산경쟁운동과 사회주의 국가들의 원조에 힘입어[20] 성공적으로 수행되었다.

북한의 3개년 계획 성공에는 몇 가지 요인이 있었다. 우선 내적으로는 주민들의 헌신적인 참여와 지도부의 효율적인 지도가 잘 결합되었다. 주민들은 전쟁의 참혹함에서 한시바삐 벗어나고 싶은 욕망으로 건설사업에 헌신적이었고 당은 정치지도와 교양사업을 강화함으로써 대중을 효과적으로 동원했다. 이 과정에서 지식인, 학생, 사무원 등 정신노동에 종사하는 사람들도 일정 시간을 복구건설현장에서 육체노동에 종사하게 함으로써 정신노동과 육체노동의 차이를 줄이려는 노력이 제도적으로 정착되었다.

외적 요인으로는 소련과 중국 등 동맹국들의 다양한 지원에 힘입어 경제복구를 위한 물질적 재원을 확보할 수 있었다. 1954~1956년에 이르는 3년 동안 이 국가들이 북한에 제공한 원조액은 북한 전체 예산의 약 23%에 달했다. 그 가운데 73.1%가 무상원조였는데, 특히 1953년 10억 루블, 1956년 3억 루블 등 두 차례에 걸친 소련의 원조, 8조 위안(元)에 달하는 중국의 원조는 북한의 전후복구에 절대적인 기여를 했다.

북한에서 생산수단의 사회주의적 개조가 진행되는 사회주의 혁명기는 1946년부터 전쟁으로 중단된 기간인 3년을 제외하고 상공업부문의 국유화가 완료된 1958년 8월까지다. 김일성은 민주기지로서 농촌을 강화해야 할 필요성을 절감하고 있었지만 전쟁으로 인해 생산기반이 무너지고 빈농이 40%를 차지하게 된 상황에서 개인경리만으로는 되살리기 어렵다고 보았으며,[21] 일부 농민의 부농화 현상 또한 그냥 넘길 수 없는 문제였다.[22] 이에 북

20 사회주의 동맹국이었던 소련과 중국은 각기 자국의 영향력을 확대하고자 하는 취지에서 북한 예산의 30% 정도를 무상지원했고, 이에 크게 힘입어 1956년경에 북한 경제는 전쟁 이전 수준으로 회복될 수 있었다.

21 휴전 직후 북한 농촌은 극빈층 40%, 연명가능층 50%, 최소한의 여유계층 10%라는 극도로 열악한 상황이었는데 전체 농가의 90%를 차지하는 중농과 빈농이 전체 농경지의 70% 정도를 소유하고 있었다. 이런 개인경리로는 40%에 달하는 빈농문제를 해결할 수 없었을 뿐만 아니라 농업 전반의 문제도 해결할 수 없었다(임영태, 1999, p. 302).

| 표 3-4 | 1946년과 1958년 북한의 사회구성체 및 계급구조 변화 |
|---|---|
| 1946년 반제반봉건민주주의 혁명에 의한 사회구성체 및 계급구조 변화 | |
| 생산형태 변화 | 계급구조 변화 |
| 반봉건생산양식의 소멸 | 지주와 소작농민계급의 소멸 |
| 사회주의 경제형태 급성장(지배적인 생산양식) | 적대적인 계급관계 소멸 |
| 소상품 생산양식 급성장(부차적인 생산양식) | 자영농, 자영상공업자 존재 |
| 자본주의 생산양식(급격한 약화) | 소자본가 대 노동자계급 |
| 전면적 사회주의 개조(1958년) 후의 경제구조 및 계급구조 변화 | |
| 생산형태 변화 | 계급구조 변화 |
| 소상품 생산양식 소멸 | 계급소멸 |
| 자본주의적 생산양식 소멸 | 계급소멸 |
| 사회주의적 경제형태 전면화(전 인민적 소유형태와 협동적 소유형태화) | 비적대적 노동자계급과 농민계급으로 계급구조 단일화 |

자료: 강정구(1991), p. 181.

한 당국은 3단계로 나누어 농업협동화 정책을 펼쳐 나가게 된다.

제1단계는 1953~1954년 사이의 기간으로 이 때는 주로 농업협동화를 적극적으로 지지하는 빈농과 적극적인 농민들을 중심으로 각 군마다 몇 개씩 농업협동조합을 시범 결성하고, 이를 통해 협동경리의 경험을 쌓고 협동화의 우월성을 실제로 보여줌으로써 협동화 사업을 한 단계 발전시켰다. 그 결과 1953년에 조합수 806개, 농가총수의 1.2%, 총경지면적의 0.6%에 불과하던 것이 1954년 말에는 조합수 1만여 개, 농가총수의 31.8%, 총경지면적의 30.9%가 협동조합에 들어왔다.

제2단계는 대중화 단계로서 1954년 11월 당중앙위원회 전원회의 이후 본격적으로 추진되었는데 이 단계에서는 당의 집중지도와 중농의 가입으로 급속히 진행되었다. 전후복구 3개년 계획이 끝난 1956년 말에는 농가총수의 80.9%, 총경지면적의 77.9%를 포괄한 1만 5,000여 개의 협동조합이 조직되

22 한국전쟁 당시 북한군 후퇴시기에 일부 토지개혁의 수혜계층과 전 지주계층이 적극적으로 부역했던 경험에서 나왔다. 또 하나의 이유는 일부 농민들이 부농으로 성장하면서 토지에 대한 지나친 집착이 나타나고 양곡수매사업을 보이콧하는 등 자본주의적 속성이 표출되었던 데 있었다(서재진, 1996, p. 15).

었다.

제3단계는 1957~1958년 8월까지로 산간지대와 도시 주변지역이 주대상이었다. 1956년까지 평안남도에서는 70~80%가 협동화되었으나 산간지대인 자강도에서는 55.8%, 상업적 농업의 비중이 높았던 평양시 주변에서는 44.6%, 신해방지구인 개성에서는 42.3%밖에 협동화가 진행되지 않았는데 이 기간 동안 개인상공업의 사회주의적 개조와 병행하면서 강력하게 추진한 결과 1958년 8월까지 농업협동화를 완료할 수 있었다.

농업협동화와 더불어 개인상공업의 사회주의적 개조도 동시에 진행되었다. 개인상공업의 사회주의적 개조는 전쟁 이전부터 시작되었다. 1947년 9월 최초로 생산합작사 형태로 출발한 생산협동조합은 1947년 말 28개에서 1949년에는 567개로 늘어났고, 조합원도 77배로 증가했다. 그 결과 1949년 말에는 전체 개인상공업에서 협동조합의 비율이 22.5배로 늘어났으며, 전체 공업생산량의 5.2%를 담당했다. 1949년 시점에서 개인상공업의 비중은 기업가 0.15%, 수공업자 0.8%, 상인 1.75%에 불과했고, 한국전쟁을 거치면서 그 비중은 더욱 낮아져 1953년 7월에는 개인기업가 0.1%, 개인수공업자 0.6%, 개인상인 1.1%로 떨어졌다.

개인상공업의 사회주의적 개조는 농업협동화 제2단계인 대중화 단계에서 전면적으로 실시되었다. 이 기간 동안 농업협동화가 진행됨으로써 개인상공업의 물적 토대가 약화되었고, 당의 정책적 지도가 조직적으로 진행되면서 급속히 변화하기 시작했다.

개인상공업 가운데 수공업부문은 1956년에 개조가 완료되었다. 반면, 상업분야는 이보다 진척이 늦어 농업협동화가 마무리되는 시점과 비슷하게 완료되었다. 개인상공업자의 23.4%는 사회주의적 개조과정에서 국영부문의 노동자·사무원 등으로 이동했고, 76.6%만 협동화에 참가했다.[23]

북한 당국은 생산수단의 사회주의적 개조를 추진하면서 이에 반대하는 농민·상공인들에 대해 회유, 압력, 처벌 등의 수단을 총동원했다. 이 과정에서 극심한 인권탄압이 행해졌으며 이들은 북한 사회 재구조화를 통해 배

23 북한 당국은 협동화에 반대하는 상공인들에 대해 제국주의자, 국내 반동분자의 악랄한 책동 탓으로 간주했고, 국가의 강요와 탄압에도 끝까지 조합에 가입하지 않은 일부 중소상공인에 대해서는 '악질상인', '인민의 적', 심지어는 '반혁명분자', '반동분자' 등으로 규정했으며, 가벼운 경우 재산을 몰수하고 노동자로 축출시켰으며, 극력 반대하는 경우 사회주의 혁명을 반대한다는 구실로 투옥 또는 처형했다(서재진, 1996, pp. 21~22).

제되어 나갔다. 사회주의적 개조과정에 저항하였던 주민들의 처형, 추방, 재배치 등의 정책은 이 시기 북한 사회불평등구조를 특징짓는 주요 변수가 되었다.[24]

이에 소련에서는 1955년 5월 김일성을 모스크바로 불러 정책기조를 변경할 것을 종용했으나[25] 김일성이 자신의 소신을 강하게 밀고 나가자 중국과 가까웠던 연안파와 소련에 줄을 대고 있던 소련파가 합세해 김일성을 제거하고자 했다. 1956년 6월 2일 김일성을 단장으로 한 정부대표단이 소련과 동구권 나라들의 순방길에 오른 사이에 반김일성 세력은 조직적으로 세를 규합해 제3차 중앙위원회 전원회의에서 김일성을 공개 비판하고자 했는데, 이 시도는 사전에 정보가 누설됨으로써 반대파 200여 명이 체포, 투옥되면서 끝났다.[26] 이 사건으로 인해 소련과 중국을 배경으로 김일성에게 도전했던 소련파의 다수가 숙청되고 연안파가 완전히 몰락함으로써 그 때까지 이어져 온 연립내각은 종료되고 김일성 단일지도체제가 자리잡게 된다.

이 8월종파사건을 계기로 1957년 5월 30일 노동당 중앙위원회 상무위원회는 '반혁명분자들과의 투쟁을 강화할 데 대하여'란 문건을 채택하고 '반종파투쟁'을 강도 높게 추진해 나갔다. 김일성은 반종파투쟁을 통해 당·정·군 내에 자신의 비판세력을 완전히 일소하면서 명실상부한 단일지도체제를 확립시켜 나갔다. 김일성 단일지도체제의 확립은 북한 정치과정에서 당내 활력이 될 수 있는 건전한 의미의 다원적 요소까지도 완전히 소멸되었다는 뜻으로 해석될 수 있다. '반종파투쟁'의 귀결은 김일성 지도부의 정치적 승리로 끝났지만 그 결과 당내 정치과정의 경직화를 가져오고 김일성 유일사상과 우상화로 가면서 사회불평등구조가 한층 더 심화되는 계기가 된다.

24 반제반봉건민주주의 혁명으로 대체된 간부들은 주로 과거 머슴이나 단순노동자 출신들로 무학에 가까운 사람들이었는데 애당초 이들에게 전문적인 업무처리를 기대한다는 것 자체가 무리였다.

25 그 주된 내용은 "양곡판매 금지조치를 철회할 것과 국유화를 강행하던 상공업분야의 정책을 수정해 사기업을 폭넓게 허용할 것, 농업부문의 위기를 초래한 기존의 현물세 징수방식을 폐기하고 새로운 농업체계를 마련할 것, 기존의 5개년 계획안을 변경할 것" 등이었다(백준기, 1998, p. 467).

26 처음에는 중국과 소련의 압력에 김일성이 굴복해 최창익과 박창옥 등을 복당시키기도 했지만 헝가리 사태로 사회주의 진영에 분열이 생기면서 소련이 더 이상 개입할 여지가 없어지고, 중국에서도 정풍운동이 벌어지면서 북한 내정에 간섭할 여유가 없어졌다. 이에 김일성은 반대세력을 대대적으로 숙청하게 된다(임영태, 1999, pp. 321~322).

## 2.3. 전후복구기 불평등한 정치적 위계구조의 확립

김일성은 반종파투쟁을 통해 위험세력을 차례대로 제거해 나갔다. 북한 최고위 요직에 포진해 있던 연안파와 소련파 200여 명을 거세하고 그 방계 가족까지 정치범수용소로 보냈다. 그 이후 1958년 12월부터 전 주민을 효과적으로 통제하기 위한 성분조사사업이 대대적으로 추진되었다.

북한 당국이 추진한 계급정책은 북한 주민들을 핵심계층과 동요계층, 적대계층으로 구분하는 것이었다.[27] 전후 계급정책에 있어 가장 큰 변화는 전쟁가담 정도와 성격, 피해자, 월남자 등이 성분분류의 새로운 변수가 되었다는 점인데 그 문제는 이후 북한의 사회불평등구조 심화에 지대한 영향을 미치게 된다.

주민성분분류에 토대를 둔 사회불평등구조는 한 가족을 한 가지 성분으로 평가하고 연좌제로 묶어서 의식주나 생필품 등 국가배급의 차등화, 대학진학, 군입대, 입당시 특혜와 불이익을 줌으로써 북한 역사 60년 동안 지속적으로 사회불평등구조가 확대재생산되는 구조를 심화시켜 가게 된다.

1958년 12월부터 행해졌던 '중앙당 집중지도사업' 당시 기준으로 삼았던 성분분류는 이후 새로운 사항이 추가되는 경향을 보이기 때문에 당시 행해졌던 분류의 틀을 살펴보는 것은 중요하다(〈표 3-5〉 북한의 주민성분조사사업 참조). 북한 당국은 주민들을 출신성분과 사회성분으로 나누어 평가하는데 출신성분은 '태어날 때 그 가정이 처한 사회계급적 관계에 따라 규정되는 성분'으로서 본인이 출생할 당시 부모나 친족의 성분을 의미한다. 따라서 출신성분은 혁명가, 노동자, 고농, 빈농, 중농, 사무원, 종교인, 월남자, 지주 등의 신분이 사용되며 이 중 어느 한 성분이 부모의 성분으로서 본인의 출신성분을 규정하게 된다. 한편, 사회성분이란 '본인이 직접 사회생활을 시작한 이후 직업 및 사회계급적 관계에 의해 규정되는 성분'을 의미하는 것으로 군인, 노동자, 사무원, 학생 등 현재 공식적으로 사용하는 신분 구분을 가리킨다.

북한 당국은 대학입시나 입당, 직장배정시 공개채용제도나 시험에 의한 승진제도를 채택하지 않고 배치와 추천제도를 전면 활용함으로써 핵심계층

[27] 핵심계층, 동요계층, 적대계층이라는 용어는 여러 단계의 성분심사를 거치면서 핵심군중, 기본군중, 복잡군중이라는 용어로 바뀌게 된다.

표 3-5 북한의 주민성분조사사업

| 구 분 | 시 기 | 내 용 |
|---|---|---|
| 중앙당 집중지도사업 | 1958. 12 ~ 1960. 12 | 불순분자 색출 처단 및 산간벽지 강제이주 |
| 주민재등록사업 | 1960. 4 ~ 1967. 3 | 100만 적위대의 사상결속을 위한 주민성분분류(직계 3대, 처가, 외가 6촌까지 내사) |
| 3계층 51개 부류 구분사업 | 1967. 4 ~ 1970. 6 | 주민재등록사업 결과를 토대로 전 주민을 핵심계층, 동요계층, 적대계층으로 구분, 이를 다시 세분하여 51개 부류로 구분 |
| 주민요해사업 | 1972. 2 ~ 1974 | 남북대화 관련 주민동태 조사·파악, 전 주민을 믿을 수 있는 자, 반신반의자, 변절자로 구분 |
| 주민증 검열사업 | 1980. 1 ~ 1980. 12 | 김정일 지시로 공민증 대조·갱신으로 불순분자 색출과 통제기능 강화 |
| 외국귀화인 및 월북자 등에 대한 요해사업 | 1980. 4 ~ 1980. 12 | 북송교포들에 대한 자료를 세분하여 동향 감시자료의 과학화 |
| 주민증 갱신사업 | 1983. 11 ~ 1984. 3 | 공민증 갱신 및 주민문건 정비 |
| 주민재등록사업 | 1989. 10 ~ 1990. 12 | 주민등록부 재조사 정리, 이산가족 개인신상카드 작성 |
| 공민증 갱신사업 | 1998. 2 ~ 1998. 10 | 수첩형태에서 양면 비닐코팅 카드형으로 교체 |

자료: 통일부(2004), p. 327.

의 충성심을 이끌어 내고 적대계층의 상승이동 통로를 봉쇄하는 '계층이동의 폐쇄성'을 주요 통치기제로 활용해 왔다(〈표 3-6〉 북한의 성분별 계층구조와 적대계층 분류표 참조).

상류층을 대변하는 핵심계층은 북한 체제를 이끌어 가는 통치계급으로서 북한 사회의 핵심부류에 속하는 계층이다. 핵심계층은 김일성의 가계와 친인척, 혁명가 가족 등 특수계층과 전사자·피살자 가족 등 일반핵심계층으로 구분할 수 있다. 특수계층은 ① 김일성의 가족과 친척, 접견자, 연고자, 정무원 관리, 장성급 군장교, 조총련 간부, 당·정·군 간부가족 등 이른바 북한의 최상층 간부와 ② 항일빨치산 참가자(항일투사)와 그 가족 및 해방 전후 북한 정권수립에 참여했다 사망한 이른바 혁명가 유가족, 그리고 남파간첩 등 대남공작원과 '남조선 혁명가' 유가족 및 자녀들을 포함한다. 일반핵심계층은 한국전쟁 당시 피살자, 학살자 및 전사자 가족이 중심을 이

표 3-6 북한의 성분별 계층구조와 적대계층 분류표

| 구 분 | | 분류대상 |
|---|---|---|
| 핵심계층 | | ① 특수계층: 김일성의 가계와 친인척, 항일빨치산 참가자와 그 가족, 혁명 유가족, 대남공작원 가족, 조총련 간부, 당·정·군의 주요 간부<br>② 일반핵심계층: 한국전쟁 당시 피살자·학살자·전사자 가족, 고농(머슴), 비서국 비준 순국가족 |
| 동요계층 | | ① 당중앙위 비서국 비준간부 이하와 그 가족<br>② 해방 전 지주·자본가로부터 착취를 당했던 노동자와 빈농<br>③ 해방 후 북한 체제에 적극 협력한 인텔리와 열성분자 |
| 적대계층 | | ① 친일파, 해방 전 지주, 매판자본가, 월남자 가족, 반당종파분자<br>② 종교인 가족, 악질 고리대금업자,<br>③ 반당종파분자의 동조자, 병역기피자, 한국전쟁 당시 치안대 가담자, 월남 기도자, 국가기밀 누설자, 전과자 |
| 적대계층 분류표 | 독재대상 | 독재대상자는 북한 체제와 제도를 전복하려는 부류로 이들은 일반주민과 분리시켜 안전지대로 불리는 산간벽지와 탄광지대 등 특수지역으로 집단 이주시킴. |
| | 고립대상 | 고립대상자는 매우 위험한 대중으로서 일단 유사시 남한에 동조 내지 동조할 가능성이 있다고 판단된 자들이며 일반군중에 공개하여 집단적으로 감시하게 함. |
| | 포섭 및 교양대상 | 포섭대상자들은 일부 동요계층까지도 포함하고 있으며 사회적 일탈 정도가 경미하여 북한 체제에 다시 순응할 수 있다고 판단되는 부류이며, 교양대상자들은 사상교양을 강화하면 전향할 가능성이 있는 자들이라고 보는 유동적인 부류임. |

주: 핵심군중, 기본군중, 복잡군중의 분류는 1966년 4월에 시작되어 1967년 3월까지 진행된 '주민등록사업' 때부터 나온 용어로 본 표는 1958년에 행한 중앙당집중지도사업을 기준으로 했기 때문에 위의 계층구분을 따랐음.
1958년부터 행해진 '중앙당집중지도사업'은 당시 적대계층 가운데 독재대상과 고립대상 주민을 색출해 집단 이주시키기 위한 목적으로 행하여졌음.

루며 고농(머슴), 영예군인, 비서국 비준 순국가족 등의 일부가 여기에 포함된다. 이들은 대학입학과 직장배치, 간부등용과 승진, 배급, 거주, 의료 등 각종 분야에서 국가적인 혜택을 받고 있다.

중류층인 동요계층은 특수계층에 속하지 않는 일반노동자, 농민, 사무원 및 그 가족을 중심으로 구성된다. 북한은 기본군중을 '혁명에 절실한 이해관계를 가지는 군중'이라고 규정하고 노동계급과 농민, 근로인텔리를 기본군중으로 포함한다. 그러나 북한이 기본계급이라고 할 때는 혁명의 주력

군을 이루는 세력, 즉 노동계급과 농민을 가리킨다. 동요계층은 구체적으로 ① 해방 전 지주와 자본가로부터 착취를 당했던 노동자와 고농 및 빈농, ② 한국전쟁 참가자와 영예군인, ③ 해방 후 북한 체제에 적극 협력한 인텔리와 열성분자 등이 기본군중에 포함된다. 이들은 노동자, 농민, 사무원, 군인 등 해방 전후, 전쟁기, 현재까지 직계·외가·처가에 정치적 하자가 없거나 있다고 하더라도 본인과 가족에 직접 영향을 미치지 않는 사람들로서 당중앙위 비서국 비준간부 이하와 그 가족들이다. 대부분 각종 하급간부나 기술자로 진출하고 있으며 평범한 사회적 지위를 가지고 살아간다. 이 중 일부는 핵심계층으로 상승하는 경우도 있다. 동요계층은 전체 인구의 50%를 차지하며 이 가운데 일부는 준비과정을 거쳐 핵심간부로 등용되는가 하면 일부는 적대계층으로 전락하는 경우도 있다.

하류층인 적대계층은 이른바 불순분자, 반동분자로 낙인찍힌 주민들이다. 적대계층은 ① 해방 전 지주, 자본가, 친일파, 한국전쟁 당시 북한을 반대한 세력, 친남한 세력, 월남자 가족, 반당종파분자, ② 당의 유일사상체계에 도전한 자의 가족, 당의 유일사상체계에 저촉되어 문제시된 가족, 남한방송 청취자 가족, 종교인 가족, 악질 고리대금업자, 당정책을 반대한 자, ③ 반당종파분자의 동조자, 병역기피자, 한국전 당시 치안대 가담자, 월남기도자, 국가 및 군사비밀 누설자, 출당·철직 및 추방자, 사회경제범 출소자 등이거나 이들의 영향을 받는 직계가족으로 분류된다.

적대계층은 특별한 경우를 제외하고는 대학진학이나 입당, 군장교 등 국가권력으로의 진입이 불가능하다. 적대계층은 동요계급과 적대계급으로 구분하여 혁명화나 교양 또는 고립 등의 방법으로 관리한다. 혁명화 대상은 계급적 토대나 사회·정치생활 경위, 가정주위환경이 정치적으로 복잡한 문제가 있어 언제든지 북한 체제에 대한 신념을 버리고 남한이나 자본주의에 대한 환상을 가질 수 있는 사람들로서 원칙적으로 국가권력으로의 진출이 박탈되지만 행정·경제·사회부문의 일정한 지위까지는 진출한다.

적대계층은 출신과 가정환경, 개인경력상 북한 체제에서 도저히 용납할 수 없는 계급으로 친일파와 지주, 부농, 매판자본가, 한국전쟁 당시 남한측 가담자, 북한 체제에 도전한 자, 월남자 가족과 탈북자·귀순자 가족, 반당·반혁명 종파분자, 전과자 등이 포함된다. 적대계층 가운데 죄과가 비교적 가볍고 본인들이 과오를 뉘우치는 경우 교양대상으로 선정하여 포섭하기도 했지만, 사회진출이나 인사에서 철저히 배제된 채 평생 최하층의 신분을 유지할 수밖에 없다. 한편, 독재대상으로 분류된 주민들은 사회적으로 철저히 고립시키며 대부분 관리소에서 사망시까지 비참한 수용생활을 해 오고 있다.

### 2.4. 중앙당 집중지도사업과 149호 대상자 추방조치

김일성은 8월 종파사건을 마무리짓고 유일지도체제를 구축하는 가운데 중앙당 집중지도사업을 통해 반혁명 적대분자 색출을 지시하고 이들에 대한 배제·청산작업에 박차를 가하게 된다.[28] 북한 당국은 도별로 나누어 집중지도를 실시했는데 평양지역의 집중지도는 1958년 12월에 시작해 1959년 5월에 끝날 예정이었지만 1959년 말까지 이어졌다. 북한 당국이 집중지도를 동시에 하지 않고 지역단위로 실시할 수밖에 없었던 까닭은 당시까지만 해도 김일성체제에 반대하는 주민들이 많이 있었음을 반증해 준다.

북한 당국은 평양을 시작으로 1958년 12월부터 1959년 6월 사이에 황해남도를, 1959년 5월부터 10월까지는 개성지구를, 1959년 10월부터 1960년 말까지는 강원도를 집중지도했다. 그 밖의 도에 대해서는 이러한 기준에 의거해 도당(道黨)이 자체적으로 지도하게 하고, 관내 1급 이상의 공장·기업소에 대해서는 소속 당의 책임하에 집중지도를 실시하게 했다. 중앙당에서는 중앙당 행정부장 및 부부장, 조직지도부장 및 부부장과 3과장, 내무성 안전국장, 최고검사총장 등으로 '중앙당 집중지도부'를 편성하고, 이 지도부 산하에 집중지도 성원으로 중앙당의 과장 및 지도원을 비롯한 각 성(省) 당 위원장, 각 도당 부위원장 및 지도원급 당직자, 김일성대학 졸업반 학생 일부까지 포함시켜 약 7,000명으로 짜여진 방대한 조직을 구성했다.

이들 7,000여 명이 1958년 12월 12일 일제히 평양 중심부에 집결해 2주 동안 집중지도의 원칙과 방법 및 요령 등에 대한 학습을 받게 되었는데, 7,000명을 한 건물에 수용할 수 없었기 때문에 제1반은 평양역 앞의 '교통

[28] 1956년 종파투쟁사건 이후 평양시 모란봉 근처에는 김일성을 반대하는 내용의 전단이 계속 살포되었으며, 각 작업장에서는 기계파괴행위가 빈발하고 농촌에서는 가축 빈사사건이, 건축공사장에서는 하자시공이 이어지는 등 사회기강이 많이 해이해졌다. 이에 노동당 상무위원인 김광협이 '반혁명분자와의 투쟁을 전 당·전 인민적 운동으로 전개할 데 대하여'라는 품의를 올려 김일성의 재가를 받으면서 전국적으로 시행되었다(유흑렬, 1982, pp. 216~217).

성 극장', 제2반은 평양시 당회의실, 제3반은 중앙당 회의실로 분담학습을 실시했다. 이 강습의 강사진은 중앙당 집중지도부 임원들이었으며 주된 교육내용은 북한 주민을 3계층으로 분류하라는 것이었다.

당시의 '집중지도'를 위한 세부조직을 보면 평양시를 비롯한 지방 도의 '집중지도' 조직으로는 도·군·리클럽, 공장에는 공장클럽 같은 기본체계 외에도 도에는 '도안전위원회'가 있고 군에는 '군안전위원회'가 있었다. 안전위원회란 정치적 성격을 띤 범죄만을 취급하는 기관을 지칭하는데 도안전위원회에는 사형의 권한까지 부여되어 있었다. 그리고 도단위로 '확인클럽'이라는 것이 있어서 여기에서는 신원확인, 사건확인의 임무를 맡아 보았다. 어떤 경우에는 군에도 이 클럽을 조직할 수 있었는데 이 확인클럽의 활동은 북한 전 주민에게 엄청난 공포의 대상이 되었다.

북한 당국은 집중지도를 통해 관대정책을 표방하고 '위대한 수령과 사회주의 정권'에 해독을 끼친 행위는 말할 것도 없고 불평불만까지지도 자수하도록 권유하는 조치를 취했다. 평양에서 20일간에 걸쳐 집중지도 특별교육을 받은 이들은 도당으로 내려가 도당위원장을 비롯한 도급 책임자들로부터 3~4일간에 걸쳐 현황보고를 듣고, 다시 군·리·동·기업소·공장 등지로 자리를 옮겨 실정을 파악한 다음 두 가지 투쟁방식을 활용해 주민분류에 나섰는데 하나가 공개투쟁이고 다른 하나가 군중재판이었다.

공개투쟁 방법은 ① 자수하면 관대정책의 혜택을 받는다는 시범을 보이면서 보다 많은 자수를 이끌어 내는 방법과 ② 끝내 자수를 하지 않으면 극형을 받는다는 시범을 보여 자수를 강권하는 두 가지 방법을 썼다. 북한 당국은 집중지도의 전 과정을 통해 공개투쟁의 두 가지 방법을 섞어 나갔다. 평양시에서는 구마다 20여 건, 개성에서는 20건, 황해도에서는 군마다 10건 정도로 '군중공개투쟁'을 실시했다.

그리고 경우에 따라서는 공개투쟁 현장에서 인민재판을 벌여 즉석에서 타살하는 '군중공판'이란 형식도 동원되었는데 이런 조사방법을 각 도에 반드시 5건씩 적용시켰다. 중앙당 집중지도의 또 다른 방법이 '소조투쟁'이었다. 소조투쟁을 가리켜 '소크럽투쟁'이라고도 하는데 이 방법 또한 반인권적이기는 마찬가지였다. 반드시 그 사람을 반혁명분자로 몰아 처단해야 할 경우 집단지도 성원 5~6명이 한 조가 되어 한 개인을 집중수사하는 방법인데, 이 소클럽투쟁에 걸려 들면 본인의 자수 여부에 관계없이 반드시 사건을 날조하여 뒤집어 쓰도록 되어 있었다.

이 때 심사대상자는 독방에 감금되며, 외부와의 관계를 일체 끊음은 물론 침식이나 용변까지도 지도성원의 감시하에 하도록 되어 있었다. 일단 소조투쟁이 시작되었다고 하면 으레 2~3개월씩 주야를 가리지 않고 심사가 계속되므로 그 대상자는 반드시 처형되는 비운을 맞게 되어 있었다. 중앙당 집중지도에서 날조된 사건들은 거의 대부분이 이 '소조투쟁'에 따라 구성되었다.

중앙당 집중지도사업을 통한 출신성분 조사결과 감시를 해야 할 적대계층으로 판명된 자는 전 주민의 1/3인 320만 명에 달하게 되었는데, 이 가운데 6,000명을 처형하고 나머지 1만 5,000세대 7만 명은 '내각결정 149호'에 따라 산간벽지로 추방했다.[29] 그리고 나머지 대부분의 적대계층은 현 거주지에서 계속 감시하면서 주로 육체노동에 배치되었다.

'내각결정 149호'는 북한 당국의 '붉은 도시화 계획'에 따른 것으로서 적대분자, 반혁명분자 등 불순분자들을 색출하여 주요 도시와 군사요충지에서 멀리 떨어진 곳으로 강제 이주시키기 위한 강제이주정책이었다. 이에 해당되는 지역은 주로 평양과 개성으로부터 50km, 휴전선과 해안선에서 20km, 주요 도시로부터 20km 이상 떨어진 곳으로 그 곳에서만 거주 또는 행동할 수 있도록 엄격한 통제가 가해졌다.[30] 따라서 평안북도의 산간오지, 자강도, 함경남북도의 오지만이 이에 해당되는데 이 지역을 '149호 대상지역'이라고 불렀다.

이 지역의 특성은 산간오지이기 때문에 탄광이나 광산, 임목벌채장과 같은 중노동 시설이 갖추어진 곳이었다. 일단 149호 대상으로 추방되면 공민증에 '149호 대상'이라는 도장을 찍어 일반주민과 구별하고 해당 지역의 사회안전부에 등록하게 되어 있었다. 재배치된 대부분의 주민들이 그 곳 생활에 적응하지 못해 죽어 갔고 그 후손들이 아직까지도 그 지역에서 성분의 사슬에 묶여 비참하게 살아가고 있다.

---

29 권혁기(1984), pp. 11~12.

30 당시 149호 결정에 따라 주민들이 집단적으로 추방된 휴전선 인근은 인적을 찾아보기 힘들 정도였는데, 북한 당국은 이 지역에 탈출, 월남할 가능성이 없는 것으로 판단된 독신 제대군인들을 옮겨 놓고 이들이 정착할 수 있도록 하기 위해 내륙지방인 양강도와 자강도에서 처녀 약 2,000명을 '3개월간 애국운동'이라는 명목으로 실어와 제대군인들과 결혼시켜 가정을 꾸며서 그 지역에 정착하도록 했다(유흑렬, 1982, p. 225).

# 3. 주체사상 등장기의 사회불평등구조 심화과정

이 절은 1960년대에 접어들면서 중국과 소련이 동서화해와 스탈린 격하운동을 두고 서로를 수정주의와 교조주의로 비난하면서 갈등이 고조되는 가운데 양국으로부터 경제원조가 급감하자, 북한이 주체사상을 통치 이데올로기로 들고 나오면서 자력갱생을 통한 경제건설을 강조하던 시점에 발생하고 심화된 사회불평등구조이다.

북한은 이 시기에 각종 노동경쟁운동과 노력동원을 통해 급속한 경제성장을 도모하게 되는데 이 과정에서 노동자·농민 등 육체노동에 종사하는 주민들이 혹독한 노동현장으로 내몰린 반면, 당이나 국가기관, 사회안전부 등 통치기관에 종사하는 사람들은 시키는 자의 입장에서 감시자로 기능하는 등 노동자와 감독자 사이의 사회불평등구조가 심화되어 갔다. 또한 4대 군사노선으로 대별되는 군사적 동원체제화 과정에서 발생한 혹독한 군사훈련과 김일성 유일사상체계 등장기에 접어들면서 발생하기 시작한 김일성 우상화를 둘러싼 사회불평등구조를 북한 당국의 체제강화 의지와 주민들의 극심한 피로누적이라는 상호작용의 관점에서 분석하고자 한다.

## 3.1. 노동경쟁운동과 노력동원 과정에서의 사회적 불평등 확산

북한의 1960년대는 정치체제면에서 김일성 유일사상체계가 형성되면서 체제의 안정적 기반이 형성된 시기이며, 경제적으로는 대규모 노력동원과 노동경쟁운동을 통해 급속한 성장이 이룩됨으로써 사회주의 중진국에 오른 시기였다.[31] 또한 사회주의권 분열로 야기된 위기의식[32]으로 사회 전체를 병

[31] 1960년대 북한 경제는 연평균 공업성장률 12.8%라는 사실에서도 알 수 있듯이 상당한 발전을 이룩했다. 주민들의 생활은 과거에 비해 크게 향상되고 안정되었으며 안정적인 경제성장에 힘입어 사회주의 중진국의 경제수준에 도달했다(강만길 외, 1995, p. 246).

영집단화하고 고도의 사상통제와 사회교육을 통해 유일화된 하나의 사상만이 존재하는 사회로 만들어 간 시기이기도 했다.

이 시기 북한에서는 천리마운동 중심의 각종 노력동원과 대안의 사업체계, 청산리정신과 청산리방법 등이 제기되어 노동과정에 적용되었으며, 제도화된 주민동원체제를 통해 급속한 경제발전을 이룩하고 사회주의 공업화를 달성하게 되었다.[33]

1960년대 들어 북한은 본격적인 사회주의 건설이 시작되면서 새로운 대중지도방식과 경제관리체계를 채택하고 자립적 민족경제를 주창하기 시작한다. 북한 지도부는 1961년 9월에 조선노동당 제4차 당대회를 개최하여 반종파투쟁과 사회주의적 개조를 종결하고 사회주의 공업국을 향한 재도약을 다짐하게 된다.[34] 이에 따라 새로운 사회주의 양식에 맞는 대중지도방식과 관리방식이 등장하는데 청산리방식과 대안의 사업체계가 그것이었다.

북한이 1960년대 후반부터 자립적 경제건설정책과 함께 강조하기 시작한 것이 국방건설이었는데 이것은 경제와 국방의 병진노선으로 나타났다. 이에 따라 국방비에 대한 비중이 급격히 늘어났다. 공식 통계에 따르더라도 북한은 1967년에서 1969년 사이에 전체 예산의 30% 이상을 국방비에 쓸 정도로 군비증강에 힘을 쏟았다. 당시 북한의 예산규모가 국민총생산의 70% 정도였다는 것을 고려해 볼 때 북한의 국방비 지출은 전체 국민총생산의 20~30%에 해당되는 것이다.

이렇듯 국방력 강화에 전력을 기울이면서 북한의 모든 사회단체들도 전시에 즉시 동원이 가능한 동원체제로 전환되었다. 사회 전반에는 곧 전쟁

32 1960년대 초는 사회주의권에서 흐루시초프 주도로 스탈린 격하운동이 계속되는 한편 중국과 소련 간에는 이데올로기 논쟁 및 국경분쟁이 발생하여 균열과 갈등이 표면화되었으며, 흐루시초프의 자본주의 국가와의 평화공존노선과 탈스탈린 체제에 대한 노선의 모색은 중국·베트남·북한 등 민족이 분열된 상태에서 자본주의 국가들과 직접 대결하고 있었던 분단국가에게는 쉽게 받아들여질 수 있는 것이 아니었다. 따라서 분단국가들은 소련의 정책을 제국주의에 투항하는 수정주의라고 평가하고 계급투쟁과 반제투쟁을 강조하는 정책노선을 견지하게 되었다.

33 1950년대에는 권력투쟁을 위한 이데올로기가 널리 구사된 데 비해 1960년대에는 동원이데올로기가 강조되는데 이는 대중동원에 의한 건설이라는 사회주의의 전형적이고 일반적인 경향이 북한에도 나타났음을 말해 준다(강만길 외, 1995, p. 247).

34 제4차 당대회에서 7개년 계획의 기본과업을 설정했는데 그 목표는 공업총생산 3.2배, 알곡은 연 600만 톤 생산, 국민소득 2.7배 성장, 무료교육·무상치료 등의 과제를 완수하는 것이었다(『조선전사』(평양: 백과사전출판사, 1982), pp. 20~22. 강만길 외, 1995, p. 230에서 재인용).

이 일어날지도 모른다는 위기의식이 팽배해지면서 군사화 경향이 가속화되었다. 이 과정에서 북한은 국방을 강화하는 데는 성공했으나 그들이 목표로 했던 경제의 동시발전에는 실패하게 된다.

### 천리마운동을 통한 초인적인 노동 강요

천리마운동은 1956년 12월 당중앙위원회 전원회의에서 "천리마를 탄 기세로 달리자"라는 구호가 제시되면서 시작되었다. 김일성은 "광범한 대중의 혁명적 열의를 불러일으키지 않고는 다음 해 계획을 성공적으로 수행할 수 없으며 사회주의 건설의 대고조를 이룩할 수 없다"[35]고 지적하면서, 천리마운동의 기본방식인 발전속도를 높이기 위해서는 "결코 느린 걸음을 걸을 수 없으며 남보다 몇 배 몇십 배 더 빨리 달려 나가야 한다"고 호소했다.[36] 김일성은 회의 직후 강선제강소를 현지지도하고 황해제철소와 김책제철소를 비롯한 주요 공장·기업소들과 농어촌을 현지지도하는데, 이 과정에서 천리마운동은 노동속도 경쟁운동으로 북한 전역에 전파되었다.

김일성은 천리마운동의 성격과 목적에 대해 "천리마운동은 많은 사람들을 계속 전진하게 하고 사회주의 건설의 적극 분자로 만드는 공산주의 교양운동이며 많은 사람들이 대중적 영웅주의를 발양하여 사회주의 건설을 힘 있게 밀고 나가게 하는 공산주의적 전진운동입니다"[37]라고 주장했다. 이런 면에서 볼 때 천리마운동은 각종 선전·선동수단을 활용해 주민들을 사회주의적 인간으로 개조하고 경제발전에 필요한 노동력을 최대한 동원하는 체계임을 알 수 있다.

실제로 천리마운동은 과거의 분산적이고 비조직적인 노동경쟁운동을 지양하고 집단적이고 조직적인 노동경쟁운동을 통해 노동생산성을 최고수준으로 올릴 필요에서 제기되었다고 할 수 있다. 이에 따라 주로 제대군인 중심의 청장년층을 고무 선동해 개간지·광산개발·철도부설·발전소 건설 등에 몰아넣었는데 겉으로 볼 때는 자발적인 노력경쟁운동처럼 보이지만 노력경쟁에서 낙오되거나 낮은 실적을 보이면 혹독한 책벌을 받는 등 실제

[35] 김일성, 「사회주의건설에서 혁명적 대고조를 일으키기 위하여」(1970), p. 48. 주성환·조영기(2000), p. 119에서 재인용.
[36] 사회과학연구원(1985), p. 689.
[37] 김일성(1983), p. 261.

로는 강제노동이나 다름 없었다.[38] 북한 당국은 천리마운동을 더욱 발전시키기 위하여 이 운동의 중심과제를 사상·기술·문화의 3대혁명과 연계시켜 나갔다.

> "천리마작업반운동의 중심과업은, 첫째로 사람과의 사업을 잘하는 것이며, 둘째로 설비·자재와의 사업을 잘하는 것이며, 셋째로 책과의 사업을 잘하는 것입니다. 이것을 다른 말로 바꾸어 말하면 사람과의 사업을 잘하라는 것은 사상혁명을 하라는 것이며, 설비·자재와의 사업을 잘하라는 것은 기술혁명을 하라는 것이며, 책과의 사업을 하라는 것은 곧 문화혁명을 하라는 것입니다. ……다시 말하면 사상혁명, 기술혁명, 문화혁명을 잘하는 것이 바로 천리마운동의 기본과업입니다."[39]

이처럼 천리마운동은 사회주의 건설과정에서 인민을 공산주의적 인간형으로 개조하기 위한 사상부문의 혁신운동이고, 기술혁신과 신기술 습득을 권장한 기술혁신운동이며, 생활개선을 위한 운동이었다. 이러한 의미부여에 따라 천리마운동은 정권안정화 초기나 전후복구 사회주의 건설 초기에만 일시적으로 실시된 것이 아니라, 사회주의 건설의 전 기간에 걸쳐 진행되는 북한 사회주의 건설의 총노선으로 자리잡게 되었다.

【천리마작업반운동】 이 운동은 1959년 강선제강소의 '진응원작업반'에 의해 시작된 노력경쟁운동으로서 북한 당국은 이 운동의 목적이 생산에서의 집단적 혁신운동과 근로자들을 교양 개조하는 사업을 유기적으로 결합시키기 위한 것[40]이라고 강조하면서, "천리마작업반운동은 ……새로운 군중적 혁신운동이며 가장 높은 형태의 사회주의 경쟁운동입니다. 천리마작업반운동의 커다란 의의는 ……대중적 경제관리의 훌륭한 방법일 뿐만 아니

38 이항구(1979. 6), p. 251.

39 김일성(1983), p. 265.

40 천리마작업반운동의 성격은 네 가지로 대별되는데, 첫째 이 운동은 증산·경제계획 완수·절약투쟁·원가절감의 차원을 넘어 주민들을 공산주의 사상으로 무장시키기 위한 혁명교양, 당정책 교양, 계급 교양, 공산주의 교양을 부단히 강화하는 혁신운동으로, 둘째 기존의 노력경쟁이 노동계급 속에서 공업분야에만 목적을 두고 있었는데 비해 이 운동은 농업, 건설, 운수, 상업, 교육, 문화, 보건, 체육부문, 심지어 인민반에 이르기까지 모든 단위에서 전개하는 운동으로, 셋째 기존의 노력경쟁이 주로 개별적 혁신운동인데 반해 생산단위인 작업반을 단위로 전개하는 군중적 혁신운동으로, 넷째 기존의 경쟁운동이 기념일 등을 계기로 벌임에 비해 이 운동은 사회주의 건설의 전 기간에 걸쳐 장기성을 띤 군중적 혁신운동이라고 규정하고 있다(이항구, 1979. 6, p. 253).

라 ……공산주의적 인간으로 개조하는 훌륭한 대중적 교양의 방법으로 된다는 데 있습니다”[41]라고 주장해 오고 있다.

‘진응원작업반’을 효시로 천리마작업반운동이 확산되면서 천리마작업반 칭호는 노동계급뿐만 아니라 농민들까지 확대되었다. 김일성은 ‘제1차 전국 천리마작업반운동 선구자대회(1960. 8. 22)’에서 이 작업반운동을 발전시키는 것은 사회주의로의 전진운동을 촉진하는 것이라고 강조하고 모든 근로자와 작업반들이 이 운동에 참가할 것을 독려했다. 이에 따라 북한 주민들은 천리마작업반 칭호를 따기 위해 의무적으로 초인적인 노동을 강요당했다. 북한에서는 천리마작업반운동이 일어난 이후 ‘천리마작업반’의 칭호를 받기 위해 노동자는 공장에서, 협동농장원은 농장에서, 학생은 학교에서 중노동에 동원되어야 했다.

천리마작업반운동은 개인 자격으로 참가하는 것이 아니라 작업반이라는 집단이 일으키는 운동이기 때문에 ‘천리마작업반운동’, ‘천리마직장운동’, ‘천리마공장운동’, ‘천리마협동농장운동’, ‘천리마학급운동’, ‘천리마학교운동’, ‘2중·3중 천리마운동’ 등의 형태로 진행되었다.

천리마작업반운동은 일정기간(1차에 6개월, 3차에 6개월 연장) 내에 그들이 설정한 목표를 달성하는 것이기 때문에 단위기간 내에 목표를 달성하면 천리마작업반이 되는 것이고, 1차 기간에 천리마작업반 자격을 받지 못하면 6개월 더 연장하고, 2차 기간에도 자격을 받지 못하면 탈락한다. 그러한 운동을 두세 번 반복해서 계속 목표를 달성하면 2중·3중 천리마작업반 칭호를 받게 되는 것이다.

‘천리마작업반 칭호 쟁취운동’으로 불리는 이 운동에 참가하려면 우선 각 작업반 내에서 여러 차례 회의를 통해 목표를 정한 다음 세워진 목표의 실천방안까지 도출해서 종합적인 결의문을 작성한다. 이 결의문을 소속 직장이나 사업소의 직업동맹위원장에게 제출하면 직업동맹에서는 간부회의를 열고 그 결의내용이 천리마 칭호를 줄 만큼 충실한지, 그 작업반의 과거 실적으로 볼 때 그 목표가 실현가능할지를 검토하고 내용을 수정해서 추가시킨다.

다음에는 그 결의내용을 직장 내 노동자회의, 공장당위원회, 도직업동

[41] 김일성, 「천리마운동과 사회주의건설의 대고조에 대하여」(1970), p. 99.

맹위원회, 직업동맹 중앙위원회에 차례로 제출한다. 각각의 심의단위마다 자기들의 생각을 기존의 목표에 하나씩 추가하게 되어 본래의 결의서가 중앙에 보고될 때에는 달성이 불가능할 정도로 목표량이 커지는 것이다. 이 결의서가 중앙에서 승인되면 비로소 '천리마작업반 칭호 쟁취운동'에 참가하게 되는데 이러한 복잡한 절차와 여러 차례의 회의, 궐기대회를 열게 하는 것은 그 과정을 통해 영예로운 생각을 갖도록 하여 최대한의 성과를 달성하도록 유도하려는 것이다.

6개월 후 검열에서 불합격된 작업반은 다시 6개월간 활동이 연장되는데 이 때에도 검열에서 불합격되면 천리마작업반운동 참가자격이 박탈됨과 동시에 당을 기만한 것으로 평가되어 혹독한 비판을 받게 된다. 그렇다고 이 운동에 참가하지 않으면 소극분자, 안일주의자, 보수주의자 등으로 의심을 받게 됨으로 참가하지 않을 수도 없다. 일단 참가하게 되면 열악한 노동환경에서 자발적인 노력동원의 장으로 자신을 내몰 수밖에 없다.[42]

〈표 3-7〉 천리마운동의 전개방향에 나타난 바와 같이 천리마작업반수는 1960년 928개에서 1965년 3만 4,725개로 증가했다. 동시에 작업반 칭호를 수여받은 인원수는 1960년 2만 2,234명에서 1965년에는 134만 7,000여 명으로 60배 이상 증가했다.

북한 당국은 칭호를 수여받은 작업반이 급증함에 따라 이것이 평범한 칭호로 보편화되자 성과기준이 한층 더 강화된 '이중 천리마작업반운동'을 전개했다. 더 나아가 한 직장 내의 모든 작업반이 천리마 칭호를 받게 될 때 '천리마직장 및 천리마공장'의 칭호를 부여하는 운동으로 확대시켜 노동자들의 노력을 더욱더 혹사하게 하는 방향으로 강행군을 했던 것이다. 또한 '이중 천리마작업반' 중에서도 특출한 성과와 공산주의 사상교양의 모범을 보인 작업반을 선정하여 '천리마 영예상'을 수여했다. 천리마 영예상은 3중 천리마작업반 칭호나 마찬가지였다.

【천리마직장운동】 북한 당국은 '천리마직장운동'을 천리마작업반운동보다 한 단계 높은 운동이며, 전체 노동자들이 모두 천리마 기수가 되기 위한 사회주의 제도의 웅대한 강령을 집행하는 경쟁운동이라고 강조해 왔다. 이처럼 한 직장 내의 모든 작업반이 천리마작업반 칭호를 받게 되면 이 직

42 이항구(1979. 6), pp. 253~255.

**표 3-7 천리마운동의 전개상황**

| 구분 | 단위 | 1960년 | 1961년 | 1962년 | 1963년 | 1964년 | 1965년 | 1970년 |
|---|---|---|---|---|---|---|---|---|
| 작업반 칭호를 수여받은 작업반수 | 반 | 928 | 8,550 | 12,743 | 17,057 | 22,260 | 34,725 | 28,624 |
| 작업반 칭호를 수여받은 노동자수 | 명 | 22,334 | 206,490 | 365,271 | 586,403 | 852,552 | 1,347,029 | |
| 집중 노동자 사무원 | 명 | 21,102 | 149,524 | 183,755 | 213,376 | 285,808 | 447,645 | |
| 집중 협동농장원수 | 명 | | 27,785 | 104,665 | 232,636 | 340,297 | 503,137 | |
| 집중 학생수 | 명 | 65 | 29,181 | 76,850 | 140,391 | 226,447 | 390,247 | |
| 이중 천리마작업반 | 반 | 15 | 81 | 114 | 179 | 226 | 707 | |
| 이중 노동자 사무원수 | 명 | 367 | | | | | 7,828 | |
| 이중 협동농장원수 | 명 | | | | | | 3,810 | |
| 이중 학생수 | 명 | | | | | | 11,877 | |
| 천리마공장 | 개 | | | | | | 29 | |
| 천리마직장 | 개 | | | | | | 152 | |
| 천리마농장 | 개 | | | | | | 1 | |
| 이중 천리마직장 | 개 | | | | | | 16 | |
| 이중 천리마공장 | 개 | | | | | | | 89 |
| 천리마 영예상 | 개 | | | | | | | 24 |
| 천리마학교학급부서 | 개 | | | | | | 19 | |
| 이중 천리마학교 | 개 | | | | | | | 156 |
| 이중 천리마학급 | 개 | | | | | | | 7,365 |
| 이중 천리마 모범분단 | 개 | | | | | | | 37,200 |

자료: 극동문제연구소(1974), p. 154.

장은 자동적으로 천리마직장이 되며, 천리마공장은 그 공장 내의 모든 직장이 천리마직장 칭호를 받았을 때 자동적으로 된다.

예를 들어, 강선제강소에는 강철직장, 주물직장 등 몇 개의 직장이 있는데 강철직장 내의 모든 작업반이 천리마작업반 칭호를 받게 될 때 강선제강소 강철직장은 천리마직장이 되며, 나머지 다른 모든 직장도 천리마직장이 되면 강선제강소가 천리마공장 칭호를 받게 된다. 그러나 실제로 천리마공장하면 수천 명이 단위가 되는데 수천 명의 노동자·사무원·기술자들이 한 사람의 낙오자도 없이 결근은 물론 조퇴·지각도 없이 자기의 책임량을

1년도 아니고 몇 년씩이나 지속한다는 것은 실제로 매우 어려운 일이었다.

천리마직장이나 천리마공장이 된다는 것은 전체 노동자의 작업기준량이 일률적으로 높아야 하는데 이렇게 초과달성할 때마다 그 달성률이 공장 노동자의 평균작업량으로 새로이 책정되었다. 따라서 날이 갈수록 부과되는 작업량이 많아지는데 그렇다고 그에 따른 물질적 보상이 뒤따르는 것이 아니기 때문에 노동자들은 겉으로 표출은 하지 못하지만 살인적인 노동에 대해 큰 불만을 가질 수밖에 없었다.[43]

【천리마속도전운동】 북한 당국은 정치·경제적 목표를 달성하기 위해 주민을 선동해 노동력을 최대한 동원하려 했다. 천리마속도전운동은 기술, 노동력, 자본, 설비, 노동의욕 부족을 근로자들의 혁명적 열의를 최대한 동원하여 극복하기 위한 것으로 천리마운동을 전개하던 과정에서 파생된 노동속도 경쟁운동이었다. 이 운동은 김일성이 1956년 12월 노동당 전당대회에서 "천리마를 탄 기세로 달리자"는 구호를 제시하고, "남이 한 걸음 걸을 때 열 걸음, 백 걸음 걸어 나가자"고 호소한 것에서 그 연원을 찾을 수 있다.

북한은 '천리마속도전운동'의 결과로 "5개년 계획(1956~1961년)을 공업총생산액으로는 2년 반 만에, 현물지표별로는 4년 만에 달성했으며, 1957년부터 1960년까지의 기간에 공업총생산액을 해마다 평균 36.6%라는 기적적인 속도로 장성시켰다"[44]고 주장했고, 김일성도 천리마속도전운동의 성과에 대해 "지금 세상 사람들은 천리마속도로 사회주의를 건설하고 있는 우리 인민의 투쟁을 경탄의 눈으로 바라보고 있으며, 우리 인민의 비결이 어디에 있는가를 알고 싶어하고 있습니다"[45]라고 주장했다.

북한 당국은 각각의 분야에서 경제건설 속도를 비약적으로 높이기 위해 '천리마속도전'에 이은 아류 천리마속도전인 '평양속도',[46] '비날론속도',[47]

---

43 이항구(1976. 6) pp. 255~257.

44 사회과학연구원(1985), p. 489.

45 김일성(1980), p. 458.

46 평양속도는 1958년 5개년 계획과 당해 연도의 기본건설방침에 따라 추진된 평양시 복구건설 과정에서 나온 노력경쟁운동으로 북한 당국은 7,000세대분의 자금과 자재로 1만 7,000세대의 살림집을 지을 것을 결의하여 이것을 2만 세대운동으로 발전시켰다. 건설노동자들은 14분에 한 세대씩, 2만여 세대의 살림집을 단 한 해 동안에 건설함으로써 평양속도를 창조했고, 1962년에는 2분 37초에 한 세대의 살림집을 조립하는 새로운 평양속도를 만들어 냈다(주성환·조영기, 2000. 1, p. 126).

47 비날론속도는 1961년 4월 1일에서 5월 6일까지 홍남비날론공장을 건설하는 과정에서 시작

'강선속도'[48]운동을 역점적으로 추진했다. 아류 천리마속도전은 또 다른 아류를 낳게 되는데 '충성의 속도',[49] '70일 전투속도'[50] 등으로 변형·전개되었으며, 그 이후에도 천리마속도전운동은 특정 사업목표를 달성하기 위해 간헐적으로 활용되었다.

북한 당국은 이런 종류의 속도전이 최단기간 내에 양적으로나 질적으로 최상의 결과를 나을 수 있는 효율적인 노동운동이라고 믿었기 때문에 모든 경제건설 현장에서 목표를 초과달성하도록 살인적으로 독려했다. 이 과정에서 시키는 자와 시킴을 당하는 자 사이에 불평등의식이 심화 증폭되어 나타나게 된다.

### 근로단체를 동원한 군중노선 추구와 대중동원의 극대화

북한 당국은 조직생활에 대해 "당 및 근로단체[51] 조직생활은 해당 조직이 목표를 부여받고, 그 실행상황을 보고하며 다시 새 과업을 받고 그것을 수행하는 정치활동이며 혁명활동"이라고 규정하고 있다. 또한 "사람들은 조

---

된 노력경쟁운동으로 건설현장에서는 8.28돌격대, 4.1돌격대 등의 이름을 붙인 돌격대를 조직하여 비날론 건설공사를 독려했다. 북한 당국은 이 건설공사에서 하루계획을 100% 달성하면 수치스런 일이고, 500%하면 수수하며, 1,000%하면 괜찮고, 3,500%를 해야 비로소 비날론속도라고 주장했다.

48 북한 당국은 1차 7개년계획(1961~1967년)이 계획대로 이행되지 못하고 지지부진하자 그 계획목표를 달성하기 위해 1969년 생산돌격대를 조직하여 노동경쟁에 돌입하게 되는데, 강선제강소만이 목표를 초과달성하면서 강선속도가 나오게 되었다. 북한 당국은 강선속도의 추진으로 공업부문이 1970년 10월 말 기준으로 1969년에 비해 131%의 성장속도를 가져왔고, 강선제강소를 비롯하여 2,396개의 공장·기업소들이 1970년도의 계획목표를 완료했으며 황해제철소, 514종합직장, 북창화력발전소 제1단계공사, 사리원방직공장, 강선제강소 6,000톤 프레스직장 등 수많은 현대적인 대규모 공장들이 새로 세워지거나 확장되었다고 발표했다.

49 충성의 속도는 6개년 계획을 2년 앞당긴다는 목표 아래 1974년 1월 20일 김책제철소 건설사업소에서 발기하고, 1월 22일 북창화력발전소에서 시작해서 북한 전역으로 확대된 노력경쟁운동이다.

50 70일 전투속도는 1974년 6개년 계획을 당창건 30주년 이전에 앞당겨 끝내기 위해 70일(1974. 10. 18~12. 26)간 추진된 시한부 노력경쟁운동이다.

51 근로단체는 조선직업총동맹, 조선농업근로자동맹, 김일성사회주의청년동맹, 조선민주여성동맹이 있고, 사회단체에는 조선기자동맹, 조선문학예술총동맹 등의 사회문화단체, 조선대외문화연락위원회, 조선 아시아태평양 평화위원회 등의 대외 활동단체, 조국통일민주주의전선, 조국평화통일위원회 등 통일전선단체, 조선과학기술총연맹, 조선공업기술총연맹 등의 경제단체, 조선기독교연맹, 조선불교도연맹 등의 종교단체가 있다(민주평화통일자문회의, 1997, p. 20).

| 표 3-8 | 북한의 4대 근로단체 현황 | | | |
|---|---|---|---|---|
| 단체명 | 가입대상 | 조직규모 | 구성방법 및 활동 | 창립일 |
| 김일성사회주의 청년동맹[52] | 청소년: 14~30세 | 약 600만 명 | 학교, 직장단위<br>당후비대, 사상교양, 노력동원 | 1947. 1. 17 |
| 민주여성동맹 | 여성: 31~60세 | 약 50만 명 | 타 단체에 속하지 않는 여성<br>당후비대, 교양, 노력동원 | 1945. 11. 18 |
| 농업근로자동맹[53] | 협동농장원: 31~64세(여 60세) | 약 130만 명 | 농업에 종사하는 근로자 사상교양, 농촌사업지도 | 1946. 1. 31 |
| 직업총동맹 | 노동자, 사무원: 31~65세(여 60세) | 약 160만 명 | 노동자, 사무원, 직장단위조직 9개의 산별직업동맹사상교양 기술습득, 노력경쟁지도 | 1945. 11. 30 |

자료: 통일부(2004), p. 54.

직생활을 통해 규율을 지키고 집단주의 정신을 배양하며 사업과 생활에서 나타난 문제점에 대해 자기비판을 하고, 상호비판도 하며 직접 비판을 받기도 하며 남이 비판하는 것을 곁에서 듣고 뉘우치기도 하는 과정을 통해 부단히 단련되어야 한다"고 강조한다.[54]

북한의 단체들은 겉으로는 이익단체의 성격을 띠고 있으나 실제로는 당과 정권기관의 정책과 결정을 옹호·관철하는 데 그 목적을 두고 있다. 북한은 사회단체의 개념을 "사회의 일정한 계급 및 계층들이 혁명투쟁에서 같은 목적을 이룩하기 위해 자원적 원칙에서 조직한 단체를 말한다"고 주장하고 있다.

북한에서는 이러한 대중단체를 근로단체라고 하는데 김일성사회주의청년동맹(청년동맹), 조선직업총동맹(직업동맹), 조선농업근로자동맹(농업근로자

52 이 단체는 1992년 명칭이 변경되기 전까지 사회주의노동청년동맹(사로청)으로 불리다가 김일성의 이름을 따 김일성사회주의청년동맹으로 바뀌었다. 이 단체가 수행하는 가장 중요한 임무는 조선노동당의 사상과 정책을 대중에게 전달하고 주입시키는 사상교양이다. 청년동맹은 창립 후 사회주의 건설현장에서 큰 역할을 담당해 왔는데 평양시 건설과 농촌건설, 북한의 주요 산업시설 건설 등 건설현장에서 주로 속도전 돌격대로 활동했다.

53 농업근로자동맹은 모든 협동농장원과 농업부문 종사자들을 가맹원으로 하고 있는데 다른 당의 외곽단체들과 마찬가지로 가맹원들에게 당의 명령과 지시를 철저히 이행하도록 감시하고 통제함으로써 노동력을 최대한 동원하는 데 역점을 두고 있다. 농촌업무의 추진, 농촌에서의 3대혁명 추진, 사상교양사업의 강화 등을 주요 임무로 삼고 있다.

54 사회과학출판사(1971), p. 544.

동맹), 조선민주여성동맹(여성동맹) 등이 대표적이다. 민간영역이 전무한 북한 사회에서 당-국가와 다른 생각을 하고 행동할 수 있는 여지는 전혀 없으며, 단체의 경우에도 표면상 명분만 구분되어 있을 뿐 가입 자체가 자의적이 아닌 강제적 배치이고 단체도 당의 지시에 따를 수밖에 없는 입장에 있다.

북한에서 이 근로단체들은 유일지배 정당인 조선노동당의 외곽단체이다. 이 기구들이 수행하는 가장 중요한 임무는 조선노동당의 사상과 정책을 주민들에게 전달하고 주입시키는 사상교양이다. 이 단체들은 당에 의해 동원되고 당의 정책을 대중에게 전달하는 일방적인 연결고리로서만 존재한다. 북한의 모든 근로단체들은 계층별·연령별·성별로 특징에 맞게 사업할 수 있도록 직업과 연령·성·계층에 따라 유일한 대중조직으로 되어 있다. 만 14세 이상인 당 밖의 모든 주민을 포괄하도록 되어 있다.[55]

북한 노동당 규약 제56조에는 사회단체의 성격을 "근로대중의 조직들은 광범한 정치조직이며 항일혁명투쟁의 영광스러운 전통을 계승하는 당의 외곽조직이다. 근로대중의 조직들은 대중의 사상교양조직이며 당과 대중을 연결하는 인전대이며 당의 충실한 보조자이다. 사회주의 로동청년동맹은 우리 혁명과업을 직접 계승하는 청년들의 혁명조직이며 당의 전투적 후비대이다"[56]라고 규정하고 있다.

북한에서 근로단체들은 당과 대중을 연결시켜 주는 인전대(引傳帶)로서 당의 믿음직한 방조자, 후비대로 규정된다. 실제로 북한에서 근로단체는 다른 사회주의 국가보다 훨씬 강도 높은 조직적 규율 속에서 당에 예속된 임무를 부여받고 있다.

북한 당국은 근로단체를 전 주민의 조직적 단결을 실현할 수 있는 핵심 수단으로 보고 있다. 즉, 많은 대중을 당 주위에 결집시키기 위해 근로단체를 최대한 활용하고 있는 것이다. 이 근로단체들은 매주 학습과 생활총화를 반복하며 주민들을 조선노동당 주위에 동원시키고 통제하고 있다.

【북한의 군중노선에 의한 대중동원의 성격과 시기별 내용】 경제적으로 낙후되어 있던 사회주의 국가 경제발전의 대전제는 위로부터의 총체적인 대중동원이었다. 사회주의 건설과정은 한편으로 급속한 공업화를 이루어

[55] 김재기(1999), pp. 97~98.

[56] 통일연수원(1991), pp. 41~42.

물질적 토대를 마련하는 것이고, 다른 한편으로는 그러한 공업화의 집행기구인 국가의 경제행정체계를 건설하는 과정이다. 북한 당국은 모든 경제영역에 대한 '중앙집중식 관리의 필요성'과 급속한 공업화를 달성하기 위한 '대중동원의 필요성'을 합리적으로 접목시켜 나갔다.

김일성은 북한 사회주의 건설의 총노선이었던 '천리마운동'에 대해 "천리마운동은 경제와 문화, 사상과 도덕의 모든 분야에서 온갖 낙후된 것을 쓸어버리고 부단한 혁신을 일으키며, 사회주의 건설을 비상히 촉진시키는 우리 나라 수백 만 근로자들의 일대 혁명운동으로 되었으며, 사회주의 건설에서 우리 당의 총로선으로 되었습니다"[57]라고 말한 바 있다.

북한 당국이 공업화를 조기에 이룩하기 위해서는 모든 인적·물적 자원에 대한 중앙집중식 관리와 엄격한 규율에 입각한 대중동원능력이 필요했는데, 일반주민들의 경우 교육수준이 낮았기 때문에 주민들에 대한 정치교육의 필요성과 목표를 잘 전달하고 집행하기 위한 '인전대'적 집행체계와 대중동원체계가 필요했다. 이러한 당-국가사업을 현장에서 수행할 '인전대'를 통해 정치교육이 이루어지고, 최소한의 강제를 통해 주민들을 '자발적'으로 동원했다. 북한 당국은 당이 설정한 목표는 인민을 위한 것이라는 사실을 끊임없이 강조해야 했으며 그에 기초하여 '인민의 자발적 열의와 창조적 자발성'을 불러일으켜야만 했다. 북한은 이러한 모든 과정을 군중노선으로 강조하고 있다.

군중노선이란 "대중을 교양개조하여 당과 수령의 두리에 묶어 세우며 대중의 창조적 지혜와 무궁무진한 힘을 조직·동원하여 혁명과업을 수행하며 인민대중을 위해 충실히 복무하는 로동계급의 당활동의 원칙이다"[58]라는 표현에서 볼 수 있듯이 대중이 교육과 동원의 객체이자 대상으로 간주되는 것이다. 북한의 군중노선이란 군중에 의한 군중을 위한 군중노선이 아니라 당에 의한 군중노선이었던 것이다.

북한은 이러한 군중노선에 의한 대중동원을 통해 1970년대 중반까지 매우 급속한 경제발전을 이룩했다. 대중동원운동은 공업화를 가속화하고 당면한 경제위기를 타개하기 위해 위에서 아래로 향하는 압력을 평상수준 이상으로 충격적으로 강화하여 대중을 동원하는 것이다. 대중동원운동은 엄청

57 김일성, 「당중앙위원회 사업 총화보고」, 1988, p. 196.
58 사회과학원 언어학연구소 편찬(1981), p. 279.

난 위기에 직면한 국가의 조직·사상적 공고화와 이를 토대로 한 엄청난 노력동원을 목표로 했다.

이러한 북한 사회의 대중운동은 매우 위계적인 성격을 띠고 있는데 지배자(수령-당-국가기관-근로단체)가 대중들을 일방적으로 동원하는 형상이다. 북한의 대중운동에서 영도의 본질은 주민들로 하여금 주인 또는 주체로서의 역할과 자각을 하도록 하는 것인데 실제로는 자각을 통한 자발적인 행동보다는 강제성과 동원의 성격이 강한 것이다. 북한의 대중동원운동은 수령-당-대중의 통일체라는 '완전함'과 '전일성'을 추구하기 때문에 대중의 자발성과 창조성보다는 수령과 당의 지도를 관철시키는 것에 불과하다.

북한 당국은 노동의 초과달성을 위해 천리마운동, 3대혁명붉은기쟁취운동, 속도전 등과 같은 사회주의 노력경쟁운동을 지속적으로 벌여왔다. 북한의 대중적 노력동원운동은 대개 다음의 순서로 진행되었다. ① 최고지도자는 '나라의 형편'에 대한 설명을 통해 지금 국가가 대내외적으로 매우 급박한 위기상황에 처해 있다는 것을 보여 준다. ② 이러한 상황설정에 이어 최고지도자는 노동자가 애국적 책임의식을 가지고 생산증대를 위해 지극히 노력해야 한다는 결론을 도출하고, 나아가 ③ 급박한 위기상황을 극복하기 위해 지도부와 주민이 강력한 연대감을 형성할 것을 요구한다.

이러한 최고지도부의 요구에 대한 노동자들의 대답을 관찰해 보면 마치 ④ 생산증대에 대한 노동자들의 정치적 책임과 소명의식은 최고지도자가 설명한 상황의 급박성에 비례하는 것처럼 보인다. ⑤ 최고지도자의 설명에서 위기를 초래한 원인으로 간주되는 내외의 적들에 대해 주민대중은 불같은 증오를 폭발시키며 지도자를 중심으로 한 통일단결과 엄청난 생산증대의 필요성을 자발적으로 제기한다.[59]

북한 사회의 대중동원운동은 '혁명적 군중운동'의 기치 아래, '건국사상총동원운동(1946~1948년)'을 시작으로 1950년대 말부터 1960년대의 '천리마운동' 1970년대의 '3대혁명소조운동' 및 1980년대의 '온 사회 주체사상화운동'과 1992년 수정헌법을 통해 제도화된 '3대혁명붉은기쟁취운동'에 이르기까지 당면한 정치현실과 밀접하게 연결되어 북한 체제유지를 위해 지속적으로 전개되어 왔다. 이러한 대중운동은 부분적인 '정치사상 교육'에 국

[59] 박형중(1994), pp. 170~171.

한된 것이 아니라, 사회문화 전반의 구조변동을 초래하는 일종의 정치사회화 기제로 지속적인 문화혁명의 성격을 지닌다고 할 수 있다.

【목표달성을 위한 돌격대 조직과 군대식 노동규율 강요】 북한 당국은 박두한 계획과제의 완수나 긴급한 업무를 처리하기 위해 각종 돌격대를 조직·운영해 왔다. 전시에 전투를 할 때와 같이 사력을 다하는 작업대라고 하여 붙여진 명칭이다. 그런 만큼 노동강도는 극한점에 이르며 노동시간은 정해진 목표를 달성할 때까지 무제한 연장된다. 돌격대는 주로 청장년들로 구성되는데 그들이 수행한 작업량은 그 다음 해 같은 작업을 하는 모든 공장·기업소·협동농장 종사자들이 해 내야 할 작업기준량이 된다.

돌격대에는 '청년돌격대', '복구돌격대' 등이 있으나 1960년대 내내 김일성에게 충성을 다 바치라는 슬로건을 내걸어 피바다돌격대(주로 공장·기업소에 조직), 꽃파는 처녀돌격대(주로 협동농장에 조직) 등 기이한 명칭을 다 만들어 주민들을 살인적인 노동 속으로 몰아넣었다. 이 돌격대의 조직과 함께 노동생산성 제고, 노동시간 연장 등을 위해 내새운 것이 바로 '전투'이다. 이 전투에는 60일, 90일, 100일, 200일 등 일정한 기간을 내세워 진행하는 것이므로 60일 전투, 90일 전투, 100일 전투, 200일 전투 등으로 불린다. 전투기간에는 마치 전시에 전투를 하는 것처럼 정해진 휴식시간도 없으며 고정된 작업시간이나 작업기준량도 없다. 무조건 있는 힘을 다해 엄청나게 과중한 생산과제를 완수하기 위해 작업에 동원되어야 한다.

북한 당국은 1960년대 들어 공장·기업소의 행정구조를 군대식으로 개편하게 된다. 1962년 12월 노동당 제4기 5차 전원회의 이후, 군수공장들을 군대식으로 개편했으며 일반공장·기업소들도 거의 군대식으로 개칭했다. 채굴분야 종사자들은 군대와 같은 계급장을 부착하고 작업분조장을 분대장으로, 작업반장을 소대장으로, 갱장(坑長)을 중대장으로 호칭하도록 했으며, 일체 공장·기업소의 기사장을 참모장으로 부르도록 하고, 군사적인 규율 속에서 일할 것을 강요했다.

공장·기업소에서의 군대식 규율이란 ① 맡은 바 생산과제를 전투명령으로 간주하고 일을 하다가 쓰러져 죽는 한이 있더라도 반드시 완수하며, ② 조직생활에 충실하고 조직의 명령이나 지시에 절대 복종하며, ③ 전시에 전투를 위해 지정된 시간이 없듯이 노동도 전투이므로 일정한 시간에 구애됨 없이 동원되어야 한다는 것 등이다. 북한 당국은 이러한 군대식 규율을

표 3-9 북한의 1960~1970년대 대중동원 사례

| 구호 | 발기연도 | 동 기 | 내 용 |
|---|---|---|---|
| 총동원운동 | 해방 이후 | 정권수립 과정 | 공산주의 집단노동 |
| 천리마운동 | 1956. 12~ 1969. 12 | 당중앙위 확대회의에서 집단적 혁신운동으로 전개하기로 결정 | "하나는 전체를 위하여, 전체는 하나를 위하여"라는 구호 아래 전개된 최초의 사회주의 노력경쟁운동 |
| 천리마작업반 운동 | 1959. 3~ 1970년대 초 | 강선제강소 작업반에 의해 발기 | 전 산업부문의 노력경쟁, 생산력 증대운동 |
| 300일 출어운동 | 1959 | 김일성 지시 | 1년 중 일요일, 공휴일 및 법정 휴가일을 제외한 294일에다 애국노동 6일을 더한 300일 출어운동 |
| 청산리방법 | 1960. 2 | 김일성이 청산리협동농장에서 현지 지도시 행한 교시 | 노동력의 효율적인 운용을 위한 관리체계 개선운동 |
| 정성운동 | 1961. 7 | 김일성이 전국 보건부문 열성자대회에서 함흥의대 실습생들이 한 소년의 생명을 구한 사례를 치하함으로써 발기 | 보건·의료 종사자들을 대상으로 전개된 혁신운동 |
| 평양속도 | 1968. 8 | 평양시 복구건설대에서 발기 | 한 사람이 다섯 몫하기, 한 삽 더 뜨기 등 개인 노력 배가운동 |
| 속도전 | 1974. 2 | 당 제5기 8차 전원회의에서 중앙당 공식 구호로 채택 | 속도와 질을 동시에 추구하자는 운동 |
| 충성의 속도 | 1974. 3 | 김책제철소에서 피바다근위대원들이 목표량의 2.4배를 달성 | 6개년 계획을 2년 앞당기기 위한 증산운동 |
| 새로운 천리마속도 | 1974. 10 | 김일성 교시에 의거 최고인민회의 제5기 3차 회의에서 발기 | 주민 노력동원의 극대화 운동 |
| 70일 전투속도 | 1974. 10 | 김일성 교시에 의거 1974년경 계획목표 달성을 위해 발기 | 인력 최대동원 및 증산독려운동 |
| 충성의 사회주의 경쟁운동 | 1975. 1 | 강선제강소에서 김일성 훈장을 받은 자들의 연합모임에서 발기 | 6개년 계획 조기달성을 위한 증산독려운동 |
| 금요운동 | 1970년대 후반 | 당·정 간부 및 사무원 등 정신노동자 대상 육체노동 참여 장려 | 당·정 간부들이 매주 1회(주로 금요일) 노동실시 |
| 3대혁명 붉은기 쟁취운동 | 1975. 11 | 당 제5기 11차 전원회의에서 결정 | 6개년 계획달성과 차기 계획기반 조성을 위한 노력경쟁운동 |
| 숨은 영웅 따라 배우기운동 | 1970년대 후반 | 노력영웅 칭호 수여자를 본받게 하기 위해 제기 | 자발적 노력을 강요하는 대중동원운동(정춘실 운동이 대표적) |
| 1백일 전투 | 1978. 5 | 안주탄광 노동자 결의모임에서 발기(1978. 5. 29~9. 9) | 1978년 계획목표를 9.9절까지 완수하기 위한 증산독려운동 |
| | 1979. 6 | 김정일 지시로 발기(1979. 7. 1~10. 8) | 생필품 생산증대운동 |

자료: 내외통신사(1995), pp. 107~111.

확립하기 위해 생산목표를 '반드시 점령해야 할 고지'라고 부르며, 일체의 노동조직과 과정을 군사용어로 부르고 있다. 대표적인 것으로 충성의 강행군, 섬멸전, 전격전, 최후의 돌격전, 전투장, 화력 집중, 피바다근위대, 결사대 등이 있다.[60]

이처럼 북한의 1960년대는 주민들을 총동원한 노동경쟁운동을 통해 고도성장을 이루었지만 그 반면에 강요된 노동에 시달리는 주민들의 생활은 비참 그 자체였다고 할 수 있다.

## 3.2. 군사적 동원체제화 과정에서 발생한 사회적 불평등

1960년대 북한 사회는 북·중관계, 북·소관계의 유동성 증가로 인해 경제원조가 격감하고, 중국에 문화혁명이 시작되면서 중국이 북한의 김일성 우상화를 비난하고 북한이 맞비난하는 과정에서 1967년 조중상호방위조약의 해체로 이어지면서, 이에 위기감을 느낀 북한 당국이 사회를 급속하게 군사동원체제화 해 나간 시기다. 주민들의 시각에서 보면 이 시기는 엄청난 노동경쟁운동에다가 우상화 학습, 군사동원체제로 인해 삶이 피폐해질 대로 피폐해지고 통치구조의 공고화로 인해 사회불평등구조가 한층 더 공고화되어 간 시기였다.

민간영역이 사라진 북한 사회는 전 주민이 공무원으로 단지 간부냐 아니냐, 정신노동이냐 육체노동이냐의 차이만 있을 뿐이었고 대규모 동원이 언제라도 가능한 다음의 다섯 가지 조건을 구비하고 있었다.

첫째, 북한 사회를 지배하는 논리는 '대포가 감자보다 중시되는 가치체계'로 북한 당국은 이 논리를 주민들에게 주입시키기 위해 노력해 왔다는 것이다. 이 가치체계는 민생을 경시하고 무력을 중시하는 군사논리였는데 그 기초는 스탈린체제의 도입과 더불어 비롯되었으며 이 체제는 김일성의 정책홍보와 대남적화를 위해 합리화되었다.

둘째, 1962년 12월 당중앙위원회 제4기 5차 전원회의에서 "인민경제발전에 일부 제약을 받더라도 국방력을 우선 강화하여야 한다"는 방침을 세우고 이에 따라 4대군사노선인 전 인민의 무장화, 전 국토의 요새화, 전 군

[60] 이항구(1978. 11), pp. 238~239.

의 간부화, 군장비의 현대화를 추진하게 되었다. 4대군사노선은 한마디로 즉시대응형 군사동원체계를 완수하겠다는 뜻으로 1967년 이후 1970년대 초까지 GNP의 30% 이상씩을 군사비로 쓰게 되는 기형적인 구조를 만들어 내게 된다.[61]

셋째, 북한의 군사전략은 당중앙위원회 4기 5차 전원회의에서 '국방에서의 자위원칙'을 결의하고 4대군사노선을 표방한 때부터 독자적인 성격을 띤 군사전략으로 정립되기 시작했다. 그 이후 북한의 군사전략은 전통적인 중국식 인민해방전략과 소련의 현대식 군사전략, 한국전쟁의 경험과 월남전 및 중동전의 교훈 등을 배합해 독자적으로 발전시켜 오고 있다.

넷째, 북한은 노동당 규약에 "조선노동당의 당면목적은 북반부에서 사회주의의 완전한 승리를 이루고 나아가 전국적 범위에서 민족해방과 인민민주주의 혁명과업을 완수하는 데 있다"고 규정하고 있는데, 여기서 말하는 전국적 범위의 대상지역은 바로 남한지역을 의미한다. 따라서 남한을 혁명대상 지역으로 인식하고 있는 데에서 대남전략이 형성된다.[62]

마지막으로 북한이 국방건설을 강화한 보다 실제적인 다섯째 이유는 주체사상과 김일성 중심체제를 유지·강화하고자 하는 데 있었다. 북한은 사회를 병영사회로 이끌어감으로써 사회적 긴장도를 높이고 체제의 정통성을 공고히 하면서 주민들에게 국가방위와 사회주의 체제를 지켜 내기 위한 투쟁에 돌입할 것을 강조했다. 그 과정에서 전체주의적인 동원체제를 지속적으로 유지·강화하고 김일성 유일체계도 안정적으로 확립해 나갈 수 있었다.[63]

### 군사국가화의 전위대로서 제대군인의 사회적 역할증대

전후 북한 당국의 최대과제는 전후복구였다. 복구사업에는 전 주민과 국가기관이 총동원되었다. 여기에는 군도 예외일 수 없었고 몇몇 부대에서 군인들의 전후복구사업 동참을 호소하는 '호소문'이 언론에 보도되면서 군인들의 본격적인 참여가 상당기간에 걸쳐 강도 높게 이루어졌다.

---

61 북한의 공식 발표에 따르면 1960년 국방예산이 재정의 3.1%였는데 1964년에 5.8%, 1966년에 10%로 늘어났으며, 1967년에는 30.4%, 1968년에는 32.4%, 1969년에는 30.9%, 1970년에는 31.3%가 되는 것에서 나타나듯이 급격한 군사비 증가가 이루어졌다.

62 김용준(1997. 1), p. 175.

63 강만길 외(1995), p. 244.

**표 3-10 북한의 예비전력**(병력)

| 구 분 | 대상·연령 | 병 력 |
|---|---|---|
| 교 도 대 | 직장인, 대학생<br>남: 17～40세, 여: 17～30세 | 160만 명 |
| 노농적위대 | 제대군인, 노동자, 농민, 사무원<br>남: 17～60세, 여: 17～30세 | 390만 명 |
| 붉은청년근위대 | 고등중학교: 5～6학년<br>남·녀: 15～16세 | 90만 명 |
| 인민경비대 | 현역과 동일, 17～24세 | 10만 명 |
| 계 | | 650만 명 |

자료: 합동참모본부(1995), p. 175.

북한 당국의 본격적인 제대군인 대책은 정전 직후인 1953년 8월 4일에 발표된 내각결정 제132호 '제대군인 및 영예 전상자들의 직업 알선과 취학 조건을 보장할 데 관한 결정'이었다.

그 주요 내용은 이들에 대한 '전쟁 전의 직장 복귀 및 우선 취직, 농업 부문 희망자에 대한 토지, 주택, 종곡 및 농기구 알선 보장, 김일성대학 예비과 및 각 대학 노동학원 우선 입학' 등의 조치였다. 이 같은 조치에 대한 지도 검열기관으로 '노동보장 꼬미씨야'를 각 시·군구역에 조직할 것도 결정되었다.[64] 제대군인들에 대한 내각 결정은 파격적인 것이었고, 이 같은 조건에서 이들은 사회에 빠르게 복귀할 수 있었다.

정전 초기 북한군은 불요불급한 경우에 한해 개별적인 제대정책을 취했는데 영예군인이거나 부양가족이 있는 경우, 노병이 제대자들의 주류였다. 이들은 대부분 전쟁 이전의 직장이나 농촌으로 복귀했다. 이들은 "군대생활에서 규율과 훈련으로 단련되고 정치·문화적으로 부단히 교육받아 온" 공산주의자의 전형으로 인식되었으며, "전투에서와 군생활에서 발휘하던 애국적 헌신성과 충실성, 용감성과 정력적인 투쟁"으로 '농촌경제' 발전에 핵심적 역할을 할 전위대로 인식되었다.[65]

64 로동신문, 1953. 8. 11. 실제로 제대군인들은 대학졸업 때까지 장학금이 지급되었다(「각 대학 학생모집 요강」, 김용현, 2001, pp. 36~39에서 재인용).

65 로동신문, 「제대군인은 농촌 경리의 핵심으로 되어야 한다」, 1955. 6. 15. 김용현(2001)에서

제대군인들의 사회활동과 관련해서 가장 주목해야 할 부분은 이들의 민주선전실 장악과 선동원 임무였다. 민주선전실은 주민들과 가장 가까이에서 당의 노선과 이데올로기를 선전하고 학습시키며, 아래로부터의 의견을 취합하는 당의 말단기구였다. 이를 제대군인들이 장악하고 대거 선동원이 됨으로써 농촌사회의 사회주의적 의식개조는 매우 빠르게 진행될 수 있었다. 제대군인들에게는 "조합사업의 중요한 역할을 담당하게 된 만큼 조합원들을 사회주의적 인간으로 교양하는 교양자적 역할이 강조되었다. 이 과정에서 이들은 당과 국가의 시책을 충실히 전달, 선전·교양하는 주체로 농촌사회를 빠르게 장악해 나갔다.

이러한 가운데 북한은 1956년 5월 31일 정부성명을 통해 8월 31일까지 인민군 8만 명을 감축하겠다고 발표했는데 병력감축의 배경은 극심한 노동력 부족 때문이었다. 1956년은 북한에 있어 '전후복구사업'의 종결과 '5개년 계획'을 준비하는 중요한 시기였다. 전쟁으로 인해 가용 노동인구가 절대 부족한 가운데 행해진 공업화 개시는 엄청난 노동력 부족을 유발시켰다. 북한 당국은 이에 대처하기 위해 여성의 노동참여를 유도하고 법적으로 노동유동에 대한 제제를 가하기도 했지만[66] 이런 조치로 노동력 부족문제가 해결될 수는 없었다.

이 같은 상황에서 병력감축을 통한 양질의 노동력 확보가 결정되었다. 곧바로 '제대군인들의 취업보장과 생활안정대책에 관한 내각명령 49호'가 하달되었다. 이 명령은 이전 것보다 상당히 구체적인 것으로 "농업성과 각 도인민위원회들은 제대군인들을 농업협동경리 부분에 배치하고 그들 중 우수한 일꾼들을 협동조합 관리간부로 선발배치"하도록 명령하는 것이었다.

이 과정에서 노동력 부족과 유동성이 극심했던 농촌과 탄광지역에 대부분의 제대군인들이 '무리배치'되었다. 김일성은 "농촌의 노력부족을 해결하기 위한 중요한 대책의 하나로 수만 명의 제대군인들을 농촌에 파견"했다고 밝히고 있다. 그러나 제대군인들에 대한 농촌과 탄광 중심의 배치는 노동력의 공업부문 이전에 따른 강제조치나 다름없었다. 당시 농업협동화가

재인용.

[66] 1953년 8월 31일에 발표된 최고인민회의 상임위원회 정령은 기업소 및 기관노동자, 사무원들의 직장이탈을 금지했다. 임의이탈자는 재판에 회부되어 6개월 이상 1년 이하의 교화형에 처해지며, 기관책임자가 이들을 채용한 경우 형사책임을 받게 되었다(로동신문, 1953. 9.4. 김용현(2001)에서 재인용).

급격히 진행되는 가운데 노동력 부족, 특히 관리요원의 부족은 심각한 것이었다. 제대군인들은 농촌지역에서 협동화와 사회주의로의 주민 정신개조 전위대로서 전혀 손색없는 활동을 했으며 사회 각 부문에서도 군사적 동원의 주체로서 기능했다.

### 전 사회의 군사적 동원체제화: 노농적위대와 붉은청년근위대

1960년대 초반 이후 북한 사회는 군의 영향력이 증대되면서 사회의 군사적 동원도 동시에 이루어졌다. 당과 군의 일체화는 군과 사회의 관계에서 사회에 대한 군의 영향력 증대와 깊이 관련되는데, 군주둔지역의 지방당조직과 군(軍)당위원회의 결합과 노농적위대 창설이라는 두 가지 형태로 나타났고 그 과정에서 사회는 보다 조직적인 군사동원체제로 재편되었다.

지방당조직과 군당위원회조직의 결합은 제4차 당대회에서 채택된 노동당 규약 제8장 제68조에 나타나 있다. 제68조는 "조선인민군 내의 각급 당조직은 지방당조직과 사업상 연계를 강화하지 않으면 안 된다. 조선인민군의 각급 당위원회는 필요한 경우에 해당 당위원회 위원 또는 간부를 주둔지역의 도(직할시)·시(구역)·군당위원회 위원 또는 후보위원으로 추천할 수 있다"고 규정되어 있다.[67] 이 조항은 지방당사업에 주둔지역 군부대가 참여할 수 있는 길을 제도적으로 열어 놓은 것이었다.

1960년 초부터 김일성은 군부대가 주둔한 지역에 대한 정치사업을 전개할 필요를 느끼기 시작했다. 그는 "부대가 주둔한 인근의 주민들에 대해서는 군대가 영향을 주어야 합니다. 부대가 락후한 영향을 받을 것이 아니라 군대가 그들에게 좋은 영향을 주어야 합니다"라고 강조했다.[68] 김일성은 또한 군대가 지방당조직을 돕고, 지방당회의에 참여하고, 군중 속에 당정책을 침투시키는 작업에 직접 나서야 한다는 점을 강조했다.

군의 역할이 당사업과 대중 정치교양 등의 영역으로 확대되면서 사회를 향한 군의 영향력이 크게 강화되었는데, 그것은 도·시(구역)·군당위원회에 군사위원회를 설치한 것이었다. 군사위원회는 해당 당위원장이 위원장을, 해당 지역 주둔부대의 장교가 부위원장을 맡도록 되어 당의 형식적 우위가 인정되었다. 이는 지방당의 주둔부대에 대한 통제를 의미하는 것이 아

[67] 공산권문제연구소 편(1968), p. 678.
[68] 김일성, 「인민군대는 공산주의학교이다」(1980), p. 298. 김용현(2001)에서 재인용.

니라, 지방당에 군인들이 파견되어 '노농적위대' 등 군관련 사업을 조정·통제하고자 하는 조치였다.

【노농적위대】 중국 인민지원군의 완전철군과 전 사회의 사회주의적 개조가 완료된 1959년 노농적위대가 창설되었다. 노농적위대는 이전의 1951년 11월에 창설된 '인민자위대'를 확대·개편한 것으로 최초의 근대적인 민병조직이었다. 현역군인 이외에 17~30세의 남성을 대상으로 기존의 인민자위대가 개편·강화되어 군사훈련이 실시되었다. 공장·기업소·농촌 등에 민간군사조직이 편성되어 전 부문에 훈련이 실시되었다. 이 훈련을 보장하기 위해 군총사령부 전투훈련국 내에 민간군사훈련부가 설치되었다. 인민자위대는 지방의 치안을 담당한 민간인 부대였다.

이 조직이 1959년 1월 노농적위대로 확대·개편되고, 지휘권이 당군사위원회로 이관되었다. 도·시(구역)·군·리 등의 행정단위 및 전체 직장단위의 각급 노농적위대가 그물망처럼 촘촘히 조직되었다. 지방당 군사위원회가 이를 관리하며 노농적위대의 각급 부대장은 지방당 각급 위원장이 담당하도록 했는데 군단위 연대급의 경우 연대장은 군당위원장, 정치부연대장은 군당 선전담당 부위원장, 군사부연대장은 군인민위원회 군사동원부장, 후방부연대장은 군인민위원장 등이 담당하는 식이었다.

북한 당국은 노농적위대에 1966년 5월 1일을 기하여 군복을 지급했으며 소총을 기본무기로 무장시켰다. 노동당 군사부 주관 아래 인민무력부 총참모부의 전투훈련국이 교육훈련을 담당했으며 교관은 예비역 군관이 담당했다. 주말과 월말에는 야외훈련을, 연말에는 인민군과의 합동훈련을 실시했다. 교육훈련시간은 매일 1~2시간, 연간 500여 시간으로 되어 있었다.

훈련장은 북한 각지에 각개전투 훈련장, 수류탄 투척장, 사격장, 공방훈련장을 설치하고 정규군과 동일하게 훈련을 시켰다. 2급기업소(1,000명 이상 고용) 이상의 기업소와 학교에는 특수적위대(후일 교도대로 개칭)가 편성되었는데 평시에는 관청과 주요 산업시설, 휴전선 및 해안선의 경비, 정탐행위의 사전 적발방지, 사회질서 유지 등을 책임지면서 생산부문에 종사하지만 유사시에는 새로운 사단에 편성되어 정규군과 합세하여 즉각 전투에 참가, 게릴라활동을 하도록 되어 있었다. 이처럼 1960년대 북한은 민병이 정규군의 실전을 방불케 하는 광적인 훈련을 거듭하면서 군사국가화되어 갔다.[69]

북한 사회의 군사화 진행은 노농적위대가 편성되면서 재생산구조를 갖추게 되었고 노농적위대가 그 전위대 역할을 부여받게 됨으로써 지방까지 포괄하는 당·군일체화가 가능하게 되었다. 1960년대 중반 이후 북한 사회는 4대군사노선의 '전 인민의 무장화'를 통해 사회의 당·군일체화가 이루어지고 군사적 사회질서가 형성될 수 있었다.

【붉은청년근위대】 노농적위대가 일반인을 대상으로 편성된 예비군조직이라면 붉은청년근위대는 중고등학교 학생들을 대상으로 편성한 예비군 조직이었다. 당성이 강하고 성분이 좋은 젊은 학생들을 모범적인 군간부로 양성하기 위해 각종 훈련을 통해 정규군과 같은 전투력을 예비하자는 데 그 목적이 있었다.

1967년 이래 빈번히 발생한 반공의거, 종파주의자 출현, 북한 내부의 안전사고 등 일련의 내환이 잦자 김일성은 ① 안전소조의 강화, ② 주민단속사업의 강화, ③ 초급간부의 주기적 군사훈련과 경비훈련 및 반탐활동 강화 등을 내용으로 하는 교시를 내렸는데, 이 때부터 조직의 필요성이 강조되어 1969년 말경에는 그 조직이 확대된 것으로 보인다. 붉은청년근위대의 인원은 약 10여만 명으로 알려져 있으며 그 대상은 북한의 전 중고등학생 중 불량학생을 제외한 전원이라는 설도 있지만 그 임무로 볼 때 선발기준이 엄격했던 것으로 보인다.

붉은청년근위대의 임무는 ① 노농적위대 및 기타 사회단체의 사상적·전투적·질적 향상을 위한 독전대 역할, ② 반혁명요소의 정탐과 적발, ③ 세대교체에 따른 핵심친위대적 역할 등으로 되어 있었으며 편성은 노농적위대와 비슷했다. 편대는 학교별로 40~50명씩을 소대로 하고 3개 소대를 1중대로 묶었으며 지휘부는 교원이 중대장, 학생이 소대장·분대장을 맡도록 되어 있었고, 학교단위 편대는 도·군(시·구역)을 거쳐 노동당 중앙위원회 군사부의 지휘를 받도록 되어 있었다.

이들의 제복은 정규군·경비대 복장과 동일하며, 좌측 가슴에 붉은청년근위대 마크를 달았다. 모자는 붉은색 3각표 별모표가 있는 레닌모이며, 군화는 신지 않고 농구화를 신었다. 북한 당국은 학생들에게 일반사회단체나 직장에 침투하여 가족을 가장해 정탐행위를 행함으로써 학생과 기성세대

---

[69] 이항구(1988), pp. 168~169.

간의 반목을 조장하는 결과를 빚어 내고 있다.[70]

【후방 전시 대비 동원체제】 북한 당국은 한국전쟁 이래 항상 전시를 전제로 군수공장의 지하화와 도시인구 분산, 전쟁물자 비축, 반항공(反航空) 훈련에 총력을 기울여 왔다. 한국전쟁 당시 공습당한 경험에 비추어 군사시설이나 주요 산업시설을 지하에 건설했다. 특히, 1964년 이후에 건설된 주요 생산공장은 거의 지하에 숨겨 두었고 동시에 이들 공장의 지방분산을 꾀했다. 이것은 재남침전쟁을 도발했을 때, 공습에 의한 피해를 덜기 위해서였다.[71]

도시에 집중된 인구를 지방으로 분산시키고 주요 기관 및 학교를 소개하는 계획을 세우고 주요 도시의 인구와 학교를 지방으로 이전시켰을 뿐만 아니라 지방도시도 같은 조치를 취했다. 그 실례로 평양농대의 사리원 이동, 체신대학의 구성 이전 등을 들 수 있다. 주식뿐만 아니라 도·군단위의 생활필수품 비축도 지시하고 있으며, 개인에게도 일정량의 예비를 확보하도록 하고 있다.

북한 당국은 전시의 공중폭격에 대비해 반항공훈련, 즉 대공훈련을 강화하고 곳곳에 대피시설을 마련해 놓았다.[72] 이 밖에도 직장에는 직장대피호, 마을에는 마을대피호, 개인가정에는 가정대피호를 구축하는 등 온통 두더지처럼 북한 전역을 파헤쳐 놓고 있는 형편이다. 각 가정에는 전시에 대비하는 비상장비로 가족수대로 배낭 한 개씩을 비치하도록 했다. 1950년대에 시작된 공습훈련을 2008년 현재까지도 지속적으로 실시하고 있다. 북한 당국은 전시체제 확립을 위해 각급 직장의 인원편성을 군대식으로 개편했는데, 이는 노농적위대와 별도로 일단 유사시에는 즉각 군대에 복무할 수 있도록 편성한 것이었다.

70 이항구(1988), pp. 170~171.

71 4대군사노선의 역점적인 추진은 북한으로 하여금 적화통일이라는 환상에서 헤어나지 못하도록 만들었는데, 청와대 기습사건이나 미국 프에블로호 납치, EC-12기 격추사건, 비무장지대의 대규모 땅굴 굴착 등은 선전포고나 다름없는 행위였다(김태환, 1985. 8, p. 104).

72 해주의 경우 30여 군데의 대형 대피호가 준비되어 있는데 이 규모라면 해주시민을 전원 수용할 수 있는 정도라고 한다. 평양의 경우 대동강 양쪽에 28km에 달하는 지하 대피소가 마련된 것을 비롯해 봉화역에서 붉은별역까지 잇는 지하 100여 m 지하에 시공된 지하철, 대성산에 구축된 맘모스 대피호, 심지어 각급기관의 대피시설까지 마련하고 있는 실정이다. 원산의 경우에도 한꺼번에 수만 명을 수용할 수 있는 지하광장이 구축되어 있다고 한다.

1960년대 북한 당국이 전 사회를 전시동원체제로 묶은 것은 주민들로 하여금 전쟁분위기를 조성함으로써 긴장태세를 유지하는 가운데 주민들의 노력동원을 극대화할 수 있다는 계산에서였다. 4대군사노선은 처음에는 순수하게 전쟁준비로서의 성격을 띠고 있었지만 시간이 흐르고 추진강도가 더해 감에 따라서 그 영향이 정치영역에까지 파급되었으며, 김일성 유일체제의 확립이라는 특이한 이단체제인 '김일성주의' 모델을 창조해 나가게 된다.

### 4대군사노선과 군사적 사회질서의 형성

1960년대 초반의 국제정세 변화는 북한 사회를 군사화로 치닫게 한 중요한 배경으로 작용했다. 북·중·소 삼각동맹의 약화 및 중·소갈등과 한·미·일 삼각동맹의 결성은 북한이 대대적으로 국방건설에 나설 필요성을 강화시켜 주었다. 비판세력이 제거된 상황에서 북한 당국이 대외적인 위협요인에 대한 근본적인 대처방안으로 내놓은 것이 4대군사노선이었다. 이 결정은 1962년 12월 10일부터 열린 당중앙위원회 제4기 제5차 전원회의였다.[73]

전 인민의 무장화는 군대는 물론 노동자·농민을 비롯한 전 주민을 정치·사상적으로, 군사·기술적으로 무장시키는 것을 의미했다. 김일성은 "전체 인민이 한 손에 무기를 들고 다른 손에 낫과 망치를 들고 우리의 사회주의 조국을 믿음직하게 보위해야 함"을 강조했다. 이 과정에서 북한은 군대와 민간을 "진정한 혁명동지로서 하나로 굳게 뭉쳐 조국을 보위하기 위해 생사와 고락을 같이 해야 하는" 동일체로 규정했다.[74] 이는 군사부문에서 민과 군의 일체화를 뜻하는 것이었다.

전 국토의 요새화는 주요 군사 및 산업시설을 지하화하고 북한 전역에 방위시설을 구축하여 철벽의 군사요새를 만드는 것이었다. 김일성은 전국을 요새화함으로써 "적들의 일상적인 파괴활동을 분쇄할 수 있으며 온갖 형태의 무력침공을 우리 자신의 힘으로 격파"할 수 있다고 주장했다.[75] 한국전쟁에서 미공군의 융단폭격을 경험한 북한은 이후 주요 산업시설과 전략물자

---

[73] 4대군사노선은 이후 1966년 10월 제2차 '조선로동당대표자대회'에서 공식화되었다.

[74] 김일성, 「현정세와 우리 당의 과업(조선로동당 대표자회의에서 한 보고 1966년 10월 5일)」(1982), pp. 425~427.

[75] 중앙정보부 편(1974), p. 252.

생산기지를 지하화하고, 내륙 산악지대로 이동배치하는 조치를 취했다. 이는 경제적 합리성에 의한 것이 아닌 군사전략적인 측면이 강조된 조치였다. 따라서 이후 북한은 상당한 정도의 경제적 대가와 부담을 감수해야 했다.

전 군의 간부화는 군을 정치·사상적으로 군사·기술적으로 단련시키는 조치였다. 김일성은 "인민군 대열을 정치·사상적으로, 군사·기술적으로 단련하여 일단 유사시에는 전사로부터 장령에 이르기까지 모두가 다 한 등급 이상의 높은 직무를 담당"할 수 있는 수준으로 군을 간부화해야 한다는 것을 역설했다.[76] 특히, 간부화 조치는 정치·사상적인 측면이 강조되었다. 이 과정에서 항일혁명전통의 학습, 김일성 수령에 대한 연구가 폭넓게 진행되었다.

전 군의 현대화는 군을 현대식 무기와 전투기술로 무장시키고 현대적 군사기술을 도입하는 것을 의미했다. 김일성은 "현대전의 요구에 맞게 원쑤들의 침략에 대비하여 우리 인민군대를 현대식 무기와 전투기술기재들로 튼튼히 무장시켜야 한다"고 강조했다. 동시에 그는 "모든 수단을 다하여 무기체계를 현대화하며 최신 과학기술의 성과에 기초하여 더욱 위력한 것"을 만들어 내도록 독려했다.[77]

4대군사노선에 따라 북한 사회의 군사화는 더욱 촉진되고 당·군일체화가 심화되어 갔다. 이 같은 분위기에서 김일성은 1963년 2월 8일 군은 "로동계급의 군대, 혁명의 군대"이기 때문에 "계급적 정치사업을 더욱 강화하는 것과 함께 군사적으로 새로운 기술을 받아들이고 기동성을 높여 일당백의 능력을 갖추도록 훈련"해야 한다고 강조했다. 그는 또 군을 '혁명의 군대'로 만들며 '국방에서의 자위'가 반드시 필요함을 강조했다.[78]

4대군사노선의 실천과정은 곧바로 김일성 수령에 대한 충성의 강화로 이어졌다. 1964년 2월 총참모장 최광은 군창건기념 보고대회에서 "전 인민의 무장화와 전 국토의 요새화가 해결되어 인민군을 핵심으로 하는 방위체계가 확립"되었으며, 군은 "김일성로선의 충실한 추진세력인 동시에 그 핵심적인 존재"라고 밝혔다. 이 같은 흐름이 반영되어 1967년 2월호 『근로자』

76 김일성, 「현정세와 우리 당의 과업(조선로동당 대표자회의에서 한 보고 1966년 10월 5일)」(1982), p. 426.

77 중앙정보부 편(1974), p. 251.

78 정병갑(1967. 2), p. 35. 김용현(2001), p. 44에서 재인용.

에 나타난 군창건 기념논설은 군이 "김일성 동지에 의해 창건되고 교양·육성되었으며 우리 당의 영도를 받는 영광스러운 로동당의 군대, 혁명의 군대"이며, "당이 제시한 혁명로선을 무력으로 옹호 관철하는 것을 의무로 간주한다"고 강조하고 있다.

1960년대 북한은 4대군사노선의 추진과 관철을 위해 지속적으로 노력했다. 그 과정에서 1963년 교도대,[79] 1970년 붉은청년근위대 등을 잇달아 창설함으로써 사회구성원들에 대한 전반적인 '예비군인화' 조치를 취해 나갔다.[80] 이는 북한이 전반적인 군사력 강화를 위해 취한 조치이기도 했지만, 전 사회를 군사적 질서 속에 편입시키려는 의도적인 조치로 북한 사회 전반을 제도적으로 병영집단화하는 출발점이기도 했다. 이로써 전 사회가 군사적 그물망 속으로 들어가고 군의 사회에 대한 관여가 제도화되었다.

북한은 4대군사노선의 완성을 위한 노력을 통해 군사적 사회질서를 형성할 수 있었다. 특히, 북한은 '전 인민의 무장화'와 '전 국토의 요새화'를 통해 공개적으로 전체 사회를 군사문화로 색칠할 수 있는 여건을 마련하게 되었으며, 이 과정에서 주민들의 의식과 행위 자체가 급격히 군사문화 속으로 이끌려 들어갔다.

【반미공동투쟁월간의 시작】 북한 당국은 주민들의 노력동원 극대화를 위해 안보문제인 한국과 미국의 위협을 지속적으로 확대재생산해 냈으며, 미국에 대한 공격을 대내정치 차원에서 극대화했는데 대표적인 것이 반미공동투쟁월간이었다. 김일성은 "아시아의 혁명적 나라 인민들과 팔레스타인 인민을 비롯한 아랍 인민들, 자유와 해방을 위하여 싸우는 아프리카와 라틴아메리카의 인민들, 세계의 모든 인민들이 굳게 단결하여 미제국주의자들에게 타격을 주며 미제의 각을 떠야 합니다"[81]라고 미국에 대해 맹렬히 비난했다.

레닌이 "공산주의는 증오의 과학이다"라고 한 말처럼 북한 주민들의 심

---

79 북한의 예비병력 중 가장 핵심체로서 1963년 노농적위대 병력 중 제대군인을 주축으로 조직되었으며 17~45세의 남자와 17~30세의 미혼 여성으로 편성된다.

80 민간군사조직은 노농적위대가 46세부터 60세까지의 남성, 교도대가 17세부터 45세까지의 남성 및 17세부터 30세까지의 미혼 여성, 붉은청년근위대가 고등중학교 5~6학년을 의무 가입대상으로 하였다. 이는 전체 청장년을 군사조직에 가입시키는 것이었다(김용현, 2001, pp. 121~122).

81 고태우(1996), p. 217.

성의 일부는 증오심·적개심과 같은 본능적인 미움으로 채워져 있는데 그 대상이 바로 미국이다. 북한 당국은 주민들의 증오심을 키우기 위해 교육현장의 놀이문화와 일상생활에서 각종 반미 이벤트를 만들어 내고 있다. 그 대표적인 것이 신천혁명박물관[82]이고, 어린이들의 놀이인 '미국놈 까부수기'이며 선교사를 가리켜 '십자가를 들고 사람의 피를 빠는 승냥이'라고 가르쳤다. 증오심 고취현장의 백미는 반미공동투쟁월간 행사이다. 매년 6월 25일은 반미투쟁의 날로서 이 날부터 휴전이 이루어진 7월 27일 조국해방전쟁 승리기념일까지 한 달 동안 진행된다. 이 행사는 대부분의 경우 황해남도 신천군에 있는 신천혁명박물관에서 시작된다.

이 박물관에서는 전국에서 선발되어 온 학생들이 '복수의 결의모임'을 갖는데 부모의 원수를 갚자는 취지였다. '원수의 심장에 복수의 총창' '미제 원쑤에게 천배 백배의 복수의 불벼락을'과 같은 살벌한 구호들이 등장하고, 선동연설이 진행되고, 시가 퍼레이드가 벌어진다. 그러고 나면 전국 각지의 청소년들과 군대·사로청에서 유사한 복수결의대회가 진행된다. 이 광란의 물결은 온 매스컴이 동원되고, 기념보고대회가 열리고 반미영화·연극·예술제들이 동시에 진행된다.[83]

반미투쟁월간은 북한의 통일전략의 하나인 '국제적 혁명역량의 강화'라는 측면이 강하게 내포되어 있다. 김일성의 연설처럼 반미국가들과 연대해 미국을 멸망시키고 나면 남한은 자동적으로 해방시킬 수 있다는 논리이다. 북한의 시각으로 볼 때 남한은 미국의 식민지이기 때문이라는 것이다. 더욱이 이 행사는 1960년대부터 시작된 북한의 극좌 모험주의정책과 무관하지 않다는 점도 간과할 수 없다.

## 3.3. 김일성 유일체계 등장기의 사회적 불평등

### 사상투쟁과 김일성 유일사상체계의 구축

북한에서 1960년대는 김일성 유일체계를 확립하고 정당화하기 위한 제

[82] 북한 당국은 미군이 1950년 10월 17일부터 50여 일 동안 군내 주민의 1/4에 해당하는 3만 5,000명을 학살했는데 이에 대한 구체적 자료들을 모아놓고 있다고 주장하고 미국이나 남한 당국은 이 주장이 완전 허구라고 주장하고 있다.

[83] 고태우(1996), pp. 218~219.

반 이데올로기 작업이 진행된 시기였다. 북한은 1960년대 전반기에는 소련과, 후반기에는 중국과의 관계가 불편해지자 대외 자주성을 강조하면서 김일성체제 강화로 연결시켜 나갔다.

이 시기는 김일성의 권력체계가 이미 확고해져 있었던 시기였기 때문에 이데올로기 작업은 권력을 획득하기 위한 것보다는 이를 공고화하고 안정화시키는 데 주안점이 주어졌다. 김일성체제 강화는 두 측면에서 이루어졌다. 하나는 소련·중국으로부터의 자주성 획득 및 남한혁명과업 완수라는 혁명과제 실현 측면에서 이루어지고, 다른 하나는 북한 내에서 김일성의 유일 정통성과 지도성을 보장받는 형태로 이루어졌다.

북한에서 남조선혁명의 당위성과 필요성에 대한 강조는 사회체제를 병영화하고 김일성체제 공고화를 정당화하는 이데올로기적 강화기제로 작용했다. 김일성체제는 혁명과업 완수라는 사상적 이데올로기로 대중을 정치사회화시킴으로써 체제이탈을 극도로 억제했다. 또한 남한과의 대치를 명분으로 군사우선정책에 입각하여 무장화를 촉진으로써 전 주민을 통제하고 준전시적 상황을 도출하여 독재체제를 유지·관리해 나갔다.

북한에서 김일성체제의 유지와 강화를 위해 가장 대규모적으로 전개된 것은 김일성의 혁명전통과 가계(家系)에 대한 우상화 작업이었다. 북한 당국은 1960년대에 들어서면서 김일성의 권력이 강화되자 김일성의 혁명적 활동과 그 가계를 신비화하기 시작했다. 1960년대에 이르러 김일성은 북한 사회에서 유일무이한 절대적 통치자가 되었으며, 그의 지시와 교시는 북한 사회의 방향을 결정지었고 전 주민들의 사상과 사업활동을 지배했다.[84]

북한 당국은 1960년대를 통틀어 주민들의 사회적 동원 극대화와 유일사상체계 확립을 위한 사상투쟁의 중요성에 대해 강도 높게 주장했다. 주민들에게 남아 있는 낡은 사상적 잔재와 외부에서 들어온 각종 반동사상에 반대하는 투쟁으로서의 사상혁명이 계급투쟁의 기본형태이며, 사회주의와 공산주의 건설의 성패를 좌우하는 근본문제라고 강조하면서 그 중요성의 이론적 근거를 제시하고 있다.[85]

---

84 강만길 외(1995), pp. 227~229.

85 첫째는 인간의 사상 및 의식이 자연과 사회변혁에 결정적인 역할을 수행하며, 둘째 물질·기술적 토대의 개조와 달리 인간개조 및 사상개조는 장기적이고 지속적으로 수행되어야 하며, 셋째 사상혁명을 강조하는 이유는 혁명에서의 세대교체 때문이라고 주장한다. 이는 사회주의 건설은 그 과정이 불가피하게 장기화되고 세대가 교체될 수밖에 없는데 그러한

북한에서 사상혁명이 가장 대규모적으로 전개된 시기는 1960년대로 그 이유는 주민노력동원의 극대화와 정치권력 공고화 때문이었다. 그 밖에도 1956년 당중앙위원회 전원회의를 시점으로 소극주의와 보수주의에 대한 투쟁이 대대적으로 전개되었다.

북한은 1960년대에 전개한 사상혁명을 통해 "당사업은 사람과의 사업"이며, "당사업에서 주되는 것은 모든 사람을 교양하고 개조하며 단결시키는 것"이라고 하면서 계급교양·당정책교양·혁명전통교양을 강화했다. 사상혁명을 통해 개인주의를 반대하고, 국가재산이나 협동농장의 재산을 아끼며 공동노동에 대한 열성과 헌신성을 발휘하도록 할 뿐만 아니라 미제국주의에 대한 적개심을 불러일으키면서 민족 자주성과 사회주의적 애국주의를 강화시켰다.

사상혁명의 문제는 1967년 조선노동당 중앙위원회 제4기 15차 전원회의를 계기로 당의 유일사상체계를 세우는 문제로 성격이 전환된다. 북한은 유일사상의 문제를 제기하면서, 유일사상을 세워야 하는 이유는 "부르주아 및 수정주의자들의 반당·반혁명적 책동을 분쇄하기 위해서이다"라고 했다. 북한은 유일사상화 작업에 대해 "수령 김일성 동지를 중심으로 하는 우리 당의 통일과 단결을 철석같이 강화하며 전당을 수령님의 혁명사상·주체사상으로 일색화하는 데 결정적인 계기가 되었다"고 주장했다.

이처럼 북한이 사회주의 건설에서 사상혁명을 강조하는 이유는 크게 두 가지다. 첫째는 주민들의 노력동원 극대화를 위한 사상의 역할에 대한 강조이며, 동시에 사회주의 체제에 적응된 인간으로의 정신개조문제이기도 했다. 북한은 "온 사회의 혁명화·로동계급화"라는 명제를 내걸고 혁명대오를 튼튼히 꾸리기 위해서는 당원과 근로자들을 당정책교양과 혁명전통교양·계급교양을 기본으로 하는 공산주의적 인간으로 만들어야 한다고 강조했다. 둘째는 지배이데올로기로서 사상의식의 강조였다. 북한은 사상사업과 주체를 강조했는데, 김일성의 사상과 정책에 대한 우월성을 강조함으로써 이를 무조건 따르고 집행하도록 하는 작업을 펴나갔다. 주체를 강조한 것에는 김일성 정권이 다른 사회주의 국가로부터 어떤 외부적 영향력도 배제하고자 하는 목적까지 내포되어 있었다.

---

상황에서도 혁명을 계속하기 위해서는 사상혁명을 선행함으로써 다음 세대를 부단히 혁명화해야 한다는 논리이다(고승효 저, 김한민 역, 1988, pp. 24~25).

1960년대 북한의 사상혁명 추진에서 가장 중점이 된 것은 사회주의 체제의 우월성을 선전하고 이를 옹호하는 것이었다. 북한은 자신의 사회주의 체제가 가장 우월한 체제로 북한에서는 이미 계급이 사라지고 착취가 제거되었으며, 북한이 세계 제국주의에 대한 투쟁의 선봉에 있다고 선전하면서 사회주의 체제를 강화·발전시키기 위한 정치체제에서는 마르크스-레닌주의와 프롤레타리아 독재체제가 유지되어야 한다고 강조했다. 김일성 유일체계의 정통성을 확보하는 것이 1960년대의 가장 중요한 이데올로기 작업이었던 것이다.

북한은 사회주의 체제가 가장 우월할 뿐만 아니라 계급이 폐지되고 가장 우수한 발전을 이룩할 수 있는 사회라고 주민들에게 선전했다. 또한 북한의 사회체제는 항일무장투쟁의 정통성을 이어받고 있는데, 항일무장투쟁은 마르크스-레닌주의의 정통성을 이어받는 것이자 이를 조선혁명의 성격에 맞게 창조적으로 발전시킨 것이라고 주장했다.

1960년대에는 김일성과 빨치산세력에 의한 권력독점이 확고해졌다. 이에 따라 김일성을 중심으로 한 항일빨치산 무장투쟁세력의 혁명전통을 부각시키고 찬양했으며, 이것을 김일성체제의 정통성 확보와 유일지도체제 확립을 위한 작업의 일환으로 만들었다. 북한은 항일빨치산의 혁명투쟁에서 마르크스-레닌주의 세계관, 혁명정신, 공산주의적 도덕, 인민적 사업작풍 등을 배울 수 있으며, 김일성의 활동과 업적을 배울 수 있다고 선전했다.

김일성은 자신이 사회주의적 모범의 전형이고 투쟁의 화신이며 노동자들이 따르고 본받아야 할 대상이라고 스스로를 우상화했고, 노동자들은 이를 생활화할 것을 요구받았다. 또한 '혁명전통을 따라 배우자'는 구호 등을 통해 김일성과 빨치산 투쟁세력들의 활동방식이 모든 북한 주민들의 생활규범이자 지침이 되도록 만들었다.

### 김일성 우상화의 본격적인 추진과 사적지 조성

북한은 스탈린 사후 세계에서 가장 철저한 스탈린주의 체제로 인정되어 왔다. 북한 당국은 마르크스-레닌주의는 그 성격상 족벌정치와는 전혀 관계가 없음에도 불구하고 김일성이야 말로 정통적인 마르크스-레닌주의의 가장 탁월한 후계자로서 북한이라는 특수한 조건하에서 마르크스-레닌주의를 가장 창조적으로 적용한 인물이라고 주장해 왔다.[86]

1960년대 김일성 우상화가 중점 추진되고 족벌정치가 행해진 데에는 북한 내 권력핵심 4대계파[87]를 피로 청산하는 과정에서 생겨난 권력강화 의지가 상승작용을 일으킨 것으로 볼 수 있다. 김일성은 과거 15년 동안의 권력투쟁을 통해 무적의 실권자로 군림하게 되었고 그에 대한 개인숭배는 어떠한 정치적 도전도 없이 진행되었다.

김일성은 자신의 권위에 도전하는 불평불만이나 비판을 결코 용납하지 않는 무자비한 독재자임을 드러냈다. 김일성의 절대적 권위에 도전하거나 정책결정의 무오류성에 회의를 품는 것은 금지되었는데 그 같은 금기를 범하는 사람은 누구를 불문하고 숙청을 각오해야만 했다. 따라서 자신의 안전을 걱정하거나 출세지향적인 간부들은 김일성에 대한 광적인 개인숭배에 앞장서지 않을 수 없었다. 실제로 무자비한 숙청의 와중에서 할 수 있는 일이란 오직 권위에 절대 복종하는 것뿐이었다. 다른 공산주의 국가에서 지도자에 대한 개인숭배가 점차 사라지고 있었던 것과 대조적으로 1956년 이래 북한에서만 개인숭배가 심화되고 있었다는 사실은 이를 증명한다고 할 수 있다.

북한 당국은 김일성체제의 정통성을 뒷받침하기 위해 김일성의 카리스마적 권위를 높였으며 김일성의 무오류성을 강조하지 않을 수 없었다. 김일성은 자신을 우상화하는 과정에서 옛 동지였던 박금철, 이효순, 고혁, 김도만 등을 숙청했다. 그들 앞에서는 김일성 지도력의 무오류성이나 투쟁경력을 과장하는 것이 어려웠을 것이기 때문이었다.

북한에서는 1970년 노동당 제4차 당대회 이후 족벌정치(族閥政治)의 경향이 두드러지게 강화된다. 이러한 족벌정치의 대두는 두 가지 요인을 전제로 하고 있었는데, 그 첫째는 김일성의 부하에 대한 불신의 정도가 심화되어 갔다는 것이다. 이는 김일성이 25년 동안 통치를 해 오는 동안 점차 자신감을 잃어 가고 있다는 것을 의미한다. 비트 호겔(Karl A. Wittfogel)은 동양적 전제정치의 본질로 "전면적인 공포와 전면적인 복종, 전면적인 고독"을 지적하고 있다.[88]

---

86 한승조(1976. 11), p. 58.

87 4대 계파는 현준혁·주영하로 대표되는 국내파 공산주의자, 박헌영 중심의 남로당파, 연안파, 소련파를 일컫는데 해방 후 15년 동안 김일성 일파는 가장 취약한 지지기반을 가진 세력에서 무자비한 숙청을 통해 무적의 실권자가 되었다.

이 같은 경향은 1960년대부터 그 이후 북한 정치의 특징을 정확하게 묘사하고 있다고 할 수 있다. 김일성은 자신의 수많은 옛 동지들에 대해 그들의 충성이나 공헌에 대해 보상하기는커녕 오히려 자신의 과오나 자신에 대한 비난을 전가하는 제물로 만들었던 것이다. 이 점은 김일성이 자신의 심복 그 누구도 신뢰하지 않는다는 것을 말해 준다.

> "지배자의 위치란 가장 두드러진 현직에 있기 때문에 누구나 희망하는 자리이기도 하다. 따라서 지배자의 측근 중에는 항상 그의 자리를 탐내는 사람이 있게 마련이다. 합법적이고도 평화로운 정권교체는 기대할 수 없기 때문에 정권교체란 일반적으로 몰락을 의미하는 것일 수 있다. ……당신과 부하들 사이에 거리를 두라. 그들과 접촉할 때에는 혼자서 대하지 말라. 당신의 마음 속에는 형제애 같은 것은 갖지 말며 친구라는 생각도 버려라. ……심지어는 잠자는 순간에도 당신의 목숨은 당신 스스로 지켜라. 왜냐 하면, 곤경에 처하면 어느 누구에게도 친구나 심복이란 없기 때문이다."[89]

족벌정치 대두의 두 번째 요인은 김일성에 대한 광적인 개인숭배가 전면적으로 확대된 결과 필연적으로 김일성 가계에 대한 우상숭배로까지 확대되어 나갔다는 점이다. 김일성의 증조부, 조부모, 부모들도 모두 혁명투사이며 위대한 애국자로 지칭되었다. 김일성의 형제들과 백부와 숙부, 친척들까지도 그의 선조들로부터 혁명의 피와 애국정신을 이어받았다는 것이다. 김일성은 가장 위대한 혁명투사로서 내외의 혁명투쟁을 지도했으며 그의 가족들이 살던 집, 유품, 소유물들은 모두 조선혁명사박물관에 보관되었다.

김일성 우상화나 족벌정치는 세 측면에서 권력공고화에 크게 기여했는데, 첫째로 김일성의 개인숭배는 그의 옛 동지는 물론 정적들에 대한 숙청을 정당화·합법화하는 역할을 했고, 둘째 김일성의 신격화는 다른 집단들로 하여금 김일성의 권위에 대한 도전이나 저항의지를 좌절시켰으며, 셋째 김일성의 족벌정치는 김일성의 신격화에 대한 도전을 막고 방지하고 김일성체제의 안전을 공고히 하며 영속화하는 데 기여했다.[90]

북한은 백두산을 '혁명의 성산'이라고 부르며 전 지역을 김일성 가계

---

88 Karl A. Wittfogel(1957), pp. 140~160.

89 Karl A. Wittfogel(1957), p. 155. 한승조(1976. 11), p. 68에서 재인용.

90 한승조(1976. 11), p. 71.

우상화의 무대로 만들었는데 이는 마치 김일성을 건국신화의 시조로 만들어 나가는 과정과 매우 유사하다. 이러한 정책에 따라 백두산을 중심으로 양강도 내의 많은 지역은 김일성 일가와 관련된 상징조작물들로 가득 채워지게 되었다.

1963년부터 시작된 이러한 조치들은 김일성의 1인지배가 확립되고 주체사상의 이론적 틀이 완성되어 가던 시기와 일치한다. 김일성이 1963년 8월에 이 곳을 방문하고 '혁명전적지들을 더 잘 관리하고 혁명전통교양의 거점으로 만들 데 대한 교시'를 하달한 데서 비롯된 것이다. 1968년 7월 북한 당국은 '양강도 안의 혁명전적지와 혁명사적지들을 만년대계로 꾸리고 그를 통한 교양사업을 강화할 데 대하여'라는 결정을 발표했다. 그 이후부터 '광복의 천리길'의 종착지라는 포평에 김일성 동상을 건립했는데 이 지역에 만들어진 김일성사적지들은 주로 혜산·대홍단·후창·보천보·삼지연 등지에 분포되어 있다.

김일성 가계의 혁명활동 역사화는 크게 '혁명전적지'와 '혁명사적지'로 나뉜다. 혁명전적지는 "우리 당과 우리 인민의 위대한 수령 김일성 동지께서 영광스러운 항일혁명투쟁 행정에서 쌓아 올리신 영생불멸의 업적이 깃들어 있는 유서깊은 곳"으로서 김일성 자신의 무장투쟁 업적을 부각시키는 곳을 말한다. 다음 혁명사적지라 함은 "우리 당과 인민의 위대한 수령 김일성 동지의 혁명적 가정 및 혁명활동과 직접 관련되어 있으며 우리 인민의 역사에 길이 전해질 유서깊은 곳"으로서 무장투쟁 이외의 업적과 그 일가들의 활동을 부각시키는 곳을 말한다.

백두산 일대의 혁명전적지들은 대부분 김정일이 등장하기 시작한 이후인 1968년부터 많이 나타나기 시작했다. 이들은 대표적으로 삼지연[91]·보천보[92]·무산지구[93]·백두산 밀영[94] 등이다. 백두산 일대의 혁명사적지들은 인

---

[91] 삼지연 혁명전적지: 백두산과 가장 가까운 삼지연군은 김일성이 1939년 5월 주력부대를 이끌고 무산지구로 진출하면서 잠시 들려 휴식을 하면서 작전계획을 세웠다고 주장하는 곳으로 많은 상징조작물들을 설치해 놓고 있다. 삼지연 호숫가에는 김일성의 대형 동상을 중심으로 조각군들과 대형 기념비가 설치되어 있으며, 주위에는 혁명사적관, 혁명사적비, 봉화탑 등이 있다. 또한 김일성이 휴식하면서 대원들을 교양했다는 장소, 김정숙과 여성 대원들이 머리를 감았다는 장소, 혜산방면 감시초소, 대낮에 당당하게 행군했다는 갑산경비도로 등이 있고 이 곳을 방문하는 혁명전적지 답사자들을 위한 근로자각, 대학생각, 소년단각, 적십자회관 등의 편의시설이 마련되어 있다고 한다.

[92] 보천보 혁명전적지: 삼지연군과 남쪽으로 인접해 있는 보천보 일대에 조성되어 있는 이

**표 3-11 김일성 가계의 혁명전적지와 사적지**

| 명 칭 | 위 치 | 명 칭 | 위 치 |
|---|---|---|---|
| 김일성 혁명전적지 | | 김형권 혁명전적지 | |
| 보천보혁명전적지 | 양강도 보천군 보천보 일대 | 홍원혁명전적지 | 함남도 홍원군 일대 |
| 삼지연혁명전적지 | 양강도 삼지연군 삼지연 일대 | 북청혁명사적지 | 함남도 북청군 일대 |
| 무산지구혁명전적지 | 양강도 삼지연 및 대홍단군 일대 | 파발혁명사적지 | 양강도 풍산군 일대 |
| 백두산밀영혁명전적지 | 양강도 삼지연군 백두산 일대 | 김형권 혁명사적지 | |
| 두만강연안혁명전적지 | 무산군, 회령군, 온성군, 새별군, 선봉곤 일대 | 이원혁명사적지 | 함북도 이원군 |
| | | 풍산혁명사적지 | 양강도 풍산군 |
| 동북지구 혁명전적지 | 함경북도 선봉, 은덕군, 라진, 청진시 일대 | 김형직, 강반석 혁명사적지 | |
| | | 봉화혁명사적지 | 평양시 강동군 |
| 김일성 및 김정숙 혁명사적지 | | 칠골혁명사적지 | 평양시 만경대구역 |
| 만경대혁명사적지 | 평양시 만경대 구역 | 청수혁명사적지 | 평북도 삭주군 |
| 전승혁명사적지 | 평양시 목단봉 구역 | 중강혁명사적지 | 자강도 중강군 |
| 왕재산혁명사적지 | 함북도 온성군 | 은율혁명사적지 | 황남도 은율군 |
| 연풍혁명사적지 | 자강도 강계시 | 포평혁명사적지 | 양강도 후창군 |
| 고산진혁명사적지 | 자강도 만포시 | 초산혁명사적지 | 자강도 초산군 |
| 용포혁명사적지 | 강원도 법동군 | 장항혁명사적지 | 양강도 김정숙군 |
| 백송혁명사적지 | 평남도 평성시 | 김일성 현지지도 사적지 | |
| 회령혁명사적지 | 함북도 회령군 | 청산리 혁명사적지 | 남포시 강서구역 |
| 신파혁명사적지 | 자강도 김정숙군 | 대안혁명사적지 | 남포시 대안구역 |
| 대륜동혁명사적지 | 평남도 동창군 | 숙주혁명사적지 | 평남도 숙주군 |
| 화평혁명사적지 | 자강도 화평군 | 은하혁명사적지 | 평남도 양덕군 |
| 향하혁명사적지 | 양강도 장강군 | 북청혁명사적지 | 함남도 북청군 |
| 창성혁명사적지 | 평북도 창성군 | 원화혁명사적지 | 평남도 평원군 |
| 속사골혁명사적지 | 평북도 동창군 | 도지리혁명사적지 | 남포시 항구구역 |
| 삼등혁명사적지 | 평양시 강동군 | 온정혁명사적지 | 평남도 양덕군 |
| 별하혁명사적지 | 자강도 성간군 | 연안혁명사적지 | 황남도 연안군 |

자료: 고태우(1991. 1), pp. 87~88.

근 몇 개 군에 걸쳐 있으며 이 일대의 지명들은 김일성 가계와 직결되지 않은 것이 없을 정도이다. 백두산 주변의 삼지연군·보천군·대홍단군 등은 행정적 편의보다 김일성의 항일무장투쟁 업적을 부각시키기 위해 신설된 지방들로서 김일성 일가의 이름들로 개명되었다. 양강도의 동북단에 위치하고 있는 후창군은 김일성의 부친 이름을 딴 김형직군으로 개명되었고, 바로 인접해 있는 신파군은 김일성 전처의 이름을 딴 김정숙군으로 이름이 바뀌었다. 또한 풍산군은 김일성의 삼촌인 김형권군으로 바뀌었다.[95]

---

전적지는 김일성이 1937년 6월 4일에 이른바 '조선인민혁명군'을 이끌고 보천보에서 일본군을 무찔렀다는 사건을 선전하기 위해 설치되었다. 북한 당국은 김일성의 보천보 습격사건을 대표적인 항일투쟁성과로 선전하면서 이 지역을 혁명전적지로 지정하고 김일성의 대형 동상·혁명사적비·박물관 등을 비롯해 지휘장소, 압록강에 뗏목을 놓아 건넜다는 구시물동, 명령하달 장소인 곤장덕, 경찰관 주재소, 소방서, 면사무소, 우체국 등을 일제시대 모습으로 복원시켜 놓았다.

93 무산지구 혁명전적지: 삼지연군과 대홍단군 일대에 산재해 있는 이 전적지는 김일성이 1939년 5월 만주에서 이른바 항일혁명군을 이끌고 압록강을 건너와 일본군과 무장투쟁을 벌여 일제의 패망을 앞당겼다고 선전하고 있다. 이 전적지들에는 압록강을 도강했다는 5호물동, 청봉, 건창 배개봉 숙영지, 삼지연 휴식터, 갑무(甲茂) 경비도로, 대홍단 전투지휘소, 무산지구 전투승리기념탑 등이 조성되어 있다.

94 백두산 밀영 혁명전적지: 백두산 일대에 산재된 이 전적지들은 김일성이 1939년에 항일무장투쟁의 전략적 기지로 창설했다는 이른바 백두산 근거지를 말하는 곳이다. 이 근거지에 조성된 밀영들은 사령부 병영, 무기수리소, 재봉소, 병원, 출판소, 연락소 등이다. 현재 이 곳에는 밀영들 외에 근로자들과 청년학생들의 '전적지답사행군'을 위한 편의시설도 설치되어 있다.

95 포평 혁명사적지: 후창군은 김일성을 비롯해 김형직, 이보익(김일성의 고모) 등 "혁명일가의 빛나는 투쟁업적이 깃들어 있는 영광의 땅"이라 하여 이와 관련되었다는 '사적지'들을 조성해 놓고 있다. 김일성의 동상, 혁명사적탑을 비롯하여 혁명사적관, 김성주학생소년궁전, 김형직인민병원, 중앙포평소년단야영소 등이 그것이다. 이 외에도 이 사적지에는 김형직이 활동했다는 비밀연락장소, 경찰서 주재소 자리, 주막집, 포평국수집 등이 있고, 강반석이 활동했다는 야학방, 예배당 등도 있다. 특히, 포평혁명사적지는 김일성이 12세와 14세 때 만주를 왕래했다는 '배움의 천리길', '광복의 천리길'의 출발하고 도착했다는 지역이어서 북한 청소년들의 사상학습장소로서 가장 많이 이용되고 있다.

회령 혁명사적지: 회령은 김정일의 생모인 김정숙의 출생지이다. 이 사적지에는 김정숙의 동상을 비롯해 고향집(김정숙의 생가), 망향나루터(김정숙이 만주로 건너갔다는 곳), 혁명사적관, 방앗간터, 빨래터, 박우물 등이 보존되어 있다. 김정일이 권력 전면에 나타나던 1969년부터 조성된 이 사적지는 '불요불굴의 공산주의 혁명투사', '혁명의 어머니'라는 이미지를 심기 위한 곳임은 두말할 필요도 없을 것이다.

신파혁명사적지: 이 사적지는 김정일이 후계자로 확정되던 1981년 신파군을 김정숙군으로 고쳤고 이어서 신파여자중고등학교를 김정숙여자고등중학교로, 혜산제2사범대학을 김정숙 사범대학으로 개칭하면서 김정숙의 '혁명위업이 깃들어 있는 역사의 땅'으로 상징화하면서 조성된 곳이다. 시가지 중앙 남산에 김정숙의 대형 동상을 비롯해 신갈파나루터, 광선사진관, 석전양복점, 샘물터, 국수집, 혁명사적관 등 김일성과 함께 항일투쟁을

【북한판 분서갱유 5·25교시】 5·25교시는 1967년 김일성대학 창립 20주년을 기념해 당시 김일성대학 총장이던 황장엽이 「사회발전의 동력」이라는 논문을 발표하면서 파생된 논쟁에서 출발했다. 황장엽은 이 논문에서 과도기와 프롤레타리아 독재문제, 인텔리 역할론을 언급했는데, 권력실세였던 김영주는 당시 계급투쟁과 프롤레타리아 독재는 계속되어야 한다는 중국의 입장을 지지하고 있었고, 황장엽의 인텔리 역할론이 김일성의 독재기반을 약화시킬 수 있다고 보았다. 당시 김영주를 견제해야 하는 입장에 있었던 김정일은 황장엽을 지지하고 나서고 이로 인해 이론투쟁이 전개된 결과, 1967년 5월 25일 김일성이 직접 나서서 양 쪽을 모두 공격하면서 우경 기회주의와 좌경 기회주의를 모두 비판하고 주체노선의 관점에서 문제를 올바르게 풀어 가야 한다는 결론을 내리는데 이것이 바로 5·25교시였다.[96]

5·25교시 이후 북한의 인텔리들은 엄청난 고초를 겪어야만 했다. 계급투쟁과 프롤레타리아 독재의 강화, 수령우상화의 심화, 인텔리 혁명화의 파도가 휘몰아치면서 북한 사회 전반은 극좌적인 분위기로 변해 갔으며, 김영주와 김정일의 유일사상체계 확립에 따라 북한 주민들은 개인이 소장하고 있던 서적들을 불태우거나 도서관에 기증하도록 강요받게 된다.[97] 세익스피어, 톨스토이, 도스토에프스키, 고리키 등 문학서적들은 물론이고 희랍철학, 중국 철학, 독일 고전철학 등의 서적들이 이 시기에 모두 불태워졌다.

마르크스 관련서적도 이 무렵부터 개인소장은 금지되고 도서관에서만 열람이 가능하게 되었는데 열람을 원하는 학자들은 왜 마르크스를 공부하려고 하는지 사유서를 쓰고 책을 빌려 보아야 했다. 마르크스의 변증법적 유물론과 유물변증법이 이 무렵부터 북한에서 사라졌고 북한에는 김일성의 유일사상체계만 남게 되었다. 대대적인 인텔리 제거작업과 '도서정리사업'

했다는 곳들로 구성되어 있다.

중강혁명사적지: 이 사적지는 김일성의 부친인 김형직이 1919년에 중강진에서 혁명활동을 했다는 곳이다. 김형직의 반신동상을 비롯해 중강여인숙, 중강우편국, 낚시터, 중강나루터, 씨름터, 승리터, 혁명사적관 등으로 구성되어 있다. 특히, 혁명사적관은 1958년부터 중강여인숙이 관계자료를 진열했다가 1964년에는 중강기념관으로 다시 1968년에 중강사적관으로 개칭되어 오늘에 이르고 있다고 한다(고태우, 1991. 1, pp. 88~92).

96 손광주(2003), pp. 63~68.

97 이 조치를 일컬어 북한에서는 '도서정리사업'이라고 부르는데 비단 철학·역사서적뿐만 아니라 음악·미술에 이르기까지 광범위한 서적파괴행위가 행해졌다. 또한 문제가 될 만한 글의 내용과 어투, 인명을 삭제하는 작업이 책의 한 페이지 한 페이지를 모두 검열할 정도로 철저히 행해졌다고 한다.

이라는 명목으로 행해진 문화혁명은 김정일이 공식적인 후계자로 선포되는 1974년까지 진행되었다.

북한의 교과서에 이순신, 을지문덕, 세종대왕 등이 사라지게 되는 것도 이 무렵이다. 다른 역사서적에 남아 있다 해도 이들은 김일성보다 못한 인물로 기록되어 있다. 역사상 위대한 인물의 자리에 김일성이 들어서고 김정일이 집권한 이후에는 김정숙과 김정일이 '위대한 백두산 3대 장군'으로 추가된다. 북한판 문화혁명으로 불리는 5·25교시는 문학·철학뿐만 아니라 음악·미술·과학기술에까지 파급되었다. 외국 음악은 소련 음악까지 금지되었고, 고전악보는 모두 불태워졌다. 미술관의 석고상은 비너스건 베토벤이건 모두 파괴되었고, 서양화도 모두 찢겨졌고, 서양화를 그리던 화가들은 지방으로 추방되어 농사꾼이 되었다.[98]

## 4. 소 결

제3장은 1945년 해방과 함께 소련의 사회주의 체제가 북한에 이식되면서 1974년 조선노동당 제5기 8차 전원회의에서 김정일이 후계자로 추대되기까지의 기간에 발생한 사회불평등구조를 살펴보았다.

제1절에서 다룬 1945년부터 1953년의 북한은 사회주의 혁명이라는 광풍의 시기로 정치적 소용돌이의 한가운데에서 생겨난 변화를 역동적으로 체험한 시기였다. 피지배계급이었던 노동자·농민이 핵심계급으로 급부상하고 과거 기득권 계급이었던 지주·자본가·친일관료(일제시대 공직에 있었던 모든 이들)·종교인 등이 배제와 청산의 대상으로 전락했다. 북한 당국은 피지배계급으로 전락한 사람들에게 월남의 통로를 열어줌으로써 체제저항의 요소를 크게 줄일 수 있었던 반면, 당·정·군에서 필요한 간부를 조기에 충원하기 위해 단기 속성학원을 운영하면서 주요 간부를 충원해 나갔다. 이

[98] 손광주(2003), p. 65.

과정에서 각 부문별로 전문능력보다는 당성·정치성 위주의 충원이 될 수밖에 없었고, 토론이나 협의보다는 일방적인 지시나 명령에 의존하는 관행이 생겨나 향후 북한 사회불평등구조 심화요인 가운데 하나가 된다. 이 시기는 새로운 평등사회 구축을 명분으로 사회를 재구축하는 과정에서 새로운 불평등구조가 생겨난 시기였다.

제2절에서 다룬 1953년부터 1958년의 북한은 한국전쟁의 극심한 피해 복구의 와중에서 사회주의적 개조를 완료한 시기였다. 북한 당국은 한국전쟁으로 인한 막대한 피해를 조기에 극복하고 북한 체제에 대한 지지를 이끌어 내기 위한 방편으로 전쟁가담과 피해 정도에 따라 주민들을 재분류하고 종전의 주민분류에 추가하게 된다. 농업과 중소상공업 국유화 과정은 토지개혁과 같은 전폭적인 지지를 받지 못했고, 상공업 국유화 역시 높은 지지를 받지 못하는 가운데 강압적인 분위기 속에서 진행되었으며 적극적으로 반대하는 사람들을 정치범수용소로 전격 추방하는 등 불평등한 위계구조가 한층 더 심화되어 간 시기였다.

제3절에서 다룬 1958년부터 1974년까지의 기간은 동서 긴장완화와 흐루시초프의 스탈린 격하운동에서 비롯된 중국과 소련의 대립과 조중상호방위조약의 폐기로 인한 안보불안 증대, 대북원조 격감 속에서 북한 당국이 자력으로 경제를 발전시키고 안보를 튼튼히 해야 할 필요를 느끼고 전 주민을 총동원한 시기였다. 북한 당국이 각종 노동경쟁운동과 노력동원을 하는 과정에서 노동자·농민 등 육체노동에 종사하는 노동자들이 가혹한 노동현장으로 내몰린 반면, 당이나 국가기관, 사회안전부 등 통치기관에 종사하는 사람들은 이들을 감시하는 감시자의 입장에서 기능했다.

이 절에서는 김일성 유일체제 등장기에 접어들면서부터 시작된 전면적인 김일성 우상화 추진에서 비롯된 당국의 체제강화 의지와 주민들의 피로누적 사이의 상호작용 분석을 통해 간부와 노동자·농민 간 위화감 속에서 사회불평등구조가 심화됨을 살펴보았다.

# 4

# 수령절대주의하 권력분점기의 사회적 불평등의 구조화

Chapter 4

제4장은 1974년 2월 11일 열린 당중앙위원회 제5기 8차 전원회의에서 김정일이 실질적인 통치자로 옹립된 이후 1994년 김일성 사망시까지 발생된 사회불평등구조를 분석대상으로 한다.

이 때는 소련과 동유럽 국가들에서 중앙집중식 계획경제시스템의 한계와 주민들의 폭발적인 자유화 의지 분출로 사회주의 체제가 무너지고 자본주의 체제로 급속하게 전환된 시기로, 1980년대 이후 북한 정권의 최대과제는 심화되어 가는 경제난 해결과 함께 사회주의 해체의 영향을 차단하는 것이었다. 특히, 북한과 가장 유사한 1인 독재체제를 유지해 온 루마니아의 차우세스크 대통령이 북한 방문을 마치고 돌아간 지 1주일 만에 성난 시민들에 의해 타살되고 온갖 우상화 건축물들이 파괴되는 것을 목도한 김정일에게 있어 위기의식은 극에 달했을 것으로 여겨진다.

사회적으로 1980년대는 김일성이 수령으로서 신적 권위를 확보하고 있었던 시기로 북한 사회가 김일성주의로 일색화되어 있었고, 김정일이 공식 후계자가 되면서 그의 역할이 대폭 신장되고 지위가 헌법개정을 통해 확립되어 가는 기간으로 김일성·김정일 양인이 그 누구도 체제에 저항하려는 의지를 가질 수 없도록 사회 전체를 완벽하게 장악하고 통제했던 시기라고 할 수 있다.

이 시기에 북한 당국은 체제위기를 극복하기 위해 포섭계층에게는 높은 통합력이 유지될 수 있도록 많은 시혜를 주고, 이탈이나 저항의 조짐을 보일 수 있는 계층에 대해서는 매우 가혹한 탄압을 가하게 된다. 이 무렵 북한에서 행해졌던 사회불평등구조를 주민계층구조의 경직적인 운용에서 나타난 엘리트충원과 퇴출을 둘러싼 관계 변화, 사회통제정책의 변화, 주민성분분류에 기반을 둔 포용과 배제정책 변화라는 세 가지 관점에서 분석하고자 한다.

# 1 세습체제 구축에서 비롯된 사회불평등구조

이 절은 1970년대 초반 김정일 후계체계가 태동해서 1980년 공식화될 때까지의 기간으로 1960년대 중반 이후 김일성 유일체계가 공고화되기 시작한 이래 김일성 우상화가 조직적으로 진행되는 가운데 김정일이 정적들을 제거하면서 지도자로 부상하는 시기이다.

김정일은 세습체제 구축에 영향을 미칠 수 있는 주민들의 동요를 효과적으로 차단하고 복종을 제도화하기 위한 행동강령인 '당의 유일사상체계확립을 위한 10대원칙'을 제정하고 각종 총화제도를 통해 정치사회화시켜 나갔다. 이 절에서는 이 과정에서 생겨난 주민들의 심리적 억압의 양태를 살펴보고, 3계층 51부류의 주민성분분류 완성에 따른 사회불평등구조의 공고화 과정, 김정일 후계체계 확립을 위한 전위대인 3대혁명소조운동을 통한 노장관료의 비자발적 퇴출과 정적제거 차원에서 행해진 숙청과정을 분석하고자 한다.

## 1.1. 유일사상체계확립을 위한 10대원칙의 제정과 제도화된 복종의 강요

김정일 후계체계는 1970년대 초부터 시작되어 1980년에 공식적으로 마무리되었다. 김정일은 1973년 9월 당중앙위원회 제5기 제7차 전원회의에서 조직지도부장 겸 조직비서, 선전선동부장 겸 사상비서로 선출되어 당의 최고실력자가 되었고, 1974년 2월 제5기 제8차 전원회의에서 정치위원회 위원으로 선출됨으로써 당 내에서 후계자로 공식 결정되었다. 이후 당·정·군 내에 김정일 지도체제가 구축되었고, 1980년 10월 제6차 전당대회에서 김일성, 김일, 오진우에 이은 서열 4위로 정치국 상무위원, 당비서, 군사위원에 선출됨으로써 후계자의 지위를 공식화했다.

북한에서 유일사상체계가 공식화된 것은 1967년 8월의 제4기 제16차 전원회의 때였다. 이 회의에서 조직지도부장 김영주는 '당의 유일사상체계확립을 위한 10대원칙'을 제시했고, 그것은 당의 지침으로 채택되었다. 이 10대원칙이란 모든 당원들이 "김일성의 사상으로 무장하고 김일성이 숨쉬고 말하는 대로 숨쉬고 말하는 것"을 생활과 사업의 지침으로 삼는다는 것이었다. 이로부터 김일성의 혁명역사도 다시 쓰여졌고, 김일성혁명사상학습실이 북한 전역에 만들어졌으며 곳곳에 김일성 동상이 세워졌다.

김정일은 후계자로 결정되자 이데올로기 해석권을 독점하고 자신이 김일성의 계승자임을 명확히 했다. 김정일은 당의 유일사상체계확립을 역설하면서 "나는 수령님이 창시하신 주체사상·주체혁명이론·주체적 사업방법의 절대적 신봉자이며, 이것을 더욱 발전·풍부화시켜 나갈 유일한 계승자이다"라고 천명했으며, "나에게 모든 것을 집중시키는 것이 곧 수령님께 집중시키는 것이다. 나의 결론과 결정과 비준은 곧 수령님의 그것이다"라고 강조했다. 김정일은 1967년 김영주가 처음 내놓았던 '당의 유일사상체계확립을 위한 10대원칙'을 개작해 새롭게 내놓았는데, 1974년 10월 당중앙위원회 제5기 제9차 전원회의에서 공식 채택되었다.[1]

전문과 10개조 62항으로 구성된 이 소책자[2]는 김일성 수령에 대해 절대성을 부여하고 무조건성의 원칙아래 모든 것을 집행한다는 것을 그 내용으로 하고 있다. "우리는 위대한 수령 김일성 동지가 영도하는 영광의 김일성 시대에 살고 있으며 또 싸우고 있다"라는 전투적인 선언으로 시작되는 전문에는 일제에 반대하여 싸웠다는 혁명전통의 확립, 주체사상의 창립 등 김일성의 업적을 나열하고 있다. 그리고 끝에는 "전체 당원과 근로자들이 당의 유일사상체계를 철저하게 확립하고, 수령의 위대한 혁명사상으로 튼튼히 무장하며, 수령의 두리에 철석같이 결속하여 수령의 영도를 받들고 전진"할 것을 강조하고 있다. 그 내용은 다음과 같다.

① 위대한 수령 김일성 동지의 혁명사상으로 온 사회를 일색화하기 위하여 몸바쳐 투쟁하여야 한다.

② 위대한 수령 김일성 동지를 충성으로 높이 우러러 모셔야 한다.

③ 위대한 수령 김일성 동지의 권위를 절대화하는 것은 우리 혁명의 지

---

1 임영태(1999), pp. 101~103.

2 대외비로 발간된 『유일사상체계확립을 위한 10대원칙』은 가로 7.5cm, 세로 10.5cm의 수첩 모양으로 생긴 책자 형태로 제작되어 당원들에게 배포되었다.

상의 요구이며 우리 당과 인민의 혁명적 의지이다.

④ 위대한 수령 김일성 동지의 혁명사상을 신념으로 삼아 수령의 교시를 신조화해야 한다.

⑤ 위대한 수령 김일성 동지의 교시 집행에서 무조건성의 원칙을 철저히 지켜야 한다.

⑥ 위대한 수령 김일성 동지를 중심으로 하는 전당의 사상의 지적 통일과 혁명적 단결을 강화하여야 한다.

⑦ 위대한 수령 김일성 동지를 따라 배워 공산주의적 풍모와 혁명적 사업방법, 인민적 사업작풍을 소유하여야 한다.

⑧ 위대한 수령 김일성 동지가 안겨 준 정치적 생명을 귀중히 간직하며, 수령의 크나큰 정치적 신임과 배려에 높은 정치적 자각과 기술로서 충성으로 보답하여야 한다.

⑨ 위대한 수령 김일성 동지의 유일적 지도 밑에 전당·전국·전군이 한결같이 움직이는 강한 조직규율을 세워야 한다.

⑩ 위대한 수령 김일성 동지가 개척한 혁명위업을 대를 이어 끝까지 계승하며 완성해 나가야 한다.

이 10대원칙이란 김일성 신격화와 그에 대한 무조건적이고 절대적인 복종을 강요한 김일성 우상화 그 자체였고, 김일성의 후계자인 김정일에 대한 무조건적인 충성을 요구한 것이었다. 따라서 이 10대원칙 가운데 실제로 핵심은 제10항이었다.

김정일은 제10항에 대한 설명에서 "수령의 영도아래 당중앙의 유일지도체제를 견고히 하여야 한다"는 것과 "당중앙의 권위를 모든 방법으로 보장하고 당중앙을 몸으로 지켜내야 한다"는 것 등을 강조했다. 결국 김정일이 10대원칙을 제기한 것은 그가 이념해석권을 장악했음을 의미했다.

북한은 1970년대 들어 수령 김일성과 그 후계자 김정일의 말 한 마디가 헌법보다 훨씬 우위에 서는 '수령제 국가'가 되었다. 북한은 처음에는 내외의 도전과 난관을 돌파하기 위한 방안으로 지도자와 당, 주민의 정치적 통일을 강조했다. 그러나 그것은 점차 김일성 개인숭배와 맞물려 유일사상체계와 수령의 신격화로 발전해 나갔다.

김정일이 후계자로 결정된 뒤 유일사상체계는 더욱 극단화되었으며, 수령에 대한 신격화는 수령에 대한 절대성과 무조건적인 충성을 요구하는 '혁명적 수령관', '주체의 수령관'으로 발전했다. 그에 따르면 '수령은 혁명의 뇌수'이고 따라서 "수령의 혁명사상은 전 당의 유일한 조직적 의사"라는 것이었다. 또한 당은 유일한 중앙의 영도아래 "한 사람같이 움직이는" 질서정연한 조직체계와 혁명규율을 확립하도록 요구되었다. 한 마디로 수령이 없으면 제대로 작동할 수 없는 사회를 만들고자 한 것이었다.

이 조그만 대외비 문건은 매우 중요한 상징성을 가지고 있었는데 "당중앙의 권위를 백방으로 보장하며 당중앙을 목숨 바쳐 사수해야 한다"는 대목이 바로 그것이었다. 김정일이 후계자로 결정된 이후 그에게는 '당중앙', '친애하는 지도자 동지', '향도의 횃불' 같은 상징적 호칭이 붙게 되었다. 그리고 그 이듬해인 1975년에는 정무원 결정 제175호로 김정일의 생일인 2월 16일을 임시공휴일로 정하고 공식 명절로 선포했다.[3]

김정일은 1975년 중반부터 당·군에 이어 정권기관 장악에 들어갔다. 정무원의 각부·위원회, 도의 행정·경제기관들에 대한 '집중지도 검열, 해당 조직기구의 개편, 강습조직을 통해 기관들을 직접 관장하기 시작했던 것이다. 1976년 2월부터 5월 사이에는 대남사업에서도 유일지도체계를 확립했다. 이런 과정을 통해 1976년 중반에 이르면서 김정일은 각 부문에서 유일지도체계를 확립하고 모든 통치체제에 손을 뻗치게 된다. 이미 이 때부터 "김일성에게 제출되는 보고서는 김정일을 경유하고, 김일성은 김정일이 선별한 보고서만 읽는 식으로 바뀌었다. 김일성은 군림하고 김정일은 실제 통치자가 된 것이다.[4]

## 1.2. 3계층 51부류의 주민분류를 통한 사회경제적 불평등의 공고화

### 1970년대의 통합과 배제의 사회화

북한은 해방 이후 수차에 걸쳐 전 주민에 대한 출신성분을 조사하고 이를 국가의 공식 배급체계 및 엘리트 충원자료로 활용해 왔다. 주민들의 성분조사는 본인 직계에만 그치지 않고 외가와 처가의 성분까지 복합적으로 판단해 분류하는 등 연좌제를 전제로 하고 있었다.

[3] 고태우(1996), pp. 243~244.
[4] 중앙일보 특별취재반(1994b), p. 108.

표 4-1 북한의 시기별 주민성분조사사업

| 사업명칭 | 시 기 | 주요 내용 |
|---|---|---|
| 중앙당 집중지도 | 1958. 12 ~ 1960. 12 | 불순분자 색출처단 및 산간벽지 강제이주 |
| 주민재등록 | 1966. 4 ~ 1967. 3 | 100만 적위대 무장을 위한 주민성분분류(직계 3대, 처가와 외가 6촌까지 내사) |
| 3개 계층 51개 부류로 구분 | 1967. 4 ~ 1970. 6 | 주민재등록사업 결과를 토대로 전 주민을 핵심계층, 동요계층, 적대계층으로 구분하고 이를 다시 세분하여 51개 부류로 재분류 |
| 주민요해사업 | 1972. 2 ~ 1974 | 남북대화와 관련, 주민동태를 조사·파악, 전 주민을 믿을 수 있는 자, 반신반의자, 변절자로 구분 |
| 공민증 검열사업 | 1980. 1 ~ 1980. 12 | 김정일 지시로 공민증 대조 및 갱신으로 불순분자 색출과 통제기능 강화 |
| 외국 귀화인 및 월북자 등에 대한 요해사업 | 1980. 4 ~ 1980. 12 | 월북자 등 외부에서 입북한 자들을 13개 계층으로 구분, 감시자료를 체계화 |
| 북송재일교포 요해사업 | 1981. 1 ~ 1981. 4 | 북송교포들에 대한 자료를 세분하여 동향 감시자료를 과학화 |
| 공민증 갱신사업 | 1983. 11 ~ 1984. 3 | 공민증 갱신 및 주민등록문건 정비 |

자료: 통일원(1995), p. 275.

북한 사회 통제시스템의 가장 큰 특징은 차별적인 사회적 대우를 특징으로 하는 '폐쇄적인 계층정책'의 운용이라고 할 수 있다. 1998년의 사회주의 헌법에서는 "공민은 국가사회생활의 모든 분야에서 누구나 같은 권리를 지닌다"고 규정하고 있어(헌법 제65조) 외형상 모든 주민의 평등한 권리 향유를 인정하고 있다. 북한은 헌법에 규정된 평등이 권리 실현에서의 평등을 의미한다고 주장하지만, 여러 차례에 걸친 성분조사사업을 통해 주민들을 출신성분과 사회성분으로 엄격히 구분해 관리하고 있다(〈표 4-1〉 북한의 시기별 주민성분조사사업 참조).

북한의 사회정책은 당-국가의 일방적인 행정적 배분에 의해 결정되며, 행정적 배분은 '사회적 동원'과 '사회적 통제'라는 전략적 측면을 기초로 '정치성' 및 '기능성'이라고 하는 개인 및 집단에 대한 평가적 측면이 맞물려 결정된다. 북한의 불평등한 위계구조는 이러한 기준의 경직된 운용의 산물이다.

주민들의 위계를 설정하는 주민성분조사사업은 '사회통제적 배분전략'

에 토대를 두고 있으며 반대세력을 철저히 통제하고자 하는 목적에서 시도된 것으로 볼 수 있다. 출신성분에 따라 결정된 계층적 지위는 강력한 규정력을 가진 정치·경제적 자원의 배분에 절대적인 영향을 미친다. 즉, 당·정·군 등에서 행정적 배분의 담당자적 지위를 차지할 수 있는 자격이 출신성분에 의해 결정되며 당원의 지위를 차지할 수 있는 자격도 여기서 결정된다.

1967년부터 1970년에 걸쳐 실시된 주민성분조사사업에서 작성된 3계층 51개 부류의 성분구성을 보면 전 주민을 핵심계층, 동요계층, 적대계층의 3계층으로 나누고 있다. 우선 전 주민의 28% 정도를 차지하는 핵심계층은 8.15 이전 노동자, 고용된 농민, 빈농, 사무원, 노동당원, 혁명유가족, 애국열사 유가족, 8·15 이후 양성된 인텔리, 피살자 가족, 전사자 가족, 후방가족, 영예군인 등 12개 부류로 구분하고 있다. 대체로 핵심계층은 사회주의사회의 노동자계급 중심성에 따라 노동자를 비롯한 하층계급을 중심으로 항일혁명가 가족과 한국전쟁 참전피해자 가족으로 구성되어 있다. 이들에 대한 대우는 당·정·군 간부로 진출할 수 있는 길이 열려 있고 다른 계층과 분리하여 진학이나 승진, 배급 및 거주지 등에서 각종의 혜택을 받고 있다.

전 주민의 45% 정도를 차지하는 동요계층은 중소상공인, 수공업자, 소공장주, 접객업자, 중농, 민족자본가, 중국 귀환민, 일본 귀환민, 8·15 이전에 양성된 인텔리, 안일·부화 방탕자, 접대부 및 미신숭배자, 유학자 및 지방유지, 경제사범 등 18개 부류로 설정하고 있다. 또한 월남자 가족을 3개 분류로 구분하여 동요계층에 포함하고 있으며 개인의식도 중요한 기준이 되고 있다. 동요계층에 속한 주민들은 일부 극소수만이 핵심계층으로 상승이동할 수 있으며 대부분이 하급간부나 기술자로 진출하고 있다.

마지막으로 적대계층은 전체 주민의 27% 정도를 차지하는데 이들은 주로 8·15 이후 전락 노동자, 부농, 지주, 친일·친미주의자, 반동관료배, 천도교 청우당원, 입북자, 기독교 신자, 불교 신자, 천주교 신자, 출당자, 철직자, 적기관복무자, 체포투옥자 가족, 간첩 관계자, 반당 반혁명 종파분자, 처단자 가족, 출소자, 정치범, 자본가 등 21개 부류로 분류하고 있다. 이들은 대체로 힘들고 유해한 중노동에 종사하고 있으며, 진학에 심한 제약을 받고, 노동당 입당이 봉쇄되어 다양한 탄압을 받고 있는 계층이다. 특히, 적대계층은 강제이주를 통한 격리수용의 대상이 되는 제재대상, 동태를 감시당하는 감시대상, 집중적인 교양학습을 통해 체제순응적인 대상으로 포섭되는 포섭대상 등으로 구분되어 관리된다(〈표 4-2〉 3계층 51개 부류 분류표 참조).

북한에서 가장 중요한 정치적 자원은 당원이 되는 것이다. 모든 행정적 배분이 당-국가에 의해 이루어지기 때문에 당원이 된다는 것은 행정적 배분의 담당자로 고위직에 오르기 위한 필수조건이다. 여기에서 가장 중요한 기준은 출신성분이다. 현재 노동당 규약에 명시된 입당절차를 보면 출신성분에 따른 정치적 통제가 행사될 가능성이 매우 높으며,[5] 실제로도 당원은 당 자체의 심사에 의해 선발되는데 가장 중요한 문제는 "개인의 능력보다는 가족의 성분"이다.[6] 북한은 3계층 51개 부류라는 주민성분분류에 의거해 의식주 생활은 물론 진학, 직장선택 등에 있어 차별대우를 실시함으로써 자기가 속한 계층에 대한 순종과 아울러 상위계층으로의 상승이동을 위한 주민들의 노력극대화를 유도하고 있다.[7]

이러한 계급노선은 종래의 경우 중앙당에서 집중지도해 왔는데, 1970년대 초부터는 3대혁명소조운동을 통해 관철되고 있다. 여기서 주목할 것은 3대혁명소조원이 주로 청년인텔리층이라는 것(약 90%)과 사상혁명의 주 대상이 복잡한 계층, 일반노동자, 농민뿐만 아니라 구세대 당료 및 간부들에게도 겨냥되어 있다는 점이다. 김정일 후계체제 공고화를 위한 3대혁명소조운동의 진전에 따라 계급정책의 실천지침이 추구되었으며 이 과정을 통해 북한의 사회불평등구조도 심화되어 갔다.

사회주의 신계급론의 입장에서 보면 북한의 사회구조는 계급투쟁적 성격이 특히 강한 것으로 나타난다. 계급투쟁은 두 방향으로 전개되는데 하나는 과거의 지배계급을 청산하기 위한 투쟁을 계속하는 것이고, 다른 하나는 영도계급인 노동계급의 사상변질을 억제하기 위해 노동계급을 대상으로 지속적인 통제를 실시하는 것이다. 여기에는 물리적 통제와 아울러 인간개조, 사상개조사업이 포함된다.

한편, 북한 당국은 계급노선과 군중노선의 균형을 유지하기 위해 애썼다. 군중노선이 가능한 한 많은 사람들을 포섭하여 사회정치적으로 동원하는 전략이라면, 계급노선은 그러한 사회통합에 적대적인 사람들을 통제하거나 감시하는 전략이다. 이 두 가지를 병행하는 것이 북한 사회정책의 기본

[5] 이성봉(1991), p. 168.

[6] 길태근(1994), pp. 153~154.

[7] 유광진(1980), p. 62.

**표 4-2 3계층 51개 부류 분류표**

| 순위 | 구 분 | 분류대상 | 당의 시책 |
|---|---|---|---|
| 1 | 노동자 (기본출신) | 8·15 해방 전후를 막론하고 출신 및 사회성분이 노동자였던 자(빈농·고농·노동자) | 핵심계층 |
| 2 | 고농(머슴) | 대대로 머슴살이 하던 자 | 핵심계층 |
| 3 | 빈농 | 과거 자작농으로는 생계가 곤란하여 50%는 잡곡으로 생계를 유지한 주민 | 핵심계층 |
| 4 | 사무원 | 8·15 이후 당·정권·행정·경제·문화·교육기관에서 근무하고 있는 자 | 핵심계층 |
| 5 | 8·15 이후 양성된 인텔리 | 8·15 이후 북한 또는 공산권 국가들에서 고등교육을 받은 자 | 이 중 유학자는 감시대상이며 기타 국내에서 교육을 이수한 자는 핵심계층 |
| 6 | 혁명유가족 | 항일투쟁에 희생된 자의 가족 | · 핵심계층으로 간주<br>· 당·정권기관·군간부 등용<br>· 복무능력이 없는 대상에게는 최고의 사회보장제도 혜택 부여 |
| 7 | 애국열사 유가족 | 한국전쟁시 비전투원으로 희생된 자의 가족 | · 핵심계층으로 간주<br>· 당·정권기관·군간부 등용<br>· 복무능력이 없는 대상에게는 최고의 사회보장제도 혜택 부여 |
| 8 | 피살자 가족 | 한국전쟁 당시 피살자의 가족 | 기본계층 |
| 9 | 전사자 가족 | 한국전쟁 당시 전투에서 사망한 자의 가족 | 기본계층 |
| 10 | 후방가족 | 북한군 현역장병의 가족 | 기본계층 |
| 11 | 영예군인 | 한국전쟁에서 부상당한 상이군인 | 기본계층 |
| 12 | 노동자 | 8·15해방 이후 이른바 사회주의 혁명과정에서 노동자로 전락된 과거 중소기업가·상공업자·접객업자·인텔리·부농 | 과거 출신성분과 현재 행동에 따라 감시감독의 강화 |
| 13 | 부농 | · 머슴을 1인 이상 두고 농사를 지은 농민<br>· 농번기에 임시고용인을 두고 영농하던 농민 | 반항요소가 농후한 계층으로 간주 감시대상 |

**표 4-2 계 속**

| 순위 | 구 분 | 분류대상 | 당의 시책 |
|---|---|---|---|
| 14 | 민족자본가 | 민족자본에 의한 상공업자 | 반항요소가 많은 대상으로 분류, 일반감시대상 |
| 15 | 지주 | · 1946년 토지개혁 당시 5정보 이상의 토지를 몰수당한 자<br>· 3정보까지 경작했으나 별도로 정미소 또는 상공업을 영위한 자 | 특수감시대상 |
| 16 | 친일·친미주의자 | 친일·친미적 행위를 한 자 | 철저한 감시대상 |
| 17 | 반동관료배 | 일제하 행정 및 권력기관에 종사한 자 | 철저한 감시대상 |
| 18 | 월남자 가족 (제1부류) | 부농·지주·민족자본가·친일, 친미주의자·반동관료배 출신으로 한국전쟁 당시 월남한 자의 가족 | 대상의 퇴조동향에 따라 일반감시대상 또는 특수감시대상으로 분류 |
| 19 | 월남자 가족 (제2부류) | 노동자·농민의 기본출신 성분으로 한국전쟁을 전후하여 범법행위를 하고 월남한 자의 가족 | 일반감시대상으로 분류 |
| 20 | 출당자 | 당원으로서 임무수행상 잘못이 있어서 당원자격이 박탈된 자 | 출당사유에 따라 일반 또는 특수감시대상 |
| 21 | 철직자 | 간부로 등용되었다가 철직당한 자 | 책벌의 일종으로 경력난에 기재 |
| 22 | 적기관복무자 | 한국전쟁시 치안대·한청·경찰 등에 복무하다 자수한 자 | 출당자와 같은 조치 |
| 23 | 체포·투옥자 가족 | 형벌을 받기 위해 투옥된 자의 가족 | 출당자와 같은 조치 |
| 24 | 간첩기관자 | 간첩 또는 간첩으로 체포된 자 또는 간첩사건에 연루되어 적발된 자 | 출당자와 같은 조치 |
| 25 | 반당·반혁명 종파분자 | 1957년 남노당 숙청에 관련된 자<br>기타 반김일성파로 숙청된 자 | 출당자와 같은 조치 |
| 26 | 처단자 가족 | 정전수립 후 범법행위 또는 반당행위로 인해 처단된 자의 가족 | 출당자와 같은 조치 |
| 27 | 정치범 출소자 | 정치범으로 형기가 만료되어 출소한 자 | 출당자와 같은 조치 |
| 28 | 안일·부화 방탕자 | 사회계층을 불문하고 안일·부화 방탕자 | 유사시 반혁명계층으로 전환가능한 대상으로 규정, 일반감시대상자 |
| 29 | 접대부 및 미신숭배자 | 무당·점쟁이·창녀·기생 등 출신자 | 유사시 반혁명계층으로 전환가능한 대상으로 규정, 일반감시대상자 |

**표 4-2 계 속**

| 순위 | 구 분 | 분류대상 | 당의 시책 |
|---|---|---|---|
| 30 | 경제사범 | 절도·강도·횡령 등으로 복역 후 출소한 자 | 유사시 반혁명계층으로 전환가능한 대상으로 규정, 일반감시대상자 |
| 31 | 민주당원 | 과거 민주당원으로 활동했거나 그 가족 | 당원시절의 직책에 따라 일반·특수감시대상 |
| 32 | 천도교 청우당원 | 과거 천도교 청우당원이었던 자 | 당원시절의 직책에 따라 일반·특수감시대상 |
| 33 | 중국귀화인 | 1957년 동북지방에서 귀환한 자 | 당원으로 귀환한 자를 제외한 나머지 대상을 감시대상으로 분류 |
| 34 | 일본귀환인 | 북송된 재일동포 | 조총련계 극렬분자는 입당시키고 나머지는 감시대상 |
| 35 | 입북자 | 8·15 이후 북한으로 월북한 자 | 8·15 이전 입북자를 제외한 나머지는 철저한 감시대상 |
| 36 | 8·15 이전 양성된 인텔리 | 일제하 고등교육을 받은 자 | 일부만 특수감시대상 |
| 37 | 기독교 신자 | 종전 기독교 신봉자 | 일반 또는 특수감시대상 |
| 38 | 불교 신자 | 종전 불교 신봉자 | 일반 또는 특수감시대상 |
| 39 | 천주교 신자 | 종전 천주교 신봉자 | 일반 또는 특수감시대상 |
| 40 | 유학자 및 지방유지 | 과거 유학자 및 지방유지로 대우받던 자 | 일반감시대상 |
| 41 | 중농 | 자기 소유 농지로 겨우 생계를 유지하던 농민 | 동요계층으로 간주하고 포섭·교양에 주력 |
| 42 | 소상인 | 일정한 상업시설이 없이 장소를 이동하면서 영업을 하여 생계를 유지하던 자 | 일부 부르주아사상이 내포되어 있는 대상으로 간주, 포섭·교양에 주력 |
| 43 | 중상인 | 일정한 거주와 상업시설을 소유하고 자주적으로 영업하던 자 | 동요계층으로 간주, 설득 교양대상으로 포섭 |
| 44 | 수공업인 | 소도구와 자체노력으로 생계를 유지한 자 | 포섭·교양에 주력 |
| 45 | 소공장주 | 소공장을 소유하고 있던 자 | 일반감시대상 |
| 46 | 중산층 접객업자 | 자체건물과 시설을 갖고 약간의 고용인을 두고 생계를 유지한 자 | 동요계층으로 포섭·교양이 가능한 대상으로 간주 |

**표 4-2 계 속**

| 순위 | 구 분 | 분류대상 | 당의 시책 |
|---|---|---|---|
| 47 | 하층접객업자 | 소규모 서비스업으로 생계를 유지한 자 | 포섭·교양에 주력 |
| 48 | 월남자 가족 (제3부류) | 노동자·농민의 기본출신으로서 범법행위 없이 월남한 자의 가족 | 포섭·교양에 주력 |
| 49 | 무소속 | 어느 당에도 가입하지 않은 자 | 포섭·교양 대상 |
| 50 | 노동당원 | 당원 | 기본핵심군중, 간부로 등용 |
| 51 | 자본가 | 1946년 산업국유화 당시 개인재산을 완전 몰수당한 자 | 철저한 감시대상 |

자료: 고현욱 외(1990), pp. 203~206.

방향이었다. 그러나 전자가 포용전략이라면 후자는 배제전략이기에 두 노선 사이에는 본질적으로 모순의 가능성이 내재해 있을 수밖에 없었다.[8]

북한 당국은 1970년대 중반 대대적인 주민재등록사업도 벌여 나갔다. 이 과정에서 '주민대열정비'란 명목으로 독재대상·복잡계층 가운데 부농출신, 적기관 가담자, 만행자 가족, 일제 복무자 및 성분이나 경력이 밝혀지지 않은 자들을 색출해 특수지역에 수용했다. 그러자 김정일에 대한 불만이 높아졌는데, 이 때 김정일 비방낙서를 하다가 잡히면 유언비어 유포죄로 정치범 취급을 받아 집단수용소로 보내졌다. 김정일 후계체계 공고화 과정에서 무엇보다 신경 쓴 것이 군(軍)이었다. 김일성은 군이 김정일 후계체제에 저항하지 않도록 하기 위해 "당중앙의 결정과 지시를 어김없이 집행해야 한다고 강조했다.[9]

### 판문점 도끼만행과 적대계층 주민 25만 명 집단이주조치

북한에서 적대계층의 부분적인 집단이주와 정치범의 수용소 이주는 한 해도 거르지 않고 계속되었다. 그 가운데 1970년대 들어 행해졌던 대규모 주민이동이 바로 판문점 도끼만행으로 인해 발생한 휴전선 인근 강원도, 황해도 주민과 평양지역 성분불량계층 주민 25만여 명의 함경도 집단이주였다.

이 사건은 1976년 8월 18일 판문점 공동경비구역 안에서 북한군이 미

8 홍순호 외(1999), p. 197.

9 임영태(1999), p. 109.

루나무 가지치기작업을 하던 미군장교 2명을 살해하면서 비롯된 것이었다. 미군과 한국군이 북쪽 관측에 방해가 된다는 이유로 미루나무 가지치기작업을 시작하자 북한군이 시비를 걸었고 그 과정에서 미군 장교 2명(보니파스 대위와 바레트 소위)이 도끼에 찍혀 사망했다.

이 사건으로 한반도는 일촉즉발의 전운이 감돌았다. 미국은 즉각 항공모함을 출동시켰고 한반도 상공에 감시 비행정을 띄웠다. 한국군에도 비상이 걸렸음은 말할 나위도 없다. 결국 이 사건은 북한에서 사과를 표명함으로써 더 이상 악화되지 않고 일단락되었다. 그런데 이 사건으로 북한은 심각한 후유증을 겪어야 했다. 이 사건을 지시한 김정일이 곤욕을 겪었고, 전쟁소동으로 주민들이 극심한 고통을 겪었던 것이다.

판문점사건이 일어날 당시 북한에서는 한창 김정일 후계체계가 세워지고 있던 때라 북한 전역의 움직임이 일일이 김정일에게 보고되고 있었다. 보고를 받은 김정일은 "조선사람의 본때를 보여 줘라. 한국 노동자들은 놔두고 미국 놈만 골라서 본때를 보여 줘라. 총은 쏘지 마라"고 지시했고 이 사건이 벌어졌던 것이다. 사건이 커지자 김일성에게도 보고되었다. 김일성은 왜 그런 행위를 했느냐고 심하게 추궁했고, "사람이 죽었으니 유감을 표명하라. 푸에블로호사건 때 미국도 사과하지 않았는가"라고 지시했다. 그래서 북한은 공식적으로 유감을 표명했고 사태는 마무리되었다. 그러나 내부에서는 이로 인해 더 큰 문제가 야기되었다.

판문점사건이 나자 북한은 국가동원령을 내려, 평양과 황해도, 강원도 등 휴전선 인근지역 주민들을 함경도 산간지역으로 소개하기 시작했다.[10] 북한 당국은 전쟁발발에 대비해 평양과 휴전선 근처에 거주하는 노약자, 성분불량계층 등을 이주시키는 소개작업을 국가보위부 주도하에 실행했던 것이다. 평양시에 '주민소개 지도위원회'가 만들어졌고, 당시 당중앙지도과 평양시 담당 책임지도원으로 있던 김정일의 매제 장성택이 이 작업을 실질적으로 지휘했다.

이 작업은 무지막지하게 진행되었다. 8월 말부터 11월 중순까지 평양에서만 약 25만 명의 주민이 다른 지역으로 옮겨갔다. 황해도, 강원도 휴전선 인근의 성분불량자, 노약자들을 8천 세대나 솎아 냈다. 보위부원들이 소개

[10] 정창현(1999), pp. 80~85 참고 정리.

장을 전달하며 1시까지 짐을 싸라고 지시한 뒤 옆집도 모르게 감쪽같이 소개작업을 진행했다. 만날 사람이 있어도 집에도 못 가고 정거장에서나 잠시 만날 수 있었다. 이 작업은 '자고 나면 없어질' 정도로 감쪽같이 이루어졌다.

이 소개작업(疏開作業)은 시간이 지나면서 자살자가 속출하는 등 문제가 드러나기 시작했다. 처음에는 몰랐던 김일성이 우연한 기회에 이를 알게 되었다. 당시 김일성종합대학에서 통계경제학을 가르치던 월북 교수 한 사람을 김일성이 내각회의 때 불러오라고 했으나 그 사람도 이미 지방으로 옮겨간 뒤였다. 김일성은 당장 불러올리라고 지시하고 소개된 주민 가운데 6~7만 정도가 다시 돌아오게 되었다. 그 가운데는 항일빨치산 유가족도 있었다.

이어서 책임추궁이 뒤따랐고 장성택은 "너무 과격하게 밀어부쳤다"는 죄명으로 비판받았다. 그 많은 사람들을 석 달 동안에 집단적으로 이주시키려니 얼마나 무자비했겠는가. 방식도 문제였고, 안 가도 될 사람들을 데려가는 등 부작용이 이만저만이 아니었다. 결국 소개작업을 실질적으로 이끌었던 국가보위부 국장과 부원들이 철직당했고 국가보위부장 김병하도 문책당했다.

김일성은 "해독분자의 소행이다. 당과 국가로부터 인민들을 분리시키려는 자이다. 소개를 시키려면 잘 설복해서 해야지 갑자기 들이닥쳐 그 날로 짐싸게 해서 데려가면 되는가"라고 비판했다. 그 때 이 소개사업은 두고두고 문제로 지적되었다.[11]

이 사건은 북한 당국의 주민들을 대하는 자세를 극명하게 보여 준 사건이었다. 북한 사회를 뒤흔든 이 사건으로 인해 주민들은 생사여탈의 극심한 공포감 속에서 생활해야 했으며, 이는 사회불평등 차원의 문제가 아닌 생존 자체의 문제였다.

## 1.3. 3대혁명소조운동을 통한 당·정관료의 포용과 청산

### 3대혁명소조운동의 전개과정과 가시적 목표

북한에서 3대혁명이라는 용어가 사용되기 시작한 것은 1973년 9월 당 중앙위원회 제5기 7차 전원회의에서 '3대혁명'이란 용어를 사용한 이후부터

[11] 임영태(1999), pp. 143~144.

였다. 3대혁명에 대해 김일성은 “우리가 하는 사상혁명은 결함있는 사람 자체를 반대하고 목을 떼는 투쟁이 아니라 낡은 사상을 뿌리빼고 사람들을 혁명화·노동계급화하기 위한 투쟁이며, 기술혁명은 낡은 기술을 새 기술로 바꾸고 손로동을 기계화·자동화하기 위한 투쟁이고, 문화혁명은 근로자들의 문화수준을 높이며 생산문화와 생활문화를 세우기 위한 투쟁[12]”이라고 설명하면서, 이러한 3대혁명은 “사회주의 제도가 선 다음 노동계급의 당이 수행해야 할 계속혁명의 과업[13]”이라고 성격을 규정했다.

3대혁명소조는 3대혁명을 수행하기 위한 전위대로서 경제영역뿐만 아니라 사회 전 부문에 파견되어 지도활동을 전개했다.[14] 따라서 3대혁명소조운동은 경제건설 촉진이나 후계체제 공고화 등 어느 한 측면에만 목적을 둔 것이 아니라 사회 전체를 변혁시키려는 목표를 가지고 출발한 것으로 볼 수 있다.

3대혁명소조가 조직된 것은 1973년 2월 12일 노동당중앙위원회 부장협의회에서 결정하여 조직한 것으로 알려져[15] 있으나 공개적으로 알려진 것은 1974년 9월에 이르러서이다. 3대혁명소조에 관한 최초의 논의는 1973년 2월 12일에 개최된 ‘농업부문 3대혁명소조 협의회’를 꼽을 수 있으며, 그 후 1974년 9월 24일 김일성은 평양을 방문한 조총련계의 예술·체육대표단 학생들 앞에서 “최근에 당중앙위원회에서 직접 3대혁명소조를 공장·기업소들과 협동농장에 내려 보내 아래 일꾼들을 도와 주게 한 결과 사상혁명·기술혁명·문화혁명이 성과적으로 추진되고 있다”[16]고 3대혁명소조라는 명칭을 대외적으로 처음 사용하기 시작했다.

3대혁명소조는 초기 지도소조라는 이름으로 당 핵심과 대학생들로 구성되어 공장·기업소·협동농장에 파견되었다. 구성원도 시간경과에 따라 점차 확대되어 당일꾼, 경제기관 일꾼들, 대학교원, 기술자, 과학자 등으로 다양화되었으나 약 90%는 청년인텔리(대학졸업생과 대학생)로 구성되었고, 규모에 따라 20~30명부터 50명까지로 1개 소조가 구성되었다.[17] 파견범위도

12 『조선중앙연감』(1974), p. 28.
13 김일성, 「조선로동당창건 30돐에 즈음하여」(1975. 11), p. 10.
14 강성윤(1979), pp. 55~69.
15 김남식(1977. 2), p. 118.
16 조선중앙방송, 1974. 9. 27.
17 김일성, 『일본학자 일행과 한 담화』, 1975년 11월 6일. 『조선중앙연감』(1976), p. 166.

인민경제부문뿐만 아니라 행정기관, 각급 학교에까지 파견되었으며 총인원은 1975년 당시 수만 명에 달한 것으로 밝혀지고 있고, 파견기간도 길게는 2년 이상(농업부문)도 체류하고 있었다.[18]

소조운동의 기본목표는 사상혁명에 있었다. 김일성이 3대혁명소조를 파견한 목적을 “간부들을 잘 도와 주어 그들이 보수주의·경험주의를 비롯한 낡은 사상을 버리고 당이 요구하는 대로 일을 잘 하도록 하는 데 있다”[19]고 주장하고 있듯이 3대혁명소조는 지방당과 행정기관 및 각 분야 간부들이 갖고 있는 낡은 사상을 투쟁대상으로 삼고 있었다.

3대혁명소조운동의 가시적인 목표는 다음과 같았다. 첫째, 청년인텔리(특히, 대학생) 중심이라는 점에서 세대교체를 준비하기 위한 과정으로 볼 수 있다. 김일성은 “대학생들은 우리 당의 유일사상·주체사상으로 튼튼히 무장하였으며, 우리 당의 주체사상밖에 그 어떤 사상도 모르는 혁명적 새 세대들이기 때문에 이들을 동원”[20]하였고 따라서 “당중앙위원회는 대학생들에게 당의 근위대, 친위대의 영예로운 칭호를 주어 파견했다”는 것이다. 그러나 현지에서의 훈련과 투쟁을 통해 소조원들을 혁명화하여, 차기 간부로서의 자질을 키우자는 데 그 목적이 있었다고 할 수 있다. 당시에 활동했던 3대혁명소조 세대가 현재 북한의 주요 간부층을 형성하고 있다.[21]

둘째, 기존의 당조직을 통하지 않고 별도 조직을 구성하여 당중앙에서 직접 파견했다는 것은 당원을 포함한 전 주민을 투쟁대상으로 삼고 있다는 것이며, 반김일성적 요소의 완전 제거를 목표로 하고 있었다고 볼 수 있다. 이러한 점은 규모나 활동기간에서도 나타나고 있다. 즉, 그 동안 북한에서는 수많은 집중지도가 실시되었으나 3대혁명소조에 의한 지도는 수만 명에 달하는 소조원에 의해 약 7년 이상 행해졌으며, 그 이후 현재까지도 계속되는 등 범위와 강도면에서 차원을 달리한다.

셋째, ‘3대혁명소조’의 활동성과를 ‘당중앙(黨中央)’이란 용어와 결부시켜 부각시키고 있다는 점에서 조기에 후계체계를 구축하기 위한 목적이 있었다. 3대혁명소조운동은 가시적으로만 보면 낡은 사고, 진부한 자세와 낙

[18] 로동신문, 「3대혁명소조운동을 계속 발전시켜 나가자」, 1978. 11. 18 사설.
[19] 『근로자』, 「3대혁명을 힘있게 벌려 사회주의 건설을 다그치자」, 1975. 3, pp. 17~36.
[20] 『조선중앙연감』(1974). p. 28.
[21] 고태우(1996), p. 232.

후된 기술을 개선하고자 하는 목표를 지니고 있는 것으로 보이지만 후계체계문제와 결부시켜 보면 김정일 권력공고화를 위한 수단적인 존재로서 그 전위대였다고 할 수 있다.

### 실천방안으로서의 3대혁명붉은기쟁취운동

3대혁명소조운동을 전개하는 과정에서 '소조'를 현지에 파견한 이후 1975년 11월 19일 '노동당 제5기 11차 전원회의'의 결정에 따라 12월 1일 함경북도 검덕광산의 노동자 모임을 시발로 비롯된 것이 3대혁명붉은기쟁취운동이다. 3대혁명붉은기쟁취운동은 전 주민을 또 다른 노력경쟁운동인 3대혁명운동에 동원하고 참여시켜 그 성과를 제고하고자 했다는 점에서 살펴볼 필요가 있다.

북한은 1960년대 중반부터 중국과 소련 등 동맹국과의 관계가 소원해지면서 경제원조가 급감하고 자주노선을 표방하면서 경제발전이 정체되는 등 경제난의 조짐이 보이자 주민동원을 극대화하고 지하자원 개발에 박차를 가하게 된다. 3대혁명붉은기쟁취운동은 당면한 경제난을 타개하고 북한사회를 김일성 유일체계로 일색화하기 위한 노동경쟁운동임과 동시에 후계체제 공고화의 기반을 다지는 운동으로서의 성격을 공유하고 있었다.

북한 당국은 3대혁명붉은기쟁취운동에 대해 "사상도 기술도 문화도 김일성 혁명사상으로 철저히 개조하여 공산주의의 이상적 요새와 물질적 요새를 앞당겨 점령하고 온 사회를 김일성 사상으로 일색화하기 위한 일대 혁명운동"[22]이라고 정의하면서 '붉은기쟁취운동'을 3대혁명소조의 당면과업으로 내세웠다. 특히, 1977년 9월 9일에는 '중앙인민위원회' 정령으로 3대혁명붉은기 수여에 관한 규정을 발표하고 참가단체 규모에 따라 연대(공장·기업소·기관), 대대(직장·분장), 중대(작업반·부서)로 나누어 판정위원회의 결정에 따라 '3대혁명붉은기'를 받은 단체는 김일성의 표창을 수여하고 대원들에게는 휘장을 수여하는 등 3대혁명운동에 박차를 가했다.

이처럼 전 사회를 세부단위로 나누어 각 부문별로 3대혁명붉은기를 쟁취하기 위한 경쟁을 유발하고 있는 것으로 이 운동은 전 주민을 '3대혁명' 운동에 동원하고 나아가 그 성과를 극대화하는 데 목적이 있었다고 할 수

---

[22] 평양시 군중대회, 강현주 보고, 1975. 12. 3.

있다. 이처럼 '3대혁명'노선을 소조운동에서 붉은기쟁취운동으로 발전시킨 것은 사회주의 노동경쟁운동으로 만들어 혁명과 건설에서 제기된 절박한 문제들을 해결하고 3대혁명을 심화·발전시키자는 데 일차적인 목적이 있었다. 그러나 정권승계라는 차원에서 본다면 3대혁명소조운동이 '김일성의 영도'와 '김정일의 지도'에 의해 발전되고 있다고 강조하고 있는 점으로 미루어 볼 때 '붉은기쟁취운동'이란, 노력경쟁운동을 통해 이룩된 모든 성과는 김일성과 김정일의 '영도'와 '지도'에 의해 성취된 것으로 귀결짓자는 또 다른 목적이 있었다고 할 수 있다.

### 김정일 후계체계 반대세력 무력화 방안으로서의 3대혁명소조운동

#### 수령론과 후계자론

3대혁명소조운동은 김정일의 후계체계 구축과 깊은 연관을 맺고 있다. 특히, 후계체계 구축은 "단순히 권력만의 승계가 아니라 김일성의 혁명사상과 정치노선 및 대남혁명전략, 당의 정책과 사업방식, 작풍 등 모든 것을 그대로 계승하는 문제"라는 점에서 혁명과 건설의 기본노선인 3대혁명소조운동과의 관련성을 간과할 수 없다. 북한 당국은 공산주의 혁명에서 인민의 역할보다는 '수령'의 역할이 결정적이며, 노동계급의 혁명위업은 수령에 의해 개척되고 승리의 길을 걷게 되며 수령의 영도하에서만 완성된다는 이른바 '수령론'을 전개하면서 김일성의 위치와 능력 및 역할을 절대시하고 있다. 북한에서 주장하는 수령론의 골자는 다음과 같다.[23]

첫째, 노동계급의 혁명위업은 수령의 혁명사상을 실현하기 위한 것이며 수령에 의해 개척되고 그의 영도하에서만 완성되기 때문에 노동계급의 혁명위업이 곧 수령의 위업이며 노동계급의 혁명역사는 바로 수령의 혁명역사이므로, 따라서 수령의 역할을 옳게 인식하고 그를 높이 받들어 나가는 것이 공산주의자들의 숭고한 의무이며 혁명승리의 담보로 된다는 것이다.

둘째, 수령의 역할에 대해 수령은 혁명의 지도방법, 지도이념 및 혁명전통, 조직 등을 창시하고 투쟁원칙과 전략전술 및 투쟁방향을 제시하며 노동계급을 의식화·조직화하는 주체라고 강조한다.

셋째, 혁명위업은 수령의 영도에 의해서만 성취할 수 있다는 것이다.

[23] 김남식(1979), p. 3.

민족해방, 계급해방, 사회주의, 공산주의를 포괄하는 노동계급의 모든 혁명위업은 복잡하고 장기성을 띠는 것이므로 수령의 올바른 영도가 있어야만 승리할 수 있기 때문이라는 것이다. 특히, 공산당이 정권을 장악한 후에는 프롤레타리아 독재체제를 수립하고 그 체제를 영도하게 되는데 이 독재체제에서 수령은 당과 국가, 계급과 대중을 하나로 결속시키는 유일한 중심이며 수령이 없는 당은 지휘관이 없는 군대와 같다고 수령의 지위를 절대시하고 있다.

넷째, 후계체계와 관련하여 수령은 대를 이어 혁명을 완성해 나가도록 올바른 공산주의 강령을 제시해 주며, 새 세대들이 혁명을 완성할 수 있도록 혁명의 후비대로 준비시킨다는 것이다. 또한 수령은 자기가 개척한 혁명위업을 이어나갈 계승자를 올바르게 양성하여 공산주의 위업의 승리를 확고히 담보해 준다는 점을 강조한다. 수령론은 공산주의 혁명은 곧 수령의 혁명위업이라는 전제아래 출발한 것으로 혁명은 한 세대에 끝날 수 없다는 논리아래 후계자론을 전개하고 있다.

> "영광스러운 당중앙은 위대한 수령 김일성 동지께서 그 발달을 열어 놓으시고 이끄시는 3대혁명소조운동을 더욱 힘 있게 벌려 나가기 위하여 혁명적 지도를 하고 있다. 당중앙은 3대혁명소조원들이 사업에서 영광스러운 김일성동지당의 혁명적 사업방법을 빛나게 구현하며, 일군들 속에 남아 있는 보수주의, 경험주의, 관료주의를 비롯한 낡은 사상을 사상전의 집중포화로 불살라 버리면서 일을 패기 있고 대담하게 통이 크게 벌려나가도록 하였으며 '생산도 학습도 생활도 항일유격대식으로!'라는 전투적 구호를 내놓고 그 빛나는 관철에로 이끌어 주었다."[24]

여기서 당중앙을 후계자로 선정하고, 수령이 제기한 혁명적 지도(3대혁명소조운동)방법을 당중앙이 이끌고 있다는 점을 분명히 하고 있다. 그러나 김일성은 후계자는 일정한 준비기간을 필요로 하며, 다음과 같은 특성을 갖추어야 한다[25]고 후계자론을 전개하고 있다.

첫째, 후계자는 수령에게 가장 충실한 자이어야만 한다는 것으로, 그 이유로 "일부 나라에서는 수령에게 충실치 못한 사람을 후계자로 내세운 데로

---

24 『근로자』(1976. 4), p. 48.
25 김남식(1979), pp. 9~10.

부터 수령을 공격하거나 모독하고 권위를 깎아내리며 대개는 수령이 생존해 있는 기간에 그의 영도권을 탈취하기 위한 비열한 음모를 꾸며 엄중한 사태까지 발생시켰다"라는 점을 지적하면서 충실성을 강조하고 있다.

둘째, 혁명은 한 세대에서 끝나는 것이 아니라 대(代)에서 대(代)로 이어지고 계승되어 가면서 완성되는 것이므로 후계자는 반드시 새로운 세대에서 나와야 한다는 것이다. 김일성은 1971년 6월 25일 '사회주의노동청년동맹' 제6차 대회에서 "혁명은 계속되어야 하며 세대는 끊임없이 바뀌어진다. 자라나는 세대들이 혁명을 계속해야만 혁명의 대를 이어갈 수 있으며 우리의 성스러운 혁명위업을 완수할 수 있다. 대를 이어 혁명을 계속할 영예로운 임무가 바로 우리세대 청년들에게 맡겨져 있다"[26]라고 새 세대의 역할을 강조하고 있다. 이는 후계자는 혁명의 대를 새 세대가 이어가고 있으므로 구세대에서 인계받는다면 그것은 무의미하다는 것이다.

셋째, 수령의 후계자는 새 세대에서 나와야 하기 때문에 일정한 준비기간이 필요하다는 것으로, 김일성은 "역사적 준비기간 없이 후계자를 내세운 나라의 당과 인민은 불행을 겪지 않을 수 없으며 수령의 뒤를 이은 후계자가 자기의 무능으로 인해 후계자로서의 사명을 다하지 못하고 영도권을 잃은 사례"도 있기 때문에 준비기간이 필요하다고 강조했다. 이처럼 후계자는 수령에 충실한 공산주의자로서 새 세대에서 출현해야 하고 수령의 모든 것을 이어받기 위한 일정한 준비기간이 필요하며 수령 가까이 있어야 한다는 것이다. 이러한 후계자론으로 미루어 볼 때 '영광스런 당중앙'으로 부각되어 3대혁명소조운동을 이끌고 있는 김정일이 그 후계자이며 그의 기반구축을 위한 과정으로 보아야 할 것이다.

### 후계체계 구축과 전위대로서의 3대혁명소조

당시 후계자문제는 '당중앙'의 실체에 관한 문제로 당중앙이란 단어가 특정 개인을 지칭하는가 하는 것이었다. 당중앙이란 단어가 수령 김일성과 함께 고정적으로 쓰이게 되는 것은 1975년부터로 "혁명의 위대한 수령 김일성 동지의 현명한 영도와 당중앙의 세련된 지도 밑에 3대혁명소조운동이 힘 있게 발전함으로써 사상혁명, 기술혁명, 문화혁명 수행에 새로운 기적과

[26] 로동신문, 1971. 6. 25.

혁신이 창조되었다"[27]는 등의 표현에서 나타나고 있다.

이러한 '수령의 영도'와 '당중앙의 지도'라는 등식이 고정화되어 사용된다는 것은 당중앙이 개인을 뜻하는, 즉 후계자란 점을 의미한다. 수령론에 의하면 "혁명위업은 수령에 의해서 개척되고 완성되는 것이고, 수령은 혁명위업을 이어나갈 계승자를 옳게 양성해야" 한다는 것이다. 후계자는 일정기간 준비가 필요하다는 것으로 영도와 지도라는 관계가 수령과 후계자 사이에 절대적으로 필요하다는 주장이 곧 당중앙이 후계자란 것을 입증하는 것이라고 할 수 있다.

> "오늘 우리 당중앙은 위대한 수령 김일성 동지의 높은 뜻을 이 땅위에 더욱 활짝 꽃피우기 위하여 우리 당과 인민을 힘 있게 이끌어 가고 있다."[28]
> "위대한 수령 김일성 동지께서 개척하신 주체의 혁명위업을 대를 이어 끝까지 완성하기 위한 결정적 담보는 당중앙의 유일적 지도 밑에 전국, 전당, 전민이 한결같이 움직이는 강철같은 규율을 철저히 세우는 데 있다."[29]

이처럼 당중앙이 김정일을 묘사하고 있다는 사실은 의심할 바 없으며, 따라서 후계자로 지명된 김정일의 이미지 부각을 위해 모든 선전매체를 동원해 '위대한 수령'과 '영광스런 당중앙'이란 용어를 단일어로 고정화하여 사용했다. 3대혁명소조운동은 당중앙=김정일=후계자란 등식 속에서 당중앙에 의해 지도되고 있다는 것으로, 김정일 후계체계 구축을 위한 기반구축 내지는 반대세력 무력화를 위한 김일성의 전략이 내재되어 있다고 볼 수 있다.

첫째, 3대혁명소조운동의 투쟁목표를 보수주의, 경험주의, 관료주의를 비롯한 낡은 사상에 두고 이를 통해 당간부들을 대폭 교체하여 김정일의 정치적 기반을 구축하는 수단으로 이용했다는 점이다. 3대혁명소조운동이 약 2년 동안이나 비공개로 진행되었다는 사실은 이 기간 동안에 김정일의 정치적 기반구축을 위한 체제개편작업이 진행되었다는 것을 뒷받침하고 있으며, 이로 인해 나타난 많은 부작용이 1975년부터 공개적으로 논평된 소조운동에 관한 김일성의 발언 및 각종 자료를 통해 드러나고 있다.

27 『근로자』(1976. 4), p. 48.
28 『근로자』(1975. 4).
29 『근로자』(1979. 4), p. 58.

"우리는 오랜 일꾼들을 잘 도와 주어 그들이 앞으로도 혁명의 꽃을 계속 피워나가도록 하여야 하며 결코 오랜 일꾼들을 다 사업에서 제외시키거나 떼어버릴 수 없다. 그러자면 당의 방침대로 3대혁명소조운동을 줄기차게 벌려 일꾼들과의 사업, 군중과의 사업을 잘하여야 한다.
수령님께서는 또한 3대혁명소조운동의 투쟁대상이 결코 간부들 자체가 아니라 그들에 남아 있는 보수주의, 경험주의, 관료주의를 비롯한 낡은 사상이라는 것을 명백히 하시었다.
……문제는 간부들 자체를 반대하는 것이 아니라 그들이 가지고 있는 낡은 사상을 없애자는 데 있다.
……3대혁명소조운동을 힘 있게 벌려 나가기 위해서는 또한 당, 행정일꾼, 지도일꾼들이 투쟁대상이 될 것이 아니라 이 운동에 앞장서야 한다."[30]

이와 같은 것은 김정일 지도하의 3대혁명소조원들이 김정일의 권력승계를 반대할 가능성이 있는 기존 간부들을 미리 제거하고 교체시키는 과정에서 소조원과 기존 간부들 사이에 마찰이 야기되어 노출된 문제이며 그 증거라고 할 수 있다. 김일성도 자기에게 충성하며 오랫동안 같이 일해 온 기존 간부들의 제거에 대해 동정을 표하고는 있으나 김정일 후계체계에 대한 재충성 여부에 따라 결정될 것이란 점을 명백히 하고 있다.

"우리의 간부들이 지난 시기 많은 일을 하였고 중요한 역할을 하였으나, 해방 후 30년의 세월이 흐르다보니 이제는 나이를 많이 먹었으며 그들의 수준도 빨리 발전하는 현실을 따라가지 못하고 있습니다. 그렇다고 하여 오랜 간부들을 다 떼어버릴 수는 없습니다. 우리는 그들을 아껴야 합니다. 일부 오랜 간부들 속에서 보수주의, 경험주의, 기관본위주의, 관료주의가 나타나고 심한 경우에는 한자리하였으니 이제는 놀고 먹어도 된다고 생각하는 안일 해이한 현상이 나타나는 것은 그들이 공부를 하지 않아서 잘 모르는 데 주요한 원인이 있습니다. 그러므로 우리는 오랜 간부들을 떼어버릴 것이 아니라 잘 도와 주어 그들이 지난 기간 일을 잘한 것처럼 앞으로도 일을 잘하여 꽃을 피워나가도록 하여야 합니다."[31]

그러나 기존 간부들을 보수주의, 경험주의, 관료주의 등 낡은 사상의 소유자로 규정하고 김정일 후계체계를 받아들이는 경우를 제외하고는 모두

30 『근로자』(1975. 5), pp. 55~58.
31 『근로자』(1975. 3), p. 6.

교체시켜 김정일의 정치적 기반을 구축해 나갔을 것이다. 특히, 당중앙위원회의 간부들도 3대혁명소조운동이 전개되고 간부교체가 문제로 제기될 당시(1975년)를 전후하여 김정일을 중심으로 한 새로운 사람들로 대폭 교체되었다는 점이 이를 뒷받침한다.

둘째, 3대혁명소조운동의 당위성과 실제 성과를 부각시켜 그것을 김정일의 지도력에 의한 것으로 포함하여 후계자로서의 이미지를 구축했다. 3대혁명은 공산사회를 건설할 때까지 수행해야 할 계속적인 혁명과업이며 노동계급의 당이 수행해야 할 혁명의 기본내용이라는 당위성을 주장하면서, 이러한 3대혁명소조운동이 '김일성의 영도와 김정일의 지도'에 의해 전개되고 있으며, 이 운동에 의해 사회주의 건설이 성공적으로 진행되고 있는 것처럼 모든 선전매체를 동원했다.

3대혁명소조운동은 김정일 후계체계 구축과 더불어 청년인텔리들을 내일의 새 간부로 양성하기 위해, 현지에서의 투쟁을 통해 훈련시켜 그들을 혁명화·노동계급화하기 위한 데 또 다른 목적이 있었다. 이같이 3대혁명소조운동이 세대교체를 위한 후비대 양성방법으로 전개되고 있다는 점은 그 구성과 임무 및 소조운동에 대한 각종 평가에서 잘 드러난다. 김일성 자신도 이에 대해 "대학생들은 우리 당의 유일사상, 주체사상으로 튼튼히 무장하였으며 우리 당의 주체사상밖에는 그 어떤 다른 사상도 모르는 혁명적 새 세대들"이며 "새 것을 좋아하고 낡은 것을 대담하게 버리는 혁명성이 강하기 때문에 3대혁명소조운동에 대학생을 동원하는 것이 가장 적절하다는 결론을 얻었다"[32]고 그 이유를 밝히고 있다.

이와 같이 수만 명에 달할 정도로 소조원들을 증가시키고 있다는 것은 김정일의 지지기반을 확대해 정권승계를 순조롭게 하기 위함이었을 것이다.

> "3대혁명소조는 위대한 수령님과 영광스러운 당중앙을 옹호보위하며 위대한 수령님 혁명사상과 교시 당정책을 한치의 틀림도 없이 철저히 관철하는 투쟁의 전위, 투쟁의 기수들이다. 3대혁명소조원들은 위대한 수령님께서 파견하시고 이끄시는 당의 친위대, 근위대답게 행동하여 자기 앞에 맡겨진 영예로운 혁명임무를 성과적으로 수행함으로써 위대한 수령님과 영광스런 당중앙의 신임과 기대에 훌륭히 보답하여야 한다."[33]

---

32 『조선중앙연감』(1974), pp. 26~27.

33 『조선중앙연감』(1974), p. 50.

새로운 세대의 등장에 관한 문제는 김일성도 각종 보고를 통해 누차 강조한 바 있는 것으로 이미 1970년 5차 당대회에서 "오늘 우리 나라에서는 해방 후 사회주의 교양을 많이 받은 새 세대들이 나라의 믿음직한 주인으로 등장하고 있으며 그들은 혁명과 건설의 모든 분야에서 중요한 역할을 하고 있다. 당조직은 당이 키운 이러한 세대들, 특히 노동계급 청년들 속에서 좋은 사람들은 당에 적극 받아들여야 하겠다"[34]라고 새 세대들을 혁명의 계승자로 육성해야 한다는 점을 주장했다. 이러한 점은 3대혁명소조운동을 평가하는 과정에서 자주 언급되고 있다.

### 1970년대 김정일 후계체계 구축의 잠재적 반대세력 숙청작업

1960년대의 숙청이 김일성과 내부의 대열정비를 위한 족벌독재 구축목적이었다면, 1970년대의 숙청은 이 족벌독재체제를 영속화하기 위한 정지작업의 성격을 띠고 진행되었다. 김일성은 1960년대 말에 있었던 군부 내의 숙청을 1970년대 들어 매듭짓고 1966년 4월부터 1년 기한으로 시작된 '주민재등록사업'을 1968년까지 끝내고 1970년 초까지 후속조치를 취하면서 주민들의 개인별 정치적 신념도를 재조사하여 '핵심계층', '동요계층', '적대계층'으로 나누고 국가배급체계의 차별적용을 통해 시혜와 박탈조치를 체계화하는 등 계층구조의 경직적인 운용을 의도적으로 실천해 나갔다.

북한 당국은 1972년 후반부터 1973년까지 실시한 '주민재등록사업'으로 당원 약 30만 명을 당에서 추방하는 등 김정일을 후계자로 내세우기 위한 사전 정지작업을 벌였다.[35] 1973년 9월 당중앙위원회 제5기 7차 전원회의에서 김정일이 후계자로 내정되고, 조직 및 선전담당 비서의 실권을 잡게 됨에 따라 자신의 권력행사에 방해가 된다고 인정되는 자들은 과거의 공적과 지위고하를 막론하고 무자비하게 숙청했다.

김정일이 후계자로 내정되고 노동당의 두 핵심부문인 조직부문과 선전부문을 모두 장악하는 조직 및 선전담당 비서라는 실권자가 되자, 자기의 세력기반인 당을 지지세력으로 채우기 위해 직권을 활용했다. 김일성은 자기자식을 후계자로 순조롭게 승계시키기 위해 1972년 하반기부터 '당증재교부사업'을 시작하여 당원구성을 조정하는 작업을 벌였고, 1973년 3월부터

34 로동신문, 1970. 11. 4.

35 최광석(1978), pp. 226~230.

는 3대혁명소조라는 일종의 기성 권력구조 파괴조를 만들어 당, 행정기관, 경제기관 등에 파견하여 사상검열을 핑계삼아 지도층의 대대적인 교체를 단행했으며, 그 해 5월에는 국가정치보위부라는 사찰기구를 만들어 김정일의 옹립을 달갑게 생각하지 않는 자들을 체포·투옥하고 재판없는 죽음을 강요하는 등 사회를 공포분위기로 몰고 갔다.

김정일이 조직 및 선전선동담당 비서가 된 후 1973년 말까지는 주로 일반당원과 시·군당의 간부도태작업, 1974년에는 도급 간부와 경제기관의 당 및 관리책임자, 1975년부터는 중앙당 간부와 군부에 손을 대기 시작하여 대체로 1976년까지 모든 기관과 기구를 자기 지지세력으로 개편했다. 물론 김일성의 비호하에 3대혁명소조를 전위대로 하여 김정일의 직접 지휘하에 대대적인 숙청이 이루어졌다.

그 결과 약 30만 명의 당원이 당적을 잃게 되었고 단위책임자 약 50만 명의 이동이 있었던 것으로 알려져 있다. 그 대신 20대와 30대 초반의 젊은 신입당원 약 60만 명이 새로 들어와 1976년 말 노동당 당원수 200만 명 가운데 65% 가량이 35세 미만의 김정일 지지세력이었던 것으로 추정되고 있다. 당에서 추방되고 직책에서 밀려난 자들은 ① 40세 이상, ② 1960년도 이전 대학졸업자, ③ 주로 함경도 출신자들이었는데 이는 그들이 김정일이 집권했을 경우 쉽게 맹종하지 않을 것으로 보았기 때문이다.

## 2. 수령제 정치의 제도화 과정에서 발생한 사회적 불평등

북한 체제는 1970년대 들어 프롤레타리아 독재의 특징을 지닌 당-국가 체제 위에 수령을 추대한 '수령제 정치체제'로 전환되었다. 위대한 수령, 어버이 수령이라는 용어에서부터 그것을 설명하고 정통화한 이데올로기, 수령을 중심으로 한 권력구조, 신화와 신격화, 역사해석권 독점, 신조체제나 문학예술에 이르기까지 모든 것은 '수령'의 영도실현을 목적으로 하고 있다. 북한에서 수령제가 제도화되기 시작한 것은 1972년 「사회주의 헌법」을 제정하면서부터였다.

1972년 「사회주의 헌법」의 제정은 북한 사회주의 체제의 새로운 전환점이 되었다. 「사회주의 헌법」의 제정은 ① 정권수립 이후 시작된 사회주의 건설의 완료를 공식 선언하는 의미가 있으며, ② 국가주석제를 도입해 국가주석에게 국가원수의 지위와 함께 국가권력의 유일 구심점으로서의 지위를 부여함으로써 수령제 정치시스템을 제도화하고 수령의 장기집권을 법적으로 보장했다. ③ 이데올로기면에서 주체사상이 보다 정교한 형태로 발전되었으며, 수령제의 이념적 토대로 법제화되었다. ④ 수령체제의 정당성과 효율적 통치를 위해 중앙인민위원회를 신설했다. ⑤ 김정일 후계체계를 가시화하고 수령제 통치시스템 공고화의 토대가 되었다.[36]

1970년대 북한의 정치체제는 과거에 존재했거나 현존하는 다른 사회주의 국가와 구별되는 김일성 우상화에 기반을 둔 유일체계라는 독특한 특성을 지니고 있었다. 다른 공산국가에서 이미 폐기한 우상화가 추진되고 절대권력자의 자의적 통치가 행해졌다. 1970년대 북한 사회는 김정일 후계구도 추진과 아울러 우상화가 극에 달해 김일성은 신적 권위를 확보하고 수령제라는 독특한 정치체제를 구축해 나갔다.

이 같은 북한의 정치체제는 "전통과 공산주의 간의 기묘한 결합에서 비롯되었다. 혁명을 거치지 않고 소련군의 점령에 힘입어 정권을 수립한 북한은 왕조시대에 보였던 강력한 중앙집권제, 권위주의적 통치방식, 관존민비 관념 등이 상당부분 상존해 있었으며, 이후 사회주의 체제의 북한에 있어서도 유교적인 정치적 전통은 상존해 왔다.[37] 유교적 관점에서 볼 때 정부는 가장 도덕적이며 도덕적 절대성의 표상이라고 할 수 있다. 정치적 권위는 도덕적으로 정당화되고 정부의 도덕적 정당성에 대한 강조는 전체주의적 의미를 지닌다. 유교는 개인의 충성심이 왕과 가부장에 있음을 강조했고, 사실상 사회의 기본단위는 부권에 의한 가족제도였다. 북한의 중앙집권적 권위주의 체제는 상대적으로 낮은 조직수준을 발판삼아 정치권력의 개인숭배나 우상화로 쉽게 전이될 수 있었다.

---

[36] 정우곤(1997), p. 1.

[37] 김창희(1996), p. 26.

## 2.1. 수령제 정치체제의 특성

북한 정치체제의 유교적 권위주의의 모습은 치자(治者)와 피치자, 즉 당과 인민대중 사이의 가부장적 권력관계 설정을 통해 정통화되고 있다. 가부장적 권력관계에서 치자와 피치자의 관계는 전자가 후자를 친권적으로 후견하는 관계로 되어 있다. 피치자는 자신의 이익을 스스로 인식하거나 방어할 수 없는 존재로 간주되며, 치자는 그러한 피치자를 대리하여 이익을 규정하고 옹호해 주는 대가로 자신의 통치권을 정당화한다.[38] 북한의 수령제 통치구조는 그 속성상 인치성이 매우 두드러져 당-국가 위에 수령이 군림하고 있다. 특히, 북한의 통치이념인 주체사상에서 강조되고 있는 수령과 인민과의 관계를 보면 가부장적 관계를 훨씬 초월해 있음을 알 수 있다.[39]

북한 문헌에서는 "위대한 수령님께서는 일찍부터 비범한 예지와 과학적 통찰력으로 자연과 사회발전의 원리를 깊이 체득하시고 풍부하고 심오한 지식을 소유하고 계시었다. 또한 혁명과 건설에 나서는 모든 문제들에 가장 정확한 판단을 내리고 그것을 창조적으로 풀어나가시었다"[40]고 하여 수령 김일성의 개인적인 비범성에 대해 찬양하고 있다. 더 나아가 수령과 인민의 관계에 대해 "사람에게 오직 하나의 신경중추가 있는 것처럼 인민대중에게도 오직 하나의 뇌수, 하나의 령도 중심이 있어야 한다. 인민대중을 하나의 유기적인 사회정치적 생명체로 되게 하는 사상, 조직 및 영도상의 중심은 오직 하나, 수령뿐이다"[41]라고 주장한다. 이같이 수령이 사상의 창시자이며 인민의 영도자로 떠받들어지고 그것이 용인되는 상황은 북한 사회체제 자체가 그러한 상황을 용인하도록 형성되었기 때문이다.

북한 당국은 수령제란 어버이 수령을 한없이 존경하고 흠모하며 그에게 충성을 바치는 제도이며, 수령이 인민대중에게 정치적 생명을 부여하고 그것을 육성해 주기 때문에 수령과 인민 사이에는 한 가지 피와 사상이 관통하는 이른바 수령-당-인민대중의 유기체적 연계관계가 나타난다고 한다.

---

[38] David Beetham(1991), p. 81.

[39] 수령은 누구도 따를 수 없는 고매한 덕성과 고결한 인품의 소유자이다. 바로 이것으로 하여 수령은 단합되고 화목한 대가정의 중심으로 되며 모든 사회성원들의 자애로운 어버이로 된다(리진규, 1988, p. 469).

[40] 심형일(1987), p. 13.

[41] 리진규(1988), pp. 457~458.

이런 맥락에서 보면 수령제란 최고지도자에 대한 개인숭배, 봉건적인 지배-피지배의 권위관계를 형성하여 수령의 유일적 영도를 구현하며, 이를 위해 체제 내적으로 통치 이데올로기를 재생산하는 권력구조로 정의할 수 있다.

수령제하에서는 최고지도자인 수령에게 전체 사회구성원이 의탁해야 하고 수령과 인민 사이에는 전통적인 지배관계가 형성되어 있다. 북한 당국은 이데올로기나 선전선동의 모든 수단을 총동원해 수령과 인민 사이를 사랑과 의리와 충성, 온정과 효행 등 은혜와 보답의 교환관계로 만들었다. 그러므로 수령제 사회에서 가장 중시되는 것은 민주적이고 합리적인 인간관계가 아닌 수령의 탁월한 영도에 보답하는 정(情)과 효(孝)의 논리가 되는 것이다.

이러한 체제에서 수령은 신과 같은 존재로 인식되기 때문에 체제는 종교국가의 양상을 띠게 되었던 것이며 수령은 신성(神性)을 갖지 않으면 안 되었다. 수령의 신격화와 신화화는 필수적이었으며 의식과 제전이 수반되었고 김일성은 절대권력자로 신격화되었다. 따라서 사회 전체가 수령으로 직결되는 구조로 변화되었고, 최고지도자의 부재는 이 체제의 해체로 인식되기 때문에 1967년 당 제4기 15차 전원회의 이후부터 김정일을 정치일선에 등장시켜 후계자 육성에 착수했던 것이다. 북한은 사회주의 혁명과 건설을 명분삼아 '최고지도자의 불가피한 임무'를 강조했다. 북한의 수령제는 극단적인 개인숭배와 1인 절대권력, 동원체제 등에 기반을 두고 당(黨)을 수령 개인의 정치적 도구로 전락시켜 갔다[42]고 할 수 있다.

### 2.2. 수령의 신화화와 정통성 부여

수령의 역할에 대한 신비적 과장은 수령의 웅대화로 이어지고, 다음 단계는 수령을 신화적 인물로 격상시키는 수령의 신화화로 나타났다. 북한 역사는 수령의 등장과 주체사상의 표현이라고 할 수 있다. 역사는 수령이 주체사상의 기치를 높이 세우고 온갖 종파주의와 외부 침략세력에 맞서 싸우면서 위대한 사회를 건설해 가는 수령의 개인적 행위의 역사로 서술된다. 이 과정에서 수령의 모든 행위는 선한 행위로 정당화되며 그 반대자는 악마

[42] 정우곤(1997), pp. 1~2.

가 된다.[43]

북한의 통치과정 속에서 김일성을 살아 있는 하느님처럼 가르치고 김정일을 또 다른 절대자로 가르치는 세뇌작업이 수십 년 동안 끊임없이 계속되었다. 이 과정을 거쳐 북한에는 마침내 김일성 우상, 김정일 우상이 만들어졌다. 그 결과 북한은 실제로 그 우상들을 빚어 세운 동상들의 나라가 되었으며 신격화된 수령이 다스리는 국가가 되었다.

그러나 1980년대 들어 이런 북한 체제에 위기가 도래했는데 그것은 동구권의 대변혁에 따른 구소련의 붕괴였다. 주변 정세에 따라 변화하지 않을 수 없는 상황에서 가장 큰 문제는 그 동안 다져진 주민들의 신념체계의 동요 가능성이었다. 무엇인가 더 확고한 정통성을 주민들에게 심어 줄 필요가 제기되었다. 여기에서 북한 당국이 찾아 낸 해법이 단군왕검,[44] 고구려 동명성왕,[45] 고려 태조 왕건[46]을 우상화하고 그 정통성을 수령제와 연결하는 것이었다.

그런 입장에서 북한은 단군릉을 새로 짓고, 왕건릉을 새로 지은 뒤 그 승통이 김일성에 이르렀고 김정일에 이르렀다는 새로운 신화를 만들어 냈다. 북한 당국은 자국 정통성의 근거로 단군왕검과 동명성왕과 왕건을 차용했던 것이다.[47] 특히, 1994년 10월 11일 북한의 총리 강성산은 단군릉을 복원, 준공식을 갖게 된 것은 '김일성·김정일의 숭고한 뜻과 현명한 영도의 결실'이라고 주장했다. 이처럼 단군릉의 발굴을 계기로 북한은 한반도의 역사적 발전을 고대 평양에서 출발시키고 있으며, 고조선-고구려-고려로 이어

43 박형중(1994), p. 253.

44 북한은 1994년 5월 20일 김일성방송대학 박교훈 교수의 조선역사 특강에서 단군이 5,012년 전에 출생한 실존인물이라 하고 고조선의 건국연대를 기원전 3,000년 초로 보는 것이 합당하다고 주장했다(「내외통신」 종합판(52), 내외통신사, 1994, p. 265). 또한 로동신문은 사설을 통해 단군의 유골 및 유물의 발견은 평양이 "조선민족의 발상지이며 우리 민족의 국가형성과 발전의 중심지였다"는 사실을 뜻하는 것이라고 특별히 강조하고 모든 당원과 근로자들이 "조선민족제일주의"를 깊이 간직하고 사상교양사업을 강화할 것을 촉구했다(로동신문, 1994. 10. 4 사설).

45 북한은 1993년 5월에 고구려 시조 동명성왕릉의 증축공사도 완료했다. "근 천년을 헤아리는 자기의 력사에서 수십 차례 외세의 침공을 당했으나 그때마다 불굴의 투지를 가지고 싸움으로 민족자주권을 영예롭게 고수"한 것으로 평가되고 있다.

46 1994년 1월 31일 고려 태조 왕건왕릉 복원공사가 완료되어 왕릉개건식을 가졌다. 1992년 5월 김일성은 고려 태조 왕건의 무덤을 방문하고 "왕건이 우리나라 첫 통일국가를 세운 사람"이라고 말하고 왕릉의 증축공사를 지시했다.

47 김학준(1995), pp. 410~411.

지는 북방중심설을 기정사실화하고 있다.[48]

이 같은 문화유산에 대한 강조는 우리 민족의 원시조로서의 단군, 1,000년 이상 동방의 가장 강성한 대국이자 자주국가였던 고구려, 우리 민족 최초 통일국가로서의 고려라는 가장 상징성이 강한 국가들을 대상으로 하고 있다는 점에서 북한의 의도를 짐작할 수 있다. 즉, 북한은 민족주의를 진보적인 사상으로 자리매김하면서 우리 민족의 주체성과 독자성을 강조하고, 나아가 통일이념으로서의 민족대단결을 목적으로 하고 있다. 이는 자기들이 남한에 비해 자주적이고 주체적이라는 것을 과시함으로써 역사적 정통성을 확보하려는 시도라고 할 수 있다.

북한이 이처럼 고조선-고구려-고려의 시조를 강조하는 배경은 북한이 처해 있는 체제적 위기를 반영하는 것이다. 가중되는 경제침체와 사회주의권 몰락에 따른 고립의 심화는 북한으로 하여금 주체사상의 새로운 변신을 모색하게 하고 있다고 볼 수 있다. 따라서 '조선민족제일주의'에 입각한 '우리식 사회주의'의 우월성을 강조함으로써 북한은 현존 사회주의 체제의 범세계적 현상인 민주화·자유화에 적극적으로 대응하고 대남전략 차원에서 '전 민족 대단결' 구호를 활용하고 있는 것으로 보인다.[49]

### 2.3. 수령승계론과 김정일의 권력기반

북한은 정권수립 이후 김일성 수령이라는 한 최고통치자가 계속 집권했지만 체제적 특성면에서는 상당한 변화가 있었다. 그 가운데 많은 부분이 권력승계와 관련된 변화였다. 북한은 다음의 세 가지 조건을 갖춘 사람만이 후계자가 될 수 있다고 강조해 왔다. 그 첫째는 수령에게 끝없이 충실할 것이며, 둘째는 온 사회에 대한 정치적 영도를 원만히 실현할 수 있는 수령으로서의 품위와 자질을 지니는 것이며, 셋째는 정치과정에서 쌓아올린 공적을 통해 절대적인 권위를 얻는 것이다. 바로 이 세 가지 조건을 갖춘 인민의 지도자만이 수령의 후계자로 추대될 수 있다는 것이다.[50]

---

[48] 이미 북한은 우리 역사의 주체를 고조선, 고구려, 발해, 고려로 이어지는 북방중심설을 주장하고 있었다. 그것은 우리 역사가 신라에 의해 상당히 왜곡·축소되었으며, 사대주의적 관점의 역사로 일관되었다고 보기 때문이다.

[49] 전상인(1994), p. 125.

이것이 원론적인 것이라면 구체적으로 지도자가 갖추어야 할 품격 등을 내세운 것이 지도자론인데, 여기에서는 혁명계승론, 세대교체론, 혈통계승론, 역사적 준비단계론, 김일성 화신론 등을 주장하고 있다.[51] 승계시기에 대해 북한에서는 수령 후계자의 정치적 지도는 수령의 영도가 끝나기 전부터 시작되어야 한다고 주장한다. 만일 수령의 영도가 끝난 뒤에 그 후계자의 영도가 시작되도록 한다면 정치적 령도의 계승문제를 해결하는 데서 난관이 조성될 수 있다고 하면서 친애하는 지도자 김정일 동지께서는 일찍부터 위대한 수령님의 높은 뜻을 받드시어 주체위업을 이끌어 가시는 데 모든 것을 다 바쳐 투쟁해 오시는 과정에서 수령 후계자로서의 풍모를 완전무결하게 갖추신 조선로동당과 조선인민의 탁월한 령도자이시다"[52]라고 강조하고 있다.

김정일의 권력기반은 아버지 김일성에게서 비롯되었다. 김정일은 현재의 지위를 차지하기까지 나름의 업적도 쌓았고, 북한의 언론들은 그에 대한 개인숭배 캠페인도 가속화했다. 북한 언론에서는 김정일을 미래의 수령, 탁월한 사상가 등으로 호칭하며 통치권력의 승계자임을 암시해 왔다. 김정일에 대한 개인숭배는 계속 조장되어, "그는 수면과 휴식을 거부하면서 일하는 지도자", "위대한 수령님의 혁명사상을 완전히 통달한 탁월한 사상가이면서 이론가", "눈부신 지혜와 비범한 통찰력과 세련된 지도력을 갖춘 당과 인민의 영명한 지도자", "무한히 고상한 덕성을 지닌 인민의 진정한 지도자"로 묘사되었다.[53]

북한 당국은 김정일에 대해 "백두산 밀영에서 백두산 정기를 받고 태어

50 리진규(1988), p. 474.

51 첫째, 혁명계승론이란 수령이 개척한 혁명위업은 한 세대에서 끝나는 것이 아니라 대를 이어 계승해 나가야 완수될 수 있는 역사적 위업이라는 주장이다. 둘째, 세대교체론에 의하면 후계자는 같은 세대에서 나오는 것이 아니라, 새로운 세대에서 나와야 하며 수령의 후계자는 영도자로서의 위대한 풍모를 갖춘 인물임과 동시에 새 세대를 대표하는 인물이어야 한다는 것이다. 셋째, 혈통계승론이란 수령의 핏줄을 이어받은 자가 후계자가 되어야 한다는 논리로서 수령의 혈통을 계승하는 후계자라야 누구보다도 인민대중과 혼연일체를 이루게 된다는 것이다. 넷째, 역사적 준비단계론이란 수령의 후계자는 수령이 지니고 있는 사상과 논리, 영도예법을 배우고 이어받을 역사적 준비기간이 필요하다는 논리이다. 다섯째, 김일성 화신론은 김일성 동지는 수령의 혁명사상, 불멸의 주체사상과 탁월한 영도예술, 고매한 공산주의적 덕성을 체현하고 계시는 사상의 천재·영도의 천재이며 인민의 자애로운 스승이라고 미화하고 김정일을 김일성의 화신으로 미화하고 있다.

52 리진규(1988), pp. 475~477.

53 김학준(1997), p. 333.

났다"고 선전하면서, 주체사상을 발전시킨 사상의 천재, 문예를 지도 발전시킨 예술의 천재로 칭송하며 『김정일 전설집』까지 출간했다. 1980년대 김정일은 김일성의 권력승계 의지에 따라 순차적으로 권한을 이양받아 나갔다. 당총비서, 국방위원회 제1부위원장, 국방위원장 등 최고위 직위를 이양받는 데 필요한 헌법개정도 진행시켜 나갔다.

한 국가는 사회의 전 부문이 각자 독립된 역할범주 속에서 상호작용하면서 합리적으로 운영되는 게 원칙이고, 한 영역의 지나친 독주는 다른 영역의 역할 축소를 가져와 사회의 기형화를 초래한다. 북한의 경우 정치영역, 특히 최고권력자의 무제한적 권한행사로 인해 다른 영역이 심하게 축소되어 있다. 정책선택과 집행의 합리성이 전제되지 않는 사회에서는 효율성만이 중시되기 때문에 명령을 하달하는 자와 시킴을 당하는 자 사이에는 심한 불평등의식이 생겨나고 심화되어 갈 수밖에 없다. 수령제하에서 북한의 사회불평등현상은 더욱 구조화되고 심화되어 갈 수밖에 없었다.

## 3. 제도화된 우상화 추진과 전 사회의 유사 종교집단화

사회주의 국가들은 종교를 아편에 비유하면서 종교의 자유를 인정하지 않았다. 구소련의 스탈린체제나 중국의 마오쩌둥체제,[54] 동구권 여러 국가에서도 종교의 자유는 철저히 금지되었는데 이는 종교활동의 이면에 절대 자유에 대한 동경과 갈망이 전제되어 있기 때문일 것이다. 북한 당국도 사회주의가 이식되는 과정에서 전 종교를 금지하고 승려나 신부, 목사 등 성직자들을 주민성분분류상 최하층으로 분류하고 종교단체 소유의 토지와 건물을 모두 압류했으며, 한국전쟁 과정에서 수많은 종교인들을 처형하는 등 매

[54] 중국은 종교에 대해 구소련보다 훨씬 더 부정적이었다. 구소련은 법적으로 종교금지정책을 취하지는 않았으나 중국은 공산화 초기 "종교는 인민의 의식을 마비시키는 마약이며 아편"이라는 관념 때문에 종교금지정책을 선언하였다. 교회를 완전히 장악하기 위해 공산주의를 비판하는 교회지도자와 교역자를 교회로부터 추방했다.

우 엄혹한 종교탄압을 실시했다.

그러나 북한 사회는 1960년대 후반 이후 1970년대를 거쳐 1980년대로 접어들면서 김일성 우상화가 점점 그 도를 더해 가고 주체사상이 각종 총화제도의 중심 의제로 자리잡게 되면서 총화의 진행과정이 기독교의 예배절차와 매우 유사한 모습을 보이면서 전 사회가 유사 종교집단화되어 갔다.

본 절에서는 북한이 김일성 우상화를 위해 수첩으로 만들어서 전 주민이 외우고 다녀야 하는 '김일성 유일사상체계확립을 위한 10대원칙'과 북한 전역에 40만 군데나 만들어 놓은 '김일성혁명사상학습실',[55] 사제화(司祭化)되어 가는 당정치사상 담당지도원의 역할 등을 살펴보면서 사상의 자유라는 기본권적 인권의 억압이 북한 사회의 다양성을 말살하고 사회불평등구조를 심화시켜 간 과정을 분석하고자 한다.[56]

### 3.1. 북한 사회의 종교성

북한에서 평양지역은 개화기에서 해방에 이르는 동안 동방의 예루살렘이라고 불릴 정도로 기독교가 널리 전파되어 있었다. 최근까지 남한에서 기독교계를 이끌어 온 지도자들 가운데 절대다수가 북한 당국의 종교탄압[57]을 피해 월남한 성직자들이라는 것이 이를 반증한다. 실제로 김일성 가계를 보

55 북한에서는 모든 중앙급 기관의 직장 및 공장, 3급 기업소와 공장 이상에는 '김일성혁명사상학습실'이 자체적으로 갖추어져 있고 고등중학교에서는 학교마다 이런 혁명사상학습실이 따로 마련되어 있다. 혁명사상연구실 건물은 당에서 규격화한 표준설계에 맞추어 건축하기 때문에 대부분 건물이 비슷한 형태를 띤다. 일반적으로 3층 규모의 양옥으로 건축되어 있다. 리단위에는 단층으로 되어 있고, 군소재지인 읍에는 2~3층, 도단위는 3~4층 건물로 되어 있다. 초급당조직이 결성되어 있는 기관이나 단체는 독립된 연구실을 갖추고 있다. 당원이 30명 이상인 경우에 초급당을 조직할 수 있게 되어 있으므로 도시에서는 대략 100명 이상 되는 기업소는 독립된 혁명사상학습실을 갖추고 있다고 볼 수 있다. 농촌의 경우에는 농민들 가운데 당원이 적은 대신 넓은 지역을 포괄하고 있기 때문에 1~2개 또는 3개 리가 협동농장단위로 초급당조직을 구성하고 부락당을 만들어 각 지역별로 자체적인 연구실을 운영한다. 직장과 공장의 규모가 작아 초급당조직이 없는 곳에서는 건물의 한 부분을 교양실 또는 연구실이라는 명칭을 붙여 사용하고 있다(김병로, 1997, p. 37).

56 김병로(1997), pp. 1~5.

57 해방 전 북한 지역에는 400여 개의 사찰과 3만 5,000명의 신도, 1,600명의 승려가 있었고, 기독교의 경우 1,500여 교회와 30여만 명의 신자가, 천주교의 경우 3개 교구와 5만여 명의 신도가, 천도교의 경우 12만여 명의 신도가 있었던 것으로 알려져 있으나 지속적인 종교말살정책의 추진으로 1960년대 말에는 무종교 무신자 국가라고 김정일이 선언하기에 이른다.

더라도 그가 기독교에 대해 잘 알고 있었다는 사실은 확연해진다.[58] 김일성도 어린시절 생모 강반석의 손에 이끌려 이따금씩 교회에 나갔던 것으로 그의 회고록 『세기와 더불어』(제5권, p. 337)에 기록되어 있다.

그러나 해방이 되고 북한 지역에 소련에 의한 공산정권이 들어서면서 상황은 일변했다. 종교를 아편으로 규정했던 마르크스의 후예들은 종교인들을 지주나 자본가, 친일파 못지않게 탄압했다. 1946년 3월에 실시된 토지개혁은 그 예고편이었다. 북한 당국은 토지개혁 과정에서 사찰이나 교회소유의 토지도 무차별 몰수했고 이는 종교가 딛고 서야 할 최소한의 기반을 뿌리부터 박탈하는 것이었다. 또한 한국전쟁이라는 비상시국은 공산주의자들이 종교를 일소할 수 있는 좋은 기회가 되었고 종교탄압은 절정을 이루었다. 북한 당국에 있어 기독교는 미제의 앞잡이 정도로 인식되어 있었기 때문에 '철천지 원쑤'라며 '미제의 각을 뜨자'고 외쳐 온 제국주의의 첨병쯤으로 생각했던 것이다.[59]

1950년대 말 이후 북한 당국이 행한 철저한 주민통제시스템의 강화는 일반주민의 신앙생활을 감시, 적발하면서 일상적인 형태의 종교활동 가능성을 제도적으로 봉쇄하는 결과를 가져온다. 우선 1958년 말부터 1960년 말에 이르기까지 전개된 '중앙당 집중지도사업'[60]은 지방당 조직에 대한 지도와 아울러 노동자·농민에 대한 광범한 계급교양, 공산주의 교양을 수반하게 된다.

이 사업은 북한 주민 가운데 반혁명분자를 색출해 처단하며, 이들을 강제이주시키는 등 주민성분분류작업에 역점을 두게 되는데, 이 때 종교인들은 집중적인 감시와 지도대상이 되었다. 또한 이런 상황에서 전개된 '인텔

[58] 김일성의 모친 성명이 강반석으로 반석은 기독교 용어다. 부친인 김형직 또한 평양 숭실중학 출신으로 기독교를 모체로 한 항일단체인 조선국민회에서 주도적으로 활동하다가 일제에 체포되어 그 후유증으로 사망했다는 것은 정설이다. 그의 외가는 독실한 성직자 집안으로 외할아버지인 강돈욱은 기독교 장로로 창덕학교 교장이었고, 외삼촌 강양욱은 목사였다. 만주로 가서 아버지의 친구인 손정도 목사집에 기거하면서 중학교를 다녔는데 그 때 교회 성가대 지휘자를 했었다고 한다.

[59] 김광인(1998), pp. 61~63.

[60] 중앙당 집중지도사업은 1958년 5월 30일 노동당 상무위원회 결의에 의해 1958년 12월부터 1960년 12월까지 실시했는데, 이는 전후 복구시기를 맞이해 김일성 1인 독재체제 확립을 목적으로 한 것이었으며, 이 사업을 통해 북한은 김일성 1인 독재체제에 대한 저항세력과 농업협동화정책 반대자와 한국전쟁 중 반당행위자 등을 대거 색출했다. 이 집중지도사업의 결과, 감시대상으로 지목된 이른바 반혁명계층을 분산·정리하기 위해 내각결정 149호를 채택하여 이들을 산간벽지로 추방해 해안선 및 휴전선으로부터 20km 이상 떨어진 곳, 평양·개성으로부터 50km 밖의 외곽지대로 주거를 제한시켰다.

리개조운동' 역시 일제시대에 교육받은 인텔리층의 보수주의와 소극성을 청산하고 노동자·농민의 계급적 지위를 향상시킬 것을 목표로 한 것이었으나, 그 진행과정에서 종교인들이 주목을 받게 되어 종교의 사회적 기반이 완전히 무너지게 된다.

1972년 사회주의 헌법 제정은 국가주석제 신설을 통해 주체사상에 입각한 '수령의 유일적 영도체계'를 확립하는 계기가 되었다. 수령의 유일적 영도체계란 수령의 사상을 지도적 지침으로 하여 혁명과 건설을 수행하며 수령의 사상과 명령, 지시에 따라 전 당과 전 인민이 하나와 같이 움직이는 체제를 말한다. 이와 함께 수령의 영도를 계승하는 문제로 대두된 '후계자론'은 김일성 가계 우상화에 박차를 가하게 되어 김일성 1인 절대지배체제의 구축을 공고히 하기 위한 '북한 사회의 김일성주의화·주체사상화' 강조로 이어진다.

이데올로기적 측면에서 보면 1970년 11월에 개최된 제5차 당대회에서 마르크스-레닌주의가 당의 지도이념에서 배제되고 '김일성의 주체사상과 혁명사상'이 유일한 지도이념으로 등장함으로써 북한은 '김일성식 사회주의 국가'의 형태로 그 체제의 속성이 전환되었다고 할 수 있다. 이와 함께 1974년에 후계자로 부상하기 시작한 김정일에 의해 '유일사상체계확립을 위한 10대원칙'이 제시되고 '온 사회의 주체사상화'라는 구호가 전면에 등장하게 되며, 이러한 움직임은 1980년에 개최된 제6차 당대회로 이어져 주체사상이란 이념의 절대화·종교화를 성공적으로 매듭짓기에 이른다.

현존하는 북한의 종교단체들은 당의 외곽단체로서 대남선전선동 및 대남비방, 해외동포 및 해외종교인 포섭, 국제 종교단체들과의 연대성 도모 등 주로 정치적인 활동양상을 보이고 있으며, 각종 종교행사에서도 순수 종교의식을 거행하기보다는 연방제 통일 주장, 한국 정부의 통일 및 대북정책 비난 등 정치적 색체를 숨김없이 드러내 왔다. 1995년 말 북한의 종교인들이 백악관 조찬기도회에 참석하여 클린턴 대통령과 인사를 나누기까지 했다는 것은 북한이 대미관계 개선을 위해 종교를 전략적으로 활용해 왔음을 입증하는 단적인 예라고 할 수 있다.[61]

2006년 현재 남한 사회에서 기독교는 예루살렘보다도 더 번성하고 있

[61] 임순희(1997), pp. 13~14.

다. 세계 10대 교회 가운데 5곳이 서울에 있다고 한다. 그렇다면 제2의 예루살렘으로 불렸던 북한 지역의 종교가 사라진 빈 공간은 무엇이 메우고 있을까? 그 공간은 지속적인 김일성 우상화를 통해 신의 영역에까지 다다른 유사종교인 김일성교, 일명 수령교가 메우고 있다.

### 3.2. 수령교와 기독교의 유사성

종교는 일반적으로 '성스러운 것'에 대한 숭배이며 의식을 수행함과 동시에 일종의 사회공동체를 이루는 세 가지 특징이 있다. 종교적 경험은 언제나 교리체계를 포함한 일종의 사상으로 나타나고, 말과 행동으로 짜여진 의례나 예식으로 표현되며 가입, 지위의 점유, 역할분담으로 구성되는 조직체나 공동체의 형태로 나타난다. 종교에 따라 이 세 가지 양식의 복잡성이나 제도화의 정도는 다를 수 있지만 어떤 사회현상이 종교행위로 규정되기 위해서는 이 세 가지 표상을 모두 가지고 있어야 한다.[62]

이런 점에서 사회주의 자체를 종교의 하나로 생각해 온 것은 최근의 일이 아니다. 공산주의자들은 종교를 인민의 생활을 좀먹는 아편으로 간주하고 추방했지만 그 종교를 부정한 자리에 사회주의·공산주의 이데올로기가 유사 종교로서 새롭게 자리를 틀었다. 마르크스 자신도 종교에 구현되어 있는 적극적인 가치는 인간의 운명을 개선하는 주도적 사상이 될 것으로 믿었으며 이런 점에서 사회주의는 종교 아닌 종교로서 기능한 측면이 있다고 볼 수 있다.

주체사상도 역사적 발전과정에 따라 점차 종교성을 띠어 갔다. 1950년대와 1960년대에 주체사상은 대외자주성 원칙과 혁명적 군중노선을 강조하는 이념으로 출발했다. 1967년부터 김일성에 대한 개인숭배가 대대적으로 진행되면서 지배구조에 대한 논리적 이념체계인 '유일사상체계'를 발전시켜 나갔으며, 1970년대에는 김일성주의화와 혁명적 수령관이 매우 강조되었다. 특히, 1974년 김정일의 '온 사회의 주체사상화'와 유일사상체계확립의 10대 원칙이 선포되면서 주체사상에 대한 이론정립과 정치교양학습이 실시되었다. 그 결과 주체사상은 수령론으로 발전하게 된다.

62 흔히 종교의 3요소로 초월자(신)의 존재, 성문화된 경전, 의식을 주관하는 사제를 꼽는다.

1970년대 중반부터는 사회주의적 가치와 주체사상을 사회관계의 규범으로 정착시키기 위해 '인간개조사업'을 전개하고 혁명적 동지애와 의리, 집단주의와 영웅주의를 강조했다. 1982년에는 주체사상의 철학적 체계화가 일단락된 후 인간 중심 철학이 더욱 강조되었으며, 1986년에는 수령론과 사회조직원리를 결합한 사회정치적 생명체론으로 발전되었다.

사회정치적 생명체론이란 인간사회를 살아 있는 생물유기체에 비유해 설명하는 것으로 북한 사회는 수령과 노동당, 인민대중이 하나가 되는 일사불란한 조직체라고 주장한다. 여기에서 수령은 생물유기체의 두뇌(뇌수)에 해당하며 노동당은 심장(혈관)이고 인민대중은 몸의 각 기관에 해당한다. 한 개인이 죽으면 육체적 생명은 없어지지만 사회정치적 생명은 영원히 살게 된다고 주장한다.

주체사상은 단순한 통치 이데올로기로 출발해 신앙의 대상으로 발전되었다. 주체사상이 종교적 차원으로 발전한 계기는 '수령론'의 대두로부터였으며 종교적 차원으로 심화된 것은 사회정치적 생명체론이 완성되면서부터였다. 인간의 생명을 사회정치적 생명과 육체적 생명으로 구분하여 개인이 소유할 수 있도록 만들었다는 사실은 주체사상이 종교로 발전하는 데 결정적으로 기여했다. 수령관과 주체철학, 사회정치적 생명체의 출현으로 이어지면서 주체사상 이데올로기는 종교적 차원으로 진화되었다.

### 교리 및 신념체계

기독교 교리와 신념체계를 설명하는 신론, 인간론, 구원론으로 구분하여 주체사상이 발전시킨 사상과 교리를 살펴보면, 우선 주체사상은 유물론적 가치관과 진화론에 뿌리를 두고 있기 때문에 추상적인 신의 존재를 거부한다. 대신 공산주의의 도래에 대한 신념과 확신이 형이상학적 하나님의 영역을 차지하고 있다. 또한 하나님이 예수라는 인간으로 세상에 태어남으로써 보이는 하나님으로 환원되었듯이 김일성은 공산주의라는 절대적 가치를 이 땅에 실현하는 중재자이면서 동시에 신적 존재로 되어 갔다. 특히, 1980년대 이후에는 김정일에 대해 '아버지의 아들'로서 정통성과 신성을 강조하고 있다. 김정일은 예수가 구약성서에 나타난 하나님과 인간과의 언약을 계승하고 성취하는 자로서의 위치를 확보했듯이 김일성의 위업을 계승하고 성취하는 사람으로서의 정통성을 부여받고 있다.[63]

북한이 김일성 유일사상을 만들고 이것을 유일사상체계확립을 위한 10대원칙[64]으로 명문화하고 있다는 사실은 하나님만을 유일한 신으로 섬겨야 하며 이를 10계명으로 명문화한 기독교의 유일신 사상과 일맥상통한다. 기독교인들에게 있어서 10계명은 논란의 여지가 없는 하나님의 말씀으로 여겨지며 신앙인으로서 지켜야 할 최소한의 규칙을 명시한 것이다. 마찬가지로 북한 사람들의 일상생활 전체를 규제하는 것은 '당의 유일사상체계확립을 위한 10대원칙'이며 모든 언행은 이 10대원칙에 근거를 두고 평가받고 있다.

첫째, 기독교는 하나님을 전지전능하고 완전한 인격체로 묘사하고 있다. 기독교에서 하나님은 신으로서의 절대적 속성과 인간의 속성을 동시에 지니고 있으며, 예수도 그러한 하나님의 속성과 인간의 특질을 동시에 지니고 있다. 기독교의 이러한 논리에 입각해 볼 때 예수는 참 하나님이면서 동시에 완전한 인간으로 주장된다. 마찬가지로 신적인 김일성은 정이 넘치는 인간으로 묘사된다. 백성이 고통당할 때 같이 괴로워하고 슬플 때 눈물을 흘리는 인간이다. 이것은 예수가 신적 존재임과 동시에 완전한 인간으로 받

[63] 김일성은 공산주의라는 절대적 가치를 이 땅에 실현하는 중재자이면서 동시에 신적 존재로 인식되고 있다. 북한 사람들에게 있어서 김일성은 주체사상을 창시하고 사회주의 조국을 건설한 조선민족의 시조이며 절대적으로 숭배해야 할 신적인 존재이다. 김일성은 육체를 가진 인간으로 신을 대신하는 기독론적 성격을 지닌다. 이런 점에서 김일성은 출생부터 성장과정 및 정치활동에 이르기까지 모두 신성화된다. 김일성이 출생한 만경대와 혁명전적지의 성역화 및 각종 상징물을 제작하는 등 신성화한다. 김정일이 솔방울로 폭탄을 만들 수 있었다든가, 낙엽을 타고 강을 건넜다는 것, 그리고 천리 밖을 내다 볼 수 있는 능력을 가지고 있다는 식으로 김일성을 신격화한다(내외통신사, 「내외통신」 171호, 1980. 4. 16).

[64] 북한이 명문화한 유일사상체계 확립을 위한 10대원칙은 다음과 같다. ① 위대한 수령 김일성 동지의 혁명사상으로 온 사회를 일색화하기 위하여 목숨바쳐 투쟁하여야 한다. ② 위대한 수령 김일성 동지를 충성으로 높이 우러러 모셔야 한다. ③ 위대한 수령 김일성 동지의 권위를 절대화하여야 한다. ④ 위대한 수령 김일성 동지의 혁명사상을 신념으로 삼고 수령님의 교시를 신조화하여야 한다. ⑤ 위대한 수령 김일성 동지의 교시 집행에서 무조건성의 원칙을 철저히 지켜야 한다. ⑥ 위대한 수령 김일성 동지를 중심으로 하는 전 당의 사상의지적 통일과 혁명적 단결을 강화하여야 한다. ⑦ 위대한 수령 김일성 동지를 따라 배워 공산주의적 풍모와 혁명적 사업방법, 인민적 사업작풍을 소유하여야 한다. ⑧ 위대한 수령 김일성 동지께서 안겨 주신 정치적 생명을 귀중히 간직하며 수령님의 크나큰 정치적 신임과 배려에 높은 정치적 자각과 기술로써 충성으로 보답하여야 한다. ⑨ 위대한 수령 김일성 동지의 유일적 영도 밑에 전당, 전국, 전군이 한결같이 움직이는 강한 조직규율을 세워야 한다. ⑩ 위대한 수령 김일성 동지께서 개척하신 혁명위업을 대를 이어 끝까지 계승하며 완성하여 나가야 한다.

아들여지는 기독교 교리와 같다. 따라서 완전한 인격체인 김일성에 대해 인간적으로 의리를 지키며 충성을 바치는 것은 인간으로서 지켜야 할 당연한 도리가 될 수밖에 없다.[65]

둘째, 인간의 본질에 관한 내용은 기독교와 주체사상이 비교될 수 있는 가장 유사한 영역이다. 기독교의 인간론은 주체사상에서 이론화하고 있는 인간론, 인생관과 뚜렷한 공통점을 갖는다. 주체사상은 사람을 단순한 생물학적 존재로 보지 않고 의식성을 가진 독특한 존재로 간주한다. 사람을 물질과 의식으로 구분하지 않고 두 요소를 동시에 지닌 총체적 실체로 파악하고 있다.

셋째, 기독교에서 예수의 존재가 필연적이듯이 주체사상에서 수령의 존재는 필수불가결한 요소이다. 사회주의 혁명과 건설을 성취하기 위해서는 인민의 역량을 통일적으로 지도할 수령의 존재가 반드시 필요하다는 것이다. 수령이 주체사상에서 하나님과 같은 절대적 지위를 차지한다는 점에서 주체사상은 수령교로 통칭될 수 있다.

넷째, 기독교의 구원과 영생의 사상은 주체사상에서도 동일하게 발견된다. 북한은 수령인 김일성이 일제의 압제로부터 인민을 해방시키고 구원했다는 일종의 신화를 갖고 있다. 우리 민족이 일제 식민통치에 신음하고 있던 상태에서 항일무장투쟁을 통해 조선인민을 구원했다는 것이다. 주체사상은 과거의 구원뿐만 아니라 미래의 구원, 즉 영생을 부여한다. 인간의 생명을 육체적 생명과 사회정치적 생명으로 구분하고 사회정치적 생명의 영원성을 주장한다.

다섯째, 기독교에서 신자들로 이루어진 공동체인 교회는 '예수 그리스도의 몸'으로 표현되며 인간실존은 그리스도의 몸, 즉 그의 백성과 교회 안에 포함될 때에만 가능하다고 주장한다. "하나는 전체를 위하여, 전체는 하나를 위하여" 존재한다는 북한의 집단주의 논리는 공동체적 교회의 교리와 일치한다. 이 사회정치적 생명체론에서 김일성은 수령으로서 신체의 뇌수이며 당은 혈관이고 인민은 신체의 각 부분으로 간주된다. 수령-당-대중은 삼

---

65 북한 사람들에게는 김일성이 하나님처럼 신격화되어 있기 때문에 김일성을 만나는 일은 하나님을 만나는 것만큼 신비하고 감격스러운 일이다. 기독교에서 하나님을 직접 만날 수 없고 성령으로만 만날 수 있다고 교리화하고 있는데 북한에서 김일성을 한 번 만나는 것은 '성령 하나님'을 만나는 것과 같다고 한다(조갑제 · 정호승, 1990, pp. 208~209).

위일체의 통일체로서 개별적으로 분리될 수 없다. 사회정치적 생명체론은 기독교인들이 너무나 잘 아는 사도 바울의 지체론과 동일하다.

여섯째, 기독교에서는 이 세상은 끝이 있으며, 그 종말은 거대한 위기로 임하게 되는데 예수의 재림이 이러한 위기를 종식시키는 역사적 계기가 되며 예수의 재림과 함께 전체적 부활이 진행되고 최후의 심판과 더불어 '하나님의 나라'가 완성된다고 주장한다. 주체사상은 사회주의·공산주의의 종국적 승리를 믿고 있으며 동시에 이 땅에서 사회주의·공산주의의 지상낙원이 도래할 것을 믿는다. 종말론적 사상은 언젠가 도래할 낙원을 기대하고 종말론적 신앙의 최종적 승리를 내다보면서 현재의 고난을 인내하도록 도와 준다. 기독교가 죄와 사탄의 세력과 투쟁해야 함을 강조하는 것과 마찬가지로 주체사상으로 무장한 북한은 자본주의·제국주의 세력을 사탄으로 규정하고 사탄의 세력을 타도하기 위해 전투적인 자세로 임할 것을 독려하고 있다.

### 종교의식과 행위규범

북한은 기독교의 예배당과 같은 '김일성혁명사상학습실'을 갖추고 그 안에서 모임과 학습 등 예배의식을 행한다. 혁명사상학습실은 "북한 전 지역의 당 및 국가기관, 공장, 기업소, 협동농장들과 교육문화 및 과학기관, 인민군 부대 및 경비대" 등 전 부문에 걸쳐 갖추어져 있고 전국적으로 40만 곳에 이를 것으로 추정되고 있다. 이 곳에서는 학습활동 이외에 각종 선서모임과 충성의 편지전달모임 등의 여러 행사를 진행한다. 이 곳은 일상적이고 세속적인 장소와 구별되는 엄숙하고 성스러운 장소로 김일성과 깊은 관계를 맺고 있다고 믿기 때문에 주체사상의 성소로 간주된다.

기독교 특히 개신교가 주일예배를 비롯하여 수요예배, 새벽기도회, 철야기도회, 토요집회, 금요구역예배, 가정예배 등 일주일 주기의 모임과 집회를 갖는 것처럼 북한에서도 일주일을 단위로 여러 종류의 모임과 학습을 진행한다. 주간 생활총화, 수요강연회, 아침독보회, 월요학습침투를 비롯하여 인민반 학습, 철야작업, 새벽참배 등의 집회를 유지하고 있으며 체계적인 학습을 하고 있다. 그 가운데 토요일에 직장 각 조직단위에서 실시하는 생활총화는 일종의 자기반성적 종교집회라고 할 수 있다.

생활총화[66]는 초급단체 단위로 실시하는 것이 기본이며 일반노동자들의 경우 기업소나 직장의 작업반별로 실시한다. 총화는 주기에 따라 일일총화, 주간총화, 월간총화, 분기총화, 연간총화 등으로 구분된다. 총화시 김일성 부자의 교시와 말씀을 먼저 인용하고 나서 자신의 생활을 비판하는 것은 기독교에서 설교를 하거나 신앙교육을 할 때 먼저 성경을 인용하고 나서 그것을 기준으로 생활세계를 분석하는 방식과 같다. 또한 자아비판은 기독교에서 하나님께 자신의 잘못을 회개하는 기도 행위에 해당하는 것으로 북한 사회의 종교성을 유지하는 골간이며 북한 체제를 다른 사회주의 체제와 구별되게 하는 중요한 요인이다.

기독교인들이 모든 행동지침을 성경에서 찾는 것과 마찬가지로 북한 사회도 주체사상의 경전, 즉 김일성 교시와 김정일 말씀을 갖고 있고 이 교시 말씀에 따라 생각하고 행동한다. 기독교인의 신앙을 유지하는 데 있어서 찬양이 중요한 수단이듯이 북한에도 김일성·김정일 찬양가가 모든 공식 행사에 동원되고 있다. 기독교인들이 일상생활에서 성경말씀을 인용하듯이 북한에서도 생활의 모든 영역에서 김일성·김정일의 교시 말씀을 반드시 인용해야 한다. 종교의식에 필요한 동의·감탄사가 사용되고 있다든가 김일성뱃지를 달고 다니는 행위, 은혜와 사랑, 믿음, 구원, 영생 등 기독교적인 단어를 빈번하게 사용하는 현상들은 주체사상이 종교성을 담고 있음을 보여 준다.

### 공동체의 윤리도덕과 조직체계

종교는 집단구성원들이 공통의 속성과 사회적 유대의식을 공유하는 일종의 공동체로 존재한다. 주체사상은 '지도적 원리'라는 행동원칙을 개발하

66 생활총화에서 자아비판이나 호상비판의 준거가 되는 것이 '유일사상체계확립의 10대원칙'이다. 각각의 원칙은 매우 상세한 7개의 세칙을 가지고 있는데 제6항과 제7항을 보면 다음과 같다. 제6항: 경애하는 수령 김일성 동지의 초상화, 석고상, 동상, 초상휘장, 수령님의 초상화를 모신 출판물, 수령님을 형상화한 미술품, 수령님의 현지교시판, 당의 기본구호들을 정중히 모시고 철저히 보위하여야 한다. 제7항: 경애하는 수령 김일성 동지의 위대한 혁명력사와 투쟁업적이 깃들어 있는 혁명전적지와 혁명사적지, 당의 유일사상의 거점인 '김일성 동지 혁명사적관'과 '김일성 동지 혁명사상연구실'을 정중히 꾸리고 잘 관리하며 철저히 보위하여야 한다. 수령의 교시를 신조화해야 한다는 제4원칙은 제5항에 김일성의 혁명사상을 배우는 학습회, 강연회, 강습 및 집체학습에 빠짐 없이 참가하고 매일 2시간 이상 학습해야 할 것을 규정하고 있다. 또 김일성 교시 집행의무에 관한 제5원칙은 김일성의 교시를 법으로, 지상의 명령으로 여기고 무한한 헌신성과 희생성을 발휘하여 무조건 관철(제1항)해야 한다고 규정하고 있다. 제8원칙의 제1항은 정치적 생명을 위해서는 육체적 생명을 초개와 같이 바칠 줄 알아야 한다라고 규정하고 있다(김병로, 2000, p. 23).

여 공동체의 실천적 규범으로 제시하고 있다. 주체사상이 실천을 강조함에 있어 도덕과 윤리를 중시하는 것은 종교적 성격을 강하게 띠고 있음을 드러내며, 사람의 행위를 선과 악으로 구분하는 것도 주체사상이 기독교와 공유하는 부분[67]이다. 주체사상은 '일하기 좋은 운동', '따라 배우기 운동' 등 각종 생활실천을 요구하고 있는데, 이 실천운동에 대한 강조는 주체사상의 중요한 종교적 특성이라고 할 수 있다.

북한의 집단주의는 '군중노선'이라는 형태로 나타나고 있으며, 사회생활에서는 '공산주의적 미풍'[68]의 발양으로 강조된다. 또 물질에 대한 욕심을 버리고 금욕주의를 강조하는 윤리는 기독교와 유사하다. 주체사상이 윤리적·실천적 측면에 비중을 두고 있는 것도 종교를 도덕공동체로 인식하고 있음을 보여 주는 한 단면이다.[69]

북한의 공동체 생활조직을 통제하는 기관은 당조직지도부와 선전선동부이다. 사제단이 교회공동체가 유지될 수 있도록 사제의 충원과 신자들의 교육, 선교에 대한 문제를 체계적으로 지도하듯이 조직지도부와 선전선동부는 공식·비공식 통제채널을 이용해 주민들의 학습활동을 효과적으로 관리하며 주체사상 교육을 직접 담당한다. 기독교에서 '주일학교' 교육을 중시

67 기독교에서 기독교의 교리(십계명)를 잘 따르면 선이고 그 반대는 악으로 규정하고 있는 것처럼, 북한에서도 수령의 교시나 김정일의 말씀(유일사상체계확립을 위한 10대원칙)을 잘 따르면 선이고 잘 따르지 않으면 악으로 규정하고 있다.

68 북한 사회에서 가장 고상한 윤리도덕은 수령에 대한 충실성을 지니는 것이라고 한다. 수령에 대한 충실성이란 자기 나라 혁명과 건설에 이바지하는 데 필요한 수령의 혁명사상을 지키는 윤리라고 주장한다. "수령에 대한 충실성은 공산주의의 핵"이라고 규정하고 있는 데서도 주체사상의 윤리가 수령론과 연결되어 있음이 나타난다. 따라서 북한 사람들에게 있어서 김일성과 김정일을 반대한다는 것은 커다란 심리적 충격을 동반하게 되며 그러한 사람은 비윤리적이고 비도덕적인 가장 더럽고 추악한 존재로 인식되어 있다. 북한 사람들은 혁명이 어려울 때일수록, 특히 혁명의 대가 바뀔 때마다 음모가·변절자·배신자들이 나타나 수령을 헐뜯고 당에 도전한다고 하면서 충신도 곁에 있고 간신도 곁에 있기 때문에 항상 각성해야 한다고 주민들을 교양한다. 따라서 김정일체제에 도전한 사람은 이미 예견되었던 음모가·배신자·변절자로 인식된다. 김일성과 김정일을 위하여 생명을 바친 사람이야말로 가장 고상하고 가장 보람있는 삶을 산 사람이며 비록 육체적 생명은 죽었으나 수령이 안겨 준 고귀한 정치적 생명은 영원히 남아 영생의 삶을 산다고 믿는다(김병로, 2000, p. 55).

69 북한 당국은 북한 주민을 핵심군중 약 30%와 기본군중 약 40%, 복잡군중 약 30% 등으로 구분하고 차별대우를 해 오고 있는데 수령교를 받아들이고 실천하는 정도는 대체로 주민분류상 비율과 비슷하다고 한다. 북한 체제의 특성상 이중적인 태도를 취할 수밖에 없지만 절대적으로 받아들이고 있는 주민이 25% 정도, 회의하는 주민인 40% 정도, 불신하는 사람이 30% 정도인 것으로 나타난다.

하듯이 북한도 취학 전 교육과 학교교육을 체계적으로 실시함과 동시에 조직별·등급별 성인교육을 진행하고 학습교재를 1년 단위로 새롭게 변경하는 등 체계적인 운영을 하고 있다.

### 주체사상의 기독교적 양식의 촉진배경

북한 사회에 스며들어 있는 기독교적 영향력에 대해 많은 연구자들은 그것이 김일성의 기독교적 가정환경에서 기인하는 것으로 추측하고 있다. 김일성이 독실한 기독교 신앙을 가진 가정에서 태어나 이른바 모태신앙을 가지고 성장했다는 사실은 매우 흥미로운 대목이다. 부모가 모두 독실한 기독교인으로 김일성은 어린시절 어머니를 따라 주일학교에 착실하게 참석했던 사람이다. 중학교 때에는 중국 연변에서 손정도 목사의 보살핌을 받으며 교회생활을 했고 학생 성가대 지휘를 맡을 정도로 교회활동을 활발하게 하였다.[70]

김일성은 아버지가 기독교 학교인 숭실학교 출신이었기 때문에 아버지 주위에 교인들이 많았고 자연히 교인들과 많은 접촉을 가질 수 있었으며, 그러한 가정환경 덕분에 항일운동시절 여러 기독교인들의 도움을 받을 수 있었다고 회고한 바 있다. 김일성은 개인적으로 손정도 목사를 생명의 은인으로 여길 만큼 큰 도움을 받았다고 한다. 손정도 목사는 김형직과 같은 숭실중학 출신으로 3·1운동 직후 중국에 망명하여 상해임시정부에서 의정원 의장, 노공부장 등으로 활동한 인물이다. 그는 김일성이 1929년 가을 육문중학시절 교내시위사건으로 체포되어 8개월간 길림감옥에 수감되었을 당시 김일성의 출옥에 결정적인 도움을 주었으며 그 후에도 김일성의 생계를 전적으로 도왔다.[71]

김일성은 아버지로부터 기독교와 항일독립운동에 대한 영향을 크게 받았고 어머니로부터는 개인적인 관계 이외에 외가쪽의 강돈욱과 강양욱의 신앙적 영향을 받으며 성장했다. 김일성의 어린시절을 감싼 집안의 정서는 기독교와 함께 민족주의가 강했던 것으로 짐작되고 있다. 김일성의 외조부인 강진석은 독립운동가였으며 이러한 집안의 민족주의 정서는 아버지 김

70 김일성은 길림의 손정도 목사 교회에 다니면서 "나는 이 례배당에 자주 찾아가 풍금도 타고 연예선전대의 활동도 지도하였다"고 회고하였다(김일성, 1992, p. 16).

71 김일성(1992), pp. 1~16.

형직의 뜻에 따라 1926년 3월 천도교도인 민족주의자 최동오가 숙장으로 있던 만주 화전현 소재 정의부 소속 화성의숙 입학으로까지 이어졌다. 김일성이 손정도 목사의 도움을 받으며 만주에 거주했던 당시 만주 한인교회는 항일운동의 본거지로 인식되었다. 때문에 김일성은 교회가 배경이 된 항일운동과 민족운동을 비교적 자연스러운 것으로 생각했던 것 같다.

또한 김일성은 아버지 김형직이 조만식과 숭실중학교 선후배 사이였고, 어머니쪽 가족들과 조만식의 친분관계로 인해 해방 직후 권력기반을 닦는 과정에서 기독교 장로인 조만식의 도움을 받을 수 있었다. 또한 목사인 강양욱은 1946년 2월에 결성된 북조선인민위원회 서기장으로 활동했으며 김일성의 초기 정치활동을 도왔다. 김일성의 외삼촌이자 6학년 담임선생이었던 강양욱 목사는 주체사상이 기독교 종교방식을 모방하여 수령교로 발전하는 데 상당한 기여를 했을 것으로 추측된다.

김일성은 자신의 고백처럼 기독교 신앙에 영향을 받지 않았을지 모르지만 기독교에 대한 강렬한 감정은 가지고 있었음에 틀림없다. 김일성이 청년시절부터 술을 마시지 않은 것도 기독교적 가정배경의 영향을 보여 주는 사례가 된다. 한국 기독교 사회운동의 한 특징으로 1920년대와 1930년대 '절제운동'을 전개하여 금연·금주 및 아편사용과 매춘행위를 금하는 운동을 전개했으며 금주·금연에 대한 철저한 실현은 현재까지 한국 개신교의 윤리로 간주되고 있다.

김일성은 해방 이후 정권구축 과정에서 기독교인들의 조직적인 반대에 부딪치면서 강렬한 반기독교적 경험을 갖게 된다. 특히, '주일선거반대운동'과 토지개혁 과정에서 기독교에 대한 부정적인 태도를 갖게 된 것으로 보인다.[72] 1970년대 주체사상의 종교화를 추진한 김정일의 기독교적 경험에 대해서는 거의 알려진 바 없으나 어머니를 일찍 여윈 관계로 친척들의 보살핌을 받으며 자라는 과정에서 기독교적 영향을 크게 받았을 것으로 추측해 볼 수 있다.

김일성은 어린시절에 느꼈던 기독교적 경험을 바탕으로 그가 권좌에 있는 동안 의도적으로 기독교적인 종교의식을 통치수단으로 이용했을 수

72 1946년 3월 토지개혁 당시 종교계의 상당한 반대가 있었던 것 같다. 김일성은 토지개혁을 실시하는 과정에서 기독교인들의 조직적인 반대에 부딪쳤던 것으로 보이며, 토지개혁에 협력하지 않는 기독교인들을 매우 못마땅하게 생각했을 가능성이 크다.

있다. 설령 비의도적이었다 할지라도 김일성과 김정일의 기독교와의 접촉은 북한 사회를 통치하고 조직화하는 데 영향을 주었을 것이다. 따라서 김일성은 그 자신이 종교를 '민중의 아편'이라고 공식 부인했음에도 불구하고 어린시절의 기독교적 경험으로부터 기독교인의 생활양식과 조직원리에 대해 충분히 배울 수 있었고 이를 통치활동에 적용했을 것이라고 추론하기는 어렵지 않다.

그러나 주체사상이 지니고 있는 기독교적 종교양식과의 유사성이 반드시 김일성의 기독교적 배경에만 기인한다고 볼 수는 없다. 유교와 같은 전통종교에 의한 영향과 전쟁과 같은 사회적 변화로부터 기독교의 어떤 부분이 일종의 친화력을 가졌을 수도 있을 것이다. 특히, 북한의 종교국가적 특성은 한국전쟁으로 인해 폐허가 된 사회적 환경 속에서 뿌리를 내릴 수 있었다. 북한 사회가 보이고 있는 높은 종교성은 전쟁의 위기적 상황과 같은 사회적 조건에 의해 촉진되었을 가능성이 높다.

북한 당국은 전쟁경험과 전쟁의 위기의식을 자극하여 권위주의적 군사문화를 지속해 왔다. 항일무장투쟁과 한국전쟁을 거치면서 자연스럽게 형성된 군사문화는 권위주의적인 '수령론'으로 이어졌다. 일사불란한 지도력이 요청되는 군사적 위기상황에서 지도자의 명령에 무조건 복종하는 획일적이고 엄격한 지휘체계가 정착되는 것은 필연적인 현상이며, 최고사령부 결사옹위, 총폭탄 정신 등 수령을 보위하기 위한 전투적·군사적 용어의 사용은 수령에 대한 전적인 복종과 충성을 이끌어 냈다. 북한 사회에서 발견되는 김일성 숭배의식의 배경에는 병영국가적 요소가 깊게 자리잡고 있다.

이러한 군사문화를 배경으로 김일성에 대한 숭배의식이 일상생활과 사회조직에 투쟁적 형태로 자리잡고 있는 것이다. 또한 공산주의 사상과 이론자체가 다른 종교보다 기독교와 유사성이 있다는 점도 주체사상이 기독교적 종교양식을 띠고 있다는 사실을 설명하는 데 도움을 준다. 유년시기에 주일학교에서 성경을 배우고 기독교 사상을 접했던 김일성은 출애굽의 해방과 구원의 역사를 통해 일본 식민통치의 억압으로부터 나라를 해방시켰다는 '해방신화'를 쉽게 만들어 낼 수 있었을 것이다.

북한은 사상교육과 조직생활이 밀접하게 연결되어 있는 하나의 거대한 종교집단이라고 할 수 있다. 기독교의 예배당과 같은 '김일성혁명사상학습실'을 도시와 농촌을 막론하고 전국적으로 독립건물 또는 부속건물로 건설하여 그 곳에서 각종 총화를 거행한다. 북한이 일반 교양학습이나 예술활동을 진행하는 문화회관과는 별도로 매우 성스럽고 엄숙하게 '김일성혁명사상학습실'을 조성하고 김일성 부자와 관련된 학습과 활동을 거행한다는 점은 주체사상이 종교양식을 띠고 있음을 보여 주는 매우 중요한 요소이다.

또한 소년단, 청년동맹, 직맹, 농근맹, 여맹 당원으로 구분하여 일주일 주기로 진행하는 생활총화를 비롯하여 학습생활, 수요강연회, 인민반 회의, 아침독보회의 집회와 모임은 북한 사회 종교성을 유지시켜 주는 종교의식이다. 김일성 교시와 김정일 말씀을 성문화한 경전인 '로작'과 김일성 부자를 칭송하는 찬양가가 갖추어져 있고, 언어의 내용이나 사용패턴, 일상생활 또는 학문활동에서의 교시나 말씀 인용, 종교에의 입문절차 등 행위규범에서도 주체사상은 기독교와 유사한 성향을 띠고 있다.

북한은 이처럼 지속적이고 반복적인 학습을 통해 주체사상을 유사종교로 발전시켜 갔다. 수령인 김일성과 김정일에 대한 우상화·신격화가 점점 더 심화되고 있어 북한 사회의 종교적 색채는 보다 강해지고 있다고 할 수 있다. 북한 주민들은 종교시설과 집회, 모임을 통해 주체사상을 무비판적으로 받아들이고 있을 뿐만 아니라 상황강제에 의해 스스로 복종하기를 원하고 있다. 이런 점에서 주체사상은 단순한 국가의 통치이념이나 사상을 넘어선 유사 종교라고 할 수 있다.

이 절에서는 북한 당국이 주민들로부터 높은 수준의 동의와 협력을 이끌어 내기 위해 취한 이데올로기 통제를 통한 유사 종교집단화가 가져온 사회불평등구조에 대해 살펴보았다. 다음 절에서는 높은 수준의 동의와 협력을 보이지 않고 잠재적인 체제도전세력이 될 수도 있는 주민들에게 가해진 배제·격리정책에서 비롯된 사회불평등구조를 분석한다.

## 4. 1980년대 주민통제체제의 강화에 따른 사회적 불평등

1980년대 북한 사회가 고도의 정치사회적 통합을 이루고 있었던 이면에는 전 사회를 유사 종교집단화한 이데올로기적 통제와 가혹한 주민격리 정책이 있었다. 이 시기는 배제계층에 대한 물리적 통제가 극에 달해 주민들에 대한 차별과 격리가 매우 극단적으로 이루어진 시기였다. 공산주의적 사회통제는 독일의 나치즘 등 전체주의와도 구분되는 철저한 통제를 그 특징으로 한다. 전체주의 사회의 통제는 하나의 정치적 이데올로기가 지향하는 사회를 만들기 위해 개인의 자유, 욕구, 행동, 희망 등 전 생활영역과 가치관, 인생관 등 정신영역까지도 전적으로 희생시키는 철저한 통제를 뜻한다.[73]

전체주의는 다음의 네 가지 공통점을 가지고 있다. 첫째, 부분보다 전체를 앞세우고 중요시한다. 둘째, 인간의 사고방식과 행동양식을 근본적으로 변화시켜 대립과 모순이 없는 사회를 만들 수 있다는 신념을 지니고 있다. 셋째, 사람들로 하여금 바로 그런 사회에 살고 있다는 신념을 심어 주기 위해 집중적이고 지속적으로 세뇌시킨다. 넷째, 이러한 인간개조사업과 더불어 체제가 추구하는 가치에 반하는 자에 대해서는 모든 수단을 총동원하여 무자비하게 제재한다는 점이다.

전체주의 체제는 효율적인 통제를 위해 여러 가지 수단을 동원하는데, 이에 대해 프리드리히(Carl J. Friedrich)와 브레진스키(Zbigniew K. Brezinski)는 다음의 여섯 가지를 들고 있다. 첫째, 관제 이데올로기이다. 이것은 사회성원들이 지켜야 할 생활 전반에 걸친 행동지침으로 위로부터 일방적으로 제시되어 따르도록 강요되고 있다. 둘째, 단일정당의 존재이다. 이 정당은 계급적·과두적으로 조직되며 정부조직과 동일시되거나 우월한 지위를 차지하는 것이 보통이다. 셋째, 폭력적 비밀경찰제도이다. 비밀경찰은 최고권력자를 위해 당을 지원하며 주민들을 감시한다. 넷째, 매스컴의 독점이다. 지배집단은 신문·라디오·영화 등과 같은 모든 유효수단을 그들의 수중에 독점시킨다. 다섯째, 일체의 유효한 무력의 독점이다. 여섯째, 모든 경제의 중앙집권적 통제를 들 수 있다.[74]

사회주의 사회의 통제는 전체주의보다 그 강도가 크고 범위가 넓으며 더 가혹하다. 북한의 사회통제체계는 김일성 유일사상에 입각한 공산주의적 인간형을 만들어 내기 위한 철저한 사상교육과 조선노동당을 중심으로 몇

73 북한연구소(1984), p. 174.
74 Carl J. Friedrich and Zbigniew K. Brezinski(1964), pp. 9~10.

겹의 외곽조직을 통해 주민들을 일상적으로 감시하는 철저한 통제체제를 기반으로 하고 있다.

북한 당국의 강력한 주민통제의 의지는 김일성의 언급에서 잘 나타난다. 김일성은 "우리 나라와 같이 식민지로서 종속상태에 있었던 사회에는 식민지시대의 잔재와 봉건적 소유관계의 분쇄, 기업 국유화 등 1차 단계를 거친 후에도 생산단계의 공산화, 농촌의 기술혁명, 무계급 사회실현, 공산사회 이행 등 더욱 철저한 통제가 필요하다"[75]고 강조했다. 이러한 공산주의 사회에서는 정치, 경제, 예술, 교육은 물론 개인의 가족생활, 의식주문제, 행동규범, 가치관 등 전 생활영역에 걸쳐 정치적 강제력이 깊숙히 침투될 수 밖에 없다.

김정일은 "개인주의적 인생관이 개인의 안일과 향락을 최고의 목적으로 여기는 인생관이라면 집단주의적 인생관은 자기의 운명을 집단의 운명과 결부시키고 집단을 위한 희생과 노력을 통해 참다운 삶의 보람과 행복을 찾는 인생관"[76]이라고 정의하고 있다. 북한은 집단주의를 "개인의 이익보다 사회와 집단의 이익을 더 중요시하며, 당과 수령을 위해, 사회주의 위업의 종국적 승리를 위해 자신의 모든 것을 다 바쳐 투쟁하는 공산주의 사상·도덕의 기본원칙"이라고 말하고 있다.[77] 이러한 점에서 집단주의는 바로 전체주의적 특징을 갖게 된다.

개인보다 집단을 중시하는 태도는 그것이 정책으로 구현될 때 보다 강력하게 표출되기 마련이며, 개인의 기본권적 자유는 개인주의를 전제로 할 때 성취될 수 있다. 북한 체제에서 개인주의는 이기주의로 취급되어 비판대상이 되고 있으며 기본권 향유의지 자체를 범죄시하고 있다. 북한에서는 포섭대상 주민에게는 생활상의 많은 특전이 주어지고 있는 반면, 격리된 주민들에게는 엄청난 차별이 행해져 사회불평등의 차원이 아닌 생존의 한계선상에서 생활하고 있다.

---

75 김병식(1970), pp. 147~158.

76 김정일(1988), p. 97.

77 김정일(1988), p. 97.

### 4.1. 북한의 주민통제구조

북한은 수령-당-대중은 하나의 생명을 가진 통일체라는 '사회정치적 생명체론'에 입각해 인민대중은 수령의 지시를 무조건적으로 따라야 한다고 강조한다. 이를 위해 중앙당 집중지도사업(1958~1960년), 주민재등록사업(1966~1967년) 등을 통해 주민성분조사사업을 실시해 전 주민을 3계층 51개 부류로 나누고 차별화된 계급정책을 실시하고 있으며 당의 조직적 지도사업, 감시계통의 조직화, 김부자 가계 우상화, 사상 교양을 통해 전 사회의 동원체제화와 주체사상화를 완비했다.

북한은 주체사상과 당의 유일사상체계가 사회가치를 지배하고, 주민생활의 전 영역을 규제하며 모든 주민을 각종 단체에 의무적으로 가입하도록 하여 감시·통제하는 등 전 주민이 각종 조직에 예속된 집체화된 사회라고 할 수 있다. 또한 주민들의 생존권 자체가 당의 의도대로 행동해야만 유지될 수 있도록 식량배급, 거주이전, 직업선택 등 모든 생활영역을 국가가 장악·통제하고 국가안전보위부, 인민보안성, 인민반, 법무생활지도위원회 등 통제기구를 통해 주민들의 생활을 2중3중으로 감시해 오고 있다.[78]

#### 주민성분분류를 통한 포용과 배제의 일상화·세습화

북한 체제를 가장 특징적으로 나타내 주는 것이 주민성분분류다. 북한 당국은 정권수립 이후 수차에 걸쳐 주민들의 성분을 조사해 왔다. 가장 대표적인 성분분류가 3계층 51부류의 성분분류로 1967년부터 1970년까지 3년에 걸쳐 완성되었다. 이 주민재등록사업에는 직계가족 3대와 처가·외가 6촌까지를 내사했다. 이렇게 해서 전체 인구를 28%의 핵심계층, 45%의 기본계층, 27%의 적대계층으로 나누고 이를 다시 51개 성분으로 세분화했다. 이는 봉건시대 신분제에서도 찾아보기 어려운 엄격한 차별제도라고 할 수 있다.

1994년까지 북한 주민의 성분분류는 1970년에 완성된 '3계층 51개 부류'를 기본으로 하고 있었지만, 주민성분조사사업을 단계적으로 실시하면서 폐지 또는 추가되는 부류가 많았기 때문에 성분분류 세목을 정확히 파악하

[78] 김정일(1988), p. 85.

표 4-3 당의 기층조직과 당적 통제조직

| 구 분 | 조 직 | 근 거 |
|---|---|---|
| 당세포 | 일반적인 경우: 5~30명까지의 단위<br>특수한 경우: ① 3~4명 또는 30명 이상의 단위<br>② 3명 미만의 단위(당소조직) | 당규약 42조 1항 (1980. 10. 13) |
| 초급당조직 | 31명 이상이 있는 단위 | 당규약 42조 2항 |
| 부문(마을) 당조직 | 초급 당조직과 당세포 사이에 당원 31명 이상이 있는 생산단위나 기타 활동단위에 조직 | 당규약 42조 3항 |
| 분초급 당위원회 | 초급당, 부문당 또는 당세포의 조직형성만으로는 당기층 조직 구성이 부적당한 경우에 초급당조직과 부문당조직 사이에 있는 생산단위나 기타 활동단위에 조직 | 당규약 42조 4항 |

자료: 『북한총람 1983-1993』(1994), p. 232.

는 것은 쉽지 않다. 실제로 성분정책의 경직성 내지 불합리성 때문에 주민들 사이에서 불만의 목소리가 높아져 왔고, 1970년대부터 김일성을 비롯한 북한 지도부는 융통성 있는 성분정책의 적용을 강조해 왔다.

이 성분분류제는 교육과 취업, 의료를 비롯해 국가로부터 받는 의식주 등 국가배급체계가 이로부터 결정된다는 점에서 매우 중요하다. 사회주의 체제에서는 개인생활의 전 부분을 국가가 결정하기 때문에 그것을 좌우하는 성분분류는 신분제 이상이다. 주민성분에 기반을 둔 차별적인 계급정책은 북한 사회를 지탱하는 가장 핵심적인 사회통제정책이 되고 있다. 특히, 북한의 계층구조가 이데올로기적 지향과 역사적 배경에 의해 인위적으로 형성·발전되어 왔다는 점을 감안할 때 앞으로도 계급정책을 근본적으로 수정하기는 힘들 것으로 보인다.

북한의 계층구조와 계층이동은 다음과 같은 특징이 있다. 첫째, 북한의 계층은 출신성분과 당성에 의해 인위적으로 구조화되었다. 보통 자본주의 사회의 계층은 소득·직업·교육수준 등 객관적인 요소에 의해 측정되지만, 북한의 경우 소득·직업·교육수준 등에서의 불평등은 인위적인 계층구조의 결과일 따름이다. 즉, 상위계층일수록 고등교육과 특수교육 등 교육기회가 많이 부여된다. 또한 상위계층일수록 지위가 높은 직업을 배정받으며 소득수준도 높다.

둘째, 북한의 계층구조는 귀속지위(ascribed status)에 근거한 폐쇄체계이기 때문에 사회적 이동기회가 극히 제한되어 있다. 핵심계층에 속하는 주민은 사상범이나 중죄를 저지르지 않는 한 지위를 유지할 뿐만 아니라 그 지위는 후손에게도 이전된다. 반면, 출신성분이 나쁘면 개인적인 능력에 관계없이 상위계층으로의 진입이 허용되지 않는다.

셋째, 북한의 계층구조는 사회주의 체제를 형성·유지·강화하고 동원체제를 확립하기 위한 목적으로 이루어졌다.[79]

### 당을 통한 통제

북한에서 모든 사회조직은 당(黨)을 정점으로 구조화되어 있으며, 이들 조직의 모든 활동은 당의 노선과 명령에 따라 이루어진다. 피라미드형으로 조직된 당은 '당의 조직원칙'[80]과 '군중노선'에 의해 상부조직이 하부조직을 감시·통제함은 물론, 당원들 상호간 또는 주민들에 대한 감시와 통제의 역할을 담당한다.

북한의 노동당은 헌법상 최고권력기관이며 북한 사회의 전 분야를 조직하는 중추기관이다. 따라서 모든 기관에는 당조직이 편성되어 있고 당의 명령에 따라 일사불란하게 움직여 나간다. 당은 당원들에게 행정기관과 일반주민생활에서 나타나는 문제점에 대해 당조직에 보고할 의무를 부과함으로써 주민들의 생활을 통제한다. 당조직의 정점은 노동당 중앙위원회 조직지도부가 되며, 조직지도부는 당조직을 통해 전체 사회를 통제해 나간다. 1980년대 이후 북한 사회의 핵심조직이 된 3대혁명소조의 경우도 작업장과 같은 직장생활 속에서 주민들을 통제하는 조직이라고 할 수 있다.[81]

북한 노동당은 군과의 관계에서도 우위에 있다. 당규약 제7장에 "조선인민군은 항일무장투쟁의 영광스러운 혁명전통을 계승한 조선로동당의 혁명적 무장력"임을 명시하고 있으며, 조선인민군 당위원회는 조선로동당 중앙위원회에 직속되어 정기적으로 보고하도록 되어 있다. 한 마디로 북한의 군은 당의 군대 이당영군(以黨領軍)인 것이다. 군은 당의 통치기구로 기능하

79 통일교육원(1999), pp. 336~338.

80 조선로동당의 조직원칙은, 첫째 당원은 조직에 복종하는 '조직우위의 원칙', 둘째 소수는 다수에 복종하는 '다수지배의 원칙', 셋째 하급당조직은 상급당조직에 복종하는 '상급당조직 우위의 원칙', 넷째 당조직은 중앙위원회에 복종하는 '중앙지배의 원칙' 등을 주요 내용으로 한다.

81 이우영(1999), p. 11.

기 때문에 당의 감시와 정치적 통제를 받지 않을 수 없다. 관료기구 또한 당정책을 집행하는 도구인 동시에 국유화된 모든 생산시설을 관리하는 방대한 역할을 수행하기 때문에 당으로부터 철저한 감시와 통제를 받는다.

북한 노동당조직은 철저한 중앙집권제의 원칙에 입각하여 중앙당조직-도(직할시)당조직-시(구역)군당조직-초급 리당조직으로 구성되어 있으며, 초급 리당조직 밑에 분초급당위원회와 부문당위원회, 당세포가 있다. 이는 공장, 기업소, 협동농장, 각급 기관단체에 당원 5명에서 30명까지의 단위에 조직할 수 있다. 그리고 당세포조직은 책임자 겸 집행기관의 기능을 수행하는 당세포 비서를 두는데, 이 비서는 월 1회 이상 소집되는 당세포 총회에서 선출되고 임기는 1년이다. 그는 주로 당원들의 당생활을 파악하고 교양하며 사상투쟁을 강화하는 것 등을 활동목표로 삼고 있다. 북한에서 당은 힘을 갖는 모든 조직을 통제하면서 전 주민을 관리해 나가고 있다.

### 인민반을 통한 통제

북한에서는 주민들의 사생활을 감시하는 각종 행정조직들이 계통적·중첩적으로 구성되어 있는데 그 가운데 대표적인 것이 인민반이다. 인민반은 동·리·읍 노동자구 인민위원회의 통제하에 주민들의 생활지도와 사상동향 파악 및 외부출입자 감시, 학습지도, 반원의 동원, 관혼상제의 주관 및 지원 등의 임무를 수행하고 있는 최말단 조직이다.

각 인민반에는 반장, 세대주반장, 위생반장, 선동원, 비밀정보원이 있다. 반장은 소속 주민들의 추천형식을 거쳐 군·시(구역) 인민위원회에서 지명하는데, 대부분 직장에 나가지 않는 여성당원이나 간부 노인들이 맡는다. 세대주반장은 인민위원회가 아닌 노동당에서 지명된다. 인민반에서는 월 2회 생활총화를 갖고 양육문제, 노력동원, 청소동원, 공공질서 유지, 사건사고 전파 등 각종 문제를 토론하고 자아비판도 하고 있다. 이들 인민반에는 반드시 정치보위부와 인민보안성이 지정한 감시원이 있으며, 이들은 반내 방문자에 대한 조사보고, 특히 반내 불순계층 주민들의 동태와 접촉자에 대한 행적을 내사하는 것을 주된 임무로 삼고 있다.

북한은 1994년 초 인민반조직을 기존 20~30세대에서 20~40세대로 확대·개편했는데, 이는 대단위 아파트의 건립 등에 따른 인구의 밀집화로 인해 조직의 확대필요성이 대두된 데다 반장을 소수 정예화하는 한편, 일부

유급반장에게 지급되는 노임을 절약하기 위한 것이었다. 김일성 사망 후에는 인민반장의 권한을 강화했는데 이는 내부통제의 필요성이 증대되었다는 것을 반증한다.

### 사회주의 법무생활지도위원회

법무생활지도위원회는 주민들이 법규범을 준수하도록 법무생활을 지도·감독하는 준사법기관으로서 협의체 형식으로 운영된다. 1977년 12월 최고인민회의 제6기 1차회의에서 김일성의 연설을 통해 이 위원회의 설치 사실이 처음 밝혀졌다. 이 위원회는 사법기관 및 사찰기관과 달리 국가검열위원회와 함께 중앙인민위원회에 속해 있으며, 주민생활에 대한 법적 통제와 함께 준법교양 등의 임무를 병행해 오고 있다. 각 지역별로 해당 당책임비서 겸 인민위원회 위원장, 사회안전부장, 인민위원회 법무담당 부위원장 등 각 지역의 관련 지도간부 5~6명으로 구성된다.

이 위원회에는 해당 지역에서 발생하는 각종 경제 및 사회사범에 대한 징계와 처벌방침 결정, 각종 규정 및 법률을 집행하는 과정에서 해석의 차이로 야기되는 각 기관 간의 분규 및 오류사항 등에 관한 유권해석의 권한과 임무가 주어진다. 북한에서 사회주의 법무생활은 당과 국가의 지도하에 법과 질서를 올바르게 지키고, 질서정연하게 생활하게 하는 것이다. 북한이 당과 국가안전보위부, 인민보안성 및 기존의 사법기관 등 상설기구를 통한 주민 통제체제가 짜여 있음에도 불구하고 이 같은 비상설기구를 별도로 만든 것은 몇 겹의 억압적 통제장치로 조직적 통제를 강화하기 위한 것으로 평가된다.[82]

### 사법제도

북한의 사법제도는 헌법구조상 독립적으로 운영되며, 소송절차는 법이 정하는 바에 따라 엄격히 진행되는 것으로 명시되어 있다. 그러나 북한 사법제도의 가장 큰 특징은 체제 반대세력을 통제하는 데 있다. 1987년 개정된 형법을 통해 사회주의 제도를 부정하는 '계급적 원수'들에 대해서는 무자비한 탄압을 실시하고, 김일성 부자의 권위와 위신을 훼손하는 행위에 대

82 김재기(1999), pp. 89~90.

해서는 사소한 요소라도 가장 단호한 징벌을 가해야 한다고 강조하고 있다. 뿐만 아니라 "형법의 해석 및 적용시 계급적 입장이 철저히 지켜져야 하며 당의 지도를 받아야 한다"고 주장한다. 따라서 범죄자와 피의자의 인권보호는 경시될 수밖에 없다.

북한 형법의 특징을 정리하면 다음과 같다. 첫째, 북한 형법은 유추해석을 인정하여 근대형법의 대원칙인 죄형법정주의를 무시하고 있다. 즉, "범죄를 저지른 경우 형사법에 그와 동일한 행위를 규정한 조항이 없을 때에는 그 법 가운데에서 가장 비슷한 행위를 규정한 조항에 따라 형사책임을 지운다"라고 규정하여(형법 제10조), 유추해석을 허용함으로써 필요에 따라 주민들을 언제든지 범죄인으로 규정·처벌할 수 있도록 하고 있다.

둘째, 북한 형법에는 공소시효에 대한 명문규정이 없고 소급을 인정하여 형벌불소급의 원칙을 부인하고 있다. "반국가범죄와 고의적 살인죄에 대해서는 기간에 관계 없이 형사책임을 추궁할 수 있다"고 규정하여(형법 제42조) 범인은 죽는 날까지 형사소추를 받을 수 있도록 하고 있다.

셋째, 예비·미수범도 기수범과 동일하게 처벌되며 방조범도 정범과 동일하게 처벌된다. "범죄의 준비와 미수에 대해서는 기수범과 같은 조항을 적용한다"고 규정되어 있고(형법 제15조), 부추긴 자와 방조한 자는 실행자에게 적용하는 조항에 따라 처벌한다"고 규정되어(형법 제18조) 범죄의 실행 여부와 관계 없이 처벌받도록 되어 있다.

넷째, 김일성 부자를 비방하는 행위는 제44~55조까지의 조항에 따라 무조건 반국가적 범죄로 규정되어 사형이나 전 재산몰수형에 처해진다.

다섯째, 은닉범·불신고범·방임범의 처벌규정을 두고 있고(형법 제54, 55조), 반국가범죄의 경우 이를 예외 없이 적용하고 있다. 이는 일종의 연좌제를 제도화한 것이다.

북한의 변호사는 변호사회의 지도를 받는 사법부 직원이라 할 수 있다. 바로 이 점이 북한 변호사제도의 한계를 잘 드러내 준다. 북한의 변호사는 죄인의 권익을 변론하기보다는 국가나 당정책을 옹호하고 관철하는 것을 그 임무로 하고 있다. 북한은 변호사들이 변호사회의 업무배분에 따라 주민의 상담에 응하고 법령의 정확한 해석과 집행에 관한 업무를 수행한다고 선전하고 있으나, 실제로는 변호사들이 당과 정부의 정책을 주민들에게 교육하고 선전하는 일종의 정치사업을 하고 있다.

북한에서는 노동당과 인민정권에 반대하는 이른바 반국가범죄에 대해서는 국가보위기관의 예심원이 예심을 하도록 하고(형사소송법 제74조), 도·직할시 재판소를 제1심 관할로 정하여(형사소송법 제181조) 일반형사범과 구분해 처리하도록 하고 있다. 이에 따라 인민보안성이나 검찰기관 등 다른 수사기관이 간첩이나 반당·반체제행위자 등 반국가범죄자를 검거했을 때에는 국가안전보위부로 그 사건을 이관하도록 되어 있다. 이처럼 정치적 사건의 경우 국가안전보위부가 검찰기관과 재판기관의 관여 없이 단독으로 처리할 수 있도록 하고 있다.

북한의 재판기관은 다른 국가기관의 사업지도에 의해 통제됨으로써 독립성이 인정되지 않으며, 그만큼 인권침해의 소지도 높다고 할 수 있다. 특히, 북한은 재판절차와 관련하여 법률적 소양이 없는 비전문가가 참여하는 인민참심원제를 채택하고 있다. 이 인민참심원제는 형식상 영·미의 배심원제도를 도입·운영하는 것처럼 보이지만 실제로는 노동당의 사법적 통제를 위한 제도로 활용되고 있다. 따라서 객관적이고 공정한 재판을 확보하기 위한 것이라기보다는 피고인의 잘못을 일방적으로 인정하게 하는 기능을 하고 있는 것이 현실이다. 이는 "재판심리에 노동자·농민의 대표가 참가한 때에는 그가 먼저 피소자의 죄행을 폭로 규탄하게 한다"고 인민참심원의 역할을 규정한 데서도 분명하게 드러나고 있다.[83]

실제로 북한에서는 적법한 절차와 공정한 재판을 거치지 않고 정치범과 경제사범을 처벌하는 사례가 흔히 있는 것으로 알려지고 있다. 새터민 김운학은 그의 친구였던 김덕철이 1988년 2월 말경 중앙당 신소과에 "공화국 경제정책이 현 실정에 맞지 않으며 경제발전을 하려면 개인기업으로 바꾸는 정책을 실시해야 한다"고 비밀투서를 했는데, 이로 인해 그는 검거되어 행방불명되었으며 그의 조모·삼촌·가족 등 일가족은 통제구역으로 추방되었다고 증언했다. 새터민 이영심(1998.6 입국)은 "신소는 헌법에 명기되어 자신의 억울함을 밝히는 제도이지만, 군·시·도를 거쳐 중앙에 보고하는 과정에서 간부들이 자신이 화를 당할 것 같으면 무시하며, 신소한 자에 대해서는 억울한 사정을 들어 주는 척 하다가 종국에는 유일사상체계에 저촉된다고 하여 처벌하고 있다"고 증언하고 있다.[84]

[83] 이우영(1999), pp. 13~14.

### 인민보안성

인민보안성은 북한의 경찰조직으로 1945년 해방 당시 내무성 산하 1개 국의 형태로 출발, 사회안전성으로 독립했다가 1972년 12월 새로운 헌법채택과 함께 사회안전부로 개명했다. 이후 1982년 4월 당비서국 산하로 개편되었다가 1986년 12월 최고인민회의 제8기 1차회의에서 다시 정무원 산하로 환원되었다. 1998년 9월 개정헌법에서 사회안전성으로 개칭되었으나, 2000년 심화조사건 이후 명칭이 인민보안성으로 다시 바뀌어 현재에 이르고 있다. 인민보안성에서는 주요 사건 발생시 해당 시·군안전부에서 '수사그루빠'를 조직한다. 구성요원은 감찰지도원, 수사지도원, 호안과 지도원 등이다. 즉, 각 부서에서 전문요원을 선발하여 통합·운영되는 합동수사본부격이다. 수사그루빠가 조직되는 경우는 살인, 은행습격, 주요 대상물 방화, 시·군안전부 부부장급 이상 간부의 테러, 수감중 탈주사건 등이다.

인민보안성은 전국 시·군안전부에서 담당지역 내 주민들의 '공민등록문건'을 유지하는 한편, 이와 별도로 산하 8국에서는 전체 주민에 대한 개인별 '공민등록문건'을 관리하도록 하고 있다. 이 중 인민보안성 8국에서 관리하는 문건은 남한 및 해외거주 북한 출신자를 포함해 주민의 해방 전 경력은 물론 북한 정권 출범 후 신상 변동사항을 상세히 기록한 문건으로서 성명 및 생년월일만 있으면 찾아볼 수 있도록 하고 있다.

### 국가안전보위부

국가안전보위부는 북한 내 최고 정보수사기관으로서 각 도·시·군의 행정단위는 물론 최말단 행정단위인 리까지 직원을 상주시키고 있다. 특히, 김정일이 국방위원장 추대(1993. 4. 9)를 계기로 "국가보위부는 과거 비적과 싸우던 시기가 아닌 현대 정보전에 맞게 운영되어야 한다"고 지시함에 따라 조직을 전시체제로 편성하고 명칭도 국가보위부에서 국가안전보위부로 개칭하는 한편, 김정일이 관장하는 국방위원회 산하에 두도록 했다. 국가안전보위부는 일반사법기관들인 인민보안성, 검찰소, 재판소 등은 물론 당·정기관보다 초법적인 권력을 가지고 오직 김정일 지시에 따른 상급보위부 지휘

84 새터민 이영심 증언, 통일연구원 면담(1998. 9. 9). 이우영(1999), p. 33에서 재인용.

에만 복종하는 종적인 관계를 형성하고 무소불위의 권한을 행사하고 있다.

### 여행제한을 통한 통제

북한은 거주이전 및 여행의 자유가 없다. 북한 전역의 45%가 여행제한 구역이다. 누구든 여행을 하려면 인민보안성에서 발행하는 증명서를 소지해야 한다. 증명서 발급은 공무 이외에는 엄격히 제한되기 때문에 다른 지역을 여행하기가 쉽지 않다. 더구나 '도착출발신고제' 등 절차가 복잡하기 때문에 여행이 어려운 실정이다.

북한에서 통행증은 해당 거주지역에서 40km 이상 지역으로 이동시 소지해야 한다. 특히, 다른 도·시·군으로 이동시 반드시 소지해야 한다. 발급 및 사용절차는 먼저 여행하고자 하는 사람이 소속기관·기업소에 신청서를 제출해야 하며 신청 후 직장책임자, 또는 동사무소 사무장과 분주소 안전원의 결재를 받고 거주지역 해당 인민보안성에 넘긴다. 인민보안성에서는 여행지역 안전부와 확인 및 협조를 통해 증명서를 발급하게 된다. 최근에는 주민들이 식량을 구하기 위해 여행증을 소지하지 않은 채 이동하는 사례가 급증하여 사회문제로 대두되고 있다. 이에 1993년 7월부터 기존 여행제도와는 별도로 식량구입 목적의 '조(組)여행증' 제도를 수시로 도입하여 시행하고 있다. 이 제도는 각 직장별로 지역당 1개조로 편성, 1매의 여행증명서를 발급해 주어 출발 및 귀환시 단체행동을 하도록 하는 것이다.

### 직장배치를 통한 통제

북한 주민의 직장배치는 중앙의 인력수급계획에 의해 집행되고 부문별 수요계획에 의해 할당 배치된다. 북한 인사행정의 가장 큰 특징은 가족단위의 정치적 신임도를 기준으로 직장이 알선·배치된다는 것이다. 이 경우 오직 중앙의 인력수급계획에 의해 직장배치가 이루어지기 때문에 본인의 희망·소질·능력은 부차적인 것이고 직장의 자의적인 이동 역시 엄격하게 통제되고 있다.

북한의 직장배치 대상자를 크게 보면 고등중학교 졸업생, 대학졸업생, 군제대자 등 3분류로 나눌 수 있다. 고등중학교 졸업예정자의 경우 다음의 단계를 밟게 된다. 우선 거주지 시·군인민위원회 노동과에서 이력서, 신원진술서, 취직희망서, 신원보증서 등 서류를 작성한 다음 학교에 제출한다.

학교장은 이에 대한 평정서를 작성해 학교 정치담당 부교장에게 넘긴다. 이후 정치담당 부교장이 이것을 졸업 3개월 전쯤 시·군인민위원회 노동과에 제출하게 되면, 노동과에서 산업현장의 인력수급 상황에 따라 직장을 배치하게 된다.

고등중학교 졸업생의 경우 대학이나 군에 가지 못한 관계로 성분이나 당성, 학력이 없는 것으로 분류되어 최말단 노동자나 농장원으로 배치된다. 전문학교 졸업자는 각도 및 직할시의 노동처로부터, 대학졸업자는 중앙당 간부과로부터 직장을 배치받는다. 군제대자는 출신지역 시·군행정경제위원회 노동과로부터 배치받는다. 일부는 대학진학이나 당지도원, 사무원으로 배치되나 대부분 공장, 탄광 등지로 배치된다.[85]

이처럼 북한에서는 정권기관의 노동력 수급계획에 따라 모든 취업예정자를 일정한 직업에 배치하기 때문에 외형적으로 취업기회는 완전히 보장되어 있지만, 실제로 직업·직장 선택시 개인의 능력, 성향, 의사 등이 거의 반영되지 못하고 있다. 직장배치시 부모 및 가족의 성분이 연좌제로 작용하고 이 성분구조는 대물림된다는 점에서 직장배치시 빚어지는 불평등이 북한의 사회불평등구조를 공고화하고 심화시켜 가는 데 있어 가장 큰 요소라는 것을 알 수 있다.

### 4.2. 특별독재대상구역의 설치·운영·강화

사회주의권 국가들이 체제저항세력을 제압하고 다수 주민들에게 본보기를 제시하기 위해 취해 온 극단적인 사회통제정책이 공개처형과 강제수용소의 설치·운영이었다. 북한은 김일성체제에 저항하는 정치범들을 반혁명분자로 몰아 처형하거나 산간오지로 추방해 오다가 1966년 4월부터는 수용소를 만들어 집단수용하고 있다. 북한 당국은 세습체제를 보다 확고히 하기 위해 특별독재대상구역이라는 정치사상범수용소를 설치하고 관리해 왔는데, 1990년까지 15만 2,000명의 사상범이 12개 수용소에 분산 수용되어 있었던 것으로 밝혀지고 있다.

특별독재대상구역에 수용된 사람은 적대계층 가운데 반김일성주의·반

[85] 내외통신사(1995), pp. 263~264.

당·종파분자, 지주, 친일파, 반혁명적인 종교인과 그 가족들이다. 특히, 수용인원의 상당수는 당간부로 있다가 밀려난 자의 가족들이다. 1970년대 초부터 김일성 부자세습체제 구축과정에서 희생된 정치범들이 급증하여 수용인원의 대종을 이루고 있으며, 3대혁명소조에 의해 반당·관료주의자로 지탄을 받고 국가안전보위부나 법무생활지도위원회의 판정으로 숙청된 당원과 그 가족들도 많이 있다. 일본에서 간 북송교포 가운데 북한 체제를 비판하고 자유세계를 동경한 자들도 반혁명분자로 몰려 상당수 수용되어 있는 실정이다.[86]

북한에서 공개처형은 과거에도 가끔 실시되었으나 1990년대 초반 이후 식량난이 악화되고 사회주의 이념이 약화됨에 따라 주민통제 차원에서 빈번하게 실시되고 있다. 공개처형은 공개재판과 잇달아 이루어지고 있으며 그 대상은 일정하지 않은 것으로 알려지고 있다.[87]

북한에서 물리적 억압기구로 중요한 기능을 하는 것이 '통제구역'으로 알려져 있는 정치범수용소이다. 북한 당국은 정치범수용소를 대외적으로 위장하기 위해 '○○호 관리소'라는 명칭으로 부르고 있으나,[88] 북한 주민들은 대체로 '특별독재대상구역', '정치범집단수용소', '유배소', '종파굴', '이주구역' 등으로 부르고 있다.[89]

초창기에는 수용소 면적이 한국의 면단위에 해당하는 1개 리 정도에 그쳤으나 1973년 김정일 후계체계 구축을 위한 3대혁명소조 활동이 시작되면서 수용소와 수용인원이 기하급수적으로 늘어났다. 이어 1980년 노동당 6차 당대회를 통해 김정일이 당권을 장악한 이후 세습체제를 반대한 당·정·

86 육군사관학교(1999), p. 195.

87 청진에서는 1년에 한 번쯤 공개재판을 합니다. 수성천 뚝에다 공개재판장소를 해 놓고, 버스정류소나 역전 같은 데 '죄인의 이름과 어느 날 어디서'라고 공시해 놓으면 사람들이 재판하는 걸 보러 갑니다. 저도 어느 해인가 호기심에선지 한 번 갔는데 사람 죽이는 것 보고 너무 끔찍해서 그 다음부터는 안 갔습니다. 제가 본 것은 무슨 절도, 강간, 살인죄로 다섯 명을 재판했는데 둘 죽이고, 둘은 10년, 15년인가 징역먹이고, 한 사람은 그 자리에서 죄는 좀 있지만 고칠 수 있겠다 해서 무죄 석방했습니다(새터민 김만철의 증언, 『월간조선』 편집부, 1991, p. 82).

88 1972년 국가안전보위부가 만들어지면서 지금과 같은 특별독재대상구역 내 수용소가 정식 체제와 조직을 갖추어 운영되기 시작했다. 서류상으로 불리는 명칭은 함경남도 요덕수용소의 경우 '15호 관리소' 또는 '조선인민경비대 제125군부대'이다. 후자의 명칭은 국가안전보위부가 통상 '군부대'라고 불리는 데 따른 것이다.

89 오일환 외(2000), p. 41.

군 간부들을 숙청하는 과정에서 특별독재대상구역이 최소 4개 이상 더 늘어나고, 1982년에는 8개 정치범수용소에 약 10만 명이 넘는 인원이 사회와 격리된 채 종신 강제노역에 시달리게 되었다.

그 이후 1980년대 말 동유럽 붕괴로 인한 개혁바람이 북한으로 밀려들어오는 것을 차단하기 위해 내부통제를 더욱 강화하면서 특별독재대상구역은 더 늘어났으며 수용인원도 20여만 명에 달하게 되었다.

새터민들의 증언에 따르면 정치범수용소는 두 부류가 있는데 하나는 '완전통제구역'이고, 다른 하나는 '혁명화 구역'이다. 완전통제구역은 종신수용소로서 여기에 한 번 수용되면 다시는 일반사회로 돌아갈 수 없다. 수용자는 광산, 벌목장 등에서 강제노동에 시달리다 결국은 수용소 내에서 죽게 된다. 혁명화 구역은 '가족구역'과 '독신자구역'으로 구분되는데 여기에 수감되는 정치사상범은 일정기간(1~10년) 경과 후 심사결과에 따라 출소가 가능하다. 출소시에는 수용소 내의 생활상을 일체 누설하지 않겠다는 서약서를 쓰고 나오는데 이를 위반하면 재수감된다.[90]

#### 수용대상자의 선정 및 수용절차

북한은 정치사상범의 개념과 범위에 관해 '반혁명분자', '불건전한 사상을 가진 자', '적대분자' 등으로 애매하게 표현하여 정치적으로 숙청할 필요가 있는 사람들에 대해서는 언제든지 죄목을 씌워 제거할 수 있도록 해 놓았다.

북한 당국은 김일성체제에 도전하는 모든 정적들이나 사회주의 건설에 비협조적인 자들을 정치사상범으로 몰아 처형하거나 정치범수용소에 수용하여 강제노역시키는 것을 정당화하고 있다. 대체로 정치사상범에 대해서는 사법기관인 검찰소나 재판소에서 심문하지 않고 국가안전보위부에서 비공개, 단심제로 형벌을 결정한다. 처벌대상은 본인에게만 국한되지 않고 가족도 함께 처벌하며 경우에 따라서는 친인척까지도 연계해서 처벌하는 연좌제가 적용된다.[91]

한편, 현행 형법상 규정된 정치범 해당죄는 죄질에 따라 '국가전복음모죄', '반동선동선전죄', '조국반역죄' 등으로 구분되고 있다. 국가전복음모죄

[90] 오일환 외(2000), pp. 83~84.
[91] 옥태환 외(1996), p. 163.

표 4-4 북한의 주민 격리수용시설

| 구 분 | 설치지역 | 수용대상 | 비 고 |
|---|---|---|---|
| 특별독재대상구역<br>※ 일명 정치범수용소 | 10개 지역(확인)<br>청진시, 회령군, 화성군, 요덕군, 단천군, 덕성군, 개천군, 북창군, 천마군, 동신군 소재 | · 반당 종파분자, 종교인<br>· 반혁명분자, 악질지주<br>· 김정일 후계체계 반대자 및 그 가족 | · 국가안전보위부 관리<br>· 20여만 명 수용 |
| 교화소 | 시·도별 1~2개<br>(17개 소 확인) | · 재판에서 징역형 이상을 받은 자 | · 사회안전성 관리<br>· 정치범은 별도 수용 |
| 노동교양소 | 시·도별 2~3개 | · 재판에서 교화노동형을 받은 자<br>· 출당, 사회질서 위반 등 특별 교양대상자 | · 성인 노동교양소와 소년 노동교양소 구분 |
| 10호 위반자 집결소<br>※ 10호는 여행질서를 지칭 | 각 시·도 및 국경지역 설치 | · 부랑 및 무단여행<br>· 부랑행위 및 월경시도자 | · 죄의 경중에 따라 교화 소송치 및 노동교양 부과 |
| 40호 보양소 | 2~3개 시·군마다 1개 | · 가벼운 정치사상범과 종교인 등을 정신질환자로 취급해 수용 | |

자료: 통일원(1995), p. 284.

는 공화국을 전복하려는 음모에 가담했거나 폭동에 참가한 자(형법 제44조)에 해당되며, 주로 반당 및 반김일성·김정일 분자들이 이 죄목에 해당되어 처형되거나 정치범수용소로 유배된다. 반동선동선전죄는 공화국을 전복·문란·약화시키거나 그 밖의 반국가적인 범죄행위를 저지르도록 선전선동한 자(형법 제46조)를 징계하기 위한 법으로서 이는 주로 내부 동요의 원인이 되는 해외정보 유입을 차단하기 위해 제정되었다. 특히, 동유럽 및 구소련 붕괴 이후 내부 단속을 위하여 해외유학생이나 해외근무자, 출장자 중 해외 실정을 주위에 유포한 자들을 처벌하는 데 주로 적용되고 있는 것으로 알려지고 있다.

조국반역죄는 조국과 인민을 배반하고 다른 나라 또는 적의 편으로 도망치거나 적을 도와 주는 일과 같은 조국반역행위를 한 경우(형법 제47조)를 처벌하기 위해 마련된 죄목인데, 최근 극심한 경제난과 식량난으로 새터민이 크게 늘어남에 따라 이 죄목으로 처형되거나 또는 정치범수용소에 수용

그림 4-1 특별독재대상구역 관리현황

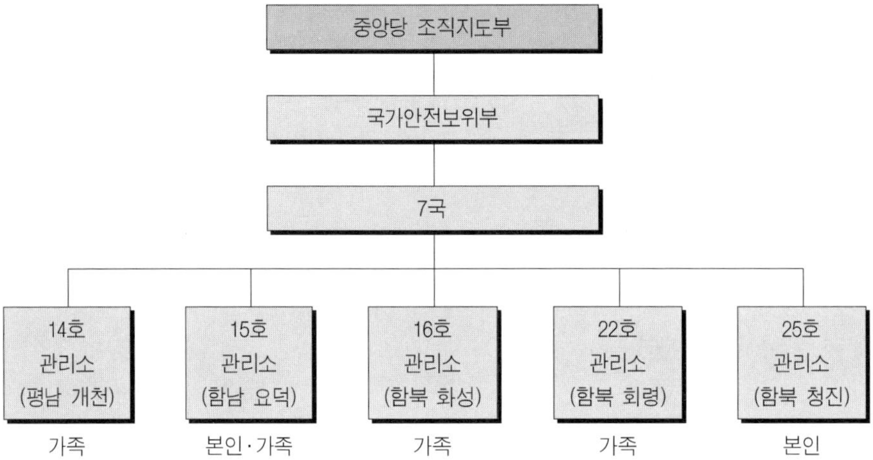


표 4-5 1980년대 이후 해산된 수용소

| 명 칭 | 위 치 | 해산일시 | 해산이유 |
|---|---|---|---|
| 11호 | 함북 경성 관모봉 아래 | 1989년 10월 | 김일성 별장건설 |
| 12호 | 함북 온성 창평로동지구 | 1987년 5월 | 국경인접, 비밀탄로 |
| 13호 | 함북 온성 종성로동지구 | 1990년 12월 | 국경인접, 비밀탄로 |
| 26호 | 평양 승호구역 화천동 | 1991년 1월 | 평양인접, 비밀탄로 |
| 27호 | 평북 천마 | 1990년 11월 | 이유 불명 |

자료: 북한이탈주민 안명철의 증언에 따른 수용소 현황표임(통일연구원, 2001, p. 122).

되는 인원이 크게 늘고 있는 것으로 알려지고 있다.[92]

1990년대 이전까지 "이 세상 힘들어 못 살겠다"라는 말을 한다든지, "상점에 비누 한 장, 치약 한 개 파는 것이 없으니 이 곳이 상점이냐"라는 식의 항의 한 마디만 해도 정치범으로 몰려 수용소에 수감되고는 했다고 한다. 그러나 1990년대 초 극심한 식량난 이후 불평불만의 사례가 급증했기 때문에 말을 잘못해 잡혀 가는 사례는 줄어들고 있다. 최근 들어서는 식량

92 오일환 외(2000), p. 43.

구입차 중국으로 탈출했다가 남한 사람과 접촉하거나 외부정보를 유입하는 등의 행위를 하는 사람들이 정치범으로 체포되는 경향이 많이 늘어나고 있다.

특별독재대상구역은 국가안전보위부가 모든 업무를 총괄적으로 관장하고 있으나 사상범의 수색, 체포, 후송 및 경비 임무는 인민보안성 산하의 인민경비대가 담당하고 있다. 사상범을 수색하는 과정은 읍 및 노동자구 담당 국가안전보위부 지도원이 정보제공자를 앞세워 감시망을 펴고, 혐의자(반당·반혁명 언동을 하는 자)를 수색·연행하여 군안전보위부에 넘기게 되며, 군안전보위부는 연행된 자의 범죄사실을 확인한 후 별도의 수속 없이 도안전보위부의 비준(서류심사)을 받아 야간(오전 0시부터 1시까지)을 이용하여 가족과 함께 강제이송시킨다.

이 때 무장안전원 전원의 삼엄한 감시하에 천막으로 덮은 풍차(트럭과 같음)로 이송되는데 간단한 의류 이외에 어떤 물건도 가져갈 수 없으며(세면도구까지도) 그들의 전 재산은 국가가 몰수한다. 당간부와 유명인의 경우에는 먼저 숙청대상 인물에 대한 허위의 죄과를 사전에 유포시켜 세론을 오도하게 한 다음 국가안전보위부가 이를 직접 체포하여 가족과 함께 해당 수용소에 이송하게 되어 있다. 유명인의 경우 김정일이 직접 수색·체포명령을 내린다는 사실이 널리 유포되어 있다.[93]

김일성은 "사회주의 혁명의 승리를 위하여 혁명의 사상과 열기를 반대하고 방해하는 온갖 반혁명적 요소들이나 불건전한 사상과 비타협적 투쟁을 전개하고 있습니다. 특히, 자본주의를 되살리려는 온갖 반혁명적 요소들에 대해서는 강한 독재를 실시합니다"라고 언급함으로써 체제에 도전하는 모든 정적들이나 사회주의 건설에 비협조적인 자들을 정치사상범으로 몰아 처형하거나 특별독재대상구역에 수용하여 강제노동을 시키는 것을 당연시하고 있다.

### 수용소 조직 및 규모

각 정치범수용소 규모는 보통 50~250km$^2$ 정도이며 각 수용소에는 5,000여 명에서 5만여 명까지 수용되어 있다. 수용대상자의 선정과 관리는 노동당 중앙위원회 비서국 관할지도부 지도하에 실질적으로는 국가안전보위부

[93] 권혁기(1984), p. 9.

에 의해 이루어지고 있다. 국가안전보위부 7국 내의 각 수용소에는 관리소장 예하에 정치부·보위부·관리부·경비부·후방부 등이 조직되어 있다.

정치부는 보위부원, 경비부대의 사상동태 및 비리를 감시하거나 처벌하는 부서이며, 보위부는 수용자들의 사상동태를 감시하고 이들 중 악질분자들(도주, 살인 등)을 색출하여 처형하거나 강제노동을 부과하는 역할을 담당한다. 관리부는 수용자들을 강제노동에 동원해 각 수용소에 주어진 생산목표를 달성하는 사업을 시행하고, 경비부는 수용소의 외곽 경비업무와 함께 수용소 내부에서 폭동이나 소요발생시 이를 무력으로 진압하는 업무를 맡고 있다. 이 외에도 보위부원과 경비부원들의 식량이나 부식을 공급하는 후방부와 수용소 내에 필요한 건설용 자재를 공급하는 자재과, 탄광에 필요한 화약을 제공하는 화학과 그리고 재정과, 운수과, 통신과 등이 조직되어 있다.[94]

최근의 식량사정 악화로 걸식·유랑민들을 수용하는 시설 외에 현재까지 알려진 북한의 집단수용소로는 정치범수용소·노동단련대·교화소 등이 있다. 현재 약 12개의 정치범수용소와 30여 개의 노동단련대와 교화소가 있다. 이 가운데 알려진 바는 다음과 같다.

【14호 관리소】 국가안전보위부 소속, 평안남도 개천군 보봉리에 위치하며 수용인원은 1만 5,000명 정도로 알려져 있다. 1950년대 말부터 1960년대 말 사이에 김일성체제에 반대했던 당·정·군의 고위관료와 그 가족·친지들이 주로 수용되어 있다. 1999년 12월에 귀순한 새터민 김용 씨의 경우를 보면, 간첩죄로 처형된 사람들의 가족도 수용되는 것으로 보인다. 김용 씨는 아버지가 1957년에 간첩으로 몰려 처형된 뒤에, 이웃에 살던 일선 보안원의 도움으로 고아로 행정처리 되었다가 뒤늦게 발각되어 수용된 경우다. 당시 14호 관리소에는 비슷한 처지의 사람들이 많이 있었다고 한다.

> "내가 수용되어 있던 14호 관리소는 반동의 씨족이 퍼지면 안 된다고 하면서 관리소에 입소되면 남녀를 따로 갈라 수용시키고 있으며, 가족들이 들어오는 경우에는 12살 미만의 어린이들이 있는 세대는 남자는 따로 갈라놓고 어린이는 인민반 4학년까지만 어머니가 데리고 있을 수 있다. 어린이들은 12살이 되면 남녀를 서로 분산시켜 수용하게 되어 있다. 1990년 14호 관리

[94] 통일연구원(2001), pp. 124~127.

소에서는 수용자들의 폭동이 일어났다. 이 사건으로 관련자 1,500명을 사살하여 폐갱에 처넣고 매장시켰다. 그 후로는 살아 남은 수용자들이 출입하는 수용시설의 출입문을 철문으로 교체하고 하루일과를 마치고 들어가면 철문을 잠그고 아침에 열어 주곤 했다."[95]

【15호 관리소】 국가안전보위부 소속, 함경남도 요덕군에 위치하며, 수용인원은 2만 명 정도라고 한다. 요덕군에는 31개의 리가 있는데 그 중 5개가 수용소지역이다. 입석리와 구읍리가 포함된 혁명화 구역은 재일 북송동포, 대숙리 혁명화 구역은 독신자마을이다. 이 밖에도 평창리, 일종의 형무소인 용평리, 격리된 죽음의 지역 고억리, 종신형을 받은 사람이 사는 구역 등이 있다. 이 수용소에는 월남자 가족, 지주 및 자본가 가족, 재일교포 가족 중에서 당과 국가에 대해 불만을 표현한 사람들이 주로 수용되어 있다.

이 수용소는 혁명화 구역과 죽을 때까지 나올 수 없는 완전통제구역이 병존하고 있는데 당·정·군에서 혁명화 대상자로 분류된 사람들도 수용되어 있다고 한다. 혁명화 대상자는 공민권을 유지한 채 수용되며, 수개월 내지 1~2년 후에 석방되는 사람들로서 비교적 가벼운 처벌을 받은 사람들이다.

"용평은 요덕수용소를 둘러싸고 있는 인접 산 너머에 있는 또 하나의 수용소이다. 보위부원들로부터 미움을 받고 '위험분자'라는 꼬리표가 붙은 사람들이 간 용평에서는 지금까지 살아 나온 사람이 하나도 없다고 한다. 그 곳이야 말로 말 그대로 지옥의 수용소, 죽음의 수용소인 것이다. 나의 동급생 중 몇 명이 부모와 함께 바로 그 곳으로 끌려갔다. 또 기독교를 믿는 한 부인은 두 딸과 함께 밤중에 기도하다가 발각되어 모두 용평으로 끌려갔다. 그 수용소에는 10여 명의 일본인 처가 갇혀 있었는데 오래 살지 못했다. 고등중학생 때 도망치려다 잡힌 두 명의 수인이 공개처형당하는 것을 지켜보도록 끌려나왔다. 처형과정이 얼마나 끔찍했던지 나는 음식을 토했고 땅바닥에 쓰러졌다. 보위부원들은 죽은 사람들의 몸에 돌을 던질 것을 수인들에게 명령했다. 일본에서 살다가 온 사람들은 일부러 엉뚱한 방향으로 돌을 던졌다."[96]

【제16호 관리소】 국가안전보위부 소속, 함경남도 화성군 고창리에 위

95 김용(2000. 4), p. 74.
96 강철환(1998. 8), p. 191.

치하며 1만 명 정도가 수용되어 있다. 전 부주석 김동규의 경우처럼 1970~1980년대 초 사이에 김정일 후계체계 형성과정에서 이에 반대했던 반당·반혁명 분자로 분류된 사람들이 주로 수용되어 있다.

【청진시 수성정치범 교화소】 국가안전보위부 소속, 청진시 수남구역에 위치하며 약 3,000명이 수용되어 있다. 여기에는 평양에서 추방된 인사들의 가족, 종교지도자 가족, 재일교포 가족 등으로 국가·사회체제에 반항했거나 불만을 가진 사람들이 수용되어 있다. 그 실례로 재일교포 출신 강회택 씨의 가족, 황해남도 출신의 목사와 장로들의 가족이 수용되어 있다고 한다.

【18호 관리소】 인민보안성 소속, 평안남도 북창군 득장리에 위치하며 2만 5,000명 정도가 수용되어 있다. 18호 관리소는 강제수용소와 일반수용소의 이중구조로 이루어져 있다. 강제수용소는 간부 중에서 혁명화 과정을 거쳐야 하는 사람과 일반수용소에서 범죄를 저지른 사람이 수용되어 있었는데, 강제수용소는 수용소 속의 수용소인 셈이다. 18호 관리소 전체 수용인원은 5만 명 선이다. 수용소는 흔히 득장리라는 지명으로도 통하는데, 그것은 그 곳에 수용소 본부가 있기 때문이다. 그러나 실제로는 득장리를 포함한 3개 리가 모두 수용소이다. 전체 면적은 100만 평 남짓으로 여의도만하다.[97] 여기에는 월남자 가족, 종교인 가족, 상습범죄자 가족, 혁명화 대상자들이 수용된다. 이들은 의사 황순일의 경우처럼 사회제도에 불만과 불평을 토로하다가 억류된 사람들로서 공민권은 유지하며, 일정기간 수용된 뒤에는 사회에 환원된다고 한다.

탈북 귀순자 강명도 씨는 이외에 17·19·22·23호 관리소에 수감된 인원만 30만 명에 이른다고 주장한다. 18호 관리소와는 달리, 국가안전보위부 소속 관리소에 수용된 사람들은 모두가 공민권을 박탈당한 채 인간 이하의 비참한 생활을 하고 있다고 한다.

### 수용자 생활실상

정치사상범이 수용소에 들어가면 우선 공민증을 압수당하고 선거권 및 피선거권 등 일체의 기본권을 박탈당한다. 그들에게는 정상적인 배급이나 의료혜택도 중지되며 결혼 및 출산도 금지된다. 뿐만 아니라 친지들의 면회

97 강명도(1997), p. 221.

나 서신연락도 금지되며, 외부와의 접촉도 철저히 차단된다. 수용소의 기본 방침은 무에서 유를 창조한다는 방침아래 하루일과가 시작되며, 수용자들은 매일 12시간 이상의 무보수 강제노동을 해야 하며 야간에는 의무적으로 2시간씩 자아비판을 위주로 한 사상개조학습을 받아야 한다.

작업과 학습시간을 제외하고는 2인 이상이 모이는 것을 철저히 통제하고 입소자로 위장한 정보원을 잠입시켜 수용자들의 동태를 감시하고 있으며, 작업을 게을리하거나 반당의사를 버리지 못하는 자, 탈출을 기도하는 자를 색출하여 수용자들의 면전에서 공개처형하기도 한다.

수용자의 일과는 수용소에 따라 약간의 차이는 있으나 일반적으로 오전 4시에 기상하여 6시까지 아침식사를 비롯한 개인적 용무를 마치고 6시부터 작업장에서 작업량을 할당받는다. 작업은 주로 석탄과 광물을 캐는 갱도작업과 벌목·개간 등이 주종을 이루고 있다. 7시부터 작업이 시작되어 오후 1시에 오전 작업이 끝나고 1시부터 점심식사 시간이 된다. 약 1시간의 점심시간이 지나면 오후 작업에 들어가 저녁 8시까지 작업이 계속된다. 석식은 오후 9시에 시작하고 곧바로 자기비판에 들어간다. 자기비판은 11시까지 2시간 동안 주로 사상개조학습을 갖고 난 뒤에야 취침을 하게 된다.

이 같은 일과는 휴일도 없이 연중 계속되며 수용자들은 이 같은 환경 속에서 종신토록 생활해야 하며 일반범죄자들에게 주어지는 사면이나 감형의 특전은 해당되지 않는다. 1967년 김일성 지시 이후 수용자의 직계가족 4대까지는 대를 이어 수용하도록 명령이 하달되었다고 한다. 이렇게 되어 일단 특별독재대상구역으로 들어오기만 하면 자손대대로 나갈 수 없게 되어 있다. 그리고 일상생활 중 질병이나 영양실조 등으로 사망하게 되면 가족에게 시신을 돌려주거나 장례를 지내는 일 없이 수용소 관리요원에 의해 처리된다.[98]

독신자들은 주로 막사에서 집단생활을 하고 있으며, 가족세대는 흙벽돌, 판자, 거적 등을 이용하여 자체적으로 집을 지어 살고 있다. 방바닥과 벽은 흙을 이겨 만들기 때문에 실내에는 먼지가 많다. 지붕은 판자 위에 거적을 덮어 만들고, 방바닥은 피나무 껍질로 다다미를 깔아 만든다. 수용소 내에서는 자가 발전한 전기를 사용하고 있는데 발전용량이 미미하여 각 가

[98] 강명도(1997), p. 10.

정마다 전구를 한 개씩만 달게 하고 있다. 그나마 저녁 7시부터 12시까지, 새벽 2시부터 5시까지 두 차례만 전기가 공급된다. 그러나 전기를 공급받는 수용소는 상급에 속하며, 어떤 수용소는 전혀 전기가 공급되지 않아 식사시간에만 광솔로 불을 밝히기도 한다고 한다.

의복 공급도 제대로 되지 않는다. 가족세대에게는 수용기간 중 모포 1장과 상하 누빈 동복 1벌만이 지급된다. 작업복은 3년에 한 벌씩 지급되나 독신자들에게는 이것마저도 공급되지 않기 때문에 수감당시 입고 갔던 옷을 출감될 때까지 기워가면서 입는다. 신발은 노동화가 1년에 1켤레 지급되고 겨울신발인 솜동화는 5년에 1켤레 지급된다. 양말이나 속내의는 일체 지급되지 않는다. 겨울에는 천 조각으로 얼굴·팔·다리를 감아 추위를 피하고 있다. 이 때문에 동상에 걸려 발가락을 절단하는 사람도 많이 있다고 한다.

많은 수용자들은 이러한 열악한 환경에서 영양실조와 폐렴, 결핵 및 펠라그라 등의 질병에 걸려 시달리고 있으나 모두 예외 없이 작업장에 동원되고 있다. 작업반장이 더 이상 일을 시킬 수 없다고 판정하는 수용자들은 중환자가 수감되는 요양소로 보내지는데, 이들을 치료해 줄 의사나 약이 없기 때문에 격리 수용되어 방치되는 경우가 일반적이다.

수용소의 비인간적인 대우는 수용소 생활규칙에 나타나 있는데 그 대표적인 예는 다음과 같다. 첫째, 선생님(국가안전보위부원을 지칭)이 볼 때는 머리를 숙일 것, 둘째 선생님이 찾으면 머리를 숙이고 구보로 뛰어야 함. 셋째, 선생님이 지나갈 때는 머리를 땅에 대고 있을 것, 넷째 선생님 면회방에 접근하지 말 것, 다섯째 선생님이 엎드리라면 웃옷을 벗고 엎드릴 것, 여섯째, 일과에서 자기과제를 완수하지 못하면 급식이 줄어듦. 일곱째, 성냥을 가지고 다니면 도주분자로 간주함. 여덟째, 소금, 고기 등을 소지하면 도주분자로 간주하여 총살에 처함. 아홉째, 식량소지는 도주분자로 간주함. 열번째, 3명 이상 조를 지어 다녀야 함. 열한 번째, 대소변은 5분 내로 마칠 것. 열두 번째, 산에 작업 나갔을 때 다른 구역 사람과 접촉한 경우는 사형에 처함 등이다.[99]

[99] 통일연구원(2004), pp. 72~73.

### 강제수용소의 수인노동으로 국내총생산의 30% 충당

북한에서 죄수들의 무임노동에 의한 상품생산은 일반공장에서 생산된 제품에 비해 품질이 높다고 한다. 이순옥 씨는 북한에서 경리원으로서 능력을 인정받아 온성군 간부물자공급소장으로 일하던 중 국가재산탐오죄의 혐의로 개천교화소에서 5년간 복역하고 나서 1995년 탈북한 사람이다. 그는 수기에서 수인노동(囚人勞動)의 총량과 실태를 밝히고 있다. 북한 강제수용소의 수인노동의 총량은 국내총생산의 30%를 차지할 정도이며 노동량은 이 목표에 맞추어져 있다고 한다.

> "보위부원들이나 예심원들도 그들이 체포한 사람들이 별다른 큰 죄를 짓지 않았다는 것을 알고 있다. 그러나 그들은 매년 당중앙으로부터 하달되는 목표량을 달성해야 한다. 북한 국내총생산의 30%는 수인노동으로 달성된 것이다. 나는 전에 통계원·회계원으로 일했다. 그래서 나는 개천교화소에서 재소자 총수·식사량 등을 살피는 업무를 맡게 되었다. 식사공급표를 작성하고 생산목표량과 작업내용을 배정하며 인원을 점검하는 것이 주요 업무였다. 그렇기 때문에 나는 매년 새로운 죄수들이 얼마나 도착하게 될지를 미리 알 수 있었다.
>
> 사회안전성 중앙부서 가운데 제7국이라는 부서가 있는데 교화소 관리를 담당한다. 이 부서는 국가계획위원회로부터 지령을 받아 계획을 수령한다. 국가계획위원회의 배당량을 생산해 내기 위해 노동력을 어떻게 활용할 것인가 하는 계획인 것이다. 가끔 중앙으로부터 감독관이 개천교화소에 찾아온다. 그들은 무엇이 얼마만큼 필요하다고 거침없이 말한다. 언젠가는 "개천을 포함한 여러 교화소에서 생산되는 물품량은 국내총생산의 30%에 달한다"고 말하는 것을 들었다. 나는 그만한 위치에 있었기 때문에 언제든지 이 사실을 증언할 수 있다. 이 사실은 교화소 관리층과 정권의 입장에서 본다면 매우 매력적인 일임에 틀림없다. 매년 신년 초에는 1/4분기의 국가계획안이 내게 시달되었다. 그리고 수개월 후에는 공식적인 국가계획이 시달되었다.
>
> 처음에 시달된 국가계획안을 보면 국가 전체에 관한 정보를 알 수 있다. 거기에는 다른 교화소와 강제노동수용소에 관한 정보가 담겨 있는 것이다. 오랫동안 함께 일하다 보니 교화소 고위층이 나에게 "우리의 작업은 매우 중요하다. 국민총생산의 30%를 차지하는 일이 아닌가?"라고 말을 걸어오기도 했다. 이 말은 일상적인 대화에 섞여 나왔다. 신년 초 국가계획위원회 직원이 다녀가고 나면 엄청난 분량의 생산지령이 내려오고는 했다. 그러면 유니폼을 입고 견장을 단 인민보안성 고위간부들끼리 수군거리는 것이었다. 나

는 수인에 불과했다. 국가계획위원회가 제시하는 숫자에 근거해서 개천교화소의 생산계획을 수립해야 했다.

월별 또는 분기별 작업계획을 수립해 놓았지만 가끔 원자재가 늦게 도착하는 경우가 있다. 하지만 수인에게는 변명이라는 게 일체 허용되지 않는다. 분기가 끝나기 전에 생산목표량은 어떤 일이 있어도 달성해야 했다. 내가 교화소 고위층에게 "수인 한 명이 이러이러한 물건 100개를 만드는 것도 힘든데 어떻게 150개를 만든단 말입니까?"하고 물으면 그는 "전체 교화소에서 생산해 내는 물품이 총생산의 30%를 차지한다는 사실을 모르는가? 그러니 잠자코 일이나 해!"라고 대답했다. 이 수치는 웬만한 사람은 다 알고 있다. 결코 비밀이 아니다. 한 번 작업계획이 시달되면 불이행에 대한 어떤 변명도 허용되지 않는다. 가령 수인 약간 명이 죽어 인원수가 감소되더라도 연간목표는 기어코 달성되어야 한다. 수인의 숫자가 감소되면 새로운 수인이 보충되어야 한다.

교화소 당국이 더 많은 수인을 보내라고 상부에 요청하는 것을 보지 못했다. 사실 그럴 필요도 없었다. 국가안전보위부 제7국에서는 각 교화소·강제노동수용소 수인의 총수를 이미 파악하고 있어서 새 수인을 공급하는 데 관한 계획안을 미리 수립해 놓고 있으니 말이다. 생산목표량은 무슨 일이 있더라도 달성되어야 했다. 만약 수인들이 목표량을 달성하지 못하면 한밤중이나 새벽 1시까지 일하는 한이 있더라도 그 날의 목표량을 달성해야 한다. 모든 목표량은 언제나 달성되어야 했다. 만약 어떤 수인이 주어진 날까지 목표량을 달성하지 못하면 이튿날 식사는 감량된다. 영양실조 상태에 있는 수인에게 감량은 가혹한 벌이었다. 또 다섯 번 목표량을 달성하지 못하면 징벌방에 수용된다. 큰 교화소 벽에는 두 가지 선전구호가 쓰여 있다. 하나는 '집단활동이 유일한 활동'이고, 또 하나는 '강화된 노동을 통한 사상개조'이다."[100]

### 수용소 내 집단학살 및 공개처형

북한에서 사형은 "계급적 원쑤들의 더러운 운명에 최후의 종지부를 찍는 무자비한 혁명의 철추이며 계급투쟁의 확고한 승리를 보장하는 가장 위력적인 법적 수단"으로 간주된다. 초법적인 사형집행방법으로는 공개처형이 있다. 북한 당국은 주민들에게 복종을 강요하고 공포심을 조장하기 위해 주민들을 모아놓고 수시로 범법자들을 공개처형하고 있다.[101]

공개처형은 "주민들에게 본보기를 보여야 한다"는 판단에 따라 기준없

[100] 이순옥(1998. 8), pp. 87~89.
[101] 통일연구원(2001), pp. 18~23.

이 자의적으로 실시되고 있다. 인민보안성의 보안원 등 사형집행자들은 사형대상자들의 반항을 미연에 방지하기 위해 여러 가지 조치를 취하고 있다. 예를 들면, 사형집행 전에 구타 등으로 사형대상자들의 반항을 사전에 방지하는 조치를 취한 상태에서 끌고 나와 간단한 판결문을 읽은 후 곧바로 처형하고 있다.[102] 1993년 10월 국제사면위원회(Amnesty International)는 북한 관련 특별보고서에서 북한 당국에 의한 공개처형에 관해 다음과 같이 보고했다.

> "북한에서 사형은 정치범을 포함한 다양한 범죄에 대한 형벌로 널리 사용되고 있다. ……공개적인 사형선고를 목격했던 사람들과 전에 수감되었던 사람들, 방북자들은 사형이 빈번하게 행해지고 있으며, 최근에는 경제사범에 대한 사형이 증가하고 있고, 처형자도 매년 수십 명에 이른다고 보고하고 있다. 사형집행은 총살이나 교수형으로 한다. 경우에 따라 사형판결을 받은 죄수는 어린이들을 포함하여 노동자·학생들이 집결한 대중모임 앞에 끌려나와 ……사형집행이 이루어지는 것으로 알려지고 있다."

또한 1997년 2월 국제사면위원회는 북한의「공개처형에 관한 특별보고서」를 작성해 발표했다. 이 보고서에 의하면 북한은 1970년 이후 1992년까지 최소한 23명을 공개처형한 것으로 나타나 있다. 이 보고서가 인용한 증언자 대부분이 원산·청진·함흥·신의주·평산·평양 등 다양한 지역에서 최소한 1건 이상의 공개처형을 목격한 점으로 미루어 보아 이 보고서에 나타난 숫자는 지극히 일부에 불과할 것으로 여겨진다.

처형은 대중이 밀집한 장소에서 참혹하게 실시된다. 처형방법으로는 보통 총살형이나 교수형이 사용된다. 뿐만 아니라 가족들이 지켜보는 가운데 사형이 집행되는 경우도 있다. 사형에 해당되지 않는 범죄에 대해서도 시범을 보인다는 의미에서 임의로 공개처형을 결정하는 사례가 많다. 공개처형에 대해서는 학교와 기업소·농장 등에 공개처형이 있을 것이라는 사실이 미리 통보된다. 공개처형 과정은 군중이 모인 자리에서 경력과 죄명을 공개하고 이에 대해 인민재판소에서 파견된 판사의 처형판결에 따라 즉각 시행되고 있다.[103] 처형하는 과정은 눈을 가리지 않고 처형을 하는 경우도 있는데,

102 북한이탈주민 박은주와 김현숙의 증언(국가정보원, 1999. 4), pp. 17~18.

103 김경일, 통일연구원에서의 인터뷰시 증언, 1998. 9. 8. 임순희 외(2005), p. 30에서 재인용.

안전부장이 죄명을 밝히고 공개처형을 지시하면 9발을 발사하게 된다.[104]

북한이탈주민들의 증언에 따르면, 공개처형은 김일성 사망 이후 일시 중단되었다가 1995년 말부터 재개되었다고 한다. 북한이탈주민 정갑열, 장해성, 홍경화는 1995년 하반기에 김정일의 친필방침에 따라 시·도별로 공개처형이 재개되었다고 증언했다. 경제난·식량난으로 인한 사회일탈현상이 증가하면서 공개처형의 적용대상도 크게 확대되고 있는 것으로 알려지고 있다. 북한이탈주민들의 증언을 통한 공개처형의 사례를 구체적으로 살펴보면 다음과 같다.

먼저 반체제문제와 관련된 공개처형을 들 수 있다. 윤명찬은 1997년에 김만금 농업위원회 위원장과 개성시당 책임비서 등이 반당·반혁명 간첩혐의자로 몰려 평양군관학교 사격장에서 간부들 배석하에 공개처형되었다고 증언했다.[105] 북한이탈주민 석영환에 의하면 북한은 1998년 4월 황해북도 송림시에서 사회안전성 간부 등 13명을 공개처형했다고 한다.[106] 북한이탈주민 조봉일에 의하면 1997년 초 최종길을 비롯한 9명이 군복을 입고 군인으로 위장, 탈곡장에서 옥수수를 훔치다 적발되어 청진시 나남구역에서 공개총살을 당했다.[107] 그리고 북한이탈주민 김경일은 선봉에서 1996년 겨울에 한 명이 처형되었는데 표면적으로는 감자를 훔친 것이 죄목이었으나 실제로는 당비서와의 싸움 때문이었다고 증언했다.[108]

다음으로 경제사범에 대한 공개처형이다. 특히, 경제사범과 관련한 공개처형의 대표적인 사례로는 국가기물의 절도와 소 도둑 등을 들 수 있다. 북한이탈주민 심신복은 1997년 초 기업소 직원 윤영일이 폐기처분해야 할 양권을 빼돌려 장마당에서 처분하려다 적발되어 공개처형당한 것을 비롯해 1995년 이후 청남노동자지구에서 4번의 공개처형 장면을 목격했다고 증언

---

104 손철남, 통일연구원에서의 인터뷰시 증언, 1998. 9. 9. 임순희 외(2005), p. 33에서 재인용.

105 윤명찬, 통일연구원에서 인터뷰시 증언, 2000. 5. 14.

106 송림시는 무역항으로 김정일이 조직담당 비서로 있을 때 황해제철소에 투자하여 최첨단 기술을 도입했는데, 경제난으로 설비를 절취하는 등 당기관이나 보위기관이 통제하지 못할 정도로 상황이 심각했다. 그러자 1998년 4월 인민무력부장이 '조선민주주의인민공화국 사회주의 비상사태를 선포할 데 대하여'라는 비상계엄을 선포하여 1개 여단으로 송림시 전체를 포위한 다음 인민무력성 보위사령부를 투입하여 국가물품을 수색하여 많이 적발, 비사회주의 현상이라고 13명을 처형했다고 한다(석영환, 통일연구원에서 인터뷰시 증언, 1999. 5. 20).

107 임순희 외(2005), p. 31에서 재인용.

108 임순희 외(2005), p. 31에서 재인용.

했다.[109] 그리고 북한이탈주민 손철남은 "황용수라는 사람이 소를 잡아먹었다고 해서 공개처형된 것을 비롯해 3명의 공개처형이 있었다"고 증언하였다.[110]

경제난에 따른 사회일탈행위 방지차원에서 이루어지고 있는 공개처형의 대표적인 사례로는 인육사건과 인신매매를 들 수 있다. 자매 북한이탈주민인 장성숙과 장선영은 1995년 12월 평양 만경대구역에서 인육판매사건으로 일가족 5명이 공개처형당했다고 말했다.[111] 북한이탈주민 유혜란은 1997년 4월 평양 용성구역 장마당에서 인육을 팔다 적발되어 시부모, 아들과 며느리 등 4명이 공개처형 당했다고 증언했다.[112] 1998년 2월 함경북도 온성에서 인신매매와 관련된 자 6명에 대한 공개처형이 실시되었고, 1999년 5월 회령시 유선동에서도 중국에서의 인신매매 혐의로 한 여성이 공개처형되었다.[113] 혜산시에서도 2000년 5월과 6월에 30여 명이 공개처형되었다.[114]

---

109 심신복, 통일연구원에서의 인터뷰시 증언, 1999. 5. 25. 북한이탈주민 서영석(1999. 1 입국)도 1997년 2월 경성 용천다리에서 2명이 구리 절취사건으로 처형되는 등 1996년부터 20명 정도가 처형되었다고 증언하였다(통일연구원에서 인터뷰시 증언, 1999. 5. 27).

110 임순희 외(2005), p. 32에서 재인용.

111 임순희 외(2005), p. 32에서 재인용.

112 임순희 외(2005), p. 32에서 재인용.

113 주상민, 인터뷰시 증언, 2000. 11. 17. 임순희 외(2005), p. 32에서 재인용.

114 작년 5월과 6월 양강도 혜산시에서는 당과 기업의 간부, 장사꾼, 폭력배 등 30여 명이 부정과 범죄행위로 공개 또는 비공개로 처형당한 것으로 알려졌다. 이 중 12명이 혜산의 운촌비행장 근처에서 공개 총살당했다. 당시 공개처형을 목격했던 탈북자 임성길(25세, 가명) 씨는 "사형당한 사람들은 모두 권력자거나 돈 많은 부자들이어서 주민들이 의아하게 생각했다"면서, "이 때문에 공개처형을 보러 간 사람이 1만 명을 넘었다"고 말했다.

공개처형당한 사람은 혜산시 상업관리소장(서옥순), 들쭉술가공공장 지배인, 신발공장 초급당비서 등 간부들로 이들은 모두 국가재산을 빼돌리거나 부정축재한 혐의자였다. 혜산에서 소문난 장사꾼이었던 김기성·김강남(26세 일명 깡남이)과 호빼, 곡괭이 등으로 불린 폭력배들도 이 때 처형되었으며, 이들은 일수를 하면서 탈북자들을 중국으로 넘기거나 이산가족 만남 등을 주선하다가 간첩으로 몰린 경우였다.

비공개처형된 사람 중에는 인민군 제376군부대(혜산 주둔) 정치부장, 국경경비대 정치지도원, 양강도 인민보안국(경찰) 수사과장(김성우) 등이 포함되었다. 제376군부대 정치부장은 군부대 물자를 빼돌렸고, 국경경비대 정치지도원은 남한 비디오테이프 '장군의 아들'을 입수해 태권도 교육을 위해 대원들에게 보여 주었다가 문제가 되었다고 한다. 도인민국 수사과장은 뇌물수수죄로, 군수품공장 보안원은 공장재산을 빼돌린 혐의였다. 당시 비공개처형된 사람들의 이름과 직책, 죄목 등이 시내 곳곳에 게시되었다고 한다. 당시 사건수사는 인민군 보위사령부가 맡아 권력기관까지 샅샅이 뒤졌다고 한다. 공개처형 방식도 그 동안 사형수를 말뚝에 묶어 놓고 일정거리에서 총살하던 것과 달리, 무릎을 꿇려 앉히고 머리 뒤에서 권총을 쏘아 그 모습이 더욱 처참하게 보였다고 한다(탈북자 임성길 씨 목격담. (사)북한민주화운동본부 홈페이지 www.nkgulag.org. 공개처형/비밀처

한편, 정치범수용소와 교화소 내에서는 공개처형과 비밀처형이 광범위하게 이루어지고 있다. 정치범수용소 경비대원 출신인 북한이탈주민 안명철의 증언에 의하면, 정치범수용소 내에서는 약식 재판에 의한 처형이 일상적으로 이루어지고 있을 뿐만 아니라 보위부원에 의한 자의적인 비밀처형도 이루어지고 있다.[115]

정치범수용소 내에서 공개처형되는 대표적인 경우는 탈출하다가 체포되는 경우이다. 정치범수용소 경비대원으로 근무(1983. 5~1986. 6)한 경험이 있는 북한이탈주민 최동철은 1985년 11호 관리소(함북 경성 소재)에서 할머니, 아들, 손자 등 5명의 일가족이 도주하다 3일 만에 체포되어 공개처형되었다고 밝혔다. 그의 증언에 의하면 전체 정치범들을 한 곳에 모이게 한 가운데 기관총 자동소총으로 무장한 경비대원들의 삼엄한 경비 속에서 어른 2명은 교수형, 아이들 3명은 총살형에 처해졌으며, 수용소 보위부원들은 공개처형 직후 정치범들로 하여금 죽은 시체를 향해 돌을 던지게 함으로써 "탈출하면 이렇게 죽을 수 있다"는 끔찍한 공포감을 조성했다[116]고 한다.

또한 북한이탈주민 안명철은 정치범의 체포·수사를 담당하고 있는 국가안전보위부 3국(예심국)에서 행해지는 자의적인 비밀처형의 실상에 대해서는 7국의 보위부원·경비대원조차 두려움을 갖고 있다고 설명했다. 또한 그는 경비대원들 중에는 개인적인 공명심과 입신을 위해 정치범을 살해하고 이를 탈출기도로 조작하는 사건도 발생하고 있다고 설명하였다.[117]

교화소 내에서의 공개처형 실상도 심각한 수준이다. 북한이탈주민 이순옥은 개천교화소에 수감(1987. 12~1992. 12)되어 있는 동안 9번의 공개처형을 목격했다고 증언했다. 그녀의 증언에 의하면, 공개처형은 교화소 부소장의 주관하에 수감자들을 집합시킨 가운데 교화소 내 공장건물 구내마당에서 진행되었다. 1990년 평양돌격대 소속 취사원 출신인 '서영순'은 파손된 생산품을 숨겼다가 적발되어 공개처형되었다[118]고 한다.

이처럼 북한 당국은 체제에 대한 저항을 사전에 예방하고 권위에 대한 공포심을 극대화하고자 하는 정치적 목적에서 공개처형을 자주 실시하고

---

형/목격담 「2000년 5월 혜산서 30여 명 부정, 범죄혐의로 처형」에서 인용).

115 임순희 외(2005), p. 33에서 재인용.

116 1996. 7. 8. 임순희 외(2005), p. 33에서 재인용.

117 1996. 7. 9. 임순희 외(2005), p. 33에서 재인용.

118 1996. 6. 12. 임순희 외(2005), p. 33에서 재인용.

있다. 특히, 체제단속이 강조되는 시기에는 공개처형이 더 빈번하게 이루어지는데 식량난이 가장 극심했던 1997년에 가장 광범위하게 진행되었다고 한다.

그러나 비인간적인 공개처형에도 불구하고 북한 주민의 인권침해에 대한 인식은 매우 낮다. 최근 총살형과 굶주림으로 사망하는 사람이 많아지자 북한 주민들은 길을 가다가 시체를 발견해도 안타까움이나 별다른 동정심을 느끼지 못하는 등 '생명'에 대해 점점 무감각해지고 있는 실정이다. 이처럼 공개처형이 사회일탈행위를 방지하는 데 효과적으로 기여하지 못할 뿐만 아니라, 단순 모방범죄가 증가하고 오히려 반대세력을 조장한다는 인식에 따라 공개처형이 다소 주춤해지고 있다는 증언도 있다.

정치범수용소 내 인권탄압과 관련하여 주목할 만한 사항은 집단학살이 있어 왔다는 사실이다. 안명철의 증언에 의하면, 1986년 10월 함북 온성의 12호 관리소에서는 정치범들이 인권탄압에 항의하는 과정에서 수용소 내 보위원 가족마을을 습격하여 보위원 가족 수백 명을 살상하는 사건이 발생했는데, 당시 국가안전보위부는 이를 진압하기 위해 경비대 1개 대대병력을 출동시켜 봉기가담자를 포함하여 청장년 약 5,000여 명 이상을 사살했다고 한다.

수용소의 열악한 환경과 고통을 이기지 못하고 탈출하다가 체포된 자, 보위부원에게 반항하거나 보위부원을 구타한 자는 반드시 수용자들이 지켜보는 가운데 교수형에 처하거나 총살한다. 강철환·안혁·안명철의 증언에 의하면, 이 같은 처형과 작업중 사고 등으로 인해 사망하는 인원은 1개소당 매년 수백 명에 달한다. 승호리수용소에서는 1개월에 300명 이상이 사망한 경우도 있었다고 한다.

공개처형 대상자가 발생하면 통상 1~2일 감금해 두었다가 처형당일 아침 10시경 작업장에 있는 수용자들을 모두 집합시킨 뒤 처형하고 시체는 인근 야산에 매장한다. 안명철은 공개처형이 공포심을 조장하여 수용자들을 순종하게 하기 위한 제도였는데, 처형이 너무 잦아 정치범들이 '면역'이 생긴데다 정치범들의 반발심과 분노만을 유발함에 따라 1984년부터는 공개처형보다는 비밀처형을 많이 실시하게 되었다고 증언했다.

# 5. 경제난 심화과정에서 비롯된 사회적 불평등

사회주의 체제는 국가사회주의와 국가자본주의로 그 성격이 구분되는데 둘 다 국가라는 주체가 국유화된 생산시설을 가동해 모여진 재화를 가지고 주민들에게 배분한다는 점에서는 공통적이다. 국가라는 주체가 의식주 등 생필품을 배급하는 과정에서 위계에 따라 불공평하게 집행하는 등 국가배급체계의 차별 적용에서 비롯된 사회불평등 역시 구조화된 사회불평등 평가에 있어 매우 중요한 영역이다.

북한의 경우 국가권력의 상층부로 갈수록 김정일로부터 선물 등 여러 가지 시혜조치를 받음으로써 상대적으로 부유하게 살지만 기본계층이라고 할 수 있는 노동자·농민의 경우는 기아선상에서 힘든 생활을 영위하는 등 구조화된 사회불평등은 매우 심각한 수준이라고 할 수 있다. 이 절에서는 '배분의 차별화'를 통해 사회통합을 유지하려는 북한 당국의 입장과 이에 대응하는 주민들의 이중적인 행동양태 사이의 상호작용을 살펴본다.

## 5.1. 장기적인 경제침체에서 비롯된 심화된 사회불평등

1980년대 이후 김일성 사망시까지 북한 경제는 북한이 1970년대 초반 이후 형성된 동서화해 분위기에 편승해 서방 OECD 국가들로부터 기술과 자본을 도입하는 대외정책상 변화를 보인 시기로부터[119] 시작해 1973년 제1차 오일쇼크 이후 외채동결조치로 채무불이행국이 되면서[120] 서방과의 교역이 단절되고, 구조적인 모순으로 인해 경제구조가 더욱 왜곡되면서 1980년

[119] 북한은 1970년부터 1975년 사이에 OECD 국가로부터 차관 총액의 50% 이상을 도입했다(세종연구소 북한연구센터 엮음, 2005, p. 51).

[120] 그 원인은 중공업부문에 대한 집중투자와 과중한 군사비 지출, 두 차례에 걸친 석유파동과 수입원자재 가격상승, 주요 수출품인 비철금속의 국제가격 하락으로 자국의 수출 능력을 고려하지 않은 차관도입을 통해 기계설비의 도입을 증가시킨 데에서 비롯되었다(세종연구소 북한연구센터 엮음, 2005, pp. 52~53).

대를 맞고 그 이후 구소련을 비롯한 동구권 사회주의 국가들의 자본주의로의 체제전환으로 인한 시장상실로 북한 경제가 생존의 기로에 선 시기까지다.

1980년대 북한 경제를 설명하는 데 있어 1970년대 북한의 해외진출을 떼어놓고 설명하기는 어렵다. 북한은 1970년대 들어 경제규모 확대로 인해 자체 기술이나 구소련 및 중국에서 수입하는 설비만으로는 국내수요를 충당할 수 없었기 때문에 OECD 국가 등 서방으로 눈을 돌리지 않을 수 없었다. 1970년대 초 북한은 사민당이 집권하고 있던 프랑스·오스트리아·영국·서독 등 서구 여러 나라들이나 일본과 대외무역을 시작했다. 그러나 대북투자 총액의 50%까지 차지했던 OECD 국가들의 대북투자는 1970년대 두 차례 이어진 석유파동과 부등가교환으로 인해 중단되고, 북한 당국은 외채를 동결시키고 채무불이행국이라는 오명을 안은 채[121] 1970년대 개방정책은 실패하게 된다.[122]

1980년대 들어 북한의 어려움은 한층 가중되는데, 그것은 사회주의 종주국인 구소련과 중국의 개혁·개방 때문이었다. 북한은 구소련의 페레스트로이카뿐만 아니라 중국의 개혁·개방정책을 사회주의 국가 간 단결과 지향을 해치는 것으로 인식했다. 당시 북한이 주장했던 '모기장이론'은 자본주의적인 것을 걸러 내기 위해서 필요하다고 했지만 그것은 자본주의 국가로부터 들어오는 것뿐만 아니라 구소련이나 중국으로부터 들어오는 것을 경계한 탓도 있었다.

이러한 모기장식 인식은 1980년대 북한이 취했던 '합영·합작정책'에서도 나타난다. 북한은 중국형의 '경제특구'방식을 취하지 않고 평양 중심으로 합영·합작사업을 유치해 자본주의적인 제도나 문화가 자라는 것을 막아내려고 했다. 북한 당국은 평양과 같은 지역에 합영·합작, 위탁가공 기업 등을 설립함으로써 당적 통제가 가능할 것으로 보았다. 뿐만 아니라 북한의

121 재정경제부에 따르면 당시 북한 외채는 약 22억 달러였고 그 이후 북한의 외채는 지속적으로 증가하고 있는데, 만일 북한이 정상적인 대외경제교류를 재개할 경우 외채원금뿐만 아니라 30년간의 천문학적인 이자처리문제도 발생하게 될 것이다.

122 북한에서는 당시 "미국이 북한을 국제무역에서 고립시키려고 로골적인 경제봉쇄정책을 실시하면서 우리 나라와 경제거래를 하는 나라들에 압력을 가하는 것과 같은 비열한 책동을 강행했다"고 주장하며, 1970년대 후반의 유가상승과 함께 기계설비 및 가공공업 제품비의 급상승으로 인해 북한 원자재 가격폭락으로 엄청난 손실을 보았던 당시 상황을 미국 주도의 부등가교환에 원인을 돌리고 있다(신지호·김연철, 2001, pp. 79~80).

자립경제노선을 벗어난 정경분리원칙이나 자유로운 경영활동은 일체 허용하지 않았다. 결국 1970년대 대외경제교류의 실패에 이어 1980년대 합영·합작방식을 통한 대외기술이나 자금의 유치방식도 실패로 돌아갔다.[123]

1980년대 북한은 웅대한 전망을 3차 7개년계획(1987~1993년)이 끝나는 시기로 잡았으나 결국 3차 7개년계획은 1990년대 고난의 행군시기를 맞아 실종되고 만다. 북한 당국은 김일성 수령에 대한 지극한 충성심과 완전 승리한 사회주의에 대한 이상을 평양시내의 많은 조형물로 표현하게 된다. 류경호텔은 1987년 착공되어 105층까지 외관은 완성되었으나 프랑스와의 공사대금 체불과 계약불이행으로 1990년에 공사가 중단되어 현재까지 그대로 있다.

1980년대에는 류경호텔과 같은 대형 건축물이 시공되었을 뿐만 아니라 평양산원(1980), 창광원(1980), 인민대학습당(1982), 평양개선문(1982), 고려호텔(1985), 만경대 소년학생궁전(1988), 만경대 구역 안골 청춘거리(1988), 평양교예극장(1989), 동평양대극장(1989), 5·1경기장(1989), 청년호텔(1989) 등 대형 건축물이 세워졌다. 또한 평양의 문수거리, 창광거리, 버드나무거리, 북새거리, 광복거리 등의 대규모 아파트들도 김정일식 사업방식인 '통큰사업'의 정신에 따라 다각형아파트, S자형, Y자형, 바람개비형, 계단형 등으로 다양성을 추구하며 건축되었다.

이러한 1980년대 대형 건물이나 고층아파트 건설은 북한의 '완전 승리한 사회주의'를 향한 이상이 담겨 있었지만, 류경호텔 공사가 중단된 것은 북한의 사회주의 완전승리를 향한 이상의 중단이자 좌절이며 1980년대 북한 사회의 문제를 적시하는 대표적 상징이기도 하다. 실패했지만 실패를 말하지 않는 사회 그것이 1980년대 북한 사회였다.[124]

이어 1987년부터 1993년까지 행해진 제3차 7개년계획 기간중 북한의 기간산업 가동률은 30% 이하로 떨어졌고 농업·경공업 등 주민생활과 직결된 경제부문의 침체가 더욱 심각해졌다. 게다가 소련을 비롯한 동유럽 사회주의권 국가들의 체제전환에서 비롯된 국제적 고립에 따라 새로운 경제계획을 세울 수도 없었다. 1990년대 북한의 경제위기는 발전의 정체를 넘어 체제위기로까지 치닫게 되었다. 결국 기형적인 산업구조 고도화는 외채위기

123 김귀옥(2004), pp. 89~90.

124 김귀옥(2004), pp. 95~96.

를 불러 오고, 경공업과 농업의 부진을 가져왔으며 300여만 명의 주민을 굶겨 죽인 식량난의 원인이 되었다.

북한은 침체된 경제상황을 개선하고 1950년대와 같은 경제성장을 달성하기 위해 속도전식 대중운동을 지속적으로 전개해 나갔지만 의도했던 성과를 거두지 못했다. 북한에서 정치사상과 속도에 기반을 둔 대중동원식 경제건설은 단기간 내에 생산력의 양적 확대를 가져왔지만, 북한과 같은 소규모 국가가 안고 있는 자원제약의 한계는 경제의 확장능력을 제한할 수밖에 없었다. 작업시간의 연장이나 노동강도 증가 등을 통해서 성장의 위기를 극복할 수는 없었다.[125]

자본과 기술이 부족한 상황에서 북한이 의지할 곳은 인민대중의 혁명적 열기밖에 없었기 때문에 대중동원방식을 지속할 수밖에 없었다. 북한 당국이 대중운동방식을 지속적으로 추진할 수 있었던 것은 세 가지 이유에서였다. 첫째, 북한은 여타 사회주의 국가들과 달리 강제적 노동규정과 배급제를 통해 노동유연성을 최대한 억제할 수 있었다. 북한은 배급제를 기반으로 공장·조직·집단별로 주민들을 조직·통제함으로써 소련이나 동유럽국가들과 달리 노동유연성이나 이직률이 높지 않았다. 둘째, 다른 사회주의 국가들과 비교할 때 전체 인구에서 당원의 비중이 높았다는 점이다. 이는 그만큼 위로부터의 동원이 수월하다는 것을 의미한다. 셋째, 주민들의 입장에서도 전쟁의 폐허 속에서 일어서야 한다는 점에서 장기간의 소비억제를 감내할 수 있었다.

그러나 주민들의 입장에서는 각종 노력동원에도 불구하고 삶의 질에는 변화가 없고 노동강도만 강화되어 갔기 때문에 자발적 참여보다는 일상적 행사로 받아들이기 시작했다. 정치사상교양도 마찬가지였다. 유치원 이후부터 똑같은 내용의 사상교양을 주입받으면서 정치사상교양 자체가 형식화되기 시작했다는 것이다. 1980년대 들어 상대적으로 속도보다는 균형적 성장과 인민소비품 생산의 증대를 강조했지만, 1990년대 들어 북한 경제는 '하루

125 속도전식 대중운동은 모범 창출, 확산의 과정을 통해 전개되었다. 이 과정은 소수의 공장에는 계획의 초과달성을 의미했지만 전체 경제적으로는 병목현상의 심화를 의미했다. 제한된 자재와 원료가 일정 시기에 집중적으로 사용된다는 것은 다른 시기 가동중단의 원인으로 작용할 수밖에 없다. 생산속도가 공장별, 공장 내 생산공정별로 차이가 난다는 것은 어느 한 부분에서 병목을 가져와 전체 경제의 병목으로 이어지는 것이다(세종연구소 북한연구센터 엮음, 2005, p. 218).

한 끼 먹기 운동'이 펼쳐질 정도로 돌이킬 수 없는 상태로 치닫게 되었다.

북한 경제난의 이면에는 주민들에게 김일성·김정일의 생일에 선물을 주거나, 각종 훈장 및 영웅칭호, 공직을 하사하면서 무한의 충성을 요구하는 시혜와 충성의 관계에서 비롯된 비합리적인 관리방식이 내재해 있다. 모든 사회경제적 관계가 충성과 은혜의 교환관계와 훙정관계에 기반을 둠으로써 정치적 지배구조와 경제체제의 운영이 합리성보다는 자의적으로 흘렀으며, 중앙집중식 명령형 계획경제시스템이 실제로는 '계획의 무계획성'에 의해 지배되었다. 결국 북한 체제의 한계는 외형적으로 드러난 경직된 지배구조와 사회 내 모두의 삶을 유지시켜 주는 도덕경제의 어긋난 결합에 있었다고 할 수 있다.

## 5.2. 분배를 둘러싼 도덕담론과 경제적 불평등

사회주의 체제의 도덕경제적[126] 면모는 선물의 '증여'와 '답례'의 교환관계에 기초한 상호호혜와 재분배의 원리로 설명할 수 있다. 마르셀 모스는 선물의 교환은 줄 의무, 받을 의무, 보답할 의무라는 세 가지 불문율에 기초하고 있다고 본다. 선물은 명시적으로는 자발적이지만 실제로는 강제적으로 주고받는 것이며, 외관상으로는 자유롭고 무상인 것처럼 보이지만 실제로는 강제적이며 타산적인 것이다. 선물들은 뚜렷한 상품시장을 갖지 않는 사회에서도 서로 교환되고 재분배되며, 이로써 평화가 유지되고 때로는 결속력과 우정이 유지되며, 의무와 부담을 발생시키기도 한다.[127]

이런 원리를 국가 차원에서 보면 권력자는 호혜의 원리를 통해 정치적 자원을 획득하며 선물을 통해 매개되는 정치적 관계는 주로 '도덕담론'을 내포한다. 권력자는 선물을 통해 인민들에게 충성과 노동의 자발성을 요구하고 지지자들은 선물의 보답으로 충성을 바친다. 인민들은 권력자의 덕행에 대해 자신의 피보호자로서의 속박에 안주한다. 결국 국가는 권력의 정당

126 '도덕경제'에서 도덕은 사전적 의미의 '옳고 그름의 영역'은 아니다. 여기서 도덕은 삶을 살아가기 위해 '국가의 지배논리' 또는 '헤게모니의 영역'을 벗어난다는 차원에서 국가지배가 갖는 '법적 성격'을 벗어난다는 차원에서 도덕이다. 그것은 법이나 국가지배논리가 아니라 생존 차원의 도덕적 관계, 형식성이 아니라 비형식성 또는 관습성이 내재된 것을 의미한다(홍민, 2005 여름, p. 1).

127 홍민(2005 여름), p. 4.

**표 4-6 북한의 식량배급기준**

| 직종 및 구분 | 배급량(g) | 혼식비율(백미 : 잡곡) |
|---|---|---|
| 당 및 정권기관 간부 | 700 | 10:0 |
| 특수군인(경보병) | 800 | 7:3 |
| 군인 | 700 | 2:8 |
| 중노동자 | 800 | 2:8 |
| 일반노동자, 사무원 | 600 | 2:8 |
| 대학생 | 600 | 2:8 |
| 고등중학생 | 500 | 2:8 |
| 인민학생 | 400 | 2:8 |
| 유치원 이하 아동 | 300~100 | 2:8 |
| 부양가족 등 무직자 | 300 | 2:8 |

자료: 북한연구소 편(1994), p. 77.

성과 통치, 동원의 명분을 자신이 행하는 덕행(생계보장)의 담론을 통해 얻고 인민들에게는 이에 대한 보답으로 근면한 노동과 생산을 요구하는 담론을 유포시킨다.

이런 상호호혜와 재분배시스템은 사회주의 체제의 국가-인민관계를 구성하는 상징적인 힘을 지니고 있었다. 사회주의 체제에서 지도자에 대한 숭배는 마르크스-레닌주의에 입각한 이데올로기적 기반에 의한 것이라기보다는 인민들에게 그들의 지도자, 당, 국가로부터 헤아릴 수 없이 큰 은혜를 입고 있다는 담론을 전파하는 과정의 산물이었다. 이는 혁명전통이 지도자로 인격화되고, 국가로부터 필요한 물품과 서비스를 분배받은 인민들은 그 답례로 노동을 제공할 의무를 진다는 왜곡된 도덕경제적 담론과 그 믿음을 성역화하고 일상화하는 과정의 산물이었다. 그것은 노동의 공적 의무와 충성의 이유를 국가와 지도자의 은혜로 치환하는 것이었다.

북한에서 도덕담론에 입각한 충성과 노동의 보답논리는 해방 직후부터 강조되어 왔다. 토지개혁으로 인한 대중적 지지와 '애국적 노동'의 강조, 한국전쟁 이후 전후 복구부터 1960년대까지 생산과 노동에 대한 담론은 주로 국가와 사회, 인민의 이익에 근거를 두고 있었다. 가령 과거 낡고 게으른 '소유자적' 노동관성에서 국가와 사회 전체의 이익을 소중히 여기는 '인민도덕'이 강조되었고, 증산투쟁과 생산계획 수행은 '성스러운 공민의 의무로, 사회주의 경제건설 시기에는 '새로운 사회주의 인간형'의 '새로운 도덕'으

**표 4-7 북한의 계층별 주택구조**

| 구 분 | 주 택 형 | 가옥구조 | 입주대상자 |
|---|---|---|---|
| 특호 | 독립고급주택 | 독립식 단층 또는 2층주택<br>정원<br>수세식 화장실<br>냉온방장치 | 중앙당 부부장급 이상<br>정무원 부부장급 이상<br>인민군 소장급 이상 |
| 4호 | 신형 고층아파트 | 방 2개 이상<br>목욕탕 및 수세식 화장실<br>베란다, 냉온수 시설 | 중앙당 과장급 이상<br>정무원 국장급 이상<br>대학교수<br>인민군 대좌<br>문예단체 간부<br>기업소 책임자 |
| 3호 | 중급단독주택 및 신형 아파트 | 방 2개<br>부엌<br>창고 | 중앙기관 지도원<br>도단위 부부장급<br>기업소 부장 |
| 2호 | 일반아파트 | 방 1~2개<br>마루방 1, 부엌 1 | 인민학교, 고등중학교 교장<br>일반노동자, 사무원 |
| 1호 | 집단공영주택 | 방 1~2개, 부엌 1 | 말단 근로자 및 사무원 |
| | 농촌문화주택 | 단층 연립주택<br>방 2, 부엌 1, 창고 1 | 협동농장원 |
| | 구옥 | 방 2~3개의 농촌 기존 구옥 | 변두리 농민 |

자료: 통일부(1995), p. 290.

로서 노동이 강조되었다.[128]

1960년대에 들어서면서 도덕담론의 중심에 '수령'이 등장하기 시작하는데 북한 사회에서 도덕은 '자신에게 정치적 생명을 주고 행복을 준 수령을 받드는 것'이 되었다. 이른바 수령-당-대중은 운명을 같이 하는 하나의 생명체라는 의미에서 '사회주의적 생명체'로 표현되었고 노동에 대한 헌신은 수령에 대한 충실성의 표현이었고 도덕이 되었다. 1990년대 들어 사회주의권이 붕괴된 이후 도덕담론은 '비사회주의적 현상'에 대한 비판의 도구로 바뀌게 된다. 이른바 사회주의에 대한 배신은 사회주의적 신념을 도덕화하지 못한 탓이며 인민들의 신망을 저버리는 '비도덕적 행위'로 지적된다.[129]

128 김일성, 「천리마 기수들은 우리 시대의 영웅이며 당의 붉은 전사이다」(1981), p. 257.
129 김정일, 「사회주의에 대한 훼방은 허용될 수 없다」(1998), p. 352.

이 같은 도덕담론들은 노동현장에서 생산운동의 형태로 구현되었다. 현존했던 사회주의 체제들은 대부분 도덕적 동기부여에 호소하는 생산운동을 전개해 왔다. '사회주의 노력경쟁운동'은 모두 국가가 부여한 '도덕적 이유'에 기초를 두고 있었다.

대부분의 사회주의 국가에서 1년간 생산과 노동의 주기는 지도자의 탄생일이나 국가기념일에 맞추어 진행되었다.[130]

북한에서 1년간의 경제운영과 노력동원은 연초에 각 단위에서 이루어지는 '생산궐기'로 시작해 각종 생산운동과 노력경쟁운동을 최고지도자의 탄생일, 공화국 창건일, 당창건일이라는 일련의 국가기념일에 맞추어 이루어진다. 생산은 최고지도자의 탄생일과 국가기념일을 "성대하게 빛내기 위한" 목표 속에서 이루어지고, 각종 매체에 자주 등장하는 최고지도자가 전하는 선물과 감사의 메시지는 생산에 대한 도덕적 평가와 보답의 원리에 입각해 있다. 수령의 탄생일과 국가기념일로 가득 찬 일년의 주기는 공적인 국가의례가 하나의 국가적 시간이자 사회적 리듬을 구성하는 구성요소들임을 보여 준다.

또 최고지도자의 탄생일에 전국으로 전달되는 '선물'이나 간부들에게 특별히 주어지는 '선물'도 이런 원리에 입각해 있다. 주민들을 상대로 한 '선물'의 중요성은 정치적 의미를 갖는데, 최근까지 모든 생산단위에서 생산을 하지 못하더라도 '선물'을 위한 예비는 남겨 두게 하는 것에서도 나타난다. 그것은 선물이 '베풂'을 행하는 최고지도자를 알리는 상징적 의미를 갖기 때문이다. 또 간부들을 대상으로 한 '선물'도 마찬가지이다. 가령 '65호 공급대상'이란 3급 기업소 지배인에 해당하는 간부부터는 일반주민과 달리 일상적으로 별도의 추가 생필품을 배급받는 것을 의미하며, 1급이나 특급 기업소 지배인이 되면 '4호 공급대상'으로 더 많은 공급을 받으며 명절마다 별도의 선물을 받는다.[131]

최고지도자의 현지지도 역시 도덕적 의미를 내포한다. 최고지도자는 현

130 소련에서의 '사회주의 경쟁운동은 1920년대 후반에 제도화된 이후 최고지도자의 탄생일, 공화국 창건일, 당창건일 등에 맞추어 진행되었다. 이 노력경쟁에 대한 보답은 최고지도자의 이름으로 또는 국가의 이름으로 전달되는 선물(지도자의 감사 메시지, 물질적 보상, 노동영웅 칭호 수여 등)을 받는 것은 타인에 대한 모범이 되어 '태만한 자, 게으른 자, 이기적인 인간'을 분쇄하는 정치도덕적인 존재로 승화된다.

131 김승철(2004. 5), p. 175.

지지도를 통해 정책방향의 결정은 물론이고 계획경제에서 야기되는 불확실성을 현지교시로 대체한다. 최고지도자와 대중의 관계는 생산에 대한 도덕적 계몽의 교시자와 교시의 실천자로 담론화된다. 결국 계획의 수행은 최고지도자의 교시로 시작하는 대규모 생산운동과 증산투쟁으로 봉합된다. 그것은 생산과 노동이 최고지도자와 국가에 의해 부여되는 도덕적 임무와 노동의 답례, 선물의 보답이라는 일련의 과정을 통해 이루어지는 것임을 의미한다. 선물은 교환되고 답례의무는 노동시장의 기능을 대신하게 되었다.

지금까지 북한의 국가와 사회는 서로 생산과 노동에 대한 도덕적 담론을 부여하고, 이를 통해 국가는 권위 또는 권력의 도덕성에, 그리고 주민들은 '보호'와 '수혜'의 담론에 안주해 왔다. 국가는 대중에게 생산과 노동에 대한 도덕적 담론을 부여하고 사회는 국가에 대해 보호와 수혜의 의무를 부여하는 것이다. 이는 국가와 사회가 상호 광범위한 '보호와 속박'의 관계를 통해 결합되어 왔음을 의미한다.

## 5.3. 경제적 불확실성 심화과정에서의 사회적 불평등

북한의 산업화 과정과 계획경제 운영은 연줄망과 관계문화가 지배하는 인격적 관계로 이루어져 있다. 모든 경제운영과 관리의 실질적 작동은 자의적인 관료적 조정과 결단, 모호한 책임영역의 그늘 속에서 이루어졌다. 그 속에서 모든 경제활동은 경제관리와 생산과정에서 발생하는 불확실성을 인격적 관계 안에서 흡수하고 봉합하는 과정이었다. 이런 연줄망은 계획경제 자체의 무계획성과 불확실성, 감시와 통제를 특징으로 하는 정치상황 속에서 관료·노동자·농민 등 모두의 생존에 중요한 역할을 했다.

이런 연줄망과 관계문화 속에는 관료제의 상호호혜와 재분배의 원리가 작동한다. 상호호혜의 관계는 관료제의 수직적 위계와 수평적 층위 모두에서 발견된다. 상부단위로서의 역할은 자기의 하부단위가 자신의 필요에 순응하는 복종적인 위계에 있기를 바라고 때로는 자신의 필요에 헌신할 것을 원한다. 모든 수직적 위계 층위에서 각 단위들은 '보호'와 '자기보존'이라는 목적을 통해 인적 연줄에 기반을 둔 상호호혜적 관계를 맺는다. 결국 이들은 보호와 자기보존을 둘러싸고 공모와 담합의 협력관계로 복잡한 연줄망을 구성하고 있는 것이다.

이런 공모와 담합 속에서 거래되는 도움과 보호, 협력은 당장의 이해를 위해서 뿐만 아니라 앞으로 자신이 처할 수 있는 상황에 대한 보험의 기능도 한다. 따라서 모든 수직적·수평적 층위에서 형성되는 관계는 대칭적이든 비대칭적이든, 상호호혜에 토대를 둔 자기보존의 이해가 개입되어 있다. 이들은 상호간의 도움과 답례 관계를 통해 의무와 기회주의적 행동을 제재할 수 있는 도덕적 공감대를 만들어 낸다.

이러한 연줄망과 인적 관계는 관료계선의 복잡성으로 인해 더욱 조장된다. 가령 북한에서 공장의 경우 행정계통으로는 지구계획기관, 부문행정기관, 지역행정기관이라는 각각 3개 계선의 지시와 통제를 받고, 당계통에서는 지구계획당위원회, 부문당위원회, 지역당위원회라는 3개 계선의 통제아래 놓여 있다. 이들 상급기관의 지시와 통제는 단일하거나 명확한 것이 아니라 중첩되어 있고 어느 하나에 복종적일 수 없는 체계로 이루어져 있다.

따라서 관료적 조정 안에서 재분배는 정보의 부족, 중첩된 명령계통의 복잡성, 책임과 권한의 불명확성 등으로 인해 공식적인 제도적 규범보다는 인간적 요소와 은혜와 보답의 관계를 통해 이루어진다. 이 속에서 성립하는 관계는 인물적 충성-복종의 관계, 후견-피후견의 관계, 친구관계 등의 사적 요소가 개입될 수밖에 없다.[132] 안면관계 속에서 성립된 충성과 보호의 그물망은 상호 행동규범과 정보를 공유하며, 기회주의적 행동에 대한 제재의 효과를 비공식적으로 갖는다.

이런 각종 본위주의와 가족주의 현상들은 자기단위와 관련해서는 위험을 회피하고 문제를 은폐하려는 행위로 나타난다. 북한에서 공장·기업소 지배인이 성공하려면 '위험한 모험정신'을 버리고 자신이 믿는 계선의 상부에 철저히 따르는 한편, 비공식적인 연줄망을 갖고 공장·기업소의 경영에서 나타나는 문제점들을 철저히 감추는 것은 상식에 속한다. 그것은 생산의 문제일 뿐 아니라 사회주의 사회에서 한 개인의 삶 자체가 연줄과 뇌물, 공모 담합 등 상호호혜적 관계에 의해 유지될 수밖에 없기 때문이다.

북한은 1990년대 들어 극심한 경제난 속에서 기존의 연줄망과 관계문화, 관료들의 심성도 생존 차원에서 큰 변화를 보이고 있다. '고난의 행군' 이전의 생존은 극히 결핍된 공식적인 공급의 범위 내에서 생산의 파동성이

[132] 박형중(2002), p. 257.

나 불확실성을 봉합하기 위한 공모와 협력이라는 성격을 띠었지만, 그 이후의 생존은 국가의 공식적인 공급이 중단된 가운데 공적 구성력이 사적 활동을 통해 이루어지는 관계를 만들어 냈다. 당과 행정기관 역시 공급능력을 상실하면서 사실상 공장·기업소·농장 등에 대한 통제보다는 이들의 사적 활동을 묵인하거나 공모하는 관계가 되었다. 또 개인 차원에서도 '생존'은 사적인 경제활동 없이는 이루어지기 힘든 상황이 되었고 그것은 사적 경제활동을 위한 광범한 연줄망을 형성하게끔 했다.

이 과정에서 당-행정기관은 물론 인민보안성과 같은 주민통제기관들도 기업이나 농장, 주민들의 사적 경제활동에 기생하며 사는 관계가 만들어졌다. 재분배가 오히려 위로부터 내려오는 것이 아니라 아래단위에서 자체 생존 차원에서 만들어 낸 것에 당-행정기관이 기생하며 권력을 통해 착복하거나 자신의 사적 경제활동에 활용하는 것이다. 총체적으로 국가 행정기관-당기관-주민감찰기관-생산단위-주민들 간에는 사적 경제활동을 놓고 서로의 이해와 생존을 위한 묵인과 협력, 공모관계가 복잡하게 성립되는 것이다. 결국 뇌물과 안면을 수반한 도덕적 공모관계가 현재 북한 사회를 구성하는 사회적 관계의 현실이 되고 있다.

### 노동자들의 노동과정에서 이중적 태도의 만연

북한에서 노동자들의 과중한 작업과정에 대한 본능적 방어의 몸짓은 '느리게 움직이기', '시간때우기', '게으른 속도전', '겉날림 수법' 등의 형태로 표출되고 있다. "담배 한 대 피워 물면 1시간쯤은 그냥 간다"는 증언은 이런 경향이 보편적인 행동임을 짐작하게 한다.[133] "젊어서 꾀병은 늙어서 보약"이라는 생각은 공을 세우더라도 대개는 초급당비서나 직장장, 세포비서들의 몫으로 돌아가고 노동자가 어떤 대가를 받는 것이 아니기 때문에 노동자들은 시간이 빨리 가면 좋겠다는 생각밖에 없다는 것이다. 이는 심리적 보상이나 물질적 보상이 공정히 평가되지 못하는 현실을 반영하는 것이다.

특히, 1990년대에는 돈의 가치가 형편없이 떨어지면서 노력공수에 대해 신경 쓰지 않는 분위기가 팽배해졌다. 따라서 "엄하게 처벌당하거나 식량배급이 끊기게 되는 무단결근 등의 행동을 하지 않는 대신에 작업장에 나와도

133 정기해, 「탈북자 인터뷰」, 중앙일보, 1995. 4. 6.

느릿느릿하고 얼빠진 사람들 같은 작업밖에 하지 않는" 것이다. '70일 전투', '200일 전투' 등의 노력경쟁운동도 시작하고 나서 며칠만 지나면 시들해져 시간만 때우는 일상이 반복되어 노동의 질적 향상에는 도움을 주지 못한다고 한다. 한 증언자는 200일 전투에서 계획의 절반도 이루지 못했으며 노동은 능률 위주의 노동이 아니라 시간때우기 식이었다.[134]

또 노동과정에서의 생존전략은 '무식한 체 하기'로도 나타난다. 그것은 창의적 고안이나 기술적 창안을 거부하거나 작업과정의 효율성을 의도적으로 회피하는 것이다. 효율성 제고는 책임량의 더 많은 제고를 의미하지만 '잘 안다'는 것이 작업에 대한 책임의 더 많은 부과를 의미하기 때문이다. 따라서 노동자들은 기계고장의 경우에도 '무식한 체 하기'를 통해 기계고장의 책임을 면피하는 보호막을 치고 부주의나 무관심에 의해 기계고장이 발생할 경우 기술자를 부르지 않거나 교대자에게 은근히 전가하기도 한다고 한다.

사회주의 노동세계에서 개별화된 경쟁과 사회관계를 유도하기 위한 여러 가지 교묘한 감시장치와 당적 평가 등 정치적 압박은 노동자들에게 더 큰 불안과 무력감을 줄 뿐이었다. 그들은 경쟁과 갈등적 상황, 정치적 압박의 해소를 위해 다양한 형태의 농담질, 장난질, 싸움질과 공공연한 자기과시를 행하고, 작업장에서는 작업과 관련된 일상화된 사적 활동이나 관행을 개발하고 이에 집착함으로써 자기정체성을 확보해 나가려고 했다.[135]

한편, 노동자들이 정체성을 확인하는 방법 가운데는 '작업반 본위주의', '생산공정별 본위주의' 등과 같은 집단적인 형태도 있었다고 한다. 본위주의는 부서 간의 집단적 이기주의의 표현이자 부서의 생산과정을 안정적으로 유지하기 위한 것이었다. 공장 간 본위주의라고 하면 자기생산품, 원자재들을 필요 없는 것까지도 쌓아 두고 있는 것이다. "철판이 남아도는데 그거 주기 아깝다. 그 철판 하나 받아오는 것이 하늘의 별따기다. 그것을 받는 데 들어간 수공이 막대한데 애쓰고 가져온 것을 자기 쓰고 남는다 해서 훨훨 주기 아깝다. 술 사 주고, 숱한 노력 들어 있고, 밤새 안 자고 등짐 메다시피 가져왔는데 누가 그저 내놓겠는가. 그러나 국가적으로 보면 이런 행위는 죄악이다. 그렇지만 안 내놓는다. 창고에 갖다 놓고 다 썩어서 없어져

134 리민복, 「탈북자 인터뷰」, 『통일한국』, 1996. 2. 홍민(2005)에서 재인용.
135 조동호(2000. 11), p. 9.

버리는 한이 있어도 내놓지 않는다"[136]

노동자들의 집단적 형태의 정체성 시위는 지방 간의 성향 차이를 부각시키는 것으로도 나타난다. 각 도의 사람들이 모이는 집단이나 노동현장에서는 지역끼리 편을 갈라 갈등하는 경우가 종종 발생했다. 각 지방에 따라 보이는 기질과 성격, 습관을 은유한 별칭으로 만들어 내는가 하면, 이들은 암묵적으로 지역·인맥·돈·지위로 묶여 서로 간의 정서를 인위적으로 공감하는 형태로 집단적 정체성을 확인하고는 한다.[137]

## 6. 소 결

제4장에서는 1974년 2월 조선노동당 중앙위원회 제5기 8차 전원회의에서 김정일이 후계자로 공식화된 이후 1994년 7월 절대권력자 김일성이 사망할 때까지의 기간 동안 김정일이 김일성으로부터 통치권을 이양 받아가는 과정에서 행해진 극단적인 우상화 정책이었던 수령제 정치체제의 제도화와 전 사회의 유사 종교집단화 추진, 잠재적 체제저항세력에 대한 가혹한 격리수용정책, 장기적인 경기침체에서 비롯된 북한의 사회불평등구조를 살펴보았다.

제1절은 1960년대 후반 이후 1970년대 초에 김정일 후계체계가 태동해서 1980년 공식화될 때까지를 다루었는데, 이 시기는 1960년대 중반 이래 김일성 유일체계가 공고화되고 김일성 우상화가 체계적으로 행해지는 가운데 김정일이 정적들을 제거하면서 지도자로 부상하는 시기였다.

김정일은 세습체계 구축에 영향을 미칠 가능성이 있는 주민들의 동요를 효과적으로 차단하고 한층 더 복종을 제도화하기 위한 우상화 행동강령인 '유일사상체계확립을 위한 10대원칙'을 제정하고 전국의 모든 관공서나 학교, 공장, 협동농장 등 40여 만 곳에 '김일성혁명사상학습실'을 만들어 놓

136 서남일, 「탈북자 인터뷰」, 『통일한국』, 1996. 6.
137 김승철, 「탈북자 인터뷰」, 『통일한국』, 1996. 6.

고 참배하고 학습하도록 했다. 이 절에서는 이 과정에서 생겨난 주민들의 심리적 억압의 양태를 살펴보고, 주민성분분류의 완성에 따른 사회불평등구조의 공고화 과정, 김정일 후계체계 확립을 위해 전위대 역할을 한 3대혁명 소조원들을 통한 노장간부의 강제 퇴출과 청산과정을 통해 시스템화되지 않은 벌거벗은 권력의 폭력성을 분석했다.

제2절에서는 수령제 정치체제란 어떤 특성을 지니고 있고 정치적 불평등을 어떻게 심화시켜 나갔는지를 분석했다. 수령제란 당과 인민 위에 군림하는 최고지도자인 수령에 대한 개인숭배를 전제로 지배-피지배 관계를 형성하여 수령의 유일적 영도를 구현하는 것을 목적으로 한 정치체제로, 이를 위해 체제 내적으로 우상화에 기반을 둔 통치 이데올로기를 재생산하는 권력구조로 규정할 수 있다.

수령제하에서는 최고지도자인 수령에게 전체 사회구성원이 의탁해야 하고 수령과 인민 사이에는 전통적인 지배관계가 형성된다. 당에서는 이데올로기나 선전선동의 모든 수단을 동원해 세뇌·학습시킴으로써 수령과 인민 사이에는 사랑과 의리와 충성, 온정과 효행, 즉 은혜와 보답의 교환관계가 성립된다. 따라서 수령제 사회주의에서는 민주적이고 합리적인 인간관계의 준거가 아닌 수령의 탁월한 영도에 보답하는 충과 효의 논리가 지배하게 되는 것이다.

이러한 체제에서 수령은 신과 같은 존재로 인식되기 때문에 체제는 유사 종교국가의 양태를 띠게 되고 의식과 제전이 수반되며, 수령은 모든 일상사의 중심이며 핵이자 뿌리로서 개개인의 관계나 행동양식을 규정하고, 사회 전체가 수령을 위해 존재하는 구조로 변화되어 간다. 수령제는 극단적인 개인숭배와 1인 절대권력, 동원체제 등에 기반을 두면서 사회주의 체제에서 최고지도력의 주체인 당을 수령의 통치도구로 전락시켜 버리게 된다.

사회주의 체제 사회불평등구조는 대부분이 정치권력의 운용방식에서 비롯된다는 측면에서 볼 때 1980년 이후 김일성 사망시까지 북한에서 행해진 수령제 정치체제하에서 비롯된 비합리적이고 불평등한 권력행사에서 나타나는 정치적 측면의 불평등구조는 매우 심각하다는 것을 살펴보았다.

제3절에서는 김일성 우상화가 종교양식을 띠면서 사회 전체를 유사 종교집단화해 나간 과정을 살펴보면서 사상의 자유라는 기본권적 인권의 억압이 북한 사회의 다양성을 말살하고 사회불평등구조를 심화시켜 가는 과

정을 분석했다. 북한 당국은 북한 전역에 있는 당·정·군청사, 학교·공장·사회단체의 사무실 40여 만 군데에 김일성혁명사상학습실을 차려놓고, 일주일에 두 번씩 기독교의 예배모습과 매우 유사한 방식으로 김일성 유일사상체계확립을 위한 10대원칙에 비추어 자아비판이나 상호비판을 통해 김일성에 대한 충성을 서약하게 하고 있다.

북한 주민들은 종교시설과 집회, 모임을 통해 수령제 정치·사회구조를 받아들이게 되며 상황강제 및 장기적인 반복학습효과에 의해 스스로 복종을 원하는 상황으로 자신을 변화시켜 가게 된다. 이 과정에서 발생한 당국의 사회통합의지를 관철시키기 위한 정치사회화 차원의 의식강요와 주민들의 이중적 태도분석을 통해 사회심리적 차원의 불평등현상을 살펴보았다.

제4절은 김정일이 잠재적인 체제도전세력에게 행한 광범위한 격리조치로 인해 정치범수용소에서 가혹한 노동에 시달리는 주민들이 느끼는 박탈감과 사회불평등의식을 살펴보았다. 1980년대 북한 사회가 지녔던 높은 수준의 통합력 유지에는 잠재적 체제저항세력으로 분류된 주민들의 강제적인 집단이주, 정치범수용소 수용, 강제노동으로 대변되는 반인권적 공포정치가 숨겨져 있다는 점을 알 수 있다.

북한 체제에서 개인주의는 이기주의로 취급되어 비판대상이 되고 있으며 기본권적 자유에 대한 향유 의지 자체를 범죄시하고 있다. 최고권력자 자의에 의해 체제저항 의지를 지닌 사람으로 분류되어 격리된 주민들은 사회불평등 차원의 문제가 아닌 생존의 위기를 넘나들면서 생활하고 있다. 이 절에서는 특별독재대상구역의 운영실태분석을 통해 기본권적 자유가 전면 말살된 상황에서 발생한 극단적인 사회불평등구조를 살펴보았다.

제5절은 경제위기가 장기화·구조화되면서 국가의 공식 배급체제에 문제가 생기면서 부족한 자원을 놓고 분배의 차별화 현상이 벌어지면서 생겨난 사회불평등현상을 살펴보았다. 배분의 불평등은 모든 사회주의 국가들에서 보편적으로 있어 온 현상으로 이 문제가 심화되면서 소련 등 동유럽 사회주의 국가들은 체제가 무너지고 자본주의 체제로 전환하게 되었다. 북한의 경우 국가권력 상층부로 갈수록 최고권력자로부터 다양한 지원을 받게 되어 잘 살지만 노동자·농민의 경우는 기아선상에서 힘든 생활을 영위하는 등 분배구조를 둘러싼 사회불평등은 매우 심각한 수준이다. 이 절에서는 삶을 영위하는 데 있어 가장 기본적이면서도 중요한 의식주와 생활필수품 분

배를 둘러싼 북한 당국의 의지와 주민들의 도덕담론을 통해 매우 심화된 경제적 차원의 사회불평등현상을 살펴보았다.

5

# 김정일 정권하 총체적 위기와 사회불평등구조의 정치적 함의

Chapter 5

1980년대 후반부터 시작된 동유럽 사회주의권 국가들의 자유화 물결은 독일을 통일시키고 소련마저 붕괴시키는 격변을 가져왔고 중국도 개혁·개방 대열에 동참하게 만들었다. 1990년대 이후 지구상에서 사회주의를 표방하는 공산국가는 북한·쿠바·베트남 등 몇몇 국가로 축소되었다.

북한에게 있어 사회주의권 국가들의 자유화는 엄청난 충격이었다. 사회주의 형제국이라고 해서 우호가격으로 석유를 제공하던 러시아는 경화결제를 요구하면서 1991년부터 송유관의 파이프를 잠가 버렸고, 중국도 석유수출량을 크게 줄이면서 북한은 에너지 수급에 큰 차질이 빚어져 에너지 위기를 맞았고, 에너지 위기는 공장가동률을 30% 이하로 떨어뜨려 막대한 생산차질을 초래하게 되었다. 게다가 엎친 데 겹친 격으로 1994년 7월 절대권력자 김일성이 사망함으로써 불행이 하나 더 겹치고, 1995년부터 3년에 걸친 홍수 등 극심한 자연재해는 북한 주민들을 수백만 명씩 아사시키면서 '고난의 대행군'이라는 엄혹한 시련의 한 가운데로 내몰게 되었다.

이러한 고난의 한 가운데에서 진행된 김정일의 권력승계는 극심한 식량난의 와중에서 '신적 권위'를 유지해 왔던 김일성의 '절대적 지위'의 승계라는 점에서, 김일성을 어버이로 믿고 의지해 왔던 주민들의 심리적 공황상태를 어루만져 주어야 하는 시점이라는 점에서 신중을 기하면서 추진될 수밖에 없었다.

북한 당국은 극단적인 식량난과 에너지 위기에 기인한 국가배급체계의 마비로 인해 2002년 7월 1일을 기해 국가배급체계의 공식 폐기와 암시장가격에 물가를 맞춘 가격현실화 조치, 연합기업소 폐지와 기업소별 독립채산제 강화에 따른 분권화와 인센티브제 도입 등을 주요 내용으로 하는 '7·1 경제관리개선조치'를 발표하고 경제회복에 총력을 기울이게 된다. 그 과정에서 김정일은 '광폭정치와 인덕정치'로 표현되는 전술적 포용과 '선군정치'라는 군을 앞세운 강압통치를 통해 체제유지를 모색하게 된다.

이 기간은 10여 년이라는 비교적 짧은 시기이지만 이 기간 동안 북한체제가 경험한 변화는 이전의 50년을 능가한다는 점에서, 이 기간에 행해진 사회불평등구조의 양태를 고찰해 보는 가운데 사회불평등구조의 향후 추이가 북한의 장래에 미칠 수 있는 정치경제적 함의를 살펴보고자 한다. 제1절 김정일 정권 등장기의 총체적 위기와 새로운 불평등구조의 발생에서는 김일성 사망에 따른 주민들의 심리적 공황사태 발생, 식량난으로 인한 사회체제 이완과 사회불평등구조의 심화, 유훈통치와 강성대국론을 통한 사회통합 노력 등으로 나누어 극심한 식량난과 복잡군중의 유민화(流民化) 과정에서 생겨난 극단적 결핍상황에서의 생존투쟁을 계층 간 사회불평등구조 차원에서 다루고자 한다.

제2절 생존을 위한 상호작용 과정에서의 불평등에서는 북한 당국의 체제유지를 위한 사회불평등구조의 적극적 활용과 주민들의 생존을 위한 일탈행위를 살펴보고 책임 떠넘기기 차원에서 행해진 무자비한 공개처형 등 극단적인 공포정치의 유형을 극단적인 생존위기 탈출과정에서 발생한 사회불평등구조, 극단적인 공포정치의 자행에서 비롯된 사회불평등의식으로 나누어 살펴본다.

제3절 국가배급시스템 포기에 따른 불평등의 심화에서는 고위간부와 중하급 관료 사이, 군과 주민 사이, 주민과 주민 사이의 부패양태에서 파생되는 사회불평등현상을 분석하고 경제위기 이후 가족 생계부양자로서 여성들의 이중노동과 성의 도구화 양태까지를 생존을 위한 부패구조에의 적극 가담과 공모라는 차원에서 분석한다.

제4절 간부충원을 둘러싼 사회적 갈등과 불평등 심화에서는 관료충원의 특성인 연좌제, 체제위기에 따른 간부와 주민의 공생관계 형성, 권력엘리트 집단의 갈등심화 형태를 엘리트 충원구조를 둘러싼 간부들 사이의 갈등관계를 통해 살펴본다.

제5절 2000년 이후 생존모색기의 사회불평등과 정치경제적 함의에서는 정치·경제·사회적 측면에서 2000년 이후 새롭게 발생한 사회불평등현상에는 어떤 것이 있으며, 사회영역은 새롭게 발생하는 불평등현상에 어떻게 대응하고 있는지, 사회불평등구조를 둘러싼 상호작용의 역동성이 북한 당국의 정책선택에 미치는 영향은 무엇인지를 분석하고자 한다.

# 1. 김정일 정권 등장기의 총체적 위기와 새로운 불평등구조의 발생

## 1.1. 김일성 사망에 따른 주민들의 심리적 공황상태 발생

1994년 7월 8일 오전 2시 북한의 절대권력자 김일성 주석이 사망했다. 북한 당국은 사망 34시간 만인 7월 9일 낮 12시 특별방송을 통해 이 사실을 발표하면서 사망원인에 대해 "겹쌓이는 헌신적인 과로로 인해 7월 7일 심한 심근경색이 발생되고 심장쇼크가 합병되었다"고 발표했다. 북한은 사망 11일 후인 7월 19일 영결식을 갖고 김일성의 시신을 과거 소련의 레닌, 중국의 마오쩌둥(毛澤東)의 경우와 같이 미이라 형태로 금수산의사당(주석궁)에 안치했다.

이 때는 남북정상회담을 20일도 채 안 남긴 시점으로 전혀 예측할 수 없었던 사건이었고 북한으로서는 엄청난 충격이었다. 김일성은 사망 직전까지 왕성한 활동을 한 것으로 알려졌다. 김일성은 6월 평양을 방문한 카터 전 미국 대통령과 16일, 17일 두 차례 회담을 가진 것을 비롯해 해외대표단을 접견했으며, 7월에도 요르단 대사로부터 신임장을 받았다. 7월 6일에는 경제부문 책임일꾼 협의회를 주재하고 북한 경제에 대한 부문별 대책을 제시했던 것으로 알려졌다.[1]

이 날의 교시는 '7·6유훈교시'로 불리는데, "시멘트 생산증가, 함남·함흥지역의 화학공업기지를 강화해 화학제품 생산을 늘릴 것, 새로운 형태의 발전설비를 더 많이 생산할 것 등 경제분야의 현안을 종합적으로 지적했으며, 특히 당시 건설중이던 단군릉 공사를 조기에 완공할 것과 '나진·선봉 자유경제무역지대' 개발에 역점을 둘 것을 강조"한 것으로 알려지고 있다. 이것은 후에 김일성의 '유훈교시'로 철저한 관철이 강조되었다.

김일성 사망에 대해 북한 주민들은 실제로 자기 아버지가 사망한 것보

[1] 임영태(1999), pp. 283~288.

다 더 슬플 정도로 비탄에 잠겼다. 김일성이 생전에 가장 역점을 둔 분야가 바로 선전·선동이었다. 장기간에 걸친 세뇌교육과 우상화 선전으로 김일성 자신은 신격화되었으며, 주민들의 인성 또한 김일성에 무조건 맹종하도록 사회화되어 있었다. 심지어 주민들은 수령이 죽지 않고 '영생'할 것으로 믿었으며, 김일성이 사망하자 북한 전역이 슬픔으로 뒤덮였고 김일성 동상 앞에서 오열하던 수많은 사람들의 눈물은 어버이인 지도자를 잃은 충격 그 자체였다.[2]

> "차에서 내려 주석궁 현관에 들어서는 순간 저는 깜짝 놀랐습니다. 안에서 터져 나오는 통곡소리들이 주석궁 현관의 높은 천장을 때리며 울려 퍼지고 있었던 것입니다. 안으로 들어가니 줄지어 선 조문객들이 차례대로 조의를 표하고 있었습니다. 그들은 대체 몇 십 시간 동안 줄을 서서 이 빈소까지 왔을지 짐작도 되지 않았지만 우리는 해외에서 왔다고 특별히 배려를 해 주어서 한 시간 정도 기다린 후 조문할 수 있었습니다. ……
> 우선 만수대 의사당 앞으로 갔습니다. 의사당 앞 광장은 거기 서 있는 김주석 동상에 헌화하려는 사람들로 꽉 차 있었습니다. 차로는 아예 접근할 수가 없어 내려서 걸었습니다. 발 디딜 틈도 없는 인산인해라 동상 앞까지 가는 것은 아예 포기해야 했습니다. 여자들은 물론이고 청년, 장년을 불구하고 남자들까지 가슴을 쾅쾅 치면서 울부짖고 있었습니다. '위대한 수령님께서 심장마비라니, 이게 웬 말입니까. 제 심장이 무슨 필요가 있습니까. 왜 위대한 수령님께서 돌아가셔야 합니까.' 사람들은 각지에서 온 것 같았습니다. 한 아파트 단지에 들어가 보니 주민들이 모여서 서로 부둥켜안고 울고 있었습니다. 텔레비전을 보니 전국 곳곳의 김주석 동상 주위마다 울부짖는 사람들로 가득 차 있었습니다. 이전에 저는 그 동상들에 대해 좋지 않게 생각했었는데 그걸 보니 만약 저 동상들이 없었다면 이 사람들이 어디 가서 한풀이를 했을까 하는 생각이 들 정도였습니다. ……
> 차를 타보면 운전사도 눈물을 뚝뚝 떨구고 있고 조문하러 가던 할머니가 울다 기진해서 길에 엎어지니까 아들이 달려들어 '어머니', '어머니' 하면서 부축해 일으켜 세우는 광경도 허다하게 봤습니다. 나는 김주석의 죽음의 시점 때문에 그들의 슬픔이 더욱 극에 달했을 것이라 생각합니다."[3]

그의 죽음은 김일성 없는, 즉 수령이 없는 북한의 장래문제에 커다란 충격이 아닐 수 없었다. 1980년대 말부터 사회주의 체제는 이념의 퇴조를

[2] 통일부(2001), pp. 80~81.
[3] 신준영(1994. 9).

맞으면서 붕괴 내지 쇠퇴, 개혁·개방으로의 변신을 꾀하기 시작했다. 특히, 소련의 해체는 그 동안 소련이 북한의 후원세력이었다는 점에서 엄청난 충격이었다. 중국 역시 언제까지나 예전과 같은 '형제국가'일 수는 없었다. 중국으로서는 북한을 '잇몸과 입술'관계로 간주하고 있었다. 그러나 개혁·개방과 함께 한·중수교를 맺음으로써 북한과는 어쩔 수 없이 소원한 관계가 되어 있었던 것이다.

더욱이 혁명화해야 할 대상인 남한의 눈부신 경제발전이 혁명가능성을 더욱 희박하게 하고 있었고 오히려 '흡수통일'을 두려워하게 된 것이다. 이러한 변화추세에 따라 어쩔 수 없이 유엔에도 가입해야만 했다. 대내사정은 더욱 악화되어 갔다. 극심한 식량난으로 '하루 두 끼 먹기' 캠페인을 '한 끼 먹기'로 바꾸었다. 무엇인가 변화하지 않으면 안 될 절박한 처지에 놓이게 된 것이다.

북한에서의 권력승계는 다른 사회주의 국가들의 경우와는 그 차원을 달리한다.[4] 북한의 권력승계는 본질적으로 권좌의 계승이 아니라 '정치적 수령의 지위와 역할의 승계'로 정의되며 당중앙위원회 총비서나 국가주석을 차지하느냐 마느냐 하는 것은 부차적인 문제이다. 북한에서 권력승계는 정치적 수령의 지위와 역할의 승계로 정의된다. 이는 수령의 '절대적 지위'와 '결정적 역할'을 승계함을 의미한다.

1990년대 초에 등장한 '우리식 사회주의' 또는 '사회주의는 필승불패'라는 것은 수령이 있었기에 가능한 일이었다. 그래서 나타난 것이 '수령의 유훈'을 받들어야 한다는 논리였다. 수령의 유훈은 정치·경제·군사·사회 등 전 분야에 걸쳐 나타나기 시작했다. 김정일은 김일성 사망 이후 김일성 사망 추모회, 단군릉 시찰과 같은 상징적인 행사만을 가지면서 "수령이 인민들과 영원히" 함께 있다는 수령의 영생론을 주입시켜 나갔다. 김정일의 입장은 수령을 등에 업고 있어야 하며, 그러기 위해서는 수령영생론을 제창할 수밖에 없었던 것이다.

김일성 수령은 북한 주민들에게 단순한 정치지도자 이상이었다. 그는 정치와 이념 그리고 생명의 근원자로서 북한 주민들 위에 군림했던 정신적

---

4 사회주의 국가에서 권력승계는 당과 국가의 최고직위인 당중앙위원회 총비서(총서기·서기장) 또는 내각의 총리직을 누가 차지하느냐 하는 문제로 귀결되며, 특히 당중앙위원회 총비서가 권력승계의 핵심이다.

지주였다. 그러므로 그의 사망은 북한 주민들에게 엄청난 정신적 공백을 심어 주었다. 적어도 외견상으로는 반대세력이 존재하지 않는 무균질적 사회를 만들었기 때문에 생겨난 공백이었다. 그런 의미에서 북한의 미래는 또 한 사람의 독재자에 의해 지탱될 수밖에 없도록 짜여져 있었던 것이다.[5]

김일성이 사망한 이후 김정일이 곧바로 김일성의 공식 직책들을 승계받으리라고 보았던 관측과 달리 김정일은 3년 이상 아무런 직책도 승계하지 않았으며, 단지 군최고사령관 명의로 김일성 유훈[6]만을 내세우며[7] 북한을 실질적으로 통치할 뿐이었다. 이로써 북한에는 노동당 총비서와 주석 등 '당과 국가'를 대표하는 직책이 오랫동안 공석인 채 남아 있는 비상식적인 현상이 빚어졌다. 이 같은 김정일의 태도는 경제난을 비롯한 북한이 당면하고 있던 여러 가지 현실적 어려움에 기인했던 것으로 보인다.

김정일체제는 김일성이 보유했던 수령의 지위와 역할을 그대로 승계받은 후계체계에 기반을 두고 있다. 북한이 사회주의를 표방하면서도 국가를 '사회주의 대가정'으로 김일성을 '어버이'로 부르는 등 가부장적 정치문화를 가지고 있다는 점도 고려대상이다. 특히, 북한은 '충효'라는 덕목의 가치를 강조하여 정치적으로 활용했다. 김정일은 정치화된 충효덕목을 내세워 김일성에 대한 우상화를 더욱 강화하는 한편, 각종 언론매체를 통해 자신을 김일성과 동일시하는 선전을 계속하면서 김일성의 카리스마를 자신에게로 이입시키는 작업에 주력했다.

결국 김정일은 김일성의 유훈 관철을 특히 강조하고, 김일성에 대한 최상의 애도를 통해 스스로 '충효의 화신'임을 과시함으로써 수령의 후계자로서 부족한 카리스마를 보완하고 승계 이후에도 자신에 대한 북한 주민들의 충성을 강화해 가는 길을 택했다. 이 같은 현상은 김정일 정권 공식 출범시기까지 이어져[8] 1998년 9월에 개정된 헌법 서문에 "김일성 동지의 사상과 업적을 옹호·고수하고 계승·발전시켜 주체혁명 위업을 끝까지 완성해 나

---

5 고태우(1996), pp. 391~394.

6 북한은 '유훈'의 내용이 구체적으로 무엇인지를 밝히지 않았다. 이는 유훈을 강조하면서도 통치의 폭에 제한을 받지 않으려는 고려에서였던 것으로 판단된다.

7 김정일, 「조선노동당은 위대한 수령 김일성 동지의 당이다」(1995. 10. 2) 참조. 통일부, 『2004 북한개요』에서 재인용.

8 1997년 10월 8일 조선노동당 총비서로 추대되었고, 1998년 9월 5일 최고인민회의를 개최(제10기 제1차 회의)하여 국방위원장으로 재추대됨으로써 김정일 정권이 공식 출범하게 되었다.

갈 것이다"라는 규정을 명시하기에 이르렀다.

북한 당국은 '슬픔을 힘과 용기로 전환시키자!'는 구호를 내걸고 김일성의 승계자인 김정일에 대한 충성을 강조했다. 북한 곳곳에서는 "슬픔을 힘과 용기로 바꿔 '친애하는 지도자동지'를 모시고 김주석이 못다한 위업을 계승하자"고 다짐하는 대회가 열리곤 했다. 북한의 선전기관들도 김일성에 대한 충성을 김정일로 이어가자는 구호와 더불어 김정일을 '자애로운 아버지'로 묘사하면서 김정일의 '사랑의 정치',[9] '믿음의 정치', 이른바 '광폭정치'[10]를 선전해 나갔다.

김정일은 1998년 11월 1일 「사회주의는 과학이다」라는 논문을 발표하면서 김일성 사후 자신의 통치철학과 구상을 처음으로 밝혔다. 그는 여기서 사회주의 붕괴의 원인을 분석하고 이에 대한 대응책을 제시하는 한편, 북한식 사회주의의 우월성을 강조했으며, 향후 인덕정치를 실현해 나갈 것이라는 등 향후 통치방향을 제시했다.

김일성의 사망과 동유럽 사회주의권 국가들의 체제변환기에 발생한 주요 사회불평등현상은 외부정보의 유입차단과 내부정보의 유통을 막는 것으로부터 비롯되었다. 북한도 개혁·개방의 호기를 맞았으나 김정일이 유훈통치를 주요 정책기조로 채택함에 따라 폐쇄적인 경제시스템을 그대로 가져갈 수밖에 없었다. 이 과정에서 외부정보를 유통할 가능성이 가장 많았던 해외 유학생들이 모두 귀국조치되어 심한 행동의 제약을 받게 되었다.

이처럼 북한 사회가 폐쇄적인 속성이 강화되어 가는 가운데 1999년에는 잠재적 체제도전세력에 대한 무자비한 격리조치가 단행되었다. 심화조사건으로 불리는 대숙청을 통해 주요 간부 2만 명이 자리에서 쫓겨나고 엄청난 수의 사람들이 정치범수용소로 추방되어 격리수용되었다. 이 과정에서 북한 사회는 체제로부터 혜택을 받는 계층과 반대 계층 사이에 사회불평등구조의 확대재생산 현상이 증폭되어 가게 된다.

---

9 1993년 1월 28일 처음 제시된 김정일의 통치기조로 인덕정치라고 불리며 인민에 대한 숭고한 사랑을 기반으로 한 정치를 뜻하며, 구현사례로는 유공자 환갑상 차려주기, 쌍둥이 출산 축하, 산간오지 환자 특별수송 등이 있었다.

10 1993년 1월 28일 처음 제시, 대담하고 통 큰 정치를 상징하는 용어로 대표적 구현사례는 주체사상탑, 유경호텔 건설, 남북정상회담 개최 등이 있다.

## 1.2. 식량난으로 인한 사회체제 이완과 불평등구조의 심화

### 1990년대 극심한 식량위기의 원인과 상황

북한의 식량난은 1990년대에 들어서면서부터 현안으로 등장했다. 북한의 식량난은 일시적인 자연재해에 의해 초래된 것이 아니라 소련 해체 이후 북한이 겪고 있는 총체적 경제난과 비효율적인 농업생산방식에서 비롯된 구조적인 것이었다. 북한은 비료 및 농약과 다수확 품종이 원활히 공급되던 1970년대 말에는 농업의 황금기를 구가하며 곡물을 순수출하는 성과를 올렸지만, 1980년대 초반 들어 농업생산성 향상이 둔화되면서 곡물수입이 늘어나 1991년에는 순수입량이 총가용량의 20%를 초과하게 되었다. 결국 북한은 집단농업체제를 통해 식량문제를 해결하려고 하다가 1980년대 후반에 한계에 도달한 셈이었다.

1980년대 후반 이미 한계에 도달했던 북한의 식량수급 사정은, 1990년대 들어 본격화된 외화난과 농자재 부족 등 구조적 원인과 1994년의 중국산 곡물도입 격감, 1995년의 대수해 등 예상치 못한 충격으로 인해 극단적인 위기상황으로 내몰리게 된 것이었다.[11] 특히, 비료·농약 등 농자재 부족은 1990년대 들어 북한의 곡물생산량이 연 450~500만 톤 수준에서 350만 톤 내외로 줄어드는 데 결정적인 요인으로 작용했다.

북한은 350만 톤 내외의 곡물생산량에 반해 수요량은 최소 500만 톤에 달했던 것으로 추정된다. 고된 노동을 감내해야 하는 북한 주민들이 1인당 최소요구량인 460g[12] 정도만 소비한다고 해도 약 400만 톤의 곡물이 식용으로 필요한데, 10% 내외로 추정되는 추수 후 손실과 종자·사료·산업용으로 소요되는 곡물이 100만 톤 정도는 될 것으로 판단되기 때문이다. 특히, 북한의 곡물총가용량이 600만 톤이 넘던 1991년에 이미 '하루 두 끼 먹기 운동' 등을 통해 감량배급을 하고 있었다는 점을 감안하면, 곡물수요량을 500

[11] 임원혁(1998), pp. 7~9.

[12] 이른바 초근목피로 연명했던 일제 말기에 한국인은 1인당 하루 약 460g 정도의 곡물을 소비했던 것으로 파악된다. 이는 약 1,650kcal에 해당하는 양으로, 신진대사만을 유지하는 데 필요한 '기초대사량'인 1,350kcal보다 그리 높지 않은 수준이다. 참고로 개발연대 초기인 1962년 한국인은 1인당 평균 2,218kcal를 섭취했다. FAO는 1인당 458g을 최소요구량으로 설정하고 있다.

만 톤 이하로 줄이는 것은 불가능했다. 북한은 곡물생산량과 도입량의 합계가 450만 톤 이하로 떨어진 1994년 이후 비축곡물 방출, 외부지원 수용, 분조관리제 개선과 곡물거래 허용, 가축 도살 등 나름대로 식량난을 해결하기 위해 안간힘을 썼지만, 구조화된 식량난을 막을 수는 없었다.

1998년에 북한 당국은 전 계층에 대한 배급량을 줄이되 정권유지에 절대적으로 필요한 군인, 당·정간부와 평양 거주자 등 특수계층의 배급량은 확보된 국내생산량을 통해 우선적으로 해결하고, 일반주민에 대한 배급량은 수입 및 외부지원을 통해 보충하는 것을 기본정책으로 정했다. 북한이 곡물수요량의 70% 정도만 자체 생산할 뿐이라는 점을 감안한다면 전 인구의 30% 정도를 일단 '포기'하고 국제사회에 맡기는 이 같은 배급정책은 단기적으로는 현실적인 선택이었다.

왜냐 하면, 전 인구에 대한 배급량을 한계수요량의 70% 수준으로 동등하게 줄일 경우 기초대사량에도 못 미치게 되므로 전체적인 사망률은 30%를 훨씬 상회하게 될 것이었기 때문이다. 북한 당국은 함경도 지역을 포기했고 그 결과 함경도 지역에서만 90만 명이 아사하는 대참사를 불러왔다.[13] 결국, 배급의 우선순위에서 밀려난 일반주민들은 기아의 위협에 노출될 수밖에 없었다는 결론이 나온다. 북한의 식량위기는 본질적으로 분배불균등의 문제라기보다는 총량부족에서 비롯되었기 때문이다.

### 국가배급체계의 포기에서 비롯된 사회불평등현상의 다양화

새터민들의 증언은 북한 경제의 몰락과정과 이에 따른 사회의 질적 변화를 생생하게 보여 준다. 북한 당국도 경제위기의 심각성을 인정하고 '고난의 대행군'의 기치하에 주민들을 독려했으나, 북한에서 일어나고 있는 사태는 질서 있는 '행군'이라기보다는 주민 각자의 생존투쟁이라고 하는 편이 더 정확할 것이다.

최근 수년간 '북한 붕괴론'이 부각되면서 붕괴라는 표현이 과잉 사용된 감이 없지 않으나[14] 붕괴라는 용어를 경제부문에 국한해 본다면 분업이나 특화체계의 와해를 의미한다고 할 수 있다. 만약 식량이 제대로 공급되지

---

13 하기와라 료(2005), pp. 201~222.

14 '붕괴'라는 용어를 쓰려면 최소한 '정권붕괴'와 '체제붕괴', 그리고 '국가붕괴' 사이의 차이점은 구별할 수 있어야 한다.

않는다면 각 경제주체는 분업을 통해 자신의 비교우위를 살릴 여유도 없이 먹는 문제부터 해결해야 한다. 1990년대 중반 북한에서 일어난 현상은 식량의 총량부족으로 인해 기존의 분업체계[15]가 와해되면서 일반주민들이 스스로 먹는 문제를 해결해야 하는 각개약진이라고 할 수 있다.

새터민들은 1990년대 중반 들어 북한의 생산체계와 공식 배급체계는 거의 와해되었고, 장마당의 확산, 주민의 이동, 국외탈출 등 5년 전만 해도 상상하기 어려웠던 일들이 빈번하게 발생하고 있다고 증언한다. 이들이 전해주는 북한 경제의 변화는 한 마디로 재산권 보호 없는 시장화라고 할 수 있다. 즉, 국가생산계획 밖의 경제활동이 아직도 공식적인 인정을 받지 못하고 있는 상황에서 오직 살아 남기 위한 '일탈행위'가 급증하고 있는 것이다.

❶ 생산체제의 와해: 대부분의 새터민들은 각 산업부문의 애로요인이 서로 상승작용을 일으키면서 총생산이 지속적으로 감소하게 된 것을 지적했다.

> "식량이 없으니 광산노동자가 석탄을 생산하지 못하고 있습니다. 석탄이 없으니 발전소가 생산을 중지하였습니다. 전기를 생산하지 못하니 백성은 불을 보지 못하고 밤이면 컴컴한 집에서 16세기 생활을 하고 있으며, 전기가 없으니 물을 끌어들이지 못하여 백성들에게 물공급을 못하고 있으며, 기차가 달리지 못하고 차단되었습니다. 전국에서 제일 큰 흥남비료공장도 3분의 2는 생산이 정지되었습니다"(평남 북청군, 30대 후반의 여성 노동자).[16]

농업부문에서는 자연재해 이외에도 농자재 부족과 비효율적인 집단농장체제가 곡물생산의 부진을 가져온 원인으로 지목되고 있다. 함흥에서 온 한 새터민은, "북한은 경작지가 적으므로 대부분 밀식제를 하고 있는데, 화학비료를 치지 못하면 날씨가 좋다 하여도 풍작을 거두지 못할 것"이라고 예견하고 있다. 평남 증산군 출신의 한 농민은 다음과 같이 농자재 부족과 동기결여, 그리고 영양부족문제가 맞물려 있음을 지적하고 있다.

---

[15] 애덤 스미스는 그의 『국부론』에서 적절한 분업은 생산성을 높이는 가장 확실한 방법 가운데 하나이지만 분업이 이루어지기 위해서는 각 경제주체가 스스로 식량을 생산하지 않더라도 먹는 문제에 대해 걱정할 필요가 없도록 식량의 생산과 분배체계가 확립되어 있어야 한다고 했다.

[16] 임원혁(1998), p. 15에서 재인용.

> "농사를 짓자고 해도 필요한 비료, 농약, 농기구가 있어야 한다. 전 민이 총동원하여 인분 모으기와 퇴비 모으기를 한다고 하지만 인민들이 먹을 것이 없는 형편에서 언제 힘을 들여 인분을 모으고 퇴비를 생산하겠는가? 이전에는 간부들이 통지만 전달하면 즉시 움직였지만 지금은 움직이려 하지 않는다. 그러니 농사 같은 것을 하려고 해도 빈 소리뿐 실지는 모두가 허위적인 것으로 되고 만다. 이전에는 도시에 있는 직장, 학교에서 지원 로력을 농촌에 동원하여 농사를 지었는데 현재는 농촌지원을 나와도 누구 하나 힘내는 사람이 없다"(평남 증산군, 45세의 농민).

그리고 집단농장 대신 스스로 개간한 '뙈기밭' 농사에 더 신경을 쓰고 있다는 증언도 나오고 있다. 예를 들어, 온성 출신의 한 목수는 식량사정이 악화되어 국경을 넘기 전에 "뒷산에 200여 평 규모의 화전을 일구어 콩 26kg, 옥수수 60kg을 수확해서 생계를 유지했다"고 증언하고 있다.

광공업부문을 보면 원자재와 자본재 부족에 따른 생산량 감소와 개인 용도로 물자를 빼돌리는 일종의 '즉흥적 사유화' 현상이 북한 사회에 만연해 있는 것으로 보인다. 함남 단천 출신의 한 광부는 "아직까지 1960년대에 쓰던 설비들을 가지고 돌을 캐자니 생산량은 줄어만 가고 그에 따라 광산에 배당되는 배급량은 줄어만 간다"고 하면서, 광산의 비참한 작업환경을 개탄하고 있다. 무산 출신의 한 새터민은 무산탄광과 무산철광에서 일하는 노동자의 경우 "석탄을 캘 수 없으니 탄광기계를 마구 뜯어 중국에 폐품으로 팔았으며 세간을 너나없이 내다 팔았다"고 증언하고 있다.

다른 지방에서도 광산의 사정은 마찬가지인 것으로 보인다. 함흥 출신의 한 여성은 북한의 현 상황을 다음과 같이 그리고 있다.

> "흥남비료공장의 기계들은 다 정지됐거나 파손되어 있고 얼마되지 않은 운전중인 기계도 화약생산만 하는 실정입니다. 다 굶어죽는데 화약은 뭘 하느라 생산하겠습니까. 수력자원과 광물자원이 풍부하다는 우리 나라가 전기공급마저 정지하기 일수니 어떻게 살아가며 무얼 바라고 살겠습니까"(함남 함흥시, 30대 중반의 여성 노동자).

의료·교육 등 북한의 3차 산업도 경제난에 의해 거의 와해되었다. 산업이 뒷받침해 주지 못함에 따라 의약품 및 의료기기 생산이나 수입에도 차질이 생기고, 식량난 때문에 학생과 교사들까지 식량을 찾아 헤매게 됨에 따라 교육도 제대로 이루어지지 않고 있기 때문이다. 청진 출신의 한 교사는 다음과 같이 개탄하고 있다.

> "학생 아이들은 굶주림 속에서 허덕여 거리에서 역전에서 헤매지 않으면 집에서 근본 일어나지도 못하니 어떻게 의무교육을 진행하겠는가? 인재양성을 어떻게 하여야 하겠는지? 교원들도 식량난으로 교육사업도 제대로 하지 못하니 이게 어디 사회주의 제도하에서의 무료 의무교육의 우월성이라 할 수 있겠는가? 40명의 학생 중 3분의 1밖에 등교하지 못하니 교원 자체로서 얼마나 가슴 아픈지 모르겠다. 머리가 좋고 학습이 월등하던 아이들도 굶주려 죽어 가고 있으니 금후 조선의 인재는 어디에서 나타나겠는지?"(함북 청진시, 40세의 인민학교 교원).[17]

북한 생산체제의 와해는 분배체계에도 급격한 변화를 가져왔다. 북한의 식량난은 농업만의 문제가 아니라 북한 경제 전체가 공산권 붕괴 이후 급격히 몰락하면서 일어난 현상인데, 북한이 자체적으로 최소 요구량의 70% 정도밖에 식량을 생산할 수 없게 됨에 따라 1990년대 들어 북한의 배급체계에는 큰 변화가 일어났다. 배급량이 줄었으며 특히 최근 수 년간에는 배급의 우선순위에서 밀려나 스스로 먹는 문제를 해결해야 하는 주민들이 다수 생기게 된 것이다.

이렇게 배급이 끊기자 북한의 일반주민들은 자산매각, 뙈기밭 농사, 산나물 채취, 장사, 국외탈출 등 여러 가지 수단을 동원해 각자 살길을 모색하게 되었다. 하지만 자산매각은 가구·이불·집까지 팔아 버리면 더 이상 팔 물건이 없고, 뙈기밭 농사나 장사는 제대로 보호받지 못하며, 산나물 채취는 겨울이 되면 할 수 없다는 문제가 있다. 함흥 출신의 한 여성은 식량난 발생 이후의 어려운 생활에 대해 다음과 같이 회고한다.

> "배급이 끊긴 후 처음 생각에는 얼마간 지나면 배급을 꼭 주리라고 생각하고 조금 남아 있는 식량에다 풀채를 넣고 죽을 쒀 먹으면서 목마르게 배급을 기다렸습니다. 할 수 없어 집기물을 농촌에 가지고 가서 량식과 바꿔 산나물과 세투리를 넣고 풀푸대죽으로 살아왔습니다. 금년에는 집안에 기물은 아무 것도 없고 하여 정말 맨 풀을 먹고 생계를 유지하다 보니 허약한 분들

17 임원혁(1998), p. 19에서 재인용.

은 먼저 사망되고 명이 긴 사람들은 지금까지 남아서 생사 변두리에서 헤매입니다. 앞으로 살길이 막막합니다. 만약 제가 무사히 집까지 돌아간다면 옷들을 팔아서 장사를 해보겠습니다"(함남 함흥시, 40대 중반의 여성).

이처럼 심각한 식량난은 심지어 군대에까지 영향을 미쳤다. 물론 전방부대에는 우선적으로 배급이 이루어지고 있지만, 군 일부에서는 식량부족 사태가 일어나고 있다. 군대에 아들을 보냈던 한 새터민은 다음과 같이 증언하고 있다.

"저의 아들은 오랫동안 군인생활을 했습니다. 듣는 말에 의하면 인젠 군대마저 배를 몹시 골고 있다 하여 근심하고 있던 중인 어느 하루(11월 12일) 군대 차가 우리 집 마당에 와 서더니 저의 아들을 집안에 들여다 구둘에 눕혀 놓고 갔습니다. 저는 너무 기가 막혀 그저 아들의 가슴에 매달려 울다가 사람들이 말리는 바람에 정신을 가다듬고 아들을 살리려고 서둘기 시작하였습니다. ……이전에는 젊은 애들을 군대에 보내기만 하면 각 방면에서 나아지고 신체도 튼튼히 단련되어 오기에 아무 근심하지 않았는데, 지금은 굶고, 병들게 되니 치료도 못해 주고 제 집에 돌려 보내오게 되었으니 나라 형편이 어느 정도이기에 군대마저 먹여 살리지 못하는 정도에 처했는지……"(함남 함흥시, 40대 중반의 여성).

❷ 가정의 해체와 주민이동: 북한의 식량난은 사회 전 부문에 영향을 미쳐서 사회가 기형적으로 움직이고 있다. 이혼율이 급증하고 여성들은 결혼을 회피하고 있으며, 또 결혼을 하였다 하더라도 임신이나 출산을 꺼리고 있다.[18] 대다수의 사람들이 식량을 찾아 떠돌아다니고 있고, 일반노동자들도 직장에 출근하지 않고 식량을 구하기 위해 분주하게 움직이고 있다.[19]

평양을 제외한 북한의 대다수 가정이 가정의 기능을 상실해 가고 있다. 가족 중 노인과 어린이 사망은 대부분의 가정에서 경험하는 일이며, 청소년층 아이들은 집에서 식량을 해결할 수 없으므로 먹을 것을 찾아 역전과 장마당을 떠돌며 구걸을 하거나 남의 것을 훔쳐 먹으면서 생활하고, 20대 여성들은 가족들을 살리겠다는 생각으로 중국으로 팔려 가고 있다. 이러한 모

18 북한 당국은 식량난으로 인한 인구감소를 보완하기 위해 출산을 장려하고 있으며 낙태는 법으로 엄격히 금지하고 있다.

19 원자재 부족으로 공장가동률이 20~30%인 상황에서 할 일도 없고 일정 금액을 내거나 구해 온 식량을 가져오겠다고 하면 출근처리하고 보내 주는 것으로 알려져 있다.

습이 북한의 일반 대다수 가정의 모습이며 아예 사람들이 남아 있지 않은 빈집도 많이 있는 것으로 알려지고 있다.

> "배급이 끊어지니 뙈기밭 농사를 하고 산나물을 캐다가 푸대죽으로 끼니를 때웠으나 몇 해 동안 연속 이런 생활을 하게 되니 집식구들은 병이 발생했으나 치료도 받지 못하고 남편과 나이 어린 손자들이 먼저 이 세상을 떠나갔습니다. 아들, 며느리들도 제각기 제 살길을 찾는다고 뿔뿔이 집을 떨쳐나가선 돌아오지 않으니 나 혼자만 집에 남게 되었는데 쇠투리를 많이 먹어서인지 나는 병도 나지 않고 죽지도 않으니 도강하여 왔습니다"(함경북도 부령군, 62세 여성, 1998년 11월경).[20]

장마당의 확산과 함께 공식 배급체계의 한계를 보완할 수 있는 또 다른 수단이 이동이다. 북한 당국은 오랫동안 주민이동을 철저히 통제해 왔으나, 식량난이 악화됨에 따라 어느 정도의 이동은 묵인할 수밖에 없는 상황에 이르게 된 것으로 보인다. 실제로 요즘 북한에서는 "여행증명서가 없어도 담배 한 값이나, 30, 40원이면" 열차를 탈 수 있고, "기차에 사람이 너무 많아 통행증 없이도 다닐 수 있다"고 하는 증언도 나오고 있다. 한 새터민은 워낙 유동인구가 많아 인구를 제대로 파악할 수 없기 때문에 공민증을 새로 교환하고 싶어도 할 수 없을 것이라고 증언하고 있다.

북한 내부에서의 이동뿐만 아니라 국외 탈출도 급증한 것으로 보인다.[21] 특히, 조선족이 사는 지역과 인접한 두만강 유역은 중국에 있는 친척의 도움을 얻거나 동포애에 호소하려는 북한 주민들에게 탈북통로 구실을 하고 있다. 탈북이 늘어남에 따라 이와 연관된 비리도 빈번히 발생하고 있다. 온

---

20 (사)좋은벗들, 정은숙 사무국장 면담자료 재인용.

21 북한 주민 탈북의 직접적 원인은 식량난과 경제난이다. 초기에는 식량난으로 생존 자체를 위협받던 국경산간지역과 동북부 대도시지역 주민들이 먹을 것과 생필품을 찾아 이동하는 방식으로 이루어졌으나, 2000년 이후는 생존을 위한 단순 탈북의 비중이 줄어들고 북한에서의 장사기반을 마련하기 위해 돈을 벌기 위한 취업의 의미가 부가되었다. 또한 국제사회의 탈북자 인권침해에 대한 압력으로 탈북자들에 대한 처벌이 완화되자 재탈북이 비교적 용이하게 이루어지고 있다. 탈북을 유인하는 외부적 요인으로는 동북3성을 기반으로 한 조선족 사회의 탈북자들에 대한 보호와 지원이 있다. 문화혁명 당시 탄압을 피해 북한으로 들어온 10여만 명의 조선족을 북한이 보호해 준 적도 있고 해서 동북3성 주민들의 탈북자들에 대한 기본시각은 우호적인 것으로 드러나고 있다. 탈북자들은 인력이 부족한 중국의 농촌에서 저임금의 노동자 역할을 할 수 있었다. 남성의 경우에는 계절노동자로, 여성의 경우에는 식당 및 유흥업소 취업, 간병인, 가정부로의 취업이 가능했고, 조선족이나 한족의 매매혼의 대상자가 되기도 했다.

성 출신의 한 여성은 “변방수비대들이 군복무를 하면서 북한 돈 10만 원을 못 벌면 머저리라고 한다”고 증언하고 있다. 한 새터민은 돈이면 해결되지 않는 것이 없는 풍토에 대해 다음과 같이 증언하고 있다.

> “조선에서 두만강을 건널 때 조선측 초소의 소대장과 돌아오면 중국 돈 500원을 주기로 하고 공민증을 바치고 왔습니다. 예전과 달라 지금 한 개 초소에 5명씩 당직이 되어 있는 까닭에 그들에게 100원씩 주어야 하니깐요. 16일 저녁 9명 대원이 그 소대의 당직이니까 꼭 그 때에 건너 가야 무사할 수 있으며 공민증도 되찾을 수 있습니다”(함북 회령시, 30대 후반의 여성 노동자).[22]

식량을 찾아 국경을 넘은 대부분의 탈북자들은 몇 주 안에 식량이 확보되면 북한에 두고 온 가족에게 돌아간다. 하지만 최근 들어서는 취업이나 결혼을 통해 중국에 그냥 체류하는 경우도 상당히 있는 것으로 보인다. 물론 모든 불법체류자와 마찬가지로 공안당국의 눈을 피해야 하지만, 젊은이들 중에는 북한 땅에서 벗어나 중국에서 새 삶을 개척하려는 사람들도 꽤 있는 것으로 알려지고 있다.

여성의 경우에는 중국의 조선족 또는 한족과 결혼하여 정착하는 사례도 있는 것으로 보인다. 하지만 이 같은 결정에 대해 서글픈 심정을 토로하는 경우도 많이 있는 것으로 파악된다.

> “중국에 시집오리라고는 꿈에도 생각 못했는데 목숨을 보존하기 위해 할 수 없이 중국 조선족 총각에게 시집을 갔습니다. 조선의 처녀들이 중국에 도강하여 중국 남자와 결혼하는 것은 본인들이 조국을 배반하기 위한 것이 아닙니다. 국가가 너무도 못 살아 살기 위해 할 수 없이 건너는 것입니다”(함북 온성군, 20대 여성 노동자).

이처럼 불법적인 경제활동이 늘어나고 범죄와 부정부패가 확산되자 북한 당국은 주민통제에 노력을 강화하고 있다. 하지만 경제난 때문에 불법적인 경제활동과 주민의 이동을 어느 정도 용인하고 있는 상황에서, 주민통제는 걷잡을 수 없는 사회적 동요를 차단하는 데 집중되고 있을 뿐이다. 즉,

22 (사)좋은벗들, 정은숙 사무국장 면담자료 재인용.

공개처형 등을 통해 사회기강을 확립하고 범죄와 부정부패를 견제하면서, 저항이 조직화되지 않도록 하는 데 초점을 맞추고 있는 것이다.

북한 주민들은 식량배급증명서를 위조하고 있으며 조직적인 약탈행위도 자행되고 있는데, 특히 신의주, 강계, 남포, 청진 등에서는 '쌀을 달라'는 내용의 전단이 살포되고 김일성 동상의 팔이 잘리는 등의 일들이 발생했다고 한다. 또한 평양에서는 1년에 한 번씩 갱신하도록 되어 있는 식량배급증명서가 이제는 수시로 재발급되고 있으며, 특히 외국인과의 접촉이 용이한 신의주 주민들은 엄중한 감시를 받고 있으며 약 20%는 재배치되었다고 한다.[23]

무산 출신의 한 광부는 1997년에 몇 차례의 공개처형이 있었다고 하면서 "국가재산을 훼손한 자, 소를 잡아 먹은 자, 여러 차례 도강한 자를 공개처형했다고 증언하고 있다. 황장엽 전 노동당 비서도 정권을 비판하는 제자들이 시위를 하려고 하자 "절대로 그러지 말라, 일어난다는 것은 개죽음이다"라고 하며 말렸다고 한다. 공산권 붕괴 이후의 총체적 경제위기가 식량난으로 연결되면서 북한 사회에 가져온 파급효과를 도표로 정리하면 〈그림 5-1〉 북한 식량난의 파급효과와 같다.

식량상황이 악화되면서 북한은 심각한 고통에 직면했다. 자강도 일부 오지에서는 식량배급이 끊기면서 아사자가 생겨나고 북한과 중국 국경지대에는 식량을 구하려 북한 주민이 몰려들기도 했다. 이런 식량난의 최대 피해자는 병약한 노인들과 어린아이들이었다. 영양실조로, 질병으로 수많은 사람들이 희생되었다. 불교우리민족돕기운동본부는 북한이 겪고 있는 어려움을 "20세기 말 비극 가운데 최대의 참사"라고까지 표현했다.[24]

북한 당국은 22만 명이 굶어 죽었다고 공식 발표했고, 탈북자 인권단체에서는 200~300만 명이 굶어 죽었다는 통계를 제시하기도 했지만 그 실상은 정확히 파악되지 않고 있다. 한국의 통계청은 아사자의 수를 북한 당국

---

23 김승만(1994. 10), p. 108.

24 한겨레신문, 1998. 3. 10. "조직부 일꾼의 말에 의하면 지난 1995년에는 당원 5만 명을 포함하여 50만 명이 굶어 죽었고, 올해(1996년 11월)는 벌써 100만 명 가량이 굶어 죽어 간다고 합니다." 김덕홍은 이 말을 전하면서 김정일은 용서할 수 없는 인간이라며 이를 갈았다. 군수공업 담당 비서의 말도 그와 비슷했다. 군수공장 노동자가 약 50만 명인데 그들 중에 기술수준이 가장 높아 보배라고 귀중히 여기던 기술공만 해도 200명이 굶어 죽었다고 했다. 1997년에 가장 많은 사람들이 굶어 죽었다는 새터민들의 증언에 의하면 1994년부터 1998년까지 300만 명 이상이 굶어 죽은 것이 틀림없어 보인다(황장엽, 1999, p. 286).

그림 5-1 **북한 식량난의 파급효과**

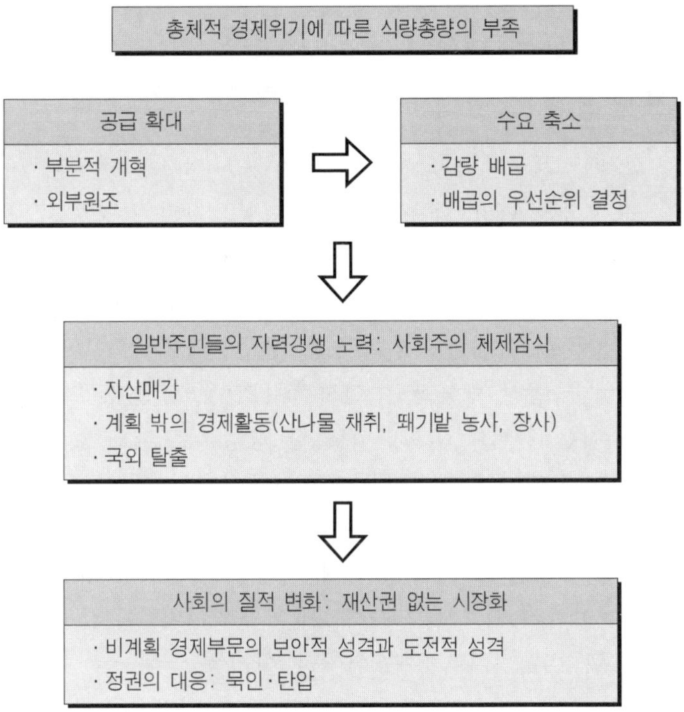


자료: 임원혁(1998), p. 23.

의 발표와 비슷하게 추정했다. 거기에 따르면 북한은 식량난으로 사망자가 늘어 사망률이 1994년 인구 1,000명당 8.8명에서 1995~1997년 12.1명으로 크게 증가했고, 기아로 인한 사망자는 1995~1997년까지 연간 7~8만 명을 기록했으며, 1998년에는 국제사회의 지원으로 4만 명 정도 발생한 것으로 추정되었다. 이를 근거로 통계청에서는 1995~1998년에 대략 27만 명이 기아로 숨진 것으로 평가했다.[25]

1990년대 중반의 극심한 경제위기는 북한 당국과 주민들로 하여금 각자가 생존하는 방법을 새롭게 인식시켜 주었다. 간부들은 각종 부패와 연루되면서 돈을 모아 상류층의 생활을 누리게 된 반면, 일반주민들은 기아선상에

[25] 한겨레신문, 1999. 8. 29.

서 사회일탈행위를 통해 생존을 모색해 나갔다. 이 과정에서 북한 사회의 경제적 수준차이에 기반을 둔 사회불평등현상이 한층 더 심화되어 가게 된다.

### 1.3. 유훈통치와 강성대국론을 통한 사회통합 노력

북한은 심각한 식량난이 닥치자 국제기구를 비롯한 한국과 미국, 일본에도 지원을 요청하는 한편, 내부적으로는 항일시기의 혁명정신으로 위기를 극복하자고 주민들을 독려했다. '고난의 행군'이란 김일성이 이끄는 항일유격대가 일제의 대규모 공격을 피해 1938년 11월부터 1939년 2월까지 몽강현 남패자에서 장백현 북대정자까지 보통 행군속도로 1주일이면 가는 거리를 무려 1백일이나 걸려 행군했던 역사적 사건을 말한다. 이것은 "혹한과 굶주림, 야수와 같은 일제에 쫓기면서도 한 명의 낙오자도 없이 목적지까지가 닿았던 당시 간고했던 투쟁정신"을 되살려 현재의 식량난을 이겨 내자는 결의였다.

북한이 말하는 '고난의 행군정신'의 핵심에는 다음의 내용이 포함되어 있었다. 첫째, 혁명의 수뇌부를 철저히 옹호·보위하자. 둘째, 자력갱생의 정신으로 난관을 뚫고 나가자. 셋째, 어떠한 어려움 속에서도 혁명적 낙관주의 정신을 잃지 말자. 넷째, 온갖 어려움을 뚫고 나갈 수 있는 불요불굴의 투쟁정신을 갖자.[26] 이것은 수령제 사회주의에 부합되는 사상으로 배고픔의 고통을 이기는 것도 혁명의 수뇌부인 '수령'을 옹위하고 보위하는 데에서 시작한다는 북한 체제의 특징을 나타내 준다고 할 수 있다.

이와 함께 북한은 '붉은기 사상'과 '붉은기 철학'을 들고 나왔다. 이것은 사상무장을 강화하고 우리식 사회주의를 고수·옹호하겠다는 의지를 표현한 것이었다. 붉은기 사상은 1994년 8월 28일 노동신문에 실린 「붉은기를 높이 들자」는 정론에서 김정일이 처음으로 "나의 사상은 붉다"고 선언하면서 나타났는데, 1996년에는 붉은기 철학으로 무장하자는 구호가 본격적으로 나붙기 시작했다.

"장군님께서 제시하신 붉은기 사상에는 주체사상의 요구대로 자기힘을 믿고

[26] 월간 『말』(1996. 7), p. 85.

자기식대로 자기운명을 끝까지 개척해 나가려는 자주의 정신, 영도자의 두리에 한 마음, 한 뜻으로 뭉쳐 억세게 전진하는 일심단결의 정신, 혁명 앞에 다진 맹세 변치 않고 끝까지 지키려는 혁명가들의 철석의 신념과 불굴의 투쟁정신이 담겨 있다. 더욱이 혁명의 길을 처음으로 개척한 수령을 결사옹위하고 수령이 높이 치켜들었던 붉은기를 지켜 혁명위업을 끝까지 완성하려는 강인한 신념과 의지가 혁명의 핏줄기처럼 맥맥히 흐르는 것이 위대한 장군님께서 창시하신 붉은기 사상의 근본 핵을 이루고 있다."[27]

1994년 이후 북한 사회를 이끌었던 '유훈교시를 관철하자'는 구호는 1997년 이후 '고난의 행군' 정신과 붉은기 사상으로 상당부분 대체되었다. 이는 김정일체제의 공식 출범을 예고하는 것이기도 했다. 북한은 '혁명적 군인정신'도 강조했으며, 그에 따라 사회 전반에 '군민일체'의 군사적 기풍이 강화되기 시작했다. 1994년 김일성 사망 이후 김정일은 권력승계를 미룬 채 군부대를 빈번하게 방문했을 뿐만 아니라, 경제건설에서도 군이 중심이 된 대규모 대중동원과 자력갱생방식을 동원했다. 그렇게 시도된 대표적인 공사가 '금강산발전소 건설'이었다.

1996년 11월 4일 노동신문 정론은 '혁명적 군인정신'에 입각한 사회주의 고수가 금강산발전소 건설에서 발현되었다면서, 여기서 보여 준 혁명적 군인정신은 "오늘의 붉은기 정신, 고난의 행군정신이며 내일을 위한 오늘을 사는 정신"이라고 강조했다.[28]

그러나 북한 사회에 군사적 색체가 강화되었음에도 불구하고 당우위의 북한 체제에 근본적인 변화가 생긴 것으로 보기는 어렵다. 김정일체제가 군사주의적 색체를 강화하는 것은 어려운 난국을 타개하기 위해 단결력이 강하고 '수령 결사옹위정신'이 강한 군대를 활용하자는 것으로 볼 수 있다. 과거 김일성이 해방 직후와 한국전쟁 직후 강선의 노동계급을 찾아 어려움을 호소하고 난국을 타개했던 것처럼 김정일도 인민군대를 불러일으켜 어려운 상황을 타개하기 위한 방책으로 선군정치를 활용했던 것이다.

북한은 이런 과정을 통해 총체적 난국을 벗어나기 위해 모든 노력을 다했고 북한의 붕괴를 원치 않았던 주변 국가들과 국제구호기관의 적극적인 도움에 힘입어 최악의 고비를 넘겨 나갔다. 북한은 1998년 8월 31일 이른바

[27] 조선중앙방송, 「우리의 승리의 푯대는 붉은기」, 1997. 2. 5 재인용.
[28] 정창현(1999), p. 230에서 재인용.

'광명성 1호'를 발사하고 이를 통해 마지막 고비를 넘어서려고 했다. 실제로 북한은 이 시기를 기점으로 일방적 수세에서 공세적 방어로 전환하기 시작했다. 인공위성 발사는 고난에 빠진 북한 주민들에게 커다란 자신감과 용기를 주었고, 김정일체제가 공식 출범하는 신호탄이 되었다. 이와 함께 김정일체제가 공식 출범함으로써 김일성 사망과 극도의 식량난 등에서 제기되었던 북한 붕괴의 의구심도 어느 정도 떨쳐 낼 수 있었다.[29]

김정일의 권력승계는 북한이 개혁·개방으로 나오는 데 있어 한계요인으로 작용할 수밖에 없었다. 유훈통치를 통해 전임자 김일성의 통치노선을 계승할 수밖에 없었던 김정일로서는 이전 정권과의 차별화를 시도조차 하지 못하고 김일성의 정책노선을 그대로 계승해 나갔다. 그 과정에서 사회 전 부문에서의 개혁을 추동할 의지를 갖지 못했으며 북한의 사회불평등구조도 경제난의 과정에서 심화·확대되어 나가게 된다.

# 2. 극단적 생존위기 탈출과정에서의 사회불평등구조

## 2.1. 극단적 생존위기 탈출과정에서 발생한 사회불평등구조

북한의 극심한 식량난은 북한 체제유지의 주요 통치기제인 국가배급체계의 붕괴를 가져왔는데 이는 곧 '수령제적 지배 메커니즘'의 침식을 의미했다.[30] 1994년 김일성 사망 이후 김정일체제로의 변화시기에 발생한 북한의 식량난은 김정일의 지지기반을 약화시켰다고 할 수 있다.

실제로 배급사정은 이미 1980년대 중반부터 나빠지기 시작했으며, 식량

[29] 임영태(1999), pp. 288~297.

[30] 배급체계의 붕괴는 지하경제의 급속한 확산과 지배구조의 변화를 가져온다. 즉, 중앙의 일선 하부단위들에 대한 통제력 약화를 가져오고, 당국가의 간부층에 대한 통제력 약화도 가져오게 된다(정세진, 2000. 2, pp. 94~105).

난 이후 더 악화되었다. 그 결과 평양 등 일부 지역과 군부, 당간부 등 특권층을 제외한 나머지 주민들은 이념보다는 물질적 가치를, 체제에 대한 부정적 의식을, 부정부패에의 관여, 국경탈출, 암거래, 폭력, 절도 등 사회일탈현상을 심화시켰다.[31] 이에 김정일 정권은 '고난의 대행군(1997)'을 외치며 주민들을 독려해 왔으나 별다른 성과를 거두지 못했다.[32]

경제적 측면의 가장 큰 변화는 2차경제로 불리는 암시장의 급속한 확대였다. 내각 산하의 민수경제(비군수산업)부문인 제1경제 악화는 생산과 분배의 순환구조가 마비됨을 의미한다. 상대적으로 사적 경제활동의 유통장소인 농민시장과 지역별 소규모 상설시장이 활성화되면서 주민 간에 빈부격차가 크게 확대되었다.

북한 주민 가운데 식량난의 원인이 국가정책이나 지도층의 관료주의적 실정 때문이라고 생각하는 사람이 늘어나고 있다는 사실은 지도층에 대한 불신과 사회통합력 약화를 보여 준다.[33] 이와 더불어 주민통제체제의 마비는 북한 사회에 큰 변화를 몰고 왔다. 2중·3중으로 겹겹이 쳐 있던 주민통제체제가 식량난으로 한꺼번에 무너지다시피 했다. 주민통제의 제1선에 있던 식량배급제도가 거의 마비상태에 있고 철저히 통제되던 '이전의 허가제도'도 느슨해졌다. 인민보안성 등 감시 및 통제기구도 식량을 구하기 위해 허가를 받지 않고 이동하는 것에 대해서는 눈감아 주고 있는 형편인 것으로 알려졌다. 이것은 대규모 탈북사태로까지 이어졌다.

### 일탈행위의 종류와 특성

전통적인 공산주의 이론에서는 범죄를 비롯한 각종 일탈행위를 체제의 문제라기보다는 '오염' 또는 '잔재'로 인식하는 경향이 있다. 타락해 가고 있는 서구 부르주아의 영향에 의한 '오염'으로서의 일탈행위가 일어나거나 전 시대의 착취적 사회경제 형태로부터 청산하지 못한 '잔재'가 일탈의 원

31 배성인(2000. 1), pp. 268~272.

32 '고난의 행군'은 1930년대 항일무장투쟁시기의 고난을 상징하는 '고난의 행군' 정신을 본받자는 캠페인이다. '강행군'은 그보다 한 단계 높은 극단적인 내핍의 감내와 낙관적인 혁명정신의 고수다(이종석, 2000, pp. 553~554).

33 새터민 851명의 응답자 가운데 '못 살게 된 이유'로는 자연재해로 식량생산이 안 되어 23.3%, 국가정책 때문 15.4%, 군사비의 과다 지출 때문 11.9%, 지도층의 관료주의적 실정 때문 10.7%, 지도자의 책임 10.2%로 나타났다(우리민족서로돕기 불교운동본부, 「식량난 실태」, 1998 참조).

**표 5-1 북한 형법에 나타난 범죄유형**

| 범 죄 | 조 항 |
| --- | --- |
| 반국가범죄 | |
| 국가주권을 반대하는 범죄 | 제44~51조 |
| 민족해방투쟁을 반대하는 범죄 | 제52~53조 |
| 반국가범죄에 대한 은닉 및 불신고죄 | 제54~55조 |
| 사회주의 경제를 침해하는 범죄 | |
| 사회주의적 소유를 침해하는 범죄 | 제56~65조 |
| 사회주의 경제관리 질서를 침해하는 범죄 | 제66~83조 |
| 국토관리 질서를 침해하는 범죄 | 제84~91조 |
| 사회주의 노동질서를 침해하는 범죄 | 제92~96조 |
| 사회주의 문화를 침해하는 범죄 | 제97~102조 |
| 국가의 일반행정질서를 침해하는 범죄 | |
| 일반행정질서를 침해하는 범죄 | 제103~123조 |
| 관리일꾼의 직무상 범죄 | 제124~130조 |
| 공민의 생명재산을 침해하는 범죄 | |
| 공민의 생명, 건강, 인격을 침해하는 범죄 | 제141~154조 |
| 공민의 개인소유를 침해하는 범죄 | 제155~161조 |

인이라는 것이다.[34] 따라서 이 이론에 따르면 사회주의가 진행됨에 따라 일탈행위가 점차 축소되는 경향을 보여야 한다. 그러나 실제로는 사회통제체제의 효율적인 작동 속에서도 범죄를 포함한 사회일탈행위를 근절시킬 수 없었으며 북한도 이러한 현상에서 예외가 아니었다.

북한에서 범죄나 일탈행위는 다양한 형태로 존재하고 있다. 북한에서는 범죄를 "로동자·농민의 주권과 근로인민대중의 자주적 권리와 리익을 옹호하기 위해 제정된 사회주의 법을 어기는 위법성 행위"라고 말하고 있으며, 북한 형법[35] 제9조에서 "범죄는 국가주권과 법질서를 고의 또는 과실로 침해하는 형벌을 줄 정도의 위험한 행위이다"라고 규정하고 있다. 그리고 이에 해당하는 것으로 국가주권을 반대하는 죄를 포함하여 총 13개의 범죄가

34 북한연구소(1986), p. 58.

35 북한 형법은 법체계의 기본인 죄형법정주의, 형벌불소급의 원칙이 무시되고 있으며(유추해석이 행해지고 법률시효가 없음), 범죄의 예비와 미수도 기수와 동일하게 처벌되며 종범도 주범과 동일하게 처벌된다.

형법에 규정되어 있다(〈표 5-1〉 북한 형법에 나타난 범죄유형 참조).

여러 가지 범죄 가운데 북한에서 가장 심각한 일탈행위로 취급되는 것이 정치범죄라고 할 수 있다. 현행 북한 형법상 정치범을 처벌하기 위한 죄명으로는 '국가전복음모죄', '반동선동선전죄',[36] '조국반역죄' 등이 있다. 국가전복음모죄는 "공화국을 전복하려는 음모에 가담했거나 폭동에 참가한 자"에게 부과되며, 주로 반당·반김일성주의자들이 이 죄목에 해당되어 처형되거나 정치범수용소로 유배되고 있다. 반동선동선전죄는 "공화국을 전복, 문란, 약화시키거나 그 밖의 반국가적인 범죄행위를 감행하도록 선전선동한 자"를 징계하기 위한 법으로서 주로 해외의 정보유입을 차단하고 내부동요를 막기 위해 제정되었다.

북한에서 주로 발생하고 있는 범죄를 유형별로 구분해 보면 다음과 같다. 첫째, 정치사범이다. 북한에는 일반범죄보다 정치범이 차지하는 비율이 높은데, 이는 김일성 사진 등 상징물을 훼손하여 북한 체제에 불만을 표시하는 경우나 당원증이나 맹원증의 분실도 모두 정치범으로 간주하기 때문이다. 정치범의 경우 국가안전보위부에서 직접 취급하며 재판 없이도 중형에 처하거나 특별독재대상구역에 집단 수용시킬 수 있다. 둘째, 경제사범으로 절도와 암거래 등의 범죄가 이에 포함된다. 셋째, 뇌물범죄로서 직장배치, 생필품 배급 등과 관련하여 뇌물을 공여하고 수뢰하는 경우이다. 넷째, 인신침해사범으로 폭행·상해·살인과 부화사건으로 불리는 강간·간통 등의 성범죄도 이에 해당한다. 다섯째, 30세 이하의 청소년이 저지르는 청소년범죄가 있다.

북한은 강력한 사회통제시스템을 갖추고 있음에도 불구하고 범죄가 증가하고 있다. 새터민들에 의하면 경제사범이 특히 많다고 하며, 검거된 범죄자의 인상착의와 범죄사실이 명시된 게시판 앞에서 일반주민을 대상으로 주의시키고 수상한 자의 신고를 지시하기도 한다고 한다.

---

36 반동선전선동죄는 북한 형법 제56조인데 법조문을 살펴보면, (가) 의의: 반동선전선동죄라 함은 당과 국가로부터 인민대중을 이탈시키고 그들로 하여금 당과 국가 및 사회주의 제도를 반대하도록 유도하기 위해 당과 국가의 정책을 비방하거나 반동적인 사상을 조작, 유포, 전파하는 범죄를 말한다. (나) 구성요건: 반동선전선동죄의 구성요건적 행위는 다음과 같다. 첫째, 말 또는 동작으로 다른 사람에게 당과 국가의 정책을 비방하거나 반동적 이론을 조작, 유포, 전파하는 행위. 둘째, 반동적인 출판물과 문서를 작성, 보관, 유포하는 행위. 셋째, 반동적인 낙서나 투서를 하는 행위. (다) 행위주체: 내국인은 물론 외국인도 이 죄의 주체가 될 수 있다. (라) 처벌: 사형 및 전 재산 몰수(북한연구소, 1990, pp. 68~69).

새터민들에 따르면 학교에서 각종 비행을 저지르다가 학교를 그만 두고 소매치기 등 범죄를 저지르는 사람이 적지 않으며, 잡히는 경우 정식으로 법적 제제를 받기도 하지만 사소한 범죄들은 훈계를 받고 끝나는 경우가 많으며, 혹 안전원에 인계되더라도 청소년인 경우 훈방되거나 학교로 돌려보내지는 정도에 그친다고 한다. 그러나 일반잡범들과 달리 일정한 조직을 갖춘 조직범죄도 존재한다고 한다.

남포에 살았던 한 새터민에 따르면 남포시내의 한 구역에 황소패, 짝패 등으로 불리는 서너 개 이상의 조직깡패들이 활개치고 있었다고 한다.[37] 새터민 조용호 씨에 따르면 자신은 평양지역에서 활동했기 때문에 평양꼬마 즉 '평꼬'로 불리었으며, 사리원꼬마, 함흥꼬마 등 지역별로 자신과 같은 사람들이 있으며, 남한을 포함한 자본주의 국가의 조직깡패 수준은 아니지만 일정한 유대를 갖고 범죄행위를 하고 있다고 말한다. 또한 자신이 다른 지역에 원정 가는 경우 해당 지역의 '꼬마'들이 절도와 관련된 정보를 제공하거나 침식을 책임지는 등 편의를 보아 주었다고 한다.

깡패생활을 하는 사람들에 대해서는 다른 견해도 있다. 일부 새터민들은 성분이 좋지 않아 군대를 가지 못한 사람들이 고등중학교를 졸업한 이후 좋은 직장을 얻지 못하고 좌절하여 깡패생활을 한다고 주장하고 있지만,[38] 실제로 범법자 생활을 했던 조용호의 증언에 따르면 자신은 비교적 성분이 좋았지만, 학교생활에 적응하지 못해 학생시절부터 '꼬마'의 길로 들어섰다고 말하고 있다. 또한 그는 군대를 다녀온 이후에도 다시 범죄행위를 지속하게 되었다고 한다.

### 일탈행위 확대와 사회불평등구조에 대한 인식 확대

북한에서는 1980년대 중반 이후 각종 범죄가 급증하고 있다. 이 가운데 가장 흔한 것이 절도와 같은 경제사범의 증가이다. 생필품 절도는 일상적으로 일어나고 있으며 절도한 물건을 전문적으로 거래하는 장물아비도 출현했다고 한다. 암거래가 급증하고 있는 것도 최근의 현상이다. 비누·치약·술·담배·신발 등 생필품이나 기초적인 기호식품을 포함하여 고춧가루·술·도토리묵 등 기초식품도 암거래되고 있다고 한다. 개인수준에서가 아니라

[37] 새터민 김선일의 증언, 『월간조선』 편집부 편(1991), pp. 138~139.
[38] 새터민 김선일의 증언, 『월간조선』 편집부 편(1991), p. 138.

집단수준의 절도도 증가하고 있는데 식량배급 중단이 장기화되자 군인과 주민들이 식량운반차를 위협해 식량을 탈취하는 경우도 있다고 한다.[39]

일반절도사건이 아니라 당·정부·군부 등 국가기관의 부정부패사범도 증가하고 있으며, 새터민 대부분이 김정일시대 들어 부패가 더 심해졌다고 증언하고 있다. 뇌물공여와 수수로 대표되는 부정부패사범은 크게 확산되었는데, 시험문제 유출, 직장배치, 교육회피 등 일상적인 이해관계를 미끼로 담당자와의 뇌물거래가 이루어지고 있다고 한다.

또한 고위직에 있는 당료나 관료의 부패도 급증하고 있다. 군에서도 대좌에서 장령 승진에 뇌물이 필요하며 출장온 중앙간부에게 지방간부들이 금품을 제공하기도 한다고 한다.[40] 뇌물공여는 물리적 통제기관인 국가안전보위부, 사회안전성의 직원들에게까지도 이루어지고 있다.[41]

범죄수준에는 못 미치지만 기초적인 사회규칙을 어기는 일탈행위도 늘고 있다. 청소년들 사이에서는 불법화된 전자오락이 유행이고, 복장 등의 규정을 지키지 않는 경향이 있으며, 어른들은 출근을 거부하면서 배가 고파서 직장에 나가지 못했다고 하는 등의 일종의 태업이 이루어지고 있다고 한다. 심한 경우 직장배치에 불만을 갖고 출근을 거부하다 노동단련대에 수용되어 처벌받는 경우도 있다고 한다. 직장에 나가는 경우에도 상급자의 지시에 따르지 않거나 심지어는 공개적으로 항의하는 경우도 있다고 한다.[42] 경제난으로 식량을 구하는 일이 시급하고 졸업 이후에도 전망이 불투명해짐에 따라 대학생들이 중퇴를 시도하는 경우가 많아지는 것도 이 같은 범주의 일탈에 들어간다.[43]

---

39 식량탈취자들은 군인들이 대부분이며 일반주민들 중에도 5~6명씩 패를 지어 탈취행위를 하고 있다. 군인들은 식량을 실은 차량이 지나가면 길을 가로막고 차 위에 올라가 식량을 내리고 휘발유까지 탈취하고 있다. 일반주민들은 마스크와 복면을 한 채 언덕을 오르는 식량운반차량을 덮쳐 운전자와 호송자를 위협, 대기해 둔 차량에 식량을 옮겨 싣고 도주한다. 이처럼 식량탈취사건이 빈발하자 식량을 운반하는 기관, 기업소측은 총기까지 휴대하고 식량을 호송하도록 하고 있다고 한다(황만유, 2002, p. 244).

40 새터민 유광일 증언, 통일연구원 면담(1999. 10. 13) 재인용.

41 새터민 정현수·서현자 증언, 국가정보원, 『최근북한실상』(1999. 1), pp. 62~63.

42 새터민 박정철 증언, 통일연구원 면담(1999. 10. 20) 재인용.

43 원칙적으로 자퇴를 하기 위해서는 질병과 가정사정 등으로 부득이한 경우에만 허용된다. 학교 당국은 등록된 학생의 규정숫자를 채우기 위해 자퇴승인에 인색하다. 따라서 대학생들이 자퇴하기 위해 학교 당국에 뇌물을 쓰기도 한다(「탈북자들의 북한이야기」(1998. 12), http://www.nis.go.kr/menu/m0300000/index_m03html).

마찬가지로 범죄의 범주에 들어가지는 않지만 사회구성원들이 자신이 속한 조직을 위해 헌신하기보다는 사적 이익을 도모하는 경향도 두드러지게 나타나고 있으며, 이러한 행위도 집단우선의 기본 가치관에 우선한다는 점에서 중요한 일탈행위라고 할 수 있다. 심지어는 가장 집단적인 가치가 우선해야 할 병사들도 돈 모으는 데 열중하고 있다고 한다.[44]

보다 심각한 일탈행위는 군입대를 기피하는 경우인데, 최근 북한 주민들은 군에 입대하면 영양실조에 걸리고 복무기간도 길어 제대 후 사회생활에 제대로 적응하지 못한다면서 자녀들의 군입대를 기피하고 있다.[45] 또한 식량문제를 스스로 해결한다는 명목으로 일부 노동자들은 기업소와 기관의 양해 아래 식량지원비를 제출하고 직장에 출근하지 않는 경우도 흔히 있다는 것이다.

범죄와 일탈행위의 조직화도 두드러지고 있다. 과거의 깡패조직보다 조금 더 조직화된 폭력조직도 존재하고 있는데, 함북 회령시의 경우 '길동이' 등 보스의 이름을 딴 폭력조직이 조직원 100여 명을 거느리고 이권에 개입하고 장사꾼의 신변을 보호해 주는 유형으로 조직을 운영하고 있다고 한다. 이들은 보위부나 인민보안성과도 결탁하여 일정한 보호를 받고 있다고 한다.[46]

경제사범이나 뇌물사범과 같이 일반적이지는 않으나 정치범도 일부 발생하고 있다. 일부 탄광이나 광산지역에는 김정일체제나 통치형태를 비난하

---

[44] 병사들이 돈을 모으는 방법을 보면 다양하다. 농촌지원 나가서 농장원들과 결탁하여 가을 수확기에 농작물을 일부 빼내 은닉해 두었다가 내다 팔아 돈을 모으는 것이 가장 일반적인 방법이다. 해안경비대 병사들은 '통제구역'에서 주민들이 조개잡이를 할 수 있도록 묵인해 주는 조건으로 뇌물을 받아 돈을 모으고 있고, 국경경비대 병사들은 중국 지역을 오가는 장사꾼들에게 출입을 허용하는 조건으로 돈을 받아 챙긴다. 그 외 특별한 권한이 없는 병사들은 대부분 인근 민가의 농작물을 절취하여 장마당에 내다 파는 방법 등으로 돈을 모으고 있다(「탈북자들의 북한이야기」(1999. 12), http://www.nis.go.kr/menu/m03000000/index_m03html).

[45] 군입대를 앞둔 청소년의 부모들이 자녀들의 군입대를 기피하는 이유는 군복무가 자녀들의 장래 발전에 전혀 도움이 되지 않기 때문이다. 무엇보다 군대에서 영양실조와 간염 등으로 조기 제대한 병사들이 사회에서도 인정받지 못해 차별대우를 받고 있는 것이 첫 번째 기피사유다. 두 번째로는 젊은이들이 개인장사 등으로 돈을 많이 벌어와 가정생활을 꾸려 가야 하는데 13년씩 군복무를 하면서 아까운 청춘을 쓸데없이 낭비하고 있다는 인식이 확산되고 있기 때문이다(「탈북자들의 북한이야기」(1999. 12), http://www.nis.go.kr/menu/m03000000/index_m03html).

[46] 새터민 김명섭·김영임 증언, 국가정보원(1999. 2), pp. 62~63.

는 낙서, 전단살포사건이 일어나는 등[47] 체제불만을 표출하는 사례가 나타나고 있다는 것이다. 최근 북한 사회의 일탈현상을 정리하면 다음과 같다.[48]

첫째, 북한 체제의 핵심인 간부들까지 일탈행위에 나서고 있다는 것이다. 당간부들도 재산축적에 관심을 기울이는데 직접 장사에 나서기 어렵기 때문에 '뇌물전문 장사꾼'을 활용해 재산을 축적하고 있다는 것이다.[49] 이것은 사회통제체제의 효율성이 전반적으로 저하되고 있음을 보여 주는 사례라고 할 수 있다. 이와 아울러 사회통제를 담당하는 기관 소속원들 마저 일탈행위에 가담하고 있다는 점이다. 통제담당자의 일탈행위는 사회통제의 효율성을 떨어뜨리는 것은 물론 사회통제의 정당성까지 훼손하는 계기가 될 수 있다.

둘째, 경제사범의 증가는 물론이고 뇌물사범이나 사소한 법규위반에 이르기까지 일탈행위의 배후에는 경제난과 식량난이 있다는 것이다. 절도와 같은 경제사범은 식량난으로부터 직접적인 영향을 받았고, 학교를 중퇴하거나 직장을 갖지 않는 것도 배급체계가 붕괴된 까닭에 정당화되고 있다고 볼 수 있다.

셋째, 폭력조직 등에서는 일부 조직화의 경향이 보이지만 대부분의 일탈행위는 개인중심이고 일회적인 경향이 강하다는 점이다. 절도범이나 뇌물

---

47 1995~1997년 사이 탄광 및 광산지역에서 발생한 사건들은 다음과 같다. ① 함북 무산광산에서는 1997년에 김정일체제로는 더 이상 살기 어렵다는 전단이 광산 내 벽에 부착, ② 함남 고원탄광에서는 3~4회에 걸쳐 김정일을 비방하는 내용의 낙서, 전단살포, ③ 함남검덕광산에서는 5~6회에 걸쳐 노동자들이 "김정일이 철조망 정치를 한다"는 내용의 전단작성 살포(새터민 이용자·이명숙 증언, 국가정보원, 1998. 11, pp. 62~63).

48 이우영(1999), pp. 64~66.

49 간부들이 장사하는 주요 목적은 자리에 앉아 있는 동안 퇴직 후 생계유지방안을 미리 마련하고자 하는 것인데 주로 '뇌물'로 받은 물건들을 장사꾼에게 건네 주고 판매하도록 하고 있다. 간부들은 주변의 아는 사람을 통해 장마당 등에서 장사수완이 좋은 사람들을 소개받아 위탁판매를 부탁한다. 간부가 "물건을 판매해 줄 경우 일정 비율의 이윤을 주는 한편 돈이 필요할 때는 돈도 빌려 주겠다"는 조건을 제시하면 대부분의 장사꾼들은 큰 밑천없이 장사수완만 좋으면 돈을 벌 수 있는 기회이기 때문에 흔쾌히 승낙, 장사를 시작한다. 이 때 주요 판매품목은 담배·술·의류·신발·식량 등 생필품이며 간부가 제시한 가격에 2~3배 정도 더 붙인 가격으로 판매한다. 한편 간부들은 장사꾼을 선택할 때 자신이 장사한다는 말이 외부로 나가지 않도록 하기 위해 친인척이 간부로 있거나 집안배경이 좋고 말을 옮기지 않는 사람들을 우선순위로 꼽고 있다. 이에 따라 일반주민들은 간부들에 대한 불만이 적지 않으며, 간부들은 누구나 잘 받아 먹는다는 의미에서 '만능분쇄기', 다 빼앗아 먹어 배가 크다 하여 '군함', '자루' 등으로 부르고 있다고 한다(「탈북자들의 북한이야기」(1999. 7. 10), http://www.nis.go.kr/menu/m03000000/index_m03html).

사범은 폭넓게 나타나고 있으며, 그 원인이 개인 차원의 것이라기보다는 사회구조적인 모순에서 비롯되었지만 이들이 연계성을 갖고 체제에 대한 저항으로 나아가고 있다고 보기는 어렵다.

넷째, 김일성과 김정일의 리더십 차이도 일탈행위에 일정부문 영향을 미친다고 볼 수 있다. 새터민들 대부분이 김정일의 권위를 인정하지 않고 있으며, 이들의 증언에 따르면 북한 주민들이 김정일을 지지하는 정도는 김일성에 비할 바 아니라고 한다. 이러한 태도는 식량난으로 인해 더욱 심화되고 있다고 볼 수 있다.[50]

다섯째, 꽃제비가 상징하듯이 세대별로는 젊은 세대, 특히 청소년세대가 일상적인 일탈행위에서 중요한 몫을 차지하고 있다는 것이다. 학교를 중퇴한다든지, 패거리를 만든다든지 하는 현상이 나타나고, 식량난으로 해체된 가족의 아이들은 북한 내에서나 탈북해서 꽃제비가 되는 등 청소년집단은 스스로의 의지에 상관없이 사회적 일탈자로 바뀌고 있다는 점이다.[51]

## 2.2. 극단적인 공포정치의 자행에서 비롯된 사회불평등의식

북한 당국의 일탈행위 일상화에 대처하는 통제행태는 공포정치의 자행과 포용정책[52]의 이중적용을 통한 체제안정화 추구이다. 1990년대 이후 북한이 추구하는 사회통제체제의 핵심은 물리적 통제기제를 더욱 강화하는 데 있다. 물리적 억압은 그 효과가 가시적으로 나타나기 때문에 권위주의 체제가 위기에 봉착했을 때 가장 먼저 강화하는 부분이라고 할 수 있으며, 북한 당국은 현재 세 가지 방향에서 물리적 통제를 강화하고 있다.

---

50 특히, 당원이 아닌 일반인들은 북한 체제에 대한 불만을 공공연히 드러내고 있으며, 당간부들도 이에 따라 나름의 폭동진압장비도 준비하고 있다고 한다(새터민 김영림·전혜숙 증언, 통일연구원 면담(1999. 11. 12) 재인용).

51 최근 북한에서는 청년층의 동요가 적지 않은 것으로 알려지고 있다. 1998년 신년공동사설에 청년보가 누락되었으며, 북한 내부에서도 청년층의 사상적 동요에 대해 우려하고 있는 것으로 보인다. 이에 따라 1995년 12월 25일 발표된 논문 「혁명선배를 존대하는 것은 혁명가들의 숭고한 도덕적 의리이다」와 1996년 8월 24일 발표한 담화 「김일성 동지의 청년운동 사상과 영도업적을 빛내어 나아가자」라는 글에서 김정일은 청소년 학생들의 움직임이 북한 사회 통합에 매우 중요한 요인임을 거듭 강조했다(연합뉴스, 1999, p. 515).

52 이른바 김정일의 폭넓은 정치를 구현하고 있다는 광폭정치와 인덕정치의 차원이다.

첫째, 물리적 통제기구 간의 위상변화이다.[53] 최근에는 사회통제에서 군의 역할이 크게 확대되고 있는 등 통제기구 간의 위상변화가 나타나고 있다. 현재 사회통제에서 핵심역할을 하고 있는 것은 인민무력성 내의 보위사령부이다. 보위사령부는 1996년부터 과거 인민보안성이 시행하던 기차 내 검열을 담당하고 있으며 두만강과 압록강 국경선의 경비초소도 관할하고 있는 것으로 알려져 있다. 뿐만 아니라 그 동안 노동당 중앙위원회 검열위원회에서 실시하던 재외공관에 대한 감사도 보위사령부가 담당하고 있는 것으로 알려지고 있다.

또한 북한 당국은 국가안전보위부와 인민보안성은 비리세력과 결탁되어 있어 정확한 검열을 할 수 없다고 하면서 간부들에 대한 검열기관을 군 보위사령부로 바꾸었다. 군요원이 단위기관, 기업소, 협동농장에 파견되어 있으며, 각 대학에도 요원을 상주시키고 대학생의 동태를 감시하는 등 주민들의 일상생활에 대한 통제에도 군이 직접 나서고 있다. 군이 기업소의 분규에 직접 개입한 사례가 이른바 황해제철소 노동자 폭동사건이다.[54] 식량난으로 인해 협동농장의 농작물 절취사건이 빈발하자 군을 보초로 세우고 있으며 덜 익은 옥수수 몇 통을 절취하려다 목숨을 잃는 사례가 빈발하고 있다.

> "1996년 가을은 극심한 식량난으로 인해 추수 때가 가까워올수록 볏단을 훔쳐 가는 사람들이 기승을 부렸고 수확량이 크게 감소했다. 군대가 동원되어 배낭을 메고 농촌을 오가는 사람들은 모조리 검열을 했다. 밤에는 논두렁에서 벼를 지켰고 배추밭, 무밭, 고추밭, 과수원에도 군인들이 실탄을 장착한 총을 들고 보초를 섰다. 이듬해 1997년 6월 함주군 협동농장 남새작업반에서 보초를 서던 군인이 농장에 침입한 군인 세 명을 현장에서 사살한 사건이 발생했다. 농장에 군인들이 처음 보초를 서던 해는 군인도 시민도 숱하게 개죽음을 당했다. 총가진 군대와 맨주먹인 백성들과의 전쟁으로 인해 남

53 이우영(1999), pp. 68~70.

54 황해제철소 사건은 1998년 8월 초 황해북도 송림시의 직원 10만 명의 황해제철소에서 일어난 일련의 사태(극심한 식량난을 해결하기 위해 폐철을 중국에 수출하고 대신 옥수수로 바꿔와 직원들에게 나누어 주려다 내부자의 밀고로 드러난 사건)로 인해 공개처형이 행해지고(공장 지배인 등 간부 8명), 공개처형의 부당성에 대해 항의하기 위해 모인 제철소 직원들을 탱크 10대와 1개 대대를 출동시켜 처절하게 진압했던 사건으로, 수백 명이 탱크에 깔리고 총에 맞아 사망했다고 한다(2001년 1월 새터민 이춘구의 증언, 조선일보 NK조선, 「북한사람 북한이야기」).

새밭이며 강냉이밭이며 논이며 과수원이며 온 들판은 굶주린 백성들의 시체로 뒤덮였다. 포성없는 전쟁으로 굶어 죽는 사람, 배고픈 게 죄가 되어 총에 맞아 죽는 사람들의 수가 날이 갈수록 늘어만 간다. 포성없는 전쟁이 포성 있는 전쟁으로 변하고 있는 것이다."[55]

둘째, 일탈행위자 및 범법자에 대한 처벌을 강화하고 있다는 점이다. 이를 대변하는 것이 공개처형의 확대이다. 최근 탈북한 사람들 대부분이 공개처형을 목격했다고 증언하고 있는데 이것은 범죄가 급증하는 추세에 대응하여 인민보안성에서 「살인자 및 누범자, 재범자 등에 대해 극형에 처할 것에 대하여」라는 제의서에 근거를 두고 공개처형을 확대하기 때문인 것으로 알려졌다. 그리고 공개처형의 대상도 살인 및 살인미수자, 상습절도범, 강도재범자 등으로 확대하고 있다.[56]

"2000년 5월과 6월 양강도 혜산시에서는 당과 기업의 간부, 장사꾼, 폭력배 등 30여 명이 부정과 범죄혐의로 공개 또는 비공개로 처형당한 것으로 알려졌다. 이 중 12명이 혜산의 운촌비행장 근처에서 공개총살당했다. 공개처형된 사람은 혜산시 상업관리소장(성옥순), 들쭉술가공공장 지배인, 신발공장 초급당 비서 등 간부들로 이들은 모두 국가재산을 빼돌리거나 부정축재한 혐의자였다. 혜산에서 소문난 장사꾼이었던 김기성, 김강남과 호삐, 곡괭이 등의 별명으로 불린 폭력배들도 이 때 공개처형당했으며, 이들은 밀수를 하면서 탈북자들을 중국으로 넘기거나 이산가족 만남 등을 주선하다가 간첩으로 몰린 경우였다.
비공개 처형된 사람 중에는 인민군 제376부대(혜산 주둔) 정치부장, 국경경비대 정치지도원, 양강도 인민보안국(경찰) 수사과장(김성우) 등이 포함되었다. 제376군부대 정치부장은 군부대 물자를 빼돌렸고, 국경경비대 정치지도원은 남한 비디오테이프 「장군의 아들」을 입수해 태권도 교육을 위해 대원들에게 보여 주었다가 문제가 됐다고 한다. 도인민보안국 수사과장은 뇌물수수죄로, 군수품공장 보안원은 공장재산을 빼돌린 혐의였다. 비공개처형된 사람들의 이름과 직책, 죄목 등은 시내 곳곳에 공고되었다."[57]

---

55 이재근(2001), pp. 149~151.

56 북한 당국이 공개처형을 확대하고 있는 것은 주민들에게 복종을 강요하고 공포심을 조장하기 위해서라고 할 수 있다. 공개처형의 종류는 '총살형'과 '교수형'으로 나뉘는데 과거에는 강둑이나 다리 밑에서 처형했으나, 최근에는 사람이 많이 모이는 장마당이나 역 앞에서도 실시하고 있다. 처형대상자들은 좀도둑에서부터 간첩혐의자까지 '주민들에게 본보기를 보여야 한다'는 판단에 따라 기준 없이 실시되고 있다(「탈북자들의 북한이야기」(1999. 4), http://www.nis.go.kr/menu/m03000000/index_m03html).

처벌을 강화하는 과정에서 범죄 등급도 상향 조정하고 있다. 즉, 과거에는 단순 경제사범이었던 외화은닉사범을 정치범으로 취급하고 있으며,[58] 절도범도 정치범과 같이 취급하여 집단거주지역을 설정해 별도 수용하고 있기도 하다. 마찬가지 이유에서 탈북자도 정치범으로 간주하고 있다.

셋째, 특정 분야와 집단에 대한 통제를 강화하고 있다는 것이다. 일상생활에서 정치적 불만을 공유하지 못하게 하기 위해 명절에 술 마시는 것도 금지시키고, 다음 날 출근하면 무엇을 했는지 보고하도록 하고 있다. 1990년부터 명절이 되면 당중앙위원회 비서국에서 지시문을 하달하여 특별 경비주간으로 선포했는데, 이는 여러 사람이 모여 사회적 불만을 토로하는 것을 염려했기 때문인 것으로 알려졌다. 또한 신의주, 혜산 등 변방지역의 큰 도시주민들에 대해서는 보위부원들이 특별한 주의를 기울이면서 통제를 강화하고 있는 것으로 알려졌다.

최근 북한이 통제대상으로 가장 관심을 기울이고 있는 대상은 청소년이라고 한다. 1993년 2월에는 1981년 10월 7차대회 이후 12년 만에 사로청대회를 열었을 뿐만 아니라, 1996년에는 사로청을 김일성사회주의청년동맹으로 개칭했고, 1998년을 '대학생 교양의 해'로 설정하고 대학생들에 대한 각종 사상교양을 실시하고 있다.

넷째, 북한은 차별적인 계층정책을 사회통제기제로 적극 활용해 왔다. 최근 특히 경제난과 식량난 등으로 인해 사회적 위기가 고조됨에 따라 차별적 보상의 대상을 보다 특화시키고 있는데, 특별하게 혜택을 받는 사람들은 군인, 보위부원 및 사회안전원과 같은 물리적 통제기관의 성원들이다. 이들에게는 기존 배급량의 100%를 지급하고 있는 것으로 알려졌다.[59]

북한 당국이 물리적 통제기관에 종사하는 사람들에 대한 보상에 관심을 기울이는 이유는 크게 두 가지 때문인데, 하나는 위기국면에서 통제를 강화하기 위해서는 사회통제의 실질적 주체인 통제기구 구성원들을 다잡을 필요가 있다는 점이다. 또 다른 이유는 물리적 통제기구들이 현재는 김정일 체제에 절대 복종하는 체제유지의 핵심이라고 하지만 무력을 갖고 있는 조

---

57 「혜산서 30여 명 부정·범죄 혐의로 처형」, 조선일보 NK조선, 2001. 11. 13.

58 1995년 12월 달러를 은닉하는 자는 당과 운명을 같이 할 수 없는 자라고 하는 김정일 친필서한 이후 이들을 경제사범이 아니라 정치사범으로 취급하고 있다(새터민 김영림 증언, 통일연구원 면담(1999. 10. 19) 재인용).

59 새터민 석명환 증언, 통일연구원 면담(1999. 5. 20) 재인용.

직으로서 잠재적으로 정권에 도전할 수 있는 세력이기 때문이다.[60]

정치영역과 사회영역은 추구하는 바가 다르기 때문에 종종 갈등상황에 놓인다. 이는 정치영역에서 다양한 통치기제를 사용해 주민들을 정치사회화시켜 나가는 과정에서 실제적인 한계를 접하게 되기 때문이다. 북한의 김정일 정권은 극단적인 위기상황에서도 높은 수준의 사회통합을 유지하기 위해 포용정책인 '인덕정치, 광폭정치'를 시현하면서 동시에 극단적인 공포정치를 번갈아 구현해 나갔는데 이 과정에서 사회영역과의 긴장관계가 조성되었다.

이 긴장관계는 주민들로 하여금 체제에 대한 도전이나 저항을 포기시킨 반면에 개인주의, 배금주의적 경향을 띠게 했고, 간부들 역시 개인주의와 배금주의적 사고에서 주민들과 각종 부패행위를 공모하고 묵인 내지 동조하게 되었다. 극단적인 공포정치는 사회불평등 차원의 인식을 초월해 간부와 주민 모두로 하여금 공적 관계와 사적 관계가 명확히 구분되는 가운데 이중적인 자세를 취하도록 만들었다.

## 3. 국가배급시스템 포기에 따른 사회적 불평등의 심화

어떤 사회든지 부패가 존재하지 않는 곳은 없으며 일정 수준까지는 체제 존속에 큰 영향을 미치지 않는다. 하지만 관료사회가 이상 비대화되어 있는 사회주의 사회에서 부패는 흔히 관료부패를 의미하지만 그 파급영향은 매우 크다. 특히, 한 국가가 하나의 기업처럼 움직이는 북한 사회에서 의식주의 전 부문을 장악하고 있는 관료와 군의 부패는 개인의 생사를 결정지을 정도로 심각하다.

북한 사회에서 행해진 부패는 생존을 위한 도덕적 공모라는 형태로 발

60 북한 지도층은 구소련 10월혁명이 흑해함대에서 시작되었다는 것을 주목하고 있으며, 이러한 맥락에서도 물리적 통제기제에 대한 내부단속을 강화하고 있다는 증언도 있다(새터민 김영림·전혜숙 증언, 통일연구원 면담(1999. 11. 22) 재인용).

전되어 나간다. 이 과정에서 북한 당국의 집단 중심, 국가 중심적인 태도와는 정반대로 주민들의 태도는 개인중심, 배금주의 추구로 "돈 되는 일이면 무엇이든 한다"는 자세를 견지하게 했다. 이 절에서는 각종 부패행위를 통해 생겨나는 경제적 측면의 불평등현상을 살펴본다.

북한의 관료부패는 다음 세 가지 요인에서 비롯되었다. 첫째, 북한의 부정부패는 북한 정부관료제의 구조적 특징에서 유발된 필연적인 결과라는 것이다. 북한의 정부관료제는 지나치게 권위적이며 단선적·수직적 피라미드형 권력지향적인 통제구조로 명령과 복종이 제도화되어 있다는 것이다. 둘째, 북한 정치제도의 비민주적 취약성에서 오는 결과적 산물이다. 북한 최고통치권자의 절대적 권한에는 견제와 통제의 제도적 장치가 없다. 사법부나 검찰은 1인 권력유지를 위한 도구이며, 군대와 당은 최고통치권자의 하수인에 불과하다. 셋째, 정치지도자들의 권위주의적, 동조과잉적 형식주의는 부패 조성의 변수로 작용하게 된다. 이는 권력의 오용과 남용을 정당화하는 시각을 제시해 준다.[61]

북한에 만연되어 있는 부패문제는 북한이 지속적으로 극복하고자 노력해 온 착취나 불평등[62]에 관한 문제들을 제거하거나 감소시키기는커녕 오히려 확대·증폭시키고 있다. 북한 사회 부패문제는 인허가권을 쥐고 있는 간부와 주민 사이의 민관부패, 김정일의 선군정치로 군우위 사회에서 행해지는 군민부패, 주민들 사이의 부패 등으로 나누어 볼 수 있다.[63]

---

[61] 김영종(1995), pp. 54~55.

[62] 렌스키(Lenski)는 사회주의 사회가 소득불평등의 축소, 육체노동자와 하급 사무직 노동자 사이의 소득 및 다른 혜택의 실질적인 감소 등에 대해서는 성공했지만 다른 한편에서는 중요한 실패를 했다고 평가한다. 그는 사회주의 국가들이 실패한 불평등문제를 다섯 가지로 지적한다. 첫째, 정치적 불평등을 제거하지 못했거나 감소시키지도 못했다. 둘째, 노동영역에서도 직업에 대한 불만이 여전하여 노동자 소외문제가 지속적일 뿐만 아니라 널리 퍼져 있다. 셋째, 성에 기반을 둔 전통적인 불평등을 극복하지 못했다. 넷째, 도시와 농촌 사이의 불평등이다. 여기에는 소득과 물질적인 소유물은 물론 건강, 교육기회, 문화적 기회의 차이 등이 포함된다. 다섯째, 새로운 사회주의적 인간을 창조하려는 노력이 제한적인 성공을 거두었을 뿐이다. 사회주의 사회의 분배원칙은 '각자의 노동에 따라 각자에게'인데 각 개인별 노동의 양과 질에 대한 정확한 평가 없이 유사한 소득분배가 이루어진다면 이는 실질적인 의미에서 불평등분배가 이루어진다는 것을 의미한다. 그 결과 어떤 이에게는 '과다지불'을 다른 이에게는 '과소지불'을 하게 되는데 이는 착취의 또 다른 형태로 볼 수 있다.

[63] 김병조(2000), pp. 1~19. www.koreascope.org/cgi-bin/nonmun/kfr/view.cgi/kfr+2000001+kimhjo+5+0 참조.

### 3.1. 간부와 주민 간의 부패에서 비롯되는 사회불평등구조

북한은 수령-당-대중이 하나의 사회정치적 생명체라고 선전하고 있지만 현실적으로는 수령-당-대중이 차별대우를 받고 있으며, 이 문제가 사회갈등현상으로 나타나면서 부패문제를 잉태하게 된다.

북한과 같은 사회주의 국가는 사회가 안정적으로 성장하고 있을 때에는 간부와 주민 사이의 갈등구조가 현재화하지 않는다. 왜냐 하면, 비록 간부와 주민 간에 차별적인 보상이 이루어진다고 하더라도 사회용량의 팽창으로 북한 정권이 필요로 하는 간부수가 증가하게 되고 그 결과 주민 중에서 상당수가 간부로 승진할 수 있는 기회가 존재하기 때문이다. 그러나 경제난이 심화되어 분배할 재화의 절대량이 적어지고 주민생활이 악화되는 경우 간부와 주민 사이에 갈등요인이 심화되고 부패요인이 증대될 수밖에 없다. 그 이유는 다음과 같다.

첫째, 경제난으로 인해 간부와 주민 사이에 분배되는 배급량(식량 및 생필품)의 차이가 생존에 영향을 줄 정도로 적어지는 경우, 즉 생존의 한계상황에 도달하면 간부와 주민 사이의 배급 격차는 풍요와 빈곤이라는 양적 차이에서 삶과 죽음이라는 질적 차이로 그 의미가 전환된다.

둘째, 현재 북한은 간부들이 배급품을 독점하는 상황이기 때문에, 간부와 주민 간의 경제력 격차가 심화되고 있다. 심한 경제난에도 불구하고 고위간부의 부인들은 외화상점 쇼핑으로 소일하며, 당·정·군 고위층의 딸이나 며느리 중에는 직장생활도 귀찮고 인민반 활동도 하기 싫어 이를 피하기 위한 방법으로 직장에 적만 두고 노는 사람들이 많다는 것이다. 이에 주민들은 "간부들은 주민을 위하는 일은 뒷전으로 하고 오직 개인적인 출세, 돈벌이 등에만 신경을 쓰고 주민들의 공적까지 가로채고 있다"거나 심한 경우 "간부가 다 없어져야 우리가 산다"는 식의 비난이 커지고 있다[64]고 한다.

다른 사회주의 국가와 마찬가지로 북한도 당에 정치권력이 집중되어 있기 때문에 체제의 특성에 따른 부정부패가 지속적으로 증대해 왔다. 예를 들어, 직장배치는 각급 인민위원회 노동과에서 관장하는데, 직장배치와 관련된 업무에 종사하는 관료들은 직접 또는 인적 네트워크를 활용해 영향력

[64] 국가정보원(1999. 10), p. 16.

을 행사할 수 있고, 그와 관련된 뇌물수수 등 부정부패를 하게 된다. 이는 간부인사도 마찬가지다.

또한 중앙집중식 명령경제체제의 성과지향적 관리시스템은 목표달성을 위해 수단과 방법을 가리지 않는 과정에서 부정부패의 소지가 발생한다. 처음부터 목표량을 적게 하여 초과달성한 다음 상당분을 착복하거나 역으로 달성하지 못한 목표를 눈가림 형태로 속이거나 하는 것이다. 경제가 악화되기 시작한 1980년대 후반부터 북한 사회에 부정부패가 심해지고 있다. 이에 현재는 "당일꾼은 당당하게, 보위부원은 보이지 않게, 안전원은 안전하게 빼먹는다"는 은어에서 대표되듯이 지위의 고하를 막론하고 부정부패가 극에 달해 있는 것으로 보인다.

물품유통을 살펴보면, 각 도 출하도매소로부터 물품을 받아 국영상점에 배분해 주는 중간역할을 하는 상업관리소에서 상업관리소 관리소장→사업과장→공급지도원→계약지도원→창고장→인수원 등 각 단계를 거칠 때마다 중간중간 뇌물용으로 상납되기 때문에 물품의 20% 가량이 중간 유출된다고 한다. 장마당에서 거래되는 북한제 공산품의 80%는 간부들에게 뇌물로 제공된 것과 간부들이 직권을 이용해 국정가격으로 구입하여 암거래상을 통해 유출한 것이라고 한다. 최근에는 북한제 부품보다 중국제나 일제 중고물품 등을 들여와 재활용한 물품이 많이 판매되고 있다.

결국 간부들이 먼저 선점해서 쓰고 나머지를 암시장에 내다 팔고 그 다음에 상업부문에 종사하는 사람들이 차지하여 장사를 한다. 상업관리소에서는 배정된 물품수량의 출납현황을 완벽하게 맞추기 위해 국영상점에 80%의 물품을 주고도 100% 준 것처럼 가짜 영수증을 받아 물품의 중간유출이 드러나지 않도록 하고 있는데, 국영상점에서는 다음 번 물품배분시 불이익을 받지 않으려고 어쩔 수 없이 영수증을 써 주고 있다. 심지어는 식량배급이 수개월씩 지연되고 있는데도 쌀을 취급하는 양정사업소나 시·군 행정위원회 양정과와 연계가 있는 간부들은 200kg 이상의 쌀을 직접 배급받을 때 사용하는 '식량지도서'를 발급받아 암거래상에게 넘기고 있다[65]는 것이다.

북한의 뇌물수수 사례에 대한 새터민들의 증언을 종합해 보면, 액수는 차이가 있지만 직장배치, 직장결근 봐주기, 통행증 발급, 평양이주, 중국 방

[65] 국가정보원(1996. 2), p. 17.

문 및 이주는 물론 입당 및 간부등용이나 무죄방면의 경우도 뇌물로 해결된다. 그리고 김정일이 부정부패에 대해 반복적으로 언급하는 것도 북한 상층부가 부패에 깊숙이 개입되어 있음을 반증한다.[66]

간부들의 부정부패 행위 증가는 간부들 사이에서도 갈등관계를 형성하게 한다. 이는 권력이 집중된 북한 사회에서 김정일을 둘러싼 암투가 항상 존재하고 부정부패와 관련된 세력다툼 내지 정보입수 등이 권력투쟁에서 결정적인 역할을 할 것이기 때문이다. 그 예로 국가안전보위부와 인민보안성 사이의 갈등이 있다. 보위부는 반국가사범만을 대상으로 하는 반면, 공장·기업소의 재정, 경제통제와 주민들의 일상생활은 인민보안성이 담당하며 잇속을 채워왔다. 그 과정에서 보위부와 인민보안성 간에 구조적인 갈등관계가 형성되었다.

1997년 초에 김정일이 "인민보안성은 뇌물에 젖어 있어 믿지 못한다"고 지적한 이후 장마당 단속을 보위부가 담당하게 된다. 그러나 보위부 간부의 부정부패도 심해지자 1998년 남포시와 나진시의 검열을 군보위사령부로 바꾸기도 했다. 북한의 정치부패현상을 풍자하는 사례를 살펴보면 부패의 심각성을 절감하게 된다.

> "'당일꾼은 당당하게 인민의 등을 치며, 행정일꾼은 행세하면서 인민의 등을 치며, 안전부는 안전하게 인민의 등을 치며, 보위부는 보이지 않게 인민의 등을 치며 군간부는 군데군데 인민의 등을 친다'[67] 또한 북한에서는 '벤츠가 무지개 치마 속으로 들어간다'는 말이나 '갱도 속에는 못들어가는 벤츠가 좁은 무지개 치마 속으로는 잘도 들어간다'는 말이 있다. 이러한 것은 바로 당간부나 정부의 고급관료들이 김정일의 신임을 받고서 부정축재를 하거나, 축첩을 하고 호의호식하면서 특권을 누리고 부패한 생활을 하는 정치부패의 실상을 말한다. 여기에서 무지개란 간부들의 정부를 일컫는다."[68]

---

66 김정일은 1994년 11월 발표한 「사회주의는 과학이다」에서 "사회주의에서 부정부패에 반대하는 투쟁을 벌이지 않으면 일부 준비되지 못한 간부들이 사상적으로 변질돼 인민들로부터 유리되고 특수계층화할 수 있다"고 경고했으며, 1995년 6월에는 '사상사업을 앞세우는 것은 사회주의 위업수행의 필수적인 요구'에서 "사회주의 체제를 지키기 위해서는 이러한 부정적인 현상을 묵과하지 말고 비타협적인 투쟁을 벌여 철저히 극복해 나가야 한다"고 강조했다.

67 정갑렬(46세, 1996. 5. 31 귀순, 메아리음향사 음향연구소장)의 증언 재인용(서재진, 1996, p. 109).

68 김영종(1995), p. 51.

북한이 2000년 6월 남북정상회담을 전후하여 수만 명 규모의 대대적인 내부숙청을 진행했던 것으로 최근 밝혀지고 있다. '심화조(深化調)'로 불렸던 당시 숙청작업은 1998년부터 본격적으로 시작되어 2001년 말까지 공식적으로만 2만여 명의 당간부와 핵심요원들을 숙청 또는 총살하거나 정치범 수용소에 보냈던 사건으로 평양 지도급 사회에서는 '원자탄'에 비견되는 큰 공포와 충격을 받았다.

심화조사건의 시발점은 1997년 8월 노동당 농업담당 비서 서관희의 처형으로, 김정일은 식량공급 실패에 따른 대량 아사의 책임을 서관희와 그를 배후 조종했다는 미국과 남한에 덮어씌움으로써 주민들의 미국에 대한 적대감 강화 및 권력 강화를 꾀했던 것이다.

주민들은 관료부패에 대해 극단적인 증오심을 가지고 있었기 때문에 심화조 초기에는 적극적인 지지를 보였다. "악질들을 장군님이 청산했다"는 것이었다. 하지만 사회안전부의 전횡에 주민들의 관심이 고조되자 김정일은 이번에는 사회안전부에 화살을 돌렸다. 사회안전부 정치국장 최문덕을 간첩혐의로 처형하는 등 안전원 6,000여 명을 숙청했다. 사회안전부는 그 이후 아예 이름까지 인민보안성으로 바꾸었다.[69] 이는 북한 사회에 관료부패가 만연해 있다는 반증이라고 할 수 있다.

북한의 부패구조에서 반드시 짚어야 하는 부분이 최고통치자의 권력남용이다. 북한의 최고통치자 김정일의 부패사례는 일일히 열거할 수 없을 정도이다. 김정일은 "마음에 드는 여성이면 닥치는 대로 농락하고 외국 예술인까지 불러들여 관계를 가져 현재까지 드러난 서출자녀만도 8명이나 되는 것으로 전해지고 있다. 더욱 놀라운 사실은 절대권력을 가진 소수 특권층의 향락을 위한 조직이 있다는 것이다.[70] 그들은 미모의 여성들을 엄선하여 '기쁨조', '만족조', '행복조', '가무조' 등의 이름으로 부르고 있다. 김일성 특각이나 별장, 각 초대소 등에 이러한 사람들이 2,000여 명이 있는 것으로 추산되고 있다.[71]

---

69 www.unitypress.com/zboard/view.php. 미주통일신문, 2005. 4. 20.
70 김영종(1995), p. 49.
71 도홍렬 외(1993), p. 317.

### 3.2. 군과 주민 간의 부패에서 비롯되는 사회불평등구조

김정일은 북한군의 모범을 강조하고 있지만 경제난으로 어려움에 처해 있는 북한에서 민·군관계는 전혀 만족할 만한 관계가 아니다. 1993년부터 강조하기 시작한 군·민일치운동은 악화된 군·민관계를 반전시키려는 노력이었다. 실제로 김일성은 1992년 12월경 전 군의 군관에게 보내는 지시문을 통해 "인민군에서 군·민 불화관계를 해결하지 못할 경우 나라가 망할 것을 각오하고 군대를 해산하겠다고 공언한 바 있다.[72]

이에 북한 당국에서는 전 군에서 주민들을 대상으로 한 피해신고를 접수, 진상조사를 한 후 보상하는 한편, 농촌지원을 강화하는 등 상호 불화관계를 해결하기 위해 여러 가지 수단을 동원했다. 그러나 식량 등 '군보급품 부족'이라는 근본적인 문제가 해결되지 않는 데다 피해보상이 형식적으로만 이루어지자 주민들은 군인들을 '마적같은 새끼'라고 백안시하고, 군인들은 주민들에게 '전쟁이 나야 군인 귀한지 안다'고 하는 등 갈등관계가 지속되고 있다.

군·민관계가 악화되어 군의 주민에 대한 약탈행위가 이루어지는 이유를 살펴보면 대체로 세 가지 정도다. 첫째, 1994년 이후 악화된 식량사정에 가혹한 군사훈련, 장기간의 군복무, 부대 내 구타사건의 증가 등으로 인해 북한군의 기강이 해이해지고 있다. 군기강이 해이해지면서 군인들이 민간인을 괴롭히고 피해를 주는 현상이 빈번하게 발생하고 있으며 점차 조직화되고 있다는 점이다.[73]

둘째, 군·민일치운동이 강제성을 띠고 있기 때문이다. 예를 들어, 돼지 헌납운동의 경우 거주지 농장관리위원회에서 새끼돼지를 50원에 구입하여 6개월 정도 사육한 후 100kg에 도달하면 거주지 주둔 군부대에 헌납하게 되는데 이 때 "○○○ 가족은 경애하는 최고사령관 김정일 동지께서 이끄시는 인민군에 선물돼지를 증정하였음"이라는 증서를 지급해 주면서 헌납용 이외 사육한 돼지의 처분권까지 부여하고 있다. 결국 식량난이 지속되면 될수록 군의 약탈행위는 증대될 것이다.

셋째, 군의 경제적 역할이 확대되면서 민간인과 마찰을 빚는 경우가 빈

72 국가정보원(1993. 10), p. 54.

73 새터민 유송일 증언자료, 『통일한국』(1998. 7), p. 166.

번하게 발생하고 있다. 예를 들어, 농장의 경우 1997년 4월경부터 파종기에서 추수기까지 군인들이 상주하는데, 농장관리위원회에는 중좌나 상좌급 군관이 상주하면서 농장관리에 관여하고 각 작업반에는 대위급 군관 1명이 배속되어 농장원 개개인의 출퇴근을 확인하면서 파종, 김매기, 퇴비 등 농장 내 모든 작업을 처음부터 끝까지 간섭하고 관장하고 있다. 이 과정에서 농사일과 관련된 군·민 간 대립양상이 드러나고 있다.[74]

김정일체제 등장 이후 가장 큰 특징은 군의 역할이 크게 확대되었다는 점이다. 전통적으로 북한 사회는 군사적 위기체제의 지속, 장기간 군복무에 따른 군내 정치교육의 영향, 준군사조직에서의 군사훈련 등이 이루어지기 때문에 군이 간접적인 사회통제기관의 역할을 수행해 왔다. 1998년 이후 김정일은 선군정치를 강조하면서 군을 주민들에 대한 직접 통제기구로 활용하게 된다.

군이 직접적으로 주민통제를 담당하면서 부패구조에 개입하게 된 사례는 다음과 같다. 첫째, 김정일은 국방위원장 추대를 계기로 대표적인 주민사찰기구인 국가보위부를 국가안전보위부로 개칭하는 한편, 자신이 관장하는 국방위원회 산하에 두도록 했다. 국방위원회 산하에 국가안전보위부를 둔 것은 결국 군의 주민사찰기능이 확대되었음을 의미한다.

둘째, 1993년에는 인민보안성에 위임했던 군인범죄수사권을 인민무력부가 환수했을 뿐만 아니라 민간범죄도 군사재판에 회부하도록 했고, 인민보안성이 발급해 오던 평양방문허가증도 1996년부터 호위사령부가 발급하고 있다.[75]

셋째, 1994년에는 국경경비대를 인민무력부에 편입시켰으며 1996년에는 회창군(평남) 등 3개 군을 정무원 관할에서 인민무력부로 편입시켰다.

넷째, 1997년에는 그 동안 인민보안성이 전담했던 철도역을 군이 이중검열하게 되었다. 철도의 연착, 운행중단 등 사고가 빈번하자 김정일이 "믿을 것은 오직 군대밖에 없다"고 지시함에 따라 철도부문을 군에서 관리하게 된 것이다.

이처럼 북한군이 주민들의 일상활동을 통제하고, 특히 주민이동을 통제하게 되면서 군·민 간의 갈등이 확대되고 있다. 현재 북한 주민들은 생계수

[74] 국가정보원(1997. 12), p. 54.
[75] 조선일보, 1996. 5. 14.

단 확보를 위해 북한 내 지역은 물론 중국 지역까지 이동할 수밖에 없는 실정이다. 그러나 북한군이 주민사찰, 민간인 재판, 국경경비, 철도 이중검열 등을 하게 되면서 갈등현상이 나타나게 된다. 예컨대, 철도역 이중검열을 하면서 '증명서 미소지'로 주민들의 기차 탑승을 제지하거나 승객들의 물건 중 일부를 약탈하거나 뇌물로 바칠 것을 강요하고 있다. 그 과정에서 비위에 거슬리게 행동하면 남녀노소를 불문하고 욕지거리와 구타 등 안하무인의 행동을 하고 있다고 한다.[76]

북한 사회에서 군부패를 둘러싼 은어도 많이 있다. 예를 들면, "무력부에서는 무조건 떼어 먹고, 군단에서는 군말없이 떼어 먹고, 사단에서는 사정없이 떼어 먹고, 연대에서는 연속적으로 떼어 먹고, 중대에서는 중간중간 떼어 먹고, 소대에서는 소문없이 떼어 먹고, 분대에서는 분별없이 떼어 먹는다"[77]고 한다.

### 3.3. 주민 사이의 부패에서 비롯되는 사회불평등구조

#### 주민들 사이의 경제력 격차 확대

북한 주민들은 경제난 심화로 배급체제가 마비되면서 스스로 생존방식을 찾아 나서게 되었다. 공장 내 규율은 김일성 사망 이후 무너지기 시작했다. 김일성 사후 초기에는 규율이 매우 강화되었으나 애도기간이 끝나고부터는 규율 자체가 무의미해졌다. 최근 들어 공장가동률이 30% 수준으로 출근해도 할 일이 없으며 노동자들은 식량을 구하러 다니거나 장사를 한다. 개인적으로 생존을 추구하는 과정에서 관료들과의 유착관계나 장사수완에 따라 일반주민 사이에서도 빈부차이가 나타나기 시작했다.[78]

주민 사이의 경제력 차이는 세 가지로 대별된다. 첫째, 직종별 격차가 심화되었다. 경제난 이전에도 직종별 임금격차가 다소 존재했지만 주로 노동강도와 관련된 것이었기 때문에 그다지 큰 의미를 지닌 것은 아니었다. 그러나 경제난으로 인해 임금이 체불되고, 각종 부조리가 만연하게 되자, 임금체불이 되지 않는 직종, 외화획득이 가능한 직종, 뇌물과 부수입을 기

[76] 국가정보원(1997. 12), p. 50.
[77] 최동철(30세, 1995. 12. 12 귀순, 415담배농장 노동자)의 증언 재인용.
[78] 국가정보원(1999. 2), p. 23.

대할 수 있는 직종 등에 종사하는 주민과 그렇지 못한 주민 사이에 격차가 확대되었다.

물론 전체적으로 볼 때 북한 주민이 가장 선호하는 직업은 여전히 당간부, 보위일꾼, 안전일꾼 등이다. 하지만 중하류층의 경우 경제사정이 악화되면서 무역일꾼이나 상업일꾼을 선호하게 되었다.[79] 그리고 하류층은 운전기사, 외화벌이 노동자 등을 선호하고 있다.

또한 최근에는 서비스업을 선호하는 경향도 나타나고 있다. 편하게 먹을 수 있기 때문이다. "북한에서는 보통 식당의 직원들도 출신배경이 매우 좋다. 아무나 식당 같은 데서 일할 수 없는 곳이 북한이다." 제품의 수선과 수리를 담당하는 편의점의 경우도 인기다. 직접 돈을 만지고, 시간적 여유도 있으니까, 돈을 벌 수 있는 기회가 많다.[80]

둘째, 지역별 격차가 심화되었다. 북한은 여타 사회주의 체제와 마찬가지로 물류 유통부문이 취약하다. 따라서 생필품 조달이 비교적 쉬운 중국과의 국경지역이나 체제유지 중점지역인 평양 등과 취약지구라고 할 수 있는 수해집중지역, 탄광지역 사이의 경제력 격차는 크게 벌어졌다. 전에는 나진·선봉에는 성분이 좋지 않은 사람들이 많았지만 외국인들이 많이 왕래하고 다양한 물건이 유입되어 다른 지역보다 사정이 좋아지자, 당국에서는 성분이 좋은 사람들로 주민들을 교체했다.[81]

또한 북한 당국이 국가에 의한 공식적인 배급체계를 포기하고 지방 자체에 맡기면서 지역 간 경제력 격차는 더 벌어질 것으로 예상된다. 북한은 최근 들어 "모든 생산단위와 지역단위들은 먹는 문제 등 생활문제를 자체적으로 해결하라"는 지시가 있었고, 그 결과 지역별로 평야지대와 해안지대, 송이버섯 등 특산물을 생산할 수 있는 지역이 공장·기업소들이 많은 노동자 밀집지역보다 생활수준이 좋은 편이 되었다. 그 과정에서 전통적으로 존재했던 지방주민의 평양주민에 대한 갈등이 표출되기 시작했다. 지방사람들은 "식량배급 못 받는 것도 억울한데 쓸 만한 것은 모두 평양으로 가져가 버린다"거나 "우리는 서자이고 평양놈들은 적자이다"라는 식의 표현을 하고 있다.[82]

---

79 새터민 김순영 대담자료, 『통일한국』(1999. 10), p. 53.
80 새터민 김성철 대담자료, 『통일한국』(1999. 4), p. 54.
81 새터민 김경일 대담자료, 『통일한국』(1998. 8), p. 53.

셋째, 신흥부유층의 등장이다. 신흥부유층은 여러 유형의 장사를 통해 형성되거나 외국으로부터 이전소득을 확보하면서 형성된다. 최근 북한에서 자기재산으로 장사하는 사람들은 3부류로 대별된다. 이 중 '1부류'는 국가 외화벌이기관인 국가안전보위부, 인민보안성, 인민무력성 등 권력기관의 정식 승인을 받고 장사를 하는 사람들로서 1,000달러 이상의 자본을 소유한 사람 가운데 장사수완이 뛰어난 재일동포 출신이거나 외국인과 연계가 가능한 사람이다. 이들은 누에고치, 철강, 알루미늄, 어패류, 산삼, 송이버섯 등을 북한에서 수거해 판매한다.

'2부류'는 500~1,000달러의 자본을 소유한 장사꾼들로 지방단위기관과 연계하여 중고냉장고, 전기밥솥, TV, 의류, 가방, 신발 등을 일본이나 중국에서 들여와 소매상인에게 판매하는 '되거래 장사'를 주로 한다.

'3부류'는 100~500달러 정도의 자금을 가지고 '2부류' 장사꾼들로부터 도매로 물려받은 물건이나 개인집에서 제조한 물건을 판매한다. 이들이 판매하는 물건은 어패류, 식품류, 생필품 등이다. 이들 가운데는 중국에서 들여온 생필품을 구해 전 지역을 돌면서 비싼 값으로 팔고, 황해도 같은 곡창지대에서 식량을 조달하여 식량이 귀한 양강도, 자강도 등의 지역에 가서 되파는 방식으로 부를 축적하기도 한다.

일부 북송 재일동포나 재미동포는 친족으로부터 외화나 물품을 받아 이를 이용하면서 북한에서 부유한 생활을 한다. 평양시내에 외제차를 몰고 다니거나 달러를 쓰는 젊은이의 대부분이 북송교포 자제라고 한다. 이런 이들 가운데는 화교도 있다. 북한 당국은 북한 주민은 5년에 1회, 조교(북한국적 조선족)는 1년에 1회에 한해 무역을 하도록 허락하고 있다. 그러나 북한 거주 화교에 대해서는 제한 없이 국경무역을 허가함으로써 북한 내 화교가 신흥부유층으로 부상했다. 이에 대해 한 새터민은 북한 거주 화교는 그 숫자가 정확하지 않으나 신의주에 약 300세대가 있고 북한 전체에 약 1,000세대 정도가 있는 것으로 알려지고 있으며, "그들은 중국에 있는 친척들을 통해 물건을 받아 장사하면서 북한 사람들을 머슴처럼 부려먹으면서 살고 있다"고 평가하고 있다.[83]

---

82 국가정보원(1999. 4), p. 28.

83 새터민 안선국 증언자료, 『통일한국』(1998. 6), p. 55.

### 극빈층의 확대와 적대계층의 확대

경제난이 심화되면서 북한의 최빈층으로서 국경지역 탈북자 유민집단과 꽃제비가 등장했다. 탈북자는 현재 수십만 명에 이르는 것으로 추정되고 있다. 이들 중 대부분이 식량을 구하러 국경을 넘었다가 북한으로 되돌아가고 있지만, 북한 당국의 감시와 처벌이 심해지면서, 탈북에 성공하면 북한으로 돌아가지 않으려는 경향이 증대되고 있다. 꽃제비는 구걸생활을 통해 생계를 유지하는 북한 청소년층인데, 이들은 극심한 경제난으로 인해 가족의 일부가 굶어 죽거나, 가족해체가 일어나거나, 스스로 생존을 위해 가출함으로써 발생한다.

유민집단이나 꽃제비의 경우 현재 상태가 지속되면 북한 내에서 사회불안세력으로 등장할 것으로 예측된다. 특히, 이들이 폭력조직과 연계된다면 북한판 마피아의 등장가능성도 있다. 평양시를 비롯한 지방도시에도 상당수의 폭력조직이 성행하고 있으며 북한 전체에 적어도 100여 개 이상의 조직이 있으며 조직원은 3,000명을 넘는 것으로 알려지고 있다. 그리고 사회일탈이 증가하고 이에 대한 반작용으로서의 주민통제가 강화되면서 정치범은 물론 경제사범, 강력사범, 인신피해사범이 급증하고 있다. 이는 북한 내 적대계층이 증가하고 있음을 의미한다.

적대계층의 증가는 북한의 사회갈등이 어떤 계기만 주어지면 현재화될 가능성이 높아짐을 의미한다. 핵심계층이나 기본계층들은 현재의 생활을 유지하기 위해 체제에 대한 불만을 직접적으로 드러내지 못하지만, 적대계층은 더 이상 잃을 것이 없다는 생각에서 체제에 대한 저항을 시도하게 된다. 그 사례로 "1998년 9월 회령시 전거리 교화소에서는 죄수들이 난동을 일으키고, 그 과정에서 400명 이상의 죄수들이 총에 맞아 죽었다"[84]고 한다.

더 심각한 것은 북한 주민들이 간부와 비간부의 관계를 이조시대의 양반과 상놈의 구도로 인식하고 있다는 점이다. 북한 사람들은 최근 들어 양반과 상놈, 잘 사는 사람과 못 사는 사람이라는 이분법적 표현을 많이 쓴다고 한다. 북한 주민들은 "양반·상놈의 차이가 너무 심하다, 우리 상놈들 ……, 우리 천민들 ……"이라는 말을 자주 쓴다고 한다.[85] "네놈들은 양반이

[84] 새터민 임경수 증언자료, 『통일한국』(1998. 6), p. 353.
[85] 정갑렬(46세, 1996. 5. 31 귀순, 메아리음향사 음향연구소장)의 증언 재인용(서재진, 1996,

고 우리는 상놈이다"라고 적대시 한다고 한다. 그런 의미에서 북한은 신분사회이다. 북한에서 "제비는 제비끼리, 까치는 까치끼리 논다"는 북한 속담이 유행한다는 것이다.[86]

양반·상놈의 갈등과 관련해 흥미있는 사실은 북한 당국이 북한 사회의 우수성을 선전하기 위해 홍보용으로 「림꺽정」이라는 영화를 제작했는데[87] 이를 최근에 상영금지 했다[88]는 사실이다. 이 영화는 북한 주민들에게 큰 인기가 있었는데 그 이유는 영화의 주제가 현재 북한의 간부와 인민대중 간의 갈등상황을 잘 반영하고 있기 때문이라는 것이다. 「림꺽정」 영화에 나오는 조선사회의 계급제도가 북한 사회와 유사하다는 생각을 많이 한다는 것이다.

영화 「림꺽정」에서 상놈이 양반에 당하는 내용에 대해 "우리 신세가 이 신세구나 하는 심정에서 처량한 마음을 임꺽정 노래로 표현한다"고 한다. 오늘날 북한의 계급사회를 빗대어 부른다는 것이다. 양반놈들이라는 말을 간부놈들이라는 말로 바꾸어 부르기도 한다[89]고 한다.

## 3.4. 여성의 이중노동에서 비롯되는 사회불평등구조

사회주의 완성과 공산주의 실현이라는 선전구호에 60여 년 동안 가려져 있던 북한은 1990년대 중반 세계적인 원조대상국으로 그 모습을 국제사회에 드러냈다. 홍수, 식량배급 중단, 기아, 식량원조, 아사, 콜레라, 탈출 등의 용어들이 북한을 표현하는 용어 가운데 하나가 되었으며, 북한은 빈곤과 기아라는 불명예스런 수식어를 단 채 20세기를 마감하고 21세기를 맞았다.

북한의 가정은 빈곤과 기아의 상황에서 가족구성원이 안정된 생활을 영위하기 위한 물리적 공간으로서의 의미를 상실해 가고 있다. 북한에서 가족구성원 각자는 붕괴되어 가는 사회질서의 틈바구니에서 생존을 위해 이

---

p. 130).

86 서재진(1996), pp. 129~131.

87 영화 「림꺽정」(각색 김세륜, 연출 장영복, 주연 최창수)은 1948년에 월북한 작가 홍명희(1888~1968년)가 1928년 12월부터 12년 동안 조선일보에 연재한 소설 『임꺽정』을 북한이 1988~1989년에 5부작으로 제작한 것으로 1989년 평양축전기간에도 상영되었다.

88 신명철(37세, 1995. 11. 18 귀순)의 증언 재인용.

89 윤성철(36세, 1996. 3. 18 귀순)의 증언 재인용.

질적이고 불법적인 양식을 통해 삶을 영위할 수밖에 없었다. 암시장과 종합시장에서의 각종 장사, 뇌물공여, 회사의 자재 및 상품절취, 매춘 등은 이러한 생존방식을 보여 주는데 그 가운데 가족의 생존을 위해 헌신적으로 노력하는 여성들이 있다.

새터민들의 증언을 통해 보면, 북한 여성들은 이러한 새로운 생존방식에 비교적 빨리 적응한 것으로 나타난다. 북한 여성들은 식량배급이 700g에서 300g으로, 다시 배급이 전면 중단되고, 공장가동률이 30% 이하로 떨어지면서 직장을 그만 두고 가족의 먹거리를 구하기 위해 가재도구를 가지고 나가서 팔고, 농촌의 친척을 찾아 식량을 구하러 나서고, 암시장에서 장사를 하면서(7·1 경제개선조치 이후는 종합시장) 상인계층의 주요 부분을 이루고 있다.

북한 사회에서 여성들이 이렇게 빨리 변화에 적응하는 것은 여성들이 오랫동안 주변적 위치에 있어 왔음을 말해 준다. 지역과 계층에 따라 정도 차이가 있기는 하지만 여성들이 주변적 위치에 머물러 왔다는 것은 북한 사회 도처에서 발견할 수 있다.

구소련 및 동구사회주의권의 체제이행 과정에서 경제위기로 인한 최대의 피해자가 여성이었던 것처럼 북한에서도 식량난으로 인한 일차적 희생자도 여성이었던 것으로 드러나고 있다. 1990년대 이후 극심한 식량난으로 인해 북한 여성들은 생계유지 부담이 매우 커졌으며 생계부양자로서의 과도한 역할부담으로 인해 삶의 질이 크게 저하되었다. 이를테면 여성들의 건강악화, 생존형 성매매 및 인신매매 경험, 가족해체 등이 그것이다.

### 여성들의 노동부담 증대에서 비롯된 건강악화

북한 여성들은 경제난이 심화됨에 따라 여성들을 위한 제반 시설이 제대로 운용되지 못함에 따라 과도한 육체노동에 그대로 노출되었다. 가족부양을 떠맡은 여성들은 식량을 구하기 위해, 장사를 하기 위해 장거리를 오랫동안 걸으며,[90] 대체식품 마련을 위해 산과 들에 나가 산나물·풀뿌리·나

90 장마당 등 일정한 장소에서 장사하는 사람이 대략 40%이고 나머지 60%는 배낭을 메고 시골로, 타지방으로 다니면서 장사를 하며, 열차편을 이용하기도 하나, 여행증명서 발급의 어려움과 지나치게 많은 열차이용객들로 인한 탑승의 어려움 때문에 몇 백리 길을 걸어 다니며 장사하는 사람이 많다고 한다(임순희, 2004, pp. 31~34).

무껍질 등을 채취하며, 산비탈을 개간하여 뙈기밭을 만들어 농작물을 경작한다는 것이다.

북한 여성의 가사노동 부담은 전력난으로 인해 가중되기도 했는데 수돗물 공급이 제대로 되지 않아 물을 길어 날라야 했으며, 특히 고층아파트 입주자들은 전력난으로 승강기가 작동하지 않아 20~30층을 걸어서 오르내리며 물을 길어 나르는 등 과도한 노동에 시달렸다고 한다. 또한 가족 내의 노인이나 병자를 돌보는 일, 가족 내 갈등을 해결하는 역할과 같은 복지기능이 여성들에 의해 수행된다고 할 때, 식량난의 와중에서 이 같은 역할은 여성들의 가사노동 부담을 한층 더 가중시키는 요인으로 작용했을 것이다.

식량난으로 인한 영양실조가 초래한 심각한 결과는 북한 여성들의 임신·출산·육아와 관련된 건강악화다. 북한 여성, 특히 어머니들은 나머지 가족들을 위해 음식을 먹지 않거나, 줄임으로써 영양실조로 인한 건강악화가 보다 심각했다. 북한 이탈여성들에 따르면 대부분의 어머니들은 나머지 가족들을 먼저 먹이고, 음식이 남으면 겨우 한 끼를 때우는 정도였으며 4~5일씩 굶는 경우도 드물지 않아 영양실조로 인해 발병하는 펠라그라, 결핵 등으로 사망하는 사례가 많았으며, 특히 할머니들의 사망률이 높았다고 한다.[91]

여성들의 출산률이 영양부족으로 인해 현저하게 떨어졌을 뿐만 아니라 영양부족 상태에서 수태함으로써 유산 내지 사산, 또는 미숙아 내지 저체중아 출산 등을 초래했으며 이로 인해 임산부의 건강을 크게 해치게 되었다. 영양결핍과 그 후유증으로 인한 불임으로 출생률이 크게 낮아졌음은 한 조사결과에 잘 나타나 있다. 이에 따르면 기아가 발생하기 전 1990년 초에는 1,000명당 21.8명의 출생률을 보였는데 1997년에는 1,000명당 11명으로 감소함으로써 출생률이 50%나 낮아졌다.[92] 가아가 진행됨에 따라 신생아 출생률이 급격히 낮아진 것이다.

북한 여성의 건강문제는 영양실조에서만 비롯된 것은 아니었다. 식량난 이후 대부분의 북한 여성들이 장사를 수단으로 가족의 생계를 유지해 나가고 있는 실정이나 열악한 장사환경이나 조건[93]으로 인해 심신의 건강이 심

[91] 새터민 정주화·노춘화, 2004. 4. 14. 통일연구원 면담자료(임순희, 2004, p. 65에서 재인용).
[92] 나초스 지음, 황재옥 옮김(2003), p. 101.
[93] 장마당에서 장사하는 과정에서나 식량을 구하러 다니는 도중 발생하는 소매치기, 강도,

각할 정도로 악화되었으며, 가족부양의 책임 증가에 따른 심리적 부담으로 인한 고통이 큰 것으로 알려지고 있다. 또한 식량난 이후 여성들 사이에 결핵을 비롯한 자궁암, 유방암, 당뇨병을 앓는 환자가 많아졌으며, 특히 매춘으로 인해 성병을 앓는 여성들이 적지 않으나 병원치료를 제대로 받지 못하고 있는 형편이라고 한다.[94]

1989년 평양축전 이후 북한 정부의 재정사정 악화로 인해 군·도 위생방역소 및 각급 병원에 대한 의약품 공급이 대폭 감소되었으며 경제난이 심화됨에 따라 병원설비 및 의료환경이 매우 열악해졌다고 한다.[95] 특수병원을 제외한 거의 모든 병원에서 약품부족으로 환자가 약을 사서 써야 하며, 환자가 난방은 물론 자신의 식사까지도 마련해야만 했다. 북한 여성들이 자신의 건강문제를 크게 의식하지 않는 태도는 여성들에게 내재되어 있는 남존여비 관념의 자기비하적 사고를 반영하는 것이라고 할 수 있다.[96]

> "약이라는 건 별로 못써 봤어요. ……천하게 살아나구 또 그래서 그런지 아무리 쎄게 아파해두 생각뿐이지. ……우리 어머니랑 정말 그렇게 아프면서도 참드라구요."[97]

### 생존형 성매매 및 인신매매의 성행

남존여비의 관념과 가부장적 의식이 팽배해 있는 북한 사회에서 성추행 및 성희롱, 아내구타 등 여성에 대한 성폭력은 일상화된 현상이며, 여성들 스스로가 이에 대한 문제의식이 희박한 것으로 알려져 있다. 북한 여성에 대한 성폭력은 1990년대 이래 식량난을 겪는 과정에서 심화되었으며, 특히 여성 인신매매와 강간 등의 성폭력사례가 크게 증가한 것으로 알려지고 있다.[98]

종래 북한에서 여성에 대한 성폭행은 주로 입당 및 직장에서의 처우개

---

인신매매, 성폭행, 열차·장마당 안전원 및 군인들의 횡포 등 타인에 의한 신체적·정신적 위해에 대한 불안감과 장거리 도보, 배고픔 등으로 인한 육체적 고통 등이다.

94 허경희·최현실, 2004. 4. 16. 통일연구원 면담자료(임순희, 2004, p. 69에서 재인용).

95 책규익(전 남포 고려병원 의사)의 증언, 통일부 자료(임순희, 2004, p. 69에서 재인용).

96 임순희(2004), p. 71.

97 김태영·노치영, 『재중 북한이탈여성들의 삶』, p. 70(임순희, 2004, p. 71에서 재인용).

98 임순희(2004), p. 53.

선을 미끼로 하여 발생했다. 당간부들이 입당을 미끼로, 또는 직장에서 편한 자리에 배치해 주겠다는 것을 미끼로 성폭행하며, 특히 미혼여성이 입당하는 경우에 성폭행사례가 많은 편이었다고 한다. 또한 군부대 내에서 남자 군관들에 의해 여군들이 성폭행을 당하는 경우도 많으며,[99] 거리에서 단속에 걸려 벌금을 내야 했으나 돈이 없어 내지 못해 단속원의 집으로 끌려가 성폭행당했다는 사례도 있다.

북한 여성에 대한 성폭행은 식량난을 비롯한 경제난 악화로 인해 여성들이 가족부양을 떠맡게 된 이후 더 심화된 것으로 알려지고 있다. 또한 이전과 달리 입당이나 직장에서의 처우개선을 미끼로 한 성폭행보다는 장삿길에서 마주치게 되는 장마당 안전원, 열차승무원, 군인 등이 단속을 이유로 성폭행하는 사례가 많다고 한다. 장사를 위해 이동하는 여성들이 많아지면서 불이 꺼진 밤 기차나 자동차에서 군인들의 성폭행도 많아졌다고 한다. 식량난 이후 발생한 성폭행사례들 가운데 특기할 만한 것은 국경을 넘어 중국에 갔다가 강제송환되어 온 북한 여성에 대한 성폭행이다.

식량난 이후 중국에 식량을 구하러 갔다가 강제송환되어 구속되면 당국으로부터 가혹행위나 고문을 당하게 되는데 여성들의 경우에는 돈이나 비밀편지, 비밀문건을 찾기 위해 심한 몸수색을 하기도 하며, 심문이라는 구실 아래 여성의 옷을 다 벗기고 전기고문을 가하는 등 성폭행을 가한다는 것이다.[100]

그러나 성폭력문제를 논하는 데 있어 감안해야 할 것은 북한에서도 생존을 위해 여성 스스로 성을 상납하는 사례가 적지 않다는 것이다. 식량난 이전에는 주로 입당이나 직장에서의 승진, 또는 좋은 자리배치를 위해 여성들이 당간부에게 성을 상납했다고 한다. 그러나 식량난 이후에는 특히 젊은 여성들이 여행증명서 없이 식량을 구하러 다니거나, 장사를 다닐 때 열차안전원에게 성을 상납하며, 장마당 단속에 걸리지 않기 위해 성을 상납하기도 한다고 한다.

성폭력과 관련해서는 인신매매와 성폭행 외에 남편의 구타행위, 즉 가정폭력의 심각성도 제기되고 있다. 북한에서는 가정폭력을 문제시하지 않으며, 가정에서 일어나는 여성폭력에 대해 여맹이 개입하는 경우에도 이를 법

99 허경희, 2004. 4. 16. 통일연구원 면담자료.
100 (사)좋은벗들(2000), pp. 102~105.

에 따라 처리하기보다는 인민반회의 또는 여맹회의에서 한두 차례 사건관련 남성을 비판하고는 단순 가정사로 종결짓는다.[101] 가정마다 다소 차이가 있겠지만 남편의 아내구타가 '거의 일상화되어 있으며' 이는 식량난 이후에도 달라지지 않았다고 한다. 주부들이 장사를 통해 식량문제를 해결함에 따라 오히려 남편의 음주와 구타가 심화되는 경향을 보인 가정들이 적지 않으며, 남편의 심한 구타로 인해 부인이 가출하는 경우도 많아졌다고 한다.

성폭력은 그 사회의 성문화와 여성의 지위를 동시에 반영하는 사회·문적 현상이라고 할 때,[102] 북한에서 식량난과 함께 나타난 여성에 대한 성폭력 심화현상은 식량난이 초래한 북한 사회의 성문화 왜곡과 보다 열악해진 여성 지위의 실태를 반영하는 것이라고 할 수 있다.

### 생계유지를 위한 성의 도구화

북한에서 식량난 이후 국정가격과 시장가격으로 구성되는 가격의 이중구조화로 인해 발생한 또 하나의 비사회주의적 행위가 매춘이다. 국정가격과 시장가격의 큰 차이는 북한 주민들로 하여금 돈의 가치를 최우선시 하게 했으며, 생계문제 해결이 절박한 여성들에게 있어 쉽고도 빠르게 돈을 마련할 수 있는 방법이 매춘이었기 때문이다.

이미 알려진 대로 식량난 이후 북한 여성들 사이에 결혼 여부에 관계없이 생계유지를 위한 매춘이 성행했으며, 조직적으로 사업화된 매춘도 있다고 한다.[103] 여대생의 매춘도 적지 않았는 바, 특히 평양에서는 외국인, 부유층, 군인 등을 상대로 한 여대생들의 생계유지를 위한 매춘행위가 많았으며,[104] 다른 지역으로 장사하러 나간 여성들의 매춘사례도 적지 않다고 한다.

> "또한 시내에서 농촌으로 장사하러 온 여자들이나 처녀들도 가을철을 놓치지 않고 자기들의 솜씨를 발휘했다고 한다. 그 솜씨란 밤에 경비를 서는 군인들에게 몸을 주거나 또 처녀들인 경우 사랑한다고 거짓말을 하면서 몸을 주고 그 대가로 식량을 받는 것을 말하는 것이라고 한다."[105]

---

101 김정길, 2003. 10. 20. 통일연구원 면담자료.

102 김원홍 외(2000), p. 317.

103 40~50대 여성들이 장마당, 사람왕래가 많은 길목, 여관 등지에서 포주노릇을 하기도 한다고 한다(김정훈, 2003. 10. 27. 통일연구원 면담자료).

104 김명순, 2004. 4. 29. 통일연구원 면담자료.

심지어는 부모가 딸에게, 또는 남편이 부인에게 매춘을 종용하는 경우도 있으며, 미성년 여자아이들의 매춘사례도 적지 않은 것으로 알려지고 있다. 식량난이 심화되고 생계유지를 위한 매춘에 대한 사회적 인식이 달라짐에 따라 북한 여성들 사이에서도 생계유지형 매춘과 함께 부의 축적과 일신의 향락을 위해 성을 상품화하는 여성들이 점차 많아지는 추세이며, 매춘을 전업으로 하는 여자들도 많은 편이라고 한다.

매춘은 대개 역전의 대기숙박소[106] 등의 시설을 이용하며, 20~30대 과부들의 경우에는 집에서 술과 음식을 팔며 여행자나 출장원, 군인 등을 대기숙박시키면서 매춘을 하기도 한다.

> "사리원의 매음하는 여자들은 강도질하는 것으로 특히 유명하다. 그들은 남자들하고 짜고 출장원이나 돈 있는 사람들을 유혹해서 집으로 데리고 간다. 그러면 ……남자들이 들어와서 그 사람을 두들기고 돈과 짐을 빼앗는다. 그렇게 하지 못하는 여자들은 남자들과 술을 같이 마시자고 하고는 남자가 깊이 잠든 사이에 옷을 뒤져 돈과 귀중품, 짐을 도적질해 가지고 도망친다."[107]

### 가족해체의 기로에 선 여성들의 극단적인 선택

북한에서 식량난과 에너지 위기로 인해 국가주도의 생산·분배시스템이 정상적으로 가동되지 못하고 배급을 포기하게 된 상황이 장기화되자 생존을 위한 가족해체현상이 나타나기 시작했다. 비자발적 형태의 가족해체는 가족구성원의 사망으로 인한 수동적인 형태의 가족해체이고, 자발적 가족해체는 더 이상 가족 내의 자원으로 빈곤문제를 해결할 수 없을 때 가족구성원이 살기 위해 각자 흩어지는 능동적인 가족해체다.[108]

가족구성원이 의도하지 않은 비자발적 형태의 가족해체는 식량난에 따른 기아와 질병 등으로 인해 가족들이 연이어 사망함으로써 초래되거나, 아니면 가족구성원 일부의 사망을 계기로 하여 나머지 가족들의 합의에 의해

---

105 권혁(1999), p. 136.

106 대기숙박소는 열차를 이용하는 사람들을 대상으로 개인집에서 돈을 받고 숙식을 제공하는 곳이다.

107 권혁(1999), p. 88.

108 1990년대 말에는 식량문제 해결을 위해 떨어져 사는 부부가 전체의 30~40% 가량 되었다는 보고도 있다(최명숙, 「90년대 이후 조선녀성들의 가정에서의 삶에 관하여」, p. 12).

발생하기도 했다.

> "선후로 남편과 둘째 아들이 끝내 병으로 세상을 떠나갔습니다. 남은 우리 네 식구는 집을 판 돈을 나누어 가지고 두 자식과 시동생을 길주에 있는 시누이 집에 찾아가 보게 하고 저는 중국에 있는 오빠의 집에 찾아왔습니다. 우리 가정은 이렇게 흩어지고 말았습니다."[109]

의도하지 않은 가족해체는 가족의 일부가 행방불명됨으로써 초래되기도 했다. 특히, 가족부양을 책임진 여성이 식량구입을 위해 국경을 넘어 중국에 체류하는 동안 뜻하지 않게 북한 거주 가족과 연락이 단절되거나 다른 지역으로 장사를 떠나 장기간 집을 비운 동안에 가족과 연락이 단절되어 결국 행방불명자로 처리되면 이후 남편의 사망, 자녀들의 가출이 이어지면서 가족해체가 발생했다. 중국 거주 탈북난민을 대상으로 한 조사결과에 따르면 조사대상자의 86.0%가 식량난으로 행방불명된 가족이 있다고 답했는데,[110] 가족구성원의 행방불명으로 인한 가족해체가 적지 않았음을 알 수 있다.

> "우리 가정은 어머님과 안해, 딸 이렇게 네 식구가 단란하게 지냈다. 하지만 몇 해째 배고픈 고생을 하다못해 나는 안해보고, 우리 인제 더는 이렇게 견딜 수 없으니 당신은 당신대로 갈 데를 가고 아이는 어머님한테 맡기고 나는 중국으로 탈출하겠다고 말하고 이튿날 집식구들과 작별인사를 하고 여기까지 오게 되었다."[111]

식량난이 초래한 의도적 가족해체는 극단적 행위인 가족 동반자살로 인해 발생하기도 했다. 대부분의 동반자살은 주로 어린아이들이 있는 젊은 부부들에 의해 행해졌는데 생계유지에 지쳐 죽음을 계획한 부모들이 자신의 사후에 어린 자녀들이 꽃제비로 유랑생활할 것을 우려해 동반자살을 결행한다는 것이다. 증언에 따르면 1997년 6월경에 함흥시 병원의 내과의사 가족 6명이 '입밥과 명태국'에 약을 넣어 먹고 동반자살한 사건도 있었다고 한다.[112]

---

[109] 박현선(2003), p. 175에서 재인용.
[110] 좋은벗들(2000), pp. 32~33.
[111] 좋은벗들 엮음(2000), p. 128.
[112] 나초스 지음, 황재옥 옮김(2000), p. 67.

부모의 자녀유기는 식량문제 해결을 위해 중국으로의 탈북을 도모하고 이를 실행하는 과정에서 자녀로 인한 생활상 내지 안전상의 부담을 이유로도 발생했다. 국경을 넘는 과정에서 아이의 울음소리로 인한 국경경비대의 추적을 우려해 아이를 버리는 부모들도 적지 않았다고 한다.

> "남편과 사별한 후 돌이 채 되지 않은 아기를 데리고 동무를 따라 중국으로 넘어가던 중에 '그런데 애기는 배가 고프다고 울기만 하는데 젖도 나지 않고 암죽도 없기에 우는 아이를 업고 보초선을 피해 도강할 수 없게 되었다. 할 수 없이 독한 마음을 먹고 애기를 한 집 문 앞에 갖다놓고 도강하여 중국에 왔다."[113]

가족부양을 책임진 여성이 식량문제 해결을 위해 단기간 예정으로 국경을 넘었다가 중국에 장기 체류하게 됨으로써 가족이 해체되거나 주부의 의도적 가출로 인해 가족해체를 초래한 사례들도 적지 않다. 특히, 주부의 가출현상은 주로 20~30대 젊은 기혼여성들 사이에서 나타나며 가족부양에 대한 부담, 남편의 폭력, 남편의 경제적 무능력 등이 주요 원인으로 작용했다.

> "안해와 아들, 그렇게 세 식구가 살았다. ……살기가 점점 힘들어지자 안해는 나와 어린 아들애를 버리고 어디론가 달아나 버렸다. 나는 눈앞이 캄캄하였다. 쌀 한 톨도 없는데다가 안해까지 달아나고 없으니 기가 막혔다."[114]

> "피나게 뛰면서 벌어도 차려지는 것은 죽물도 안되니 남편과 자식들을 버리고 중국으로 도망쳐 왔다. ……내가 조선에 있을 때 남편이라는 사람은 매일 술을 마시고 들어와 나를 두들겨 팰 때가 한두 번이 아니었다."[115]

한 북한 이탈여성에 의하면 1990년대 말 이래 주부들의 가출사례가 급증했으며 가출한 주부들은 장마당에서 장사를 하거나, 역전에서 매춘행위를 하거나, 아니면 탈북해서 중국 조선족이나 한족과 매매혼 내지 사실혼의 관계를 맺고 살았다고 한다.[116]

---

113 좋은벗들 엮음(2000), p. 104.
114 좋은벗들 엮음(2000), p. 31.
115 좋은벗들 엮음(2000), pp. 40~41.
116 최승희, 2004. 4. 29. 통일연구원 면담자료.

## 4. 간부충원을 둘러싼 사회적 갈등과 불평등 심화

북한에서 간부충원은 계층구조와 마찬가지로 동심원구조를 이루고 있다. 가장 핵심에 김일성·김정일 친인척인 신성가족이 있고, 바로 그 주위에 항일 빨치산 활동자들의 가족이 있고, 그 주위에 한국전쟁 피해자 가족이 있으며, 27%에 해당하는 핵심군중의 가족이 그 주위에 있다.

북한에서는 식량난에서 비롯된 여러 가지 위기로 인해 사회가 역동성을 상실하고 정체됨으로써 새로운 자리가 생겨나지 않자 간부들 사이에서 제한된 자리를 놓고 무한경쟁하는 치열한 경쟁의 장이 펼쳐지게 되었다. 하급자들은 상급자들에게 복종하면서도 이중성을 보이고 있다. 이 과정에서 고위 간부층에서도 갈등이 생겨나 엘리트충원을 둘러싼 사회불평등구조를 심화시키고 구조화하고 있다.

북한의 관료는 자본주의 국가의 공무원과는 근본적으로 다르다. 민간영역이 존재하지 않는 북한 사회에서 관료의 개념은 전 산업부문을 포괄하는 내용이다. 마치 국가 전체가 하나의 기업처럼 움직이는 가운데 거기에 소속된 주민 모두가 공무원이라고 할 수 있다. 북한에서 가장 중요한 간부 충원요건은 당에 얼마나 충실한가 하는 당성이고 그 다음이 능력이다.[117]

이는 "가장 모범적이고 전위적인 역할을 할 수 있는 우수한 사람들, 열성있고 기본적인 입당자격을 갖춘 사람들을 당에 받아들여 교양·훈련해야

[117] 1980년 제6차 당대회에서 김일성이 밝힌 간부정책의 내용은 다음과 같다. ① 간부들의 첫째가는 표준은 당에 대한 충실성이다. ② 간부는 혁명의 지도성원으로서의 혁명적 사업방법과 인민적 사업작풍을 가져야 한다. ③ 당조직들은 당에 대한 충성심이 높고 정치적 실무능력이 있으며, 사업방법과 사업작풍이 좋은 일꾼들을 선발하여 간부대열을 잘 꾸려야 한다. ④ 간부대열의 간부와 전문간부들을 적절히 배합하여 꾸리되 간부대열 구성에서 노동계급 출신의 지휘성원을 계속 높여 나가야 한다. ⑤ 당조직은 주체교육을 받고 새로 자라난 일꾼들을 대담하게 간부로 등용하여야 한다. ⑥ 오랫동안 노동 속에서 단련된 노동자들, 특히 기관공업공장부문 공업기업소의 핵심노동자들을 간부로 많이 등용하여야 한다. ⑦ 간부양성기관들의 사업을 개선, 강화하여 정치실무적으로 준비된 간부를 더 많이 키워내야 한다는 것이다.

한다"는 간부요원지침과 상통된다. 따라서 당성·출신성분(노동계급 출신)·이론수준·실무능력·사회생활태도 등이 모두 배려되지만, 그 중에서도 당성과 계급성이 전문성(능력)보다 중시되고, 당에서 전입된 관료가 승진이 훨씬 빠르다.[118]

북한 사회주의 체제 성립 이래 사회적 지위변동에 가장 큰 영향을 미쳐온 것이 성분(토대)이다. 북한에서 말하는 토대는 직계가족 및 친인척의 체제에 대한 기여도에 따라 결정되는 바, 이런 의미에서 북한은 사회적 신분의 수직이동이 제한된 계급사회라 할 수 있다. 더욱이 북한은 협소한 범위의 인적 자원에 바탕을 두고 권력엘리트를 구성하게 된 까닭에 이를 뒷받침할 중간간부도 그들의 직계 및 친인척에 의존할 수밖에 없었다. 그 결과 북한은 네포티즘[119]에 바탕을 둔 간부정책에 의해 유지되는 체제가 되었다.

당원충원과 간부선발에 있어서 이 같은 생득적(生得的) 요소가 거의 절대적인 영향을 미침에 따라 북한에는 다른 사회주의 국가에서 발생했던 이른바 홍-전(red-expert)의 노선대립은 존재하지 않았다. 생득적 토대의 중요성은 지금까지도 지속되어 환경변화에 대한 테크노크라트 중심의 자생적 체제적응이 발생하지 않는 문제를 낳고 있다. 왜냐 하면, 이른바 토대가 좋은 사람은 체제의 수혜자로서 충성을 표시해 왔으며, 그들의 자제들도 체제의 핵심계층으로서 혜택을 누리고 있기 때문이다.

김일성이나 김정일은 간부선발시 출신성분뿐만 아니라 개인의 충실성을 보라는 지시를 내렸지만 이는 잘 지켜지지 않고 있다. 그 이유는 간부인사에는 반드시 추천인이 필요한 데 성분이 확실하지 않으면 추천을 기피하는 현상이 있기 때문이다. 간부의 표징으로서 당성·계급성·인민성이 오랫동안 강조되었고 김정일 등장 이후에는 수령에의 충실성에 모든 것이 집약되었다.

김정일이 등장하면서 생득적 요소가 간부선발의 기본요소로 지켜지면서도 전문성 중시의 경향이 다소 나타났다. 특히, 1980년대에 접어들면서 대학졸업이라는 조건이 간부선발의 요건으로 더 중시되게 되었다. 이런 새

118 이상민(1981), p. 83.

119 권력자가 자신의 친척에게 관직이나 지위, 명예 등을 부여하는 친족 중용주의로 족벌정치라고도 한다. 이는 로마 교황이 자신의 지위를 강화하기 위해 여러 차례 감행되었으며 교황이 자신의 사생아를 네포스라 칭하여 중요한 자리에 앉힌 데서 비롯되었다.

로운 경향은 타 사회주의 사회에서 나타나는 홍-전의 교체를 의미하는 것은 아니었다. 이것은 핵심계층 자제들 가운데 대학교육을 받은 사람으로서 간부의 기본요건을 갖춘 사람이 많아졌기 때문이다.

중앙당 간부부는 행정·경제기관의 간부인사뿐만 아니라 대학생 선발, 입학, 졸업 후 사회배치에까지 관여하는 바 이 과정에서 토대가 중요한 기준으로 작용하고 있다. 물론 출신성분이 다소 부족해도 개인의 능력이 탁월하여 대학에 진학하는 경우도 있지만, 군입대와 입당, 대학입학에서 성분이 나쁜 사람들이 많은 차별을 받고 있는 것이 현실이다.[120]

## 4.1. 관료충원의 특성에서 비롯되는 사회불평등구조

북한의 관료충원에 있어 제1차적 요건은 당성이다. 『김일성 저작선집』에 나타나 있는 당성은 "마르크스-레닌주의 세계관에 기초한 높은 계급적 각성이며, 당과 혁명을 보위하고, 당정책을 관철하기 위해서는 물불을 가리지 않고 투쟁하는 백절불굴의 혁명정신"이었으나 1980년 6차당대회 김일성 총화보고 내용 중에는 당성의 근본인 "마르크스-레닌주의 세계관"이 빠지고 "주체의 혁명적 세계관"으로 대치됨으로써 당성의 의미도 체제충족적인 것으로 바뀌었다.[121]

북한은 체제형성기부터 항일 빨치산계와 많은 친족을 중용, 족벌체제를 형성해 왔으나 그 후 혁명1세대의 노화로 정치 및 관료엘리트의 세대교체가 이루어져 왔다. 그러나 여전히 정치적 충성심을 중시하는 경향이 지속되고 있을 뿐만 아니라, 특히 당적 업무와 공안업무에 종사하는 관료는 전문성(당성) 등 여타의 요건보다 당성이 절대적 요건으로 되어 있다.

관료충원의 2번째 요건은 출신 및 사회성분이다. 부르주아 계급 출신이나 월남자 가족, 사회적 불평분자 등 반체제적 잠재성이 강한 사람은 관료로 충원하지 않고 신뢰할 수 있는 자만을 충원대상으로 한다는 기준은 족벌정치를 이루어 부자세습체제로까지 이어졌다. 구소련이나 중국의 경우에도 초기에는 혁명투사들이나 게릴라 출신들이 대거 관료엘리트로 충원되기도 했지만, 북한의 경우는 족벌정치와 세습정책으로까지 한층 더 심화되었다고

120 김성철(1997), pp. 26~27.

121 민병천(1983), p. 114에서 재인용.

보아야 한다.

관료충원의 세 번째 요건은 능력이나 전문성이다. 북한이 표방하는 "혁명과 건설"이라는 명제 앞에서 능력이나 전문성을 전혀 도외시할 수는 없다. 특히, 1970년대 이후 3대혁명역량 강조로 전문성이나 능력을 크게 배려해 오고 있다. 1973년 순수 기술관료인 이종옥을 정무원 부총리로 기용하고, 1977년 12월에는 그를 총리로 승진시키면서 다수의 부총리 및 부장급에 전문관료 출신을 기용했는가 하면 그 후 강성산 등 많은 경제전문가들을 요직에 앉혔다.

그러나 아직까지도 북한의 관료 채용·보직·승진 등을 보면 실제로 각급 당부의 의견에 따라 결정되므로 그들의 충성방향은 그들이 속해 있는 기관 책임자보다도 당에 대한 충성으로 나타나기 마련이며, 50여 년간에 걸친 장기집권 유지와 김정일로의 승계문제 때문에 정치적 충성심의 비중은 매우 크다고 할 수 있다. 북한과 같은 균형보다는 속도위주의 동원방식을 채택하고 있는 나라에서 당성과 전문성을 두고 갈등이 야기되는 경우 '정치성 우위'의 원칙이 통용될 것은 물론이다.[122] 북한의 경우 아직까지도 김정일체제 안정화라는 제2체제 형성기의 성격 때문에 전문성 우위원칙이 확보되지 못하고 있다.

김정일 정권의 핵심적 지지기반이 ① 김일성과 그의 빨치산 동지들, ② 50대 중반의 당관료 출신들, ③ 군부세력, ④ 만경대혁명학원 출신들, ⑤ 김정일의 행동대인 3대혁명소조원들, ⑥ 사로청 등 당 외곽단체 등에 있으며, 특히 3대혁명소조의 설립과 운용은 김정일체제의 안정성을 담보할 새로운 엘리트충원과 밀접한 상관성이 있다고 할 수 있다.[123] 따라서 전문관료라 할지라도 정치적 환경 때문에 당성이나 정치적 충성심에 소홀함이 없는 사람들이며, 전문관료의 신장추세에도 불구하고 당성이 미흡한 기술전문관료의 충원이나 승진은 거의 없다고 보아야 한다.

북한은 관료충원과 관련해 개인적 차원과 조직 차원, 국가사회적 차원에서 문제가 생기고 있다. 관료 개인 차원의 문제로는 충원통로의 경직화로 능력개발이 제한되고 배타적인 이데올로기적 경직성으로 창의성이 결여되고 있으며, 충원범위를 당성과 성분위주로 제한한 탓으로 사회적 에너지의

122 한태선(1987), p. 53.
123 도홍렬(1987), p. 239.

총체적 동원이 불가능하다. 당이 모든 엘리트충원의 요람으로서 당을 통하지 않은 관료충원이란 상상할 수 없기 때문이다.

조직적 측면에서는 공산주의적 조직원칙에서 파생되는 역기능적 병폐가 누적되고 있다. 관료주의와 기회주의가 만연하고 사회변동에 따른 적응성과 창의성이 결여되어 있으며 소외계층인 복잡군중이 양산됨으로써 사회적 불만세력이 형성된다고 할 수 있다.

국가사회적 측면에서는 충원의 통합성 또는 계통성, 조직의 경직성, 충원요건의 배타성 등으로 정책의 비융통성과 폭력성향이 유발되고, 사회적 활성도를 약화시켜 통제효율을 격감시킬 뿐만 아니라 체제역량의 발전가능성을 한정하는 결과를 초래하고 있다. 특히, 관료의 충원통로 및 충원요건의 배타성과 관련지어 볼 때 공개채용제도나 승진시험제도의 채책 없이 일정수준의 학교졸업이나 수련생 또는 관리자 계층에서 당성과 출신성분이라는 토대 위에서 배치라는 형태로 충원되고 있다는 점에 관료충원의 근본적인 문제점이 있다고 할 수 있다.[124]

【권력엘리트의 구성】 김정일 친인척, 즉 김일성·김정일 중심의 독재체제인 북한에서 이른바 수령의 신성가족(holy family)이 권력 최상층부에 등용되어 왔다. 김일성 사망 이후에도 김정일은 박성철(4촌 고모부), 김영주(3촌), 양형섭(4촌 고모부), 김용순(외3촌), 김창주(3촌), 김경희(여동생), 장성택(매제), 장성우(사돈), 이용무(사돈), 강현수(외4촌) 등을 요직에 기용하고 있다. 친인척을 등용하는 이유는 김일성 부자에 대한 충성심과 출신성분의 우수성 때문이지만 이것은 향후 권력의 경직성, 공조직의 무용화, 비(非)친인척들의 반발 등을 야기할 수도 있을 것으로 보인다.

【빨치산세대 및 빨치산 2세】 '군사국가화'된 북한에서 빨치산세대와 그 후예들은 요직을 차지하고 득세해 왔다. 빨치산세대는 국가수립단계, 한국전쟁, 전후복구, 김일성 유일체계확립, 후계체계 수립과정에서 항상 결정적 역할을 해 왔다. 지금까지 이들은 북한에서 최고의 특혜를 받고 있다. 김정일은 명절 때는 물론 평상시에도 이들을 국가원로로 예우하고 있다.

이종옥, 박성철, 최광, 김철만, 전문섭, 백학림, 이용무, 황순희, 이을설, 조명록 등 빨치산세대들은 자연사하는 자들이 증가하고 있으나 이들은 사

[124] 임성한(1978), p. 230에서 재인용.

망 직전까지 최상의 대우를 받고 사망 후에는 혁명열사릉에 안치되는 영광을 누린다. 동시에 북한 권력엘리트들의 특징 중 하나는 빨치산세대의 직계후손들인 2세들이 많다는 점인데, 대표적인 혁명2세로는 김정일, 한성룡, 최태복, 김국태, 오극렬, 임수만, 최용해 등이 있다. 직계후손들은 특권계층으로서 김일성·김정일에 대한 충성심, 국가에 대한 자긍심, 강대국에 대한 투쟁심이 높다. 김정일 정권이 계속되는 한 당성과 충성심이 높은 빨치산 2세들의 권력엘리트 진입은 계속될 것이다.

【만경대혁명학원 출신】 만경대혁명학원은 1947년 10월 김일성의 전처 김정숙이 혁명가 유자녀들을 교육시키기 위해 설립했다. 이 학교 학생들은 11년 의무교육기간 동안 모두 기숙사에서 생활하고 군대복장을 하며 졸업 후 김일성종합대학이나 군장교 및 당·정 초급간부로 임용되었다. 김정일도 만경대혁명학원 출신이기 때문에 이 학교 출신들은 최고의 김정일 지지기반이 되고 있다. 대표적인 인물로는 전병호, 한성룡, 최태복, 연형묵, 김국태, 오극렬, 조명록, 김일철 등이다.

【김일성종합대학 출신】 김일성은 체제유지에 필요한 간부양성을 위해 1946년 김일성대학을 설립했다. 김일성대학 입학자격은 고등중학교 졸업자 또는 군제대자로서 우수한 학업성적은 물론 '공산주의적 품성'이 뛰어나야 한다. 김일성대학 출신자들은 자긍심이 높고 학교명칭에서도 나타나듯이 김일성에 대한 충성심이 매우 높다. 김일성종합대학 출신자들은 각 분야에 포진해 북한 체제수호의 견인차 역할을 하고 있다. 내각 부상급 이상 고급 관료 중 1/3 이상이 김일성대학 출신이다. 대표적인 사람은 김정일을 비롯해 김영남, 전병호, 한성룡, 최태복, 홍성남, 양형섭, 김기남, 김국태, 김용순, 김경희 등이다.[125]

【간부의 임용원칙과 운용】 북한에서는 간부의 임명과 처벌도 경제적으로 제품을 생산하고 관리하듯이 국가적 차원에서 계획적으로 수행한다. 모든 사람들을 신분제도로 철저히 선별해 놓은 중요한 원인의 하나가 바로 여기에 있다.[126] 큰 노동자 구역이나 탄광·광산지역, 출신성분이 좋지 않은

125 김성철 외(1999), pp. 127~129.

126 출신성분이 나쁜 이색분자, 우연분자들이 당과 정부의 주요 기관을 비롯한 국가사업의 핵심부문에 끼어들지 못하게 하기 위해서이다. 북한 당국에 절대적인 이해관계를 가질 수 없는 사람들을 사전에 구별해 놓고 분리 거주시킴으로써 유사시에 큰 저항을 할 수 없도록 한다는 것이다.

계층이 집결된 지역마다 전략적 의미가 없는 북한군 연합부대들이 주둔한 것도 일종의 주민배제 내지 분리정책 때문이다.

조선노동당 간부부는 사회 각 부문에 존재하는 간부들의 자료를 종합적으로 가지고 있다. 현재 정치·보위·행정부문에 몇 명의 간부가 일하고 있으며 앞으로 몇 명을 퇴직시키고 처벌해야 하며 그로 인해 몇 명을 새로 임명해야 한다는 정확한 통계자료를 가지고 있다. 중앙당과 인민무력부, 정무원, 농업위원회의 각 부문별로 소요된 간부와 새로 임명될 간부들 가운데 상·중·하류급 간부들을 선별하여 상·중류는 중앙당이 직접 집행하고 하류 간부들에 대해서는 각 부문별 집행단위에서 중앙당의 승인제로 집행시킨다. 1년에 정치간부, 보위간부, 행정간부를 몇 명씩 만들어 내 자체소화, 또는 몇 명을 상급기관으로 올려보내라는 것이다. 얼마나 출신성분이 좋고 능력 있는 간부를 찾아 냈는가에 따라 정치부 간부일꾼들의 실무가 평가된다.

간부선발은 우선 개인자료를 통해 일차 선별하고 문건상 간부표정이 구비된 사람 안에서 1차면담이 진행된다. 간부사업은 행정사업과 아무 연관 없이 진행되기 때문에 직장 내 직속상관도 그 상황을 알 수 없다. 출신성분과 간단한 생활경력, 건강상태가 검증되면 상급 간부기관의 2차면담이 시작된다. 목소리로부터 관상학적 특징, 걸음걸이까지에 구체적인 신체검사와 사상적 준비, 지식소유 정도의 판정을 통해 2차면담에서 합격된 사람들에 대해 신원요해[127]가 시작된다.

하류간부인 경우 직계와 외가에 5촌까지 신원이 정확히 확인되어야 한다. 이 가운데 월남자나 반혁명분자 낙인자가 없어야 한다. 상·중류간부인 경우 8촌까지 친척들의 신원이 확인되어야 한다. 그 중에 조그만 '미해명'이라든가 '행불'이란 딱지가 붙어도 안 된다. 간부 한 사람의 신원을 확인하기 위해 5명 이상의 담당자가 한 달 이상 북한 전역을 돌아다니며 현지인과 문건기록과의 차이를 정확히 대조한다. 이 중에 숨겼던 신분이 적발되는 것이 보통이다. 하류간부인 경우 3차에서 확인되어 임명이 결정되나 상·중류의 경우 중앙당 담화를 비롯해서 7~8차까지 진행된다.

간부임명 기한은 최소 3~6달 걸린다. 북한에서는 모든 간부들이 승진할 때마다 새로운 신원요해가 진행된다. 그러나 간부자녀들의 대학입학이나 간

127 우리말의 신원조회와 같은 의미임.

부등용시에는 아버지의 근무확인서로 대치되므로 기간이 한결 짧아지는 경우도 있다. 북한에서 상·중류간부는 김정일 주변으로부터 1급 기업소 지배인, 북한군 연대장 이상급이며, 하류간부는 그 이하 기업소 지배인과 북한군 소대장까지이다.

북한의 간부등용사업은 사람들의 실무능력에 기본을 두는 것이 아니라 출신성분에 기초하고 있으므로 좋지 않은 출신성분의 소유자는 전혀 등용될 수 없다. 그렇기 때문에 뇌물공작으로 자기의 출신성분을 위조해 입당하거나 간부로 등용되는 경우가 종종 있다. 그러나 직급의 정도가 높아질수록 신원요해의 심도가 깊어지므로 어느 한계점에서는 무조건 적발된다. 좀더 높은 간부를 하려다 반혁명분자로 낙인찍혀 탄광·광산 신세를 면치 못하는 사람들도 많이 있다.[128]

【간부들의 처벌관행】 북한 노동당은 간부임명 못지않게 간부처벌에 대해서도 심사숙고한다. 정치적 성격을 띠지 않았거나 중벌이 아닌 이상 형법보다는 당에서 먼저 심의를 거쳐야 한다. 북한 노동당의 경우 노동당원은 감옥에 갈 수 없다고 되어 있다. 때문에 간부나 당원들이 범죄를 저질렀다면 먼저 출당시키고 나서 감금한다. 북한은 사람들을 처벌함에 있어서 3가지 형식을 취하는데, 그 첫째는 정치적 처벌, 둘째는 행정적 처벌, 셋째는 범죄자들과 반혁명분자들에 대한 법정처벌이 있다. 정치적 처벌에는 비판서 작성, 경고, 엄중경고, 당원을 후보당원으로 하락·출당시키는 것 등이다. 행정적 처벌에는 벌금, 무보수 노동, 직무감하, 철직(해임) 등이며 법정처벌에는 형사법과 민사법에 의한 처벌이 있다.

처벌은 두 단위 이상 급의 상급기관에서 결정하게 되어 있으며 간부들과 당원들에 대한 처벌은 중앙당이 직접 주관한다. 처벌은 간부임명보다 짧아 1~3달의 기간이 소요된다. 간부와 당원들이 범한 과오나 심하지 않은 범죄에 대해서는 당이 관할하므로 법 적용이 허용되지 않는다. 또한 당은 간부들과 당원들이 범한 과오와 범죄에 대해서 '비판은 하되 용서는 크게 한다는 원칙을 고수해 당에 대한 충성심이 계발되도록 유도한다. 그러나 출신성분이 나쁜 일반근로자들에 대해서는 그런 원칙이 전혀 존재하지 않는다.

한 마디로 출신성분이 좋은 사람일수록 간부임명과 처벌은 심사숙고하

[128] 임영선(1995. 8), pp. 108~110.

면서 천천히 진행하고, 출신성분이 나쁜 일반근로자들일수록 객관적으로 신속히 처리하도록 규정되어 있는 것이 북한의 간부정책이다. 가령 출신성분이 좋은 사람이 엄중한 과오를 범했다면 그가 속해 있는 당조직이나 행정조직, 보위기관까지 유사한 처벌을 면하기 어렵다. 북한에서의 출신성분제도는 옛날 우리나라에서 '양반의 자식만이 양반이 될 수 있다'는 봉건유습과도 유사한 특성을 지니고 있다고 할 수 있다.

## 4.2. 간부의 위상관련 인식변화에서 비롯되는 사회불평등구조

북한 사회주의 체제의 위기는 소련 및 동유럽 사회주의 체제의 변혁과 함께 표면화되었다. 특히, 동맹관계를 유지해 왔던 러시아와 중국이 각각 새로운 체제건설과 개혁·개방정책의 지속을 위해 북한을 실리적으로 대하면서 더 가속화되었다.[129] 그러나 북한이 처한 가장 큰 위기는 사회주의 붕괴로 인한 최고권력층의 위기의식이었을 것이다. 이것은 김정일이 1991년 '우리식 사회주의'라는 구호를 통해 북한의 특수성과 독자성을 부각시키는 것으로 나타났다.

이 같은 상황 속에서 김정일은 1991년 12월 인민군 최고사령관의 지위를 획득하게 되는데 이는 군권장악 이상의 중요한 의미를 지닌 변화였다. 그는 1970년대 이후 인민군 내 당조직을 통해서 영향력을 확대시켜 왔지만, 이제는 최고사령관 직책을 통해 영향력을 직접 행사할 수 있는 권위관계가 형성되었다. 김정일은 이 같은 권위관계를 활용하여 군대를 체제의 보루로 삼는 과도적 권위구조를 운용해 나갔다.

### 간부에 대한 이중적 인식

사회주의 대변혁으로 불리는 동유럽의 체제변혁과 소련의 해체는 북한

129 예를 들어, 양국이 북한의 가장 중요한 안보자원인 원유를 수출하는데 있어 기존의 우호가격을 폐지하고 경화결제를 요구한 바 있다. 현금이 없던 북한은 부득이 구소련으로부터의 원유수입을 포기할 수밖에 없었으며 그 이후 현재까지 수출이 재개되지 않고 있으며, 중국도 경화결제를 요구하면서 그 양을 줄여 나가고 있는 실정이다. 1990년대 이후 북한의 공장가동률이 30% 이하로 떨어진 데는 원유수급문제가 내재해 있음은 물론이다.

최고권력층에게 있어 심각한 위기의식으로 다가왔다. 김정일은 사회주의 체제 와해의 원인을 면밀히 분석하고 이에 대비하고자 노력했다. 그가 사회주의 체제붕괴의 원인으로 지적한 사항은 크게 네 가지였다.[130]

> "첫째는 기존의 권력엘리트들은 사상교양을 통한 사회통합에 실패했다. 이들은 마르크스-레닌주의를 교조적으로 해석하고 사회주의의 본질을 사회적 소유관계, 즉 경제에서만 찾았을 뿐 사상적인 측면을 소홀히 했다는 것이다. 둘째, 사회주의의 근본원칙을 일관성 있게 고수하지 못했다. 이들 체제는 경제적 비효율성을 극복하기 위해 개혁·개방을 불러들였는데 바로 그것이 자본주의의 기본특성인 다원주의적 요소를 불러들였다는 것이다. 셋째, 동유럽과 구소련의 관계가 자주성에 기반을 둔 국제적 연대라기보다는 상하관계, 또는 중앙·주변의 관계를 통한 의존적 연대에 의해 한 국가에서의 변화가 타 국가에 급속히 전파되는 파급효과를 낳았다는 것이다. 넷째, 중앙집중식 관리방식이 관료주의 또는 세도화라는 병리현상을 낳았다는 점이다."

김정일은 이 같은 점 이외에도 '내부의 적'에 의한 사회주의 체제해체를 강조했다. 체제와해 과정에는 직접 행위자가 필요한데 이들이 바로 혁명의 배신자 또는 변절자라 부르는 내부의 적이라는 것이다. 여기서 내부의 적이란 크게 두 가지로 하나는 간부층이고 다른 하나는 지식인이다. 내부의 적인 간부층과 지식인은 사회주의 대변혁 과정에서 결정적으로 공헌한 사회세력이라는 점이다. 특히, 간부층은 각종 부패에 연루되면서 국가의 공적영역을 침해했을 뿐만 아니라 사회주의 체제에 대한 정체성을 상실함으로써 체제변혁을 막지 못했던 것으로 드러났다.[131]

북한의 경우, 간부들의 체제에 대한 저항감은 크지 않은 것으로 보인다. 이는 그들이 수혜계층으로서 어려운 경제사정에도 불구하고 물질적·도덕적 보상을 받고 있기 때문이다. 그러나 경제난 이후 간부들이 일탈행위인 부정부패에 깊숙이 개입하게 되었음은 주지의 사실이다.

현재 북한의 간부들은 지위고하를 막론하고 직·간접적으로 부정부패에 간여하고 있다. 간부의 부정부패는 1980년대 후반에 접어들면서 양적으로 증가했을 뿐만 아니라 질적으로도 심화되었다. 그 주요 이유는 암시장이 형성된 이후 생산분야와 유통부문 간부들의 비공식적 활동공간이 확대되었기

[130] 김정일(1992), p. 202에서 재인용.
[131] Giuseppe Di Palma(1991).

때문이다. 부정부패 양상도 매우 다양해져 뇌물공여와 같은 단순한 형태를 넘어서서 주택사용권의 암거래, 골동품과 귀금속의 밀매, 무역일꾼들의 외화횡령, 불법적 개인기업의 운영 등으로 나타나고 있다.[132]

북한 당국은 간부들의 일탈행위를 반사회주의적인 것으로 간주하고 적극적으로 대처해 왔다. 1991년 10월부터 2년간 북한은 당중앙위원회가 공포한 「각 기관, 기업소, 군, 가정에서 비사회주의를 뿌리 뽑을 데 대하여」라는 정령을 발표하고 '비사회주의 그루빠'를 구성하여 대대적인 반부패 캠페인을 펼친 바 있다. 중요한 것은 북한 당국이 간부들의 일탈현상으로 인해 그들을 일방적인 체제의 수호자로 보지 않게 되었다는 점이다. 김정일은 이 같은 점을 의식한 듯 간부들의 부정부패를 관료주의와 함께 착취사회의 산물이라고 비판하면서 이를 극복하기 위해 사상사업을 강화해야 한다고 주장한 바 있다.

그러나 간부들의 일탈행위는 사상교양을 통해 해결할 수 있는 영역을 넘어섰으며, 이른바 '우리식 사회주의'에 대한 회의 또는 대안적 사회주의에 대한 모색으로 비화된 흔적이 역력히 보인다. 이에 대해 김정일은 간부들이 혁명가나 배신자 중에서 어느 하나를 선택하라는 분위기를 조성하면서 자신의 노선에 충실하지 않은 이들을 '패배주의자'라고 매도해 오고 있다.[133] 더 나아가 김정일은 붉은기 철학을 논하면서 '배신자는 갈 테면 가라'는 구호를 통해 간부들의 행동공간을 위축시키고 있다.

### 당·군 권위관계의 변화

김일성 사망 후 김정일은 인민군 최고사령관, 국방위원장이란 직책을 중심으로 한 군사적 지휘권을 통해 과도적 권위구조를 운용해 왔다. 이는 그가 1997년 당총비서직에 추대된 이후에도 마찬가지였다. 김정일의 군사적 지휘권에 대한 의존은 필연적으로 당과 군 사이의 관계변화를 불러왔다. 그 징후는 1997년 2월 16일 김정일의 55회 생일을 기념하는 '로동신문' 사설에

132 김성철(1994), 제4장.

133 이 같은 분위기는 최근 김정일이 황장엽을 비롯한 일부의 핵심간부들이 비공식적으로 개혁·개방을 논의한 것을 마치 반동적 이론을 제기한 것으로 비판하고 이들을 배신자로 치부한 데서 보다 잘 나타나고 있다. 김정일, 「혁명적 신념과 량심은 혁명가와 배신자를 가르는 기본징표이다」(조선노동당 중앙위원회 책임일꾼들과 한 담화, 1997. 1. 17에서 재인용).

"인민군대가 없으면 우리의 인민도 우리의 국가도 우리의 당도 있을 수 없다"라는 표현 속에 잘 나타나 있다.

이것은 위기에 직면한 체제가 개혁·개방과 같은 효율적인 대안을 제쳐놓고 익숙한 병영국가적 형태에 의존함으로써 비효율을 거듭하는 악순환을 되풀이하는 것을 말한다.[134] 북한에서의 이 같은 위기관리정책은 많은 문제점을 지니고 있다. 일반적으로 사회주의 체제에서는 당이 군을 지도한다는 레닌주의적 당·군관계 전통이 오랫동안 지켜져 왔다.[135]

현재 북한에서는 레닌주의적 당·군관계 또는 '당적 지도'라는 원칙은 지켜지지 않고 있다. 이는 조선노동당이 제도적 메커니즘을 통해 인민군을 지도하거나 통제하고 있지 않다는 증거다. 물론 인민군 내에 당조직이 엄연히 존재하고 있기는 하지만, 그것은 조선노동당 중앙위원회 산하기구들의 형식적인 지도와 통제를 받는다는 것이며 실제로는 김정일의 직접적인 지도와 통제하에 있다는 말이다. 현재 북한에서 당정치국과 비서국이 제대로 기능하는 모습을 찾아보기는 매우 힘들며, 이 기구들이 실질적인 논의를 통해 정책결정 과정에 관여하고 있다는 증거를 찾아보기 힘들다.

인민군 내 정치조직은 김정일의 명령과 지시를 충실히 이행하는 당조직으로서기능하고 있다. 따라서 북한의 당·군관계는 레닌주의적 당적 지도의 전통은 물론 그 용어가 시사하는 내용과 크게 괴리되어 있다고 보아야 한다. 북한에서 말하는 당적 지도란 인민군 내 권위관계를 의미할 뿐이며, 그것이 조선노동당과 인민군과의 관계를 설정하는 내용이라고 볼 수는 없다. 현재 북한 군부는 당으로부터의 독자성이 매우 증대되어 있는 실정이다.

북한 군부가 당으로부터 독자성을 지니게 된 것은 김정일이 당과 군을 분리지배하려는 의도를 드러내면서 시작되었다. 김정일이 자신의 권력을 당내에서 확대해 나가던 시기에는 주로 조직지도부를 통해 인민군 총정치국

134 김성철(1997), pp. 191~207.

135 그 방식은 다음과 같다. 우선 당 내에서 최고위층 엘리트는 정치국과 군사위원회 등에서 군부의 인사문제, 군수산업, 군사전략 및 동원에 관한 주요 사항들을 집체적으로 결정한다. 공산당의 비서국, 간부부, 군사부에 속한 중간간부들은 이 같은 결정을 집행하기 위한 구체적인 방침과 실행지침을 정하고, 군내 지휘 및 정치계통과 밀접한 관계를 맺으면서 당의 결정을 이행한다. 한편, 군내 당조직과 정치군관은 당의 방침과 실행지침의 이행을 감독함은 물론 병사들의 일상생활을 감독하고 정치적으로 교화시킨다. 여기서 중요한 것은 군에 대한 '당적 지도'라는 지침 아래 당과 군은 하나의 생명체와 같은 밀접한 연계성을 지니고 있다는 점이다.

과 각 단위부대의 정치조직에 대한 영향력을 넓혀 나갔다.[136] 그러나 김정일은 1991년 최고사령관에 임명된 이후 자신의 명령과 지시가 직접적으로 군에 전달되면서부터 당은 당대로 군은 군대로 분리지배 함으로써 경쟁자의 등장을 배제할 수 있다고 판단했을 것이다.

군부가 당으로부터 독자성을 갖게 됨에 따라 군간부에 비해 당간부들의 역할과 권위가 크게 위축되었다. 이를 실증하는 것으로 김정일이 1996년 12월 김일성종합대학을 방문한 후 당간부들에게 행한 연설에서 당은 군대의 정치사업을 따라 배우도록 하라고 종용한 부분이 있다. 또한 김정일은 "조직지도부 부과장 출신의 김일성종합대학 책임비서가 인민군 군단정치위원보다 못하다"고 말하면서 유사한 직급의 간부들 사이에서도 군내 당간부의 우위를 강조한 바 있다.

그는 "인민군 내에서도 사회에서 당사업을 하다가 들어온 사람들보다 본래부터 군대에서 정치사업을 하던 일꾼들이 일을 낫게 한다"고 말함으로써 당간부들의 능력을 비하했다.[137] 특히, 당간부 출신 정치군관보다 순수 정치군관의 능력을 높게 평가한 것은 과거 김일성이 당간부를 정치군관으로 발탁했던 전통과 대치되는 발언이다. 이처럼 당간부와 군내 정치군관을 차별하는 김정일의 인식이 지속되는 한 당간부 중에서 정치군관을 발탁하는 사례는 없을 것이다.

1990년대 후반에 들어서면서 당간부들은 혁명적 군인정신을 따라 배워야 한다는 김정일의 주장 아래 북한 사회는 군사문화가 더 강요되고 있는 것으로 보인다. 특히 총폭탄, 고난의 행군, 7연대 정신 등의 구호는 당간부들의 규범과 가치가 김정일 등장 이래 강조되어 온 유일사상체계확립을 위한 10대원칙의 엄격성으로부터 통속적이고 전투적인 것으로 변질되는 과정을 보여 주는 것이라 할 수 있다.

---

136 물론 김정일의 노력이 쉽게 현실화되지는 않았다. 1977년 김정일의 측근이었던 인민군 총정치국장 이용무가 월권과 비리사건으로 철직되고 김일성의 측근인 인민무력부장 오진우가 총정치국장을 겸임하게 되면서 군내 정치조직에 대한 김정일의 영향력 행사가 쉽지 않게 되었다. 그러다가 1980년 그가 당군사위원회 위원이 되면서 군에 대한 영향력을 공식적으로 행사할 수 있게 되었고, 1991년 최고사령관이 됨으로써 군에 대한 그의 직접 지도는 중대한 계기를 맞이하게 되었다(김현식·손광주, 1997, pp. 191~195).

137 『월간조선』(1997. 4)의 「1996년 김일성종합대학 창립 50돌 기념 김정일의 연설문」, pp. 307~317 참조.

### 북한 관료들의 자신감 상실과 탈출증가

1990년대 후반 이후 탈북자들의 출신성분이 질적 변화를 보이고 있다. 북한 엘리트들의 탈출이 급격히 늘어나고 있다는 것이다. 외교관, 고급 군관, 합영회사 간부, 김일성대학 상급교원, 지방인민회의 대의원, 인민보안성 간부 등 지금까지 북한 사회의 상층부를 이루고 있던 엘리트들의 탈출은 북한 사회가 전환기적 상황을 맞고 있음을 반증한다.

가장 중요한 것은 북한 엘리트들의 자신감 상실이다.[138] 김일성 사망 후 이데올로기 우선 정책에 대한 회의감과 빈곤의 만성화는 엘리트들에게 북한의 미래에 대해 희망을 가질 수 없게 하고 있다. 게다가 북한은 신정국가[139]로 불릴 정도로 김일성주의를 모든 것에 앞세워 왔다. 그러나 주체사상은 빵이나 경제적 부(富)는 고사하고 국제적 고립만 가중시키고 있다. 주체사상이 세계에서 가장 독창적이고 좋은 사상이라고 생각해 온 자신들이 당면하고 있는 비참한 현실은 당혹감과 함께 자신감 상실을 몰고 온 것이다.

1995년 대홍수 이후 북한은 북한 정권이 생긴 이래 처음으로 국제사회에 구걸행각을 하고 있다. 국제기구는 물론 세계 각국에 쌀과 모포를 달라고 손을 내미는 행위를 계속해 왔는데 북한 사회 엘리트들 입장에서는 참기 어려운 수치였다. '사회주의 낙원', '부끄럼 없는 사회' 등 온갖 수사를 동원해 체제우위를 강조하던 김일성시대에는 상상할 수도 없는 일이었다. 이 때문에 북한 내부에서 식량원조 수락 여부를 둘러싸고 군부와 정무원 간에 갈등까지 발생하고 있는 실정이다.

현재 북한의 엘리트들은 당면문제를 주체사상으로 해결할 수 없다는 인식을 공유하고 있다. 북한의 일반엘리트들은 말할 것도 없고, 권력 핵심

---

138 도준호(1996. 3), pp. 101~103.

139 대표적인 주장자는 이상우·김병로이며, 이상우가 북한을 신정체제로 보는 이유는 다음과 같다. "북한 체제는 근대적 전체주의 전제체제보다도 지배자의 신성(神性)에서 지배의 정통성을 찾는 동양적 전제군주제에 가깝다. 통치권위를 조직이나 직위가 아닌 자연인의 신성에서 찾게 되면 그 정치체제는 이미 '신정체제'로 된다. 보통사람은 그 누구도 그 신성을 나누어 가질 수 없으므로 지배자의 지위를 승계할 수 없으며 오직 그 신성의 권위를 빌어 신성을 대표하는 사람이 위임한 사람만이 통치권을 행사할 수 있을 뿐이다. 북한은 이제 단순한 전체주의 사회가 아니다. 김일성교라는 특이한 유일신을 가진 종교국가로 되었다. 북한 사회의 이러한 종교국가적 특성을 이해하지 않으면 오늘날 북한 사회를 제대로 이해하기 힘들다는 것이다(전현준, 2002, p. 30).

부의 자제들까지 쉽게 탈출하고 있는 것도 이와 관련이 있다. 이들이 자신의 기득권을 포기하고 가족들과의 결별을 감수하면서까지 탈출을 감행하는 것은 희망 없는 미래에 대한 두려움 때문일 것이다.

### 4.3. 관료들의 행태변화에서 비롯되는 사회불평등구조

관료의 행태는 관료 개인의 동기, 욕구와 행정목표 간의 상호연관성 속에서 야기되는 행동양식이라 할 수 있으며, 관료의 사회화 과정과도 밀접한 관계가 있는데 어떠한 가치관, 어떠한 의식구조 속에서 사회화 과정을 거쳤느냐와 직결된다. 이런 측면에서 볼 때 북한 관료들의 행태는 권위주의, 연줄주의, 의식주의, 운명주의[140] 등과 결부되어 있다고 할 수 있다.

첫째, 행정관료의 권위주의적 행태는 당관료의 명령에는 절대복종하면서 인민들에게는 강자로 군림하려는 태도, 그로 인한 관·민 사이의 괴리감 심화, 관료들의 독선과 횡포 등으로 나타나는데, 당관료의 경우는 위협적이고도 권위주의적 행태의 장본인들이라고 할 수 있다.

둘째, 연줄주의적 행태는 연고관계에 따른 귀속주의 및 종파주의 현상으로 그 동안 북한에서 가장 금기시 되어 왔는데, 관료의 자기방어적 폐쇄성과 목표와 능력 사이의 괴리현상으로 말미암아 비공식적인 담합과 거래, 공모를 위한 네트워크의 형태를 말한다. 사회주의적 관료체제의 구조는 상호호혜와 후견-피후견 관계의 형성을 불가피하게 만드는 측면이 강하다.

사회주의 국가에서 국가의 상부단위가 하위 관료에 대한 실적 감독 및 독려, 부문 간의 업무를 조정하기 위해 간섭해야 할 필요성은 성장전략 때문에 더 커진다. 감당하기 어려운 높은 성장목표는 경제에 여러 종류의 거시·미시적 불균형, 상부의 하부에 대한 증산압력, 하부단위의 자기방어 등을 야기한다.[141]

중앙은 중·하위 조직의 운영에 필요한 모든 정보를 가지고 있지도 못하고 업무에 대해 일일이 지시할 수도 없다. 따라서 관료체제의 실제 운영과정에서 중·하위 관료는 끊임없는 불확실성과 운영상 부조화에 직면한다. 이를 극복하기 위해 중·하위 관료들 간에 그때그때 상황에 따른 즉응적인

140 박완신(1994. 11), pp. 187~189에서 재인용.

141 박형중(1995), p. 5.

비공식적 담합과 거래, 공모와 조율의 관계가 지속적으로 발생한다. 북한의 경우 산업 간의 균형보다는 속도를 강조하는 과정에서 산업 간 우선순위에 따라 심한 불균형이 나타나게 된다.

여러 가지 불균형 중에서도 최하부 생산단위인 공장과 기업소가 직면하는 가장 심각한 문제는 만성적인 자재부족이다. 그 다음은 잦은 설비고장으로서, 과도한 목표달성을 위해 설비를 무리하게 가동시키는 것이 가장 큰 원인이다. 자재부족과 설비고장은 기업소의 생산목표 달성을 위협하고, 기업 내부의 노동과정을 혼란에 빠뜨리며, 기업소 간의 조화로운 협동생산체계를 흐트러 놓는다.

이에 따라 기업소 지배인과 당간부는 행정경제 상급단위와 당계통, 지역단위, 그리고 협동생산 연계공장들과 여러 형태의 즉응적 조율과 담합, 경우에 따라 상대편의 매수, 정치적·행정적 압력 등의 방법을 통해서 혼란과 불확실성을 통제하고자 노력하게 된다.

관료체제의 혼란과 부조화를 처리하는 가운데 관료제적 연줄이 활용되고 축적되며, 그에 기초한 후견-피후견 그룹이 발생한다. 이런 후견-피후견 그룹의 특징을 보면 ① 공식 업무를 집행해 가는 과정에서 발생하고, ② 관료체제 조직위계의 수직적 계선을 따라 중층적으로 형성된다. 즉, 이러한 중층적 후견-피후견 그룹은 공식적 업무처리 과정에서 형성되며 상급자를 핵심으로 하는 비공식적이고 그 경계가 다소 뚜렷하지 않은 상·하급자 혼합그룹이다. 그 내부에서는 인간적 의리와 친목이 공유되고 있다. 이러한 그룹은 공장단위, 행정계선단위, 지역단위, 그리고 관료와 주민 사이에 널리 퍼져 있다.[142]

셋째, 관료의 의식주의적 행태는 형식, 절차, 선례, 전통적 관습 등에 의한 것으로써 김일성 교시와 당의 지시만을 절대시하는 관료행태로 말미암아 관료의 순기능보다 역기능이 더 많이 야기되는 현상이다.

관료들의 운명주의적 사고행태는 김일성 리더십의 카리스마화·신격화 풍조를 파생시키고 이에 영향을 주는 요인으로서 정책집행 과정에서 전 인격적 투신봉사형태가 유발되고 각종 비현실적·비합리적 관료행태를 양산하는 결과를 가져왔다. 그 결과 고위간부들의 행태는 김일성 교시와 김정일

142 박형중(1995), pp. 14~15.

지시에는 무조건성의 원칙과 절대성의 원칙이 적용됨을 알고 이를 추진하는 과정에서의 충성심 경쟁, 광적 열성과 눈치보면서 행동하는 요령주의적 행태가 도사리고 있고, 아래로 내려갈수록 창의성이 결여되어 있으며, 무사안일주의와 책임회피적 행태가 만연되어 있는가 하면, 입신출세를 위한 과잉충성과 내면적인 자기소외성, 관료들의 공격적이고 전투적인 성향이 있는 것으로 요약할 수 있다.[143]

## 4.4. 권력집단 간 갈등고조에서 비롯되는 사회불평등구조

일반적으로 사회주의 국가에서 권력집단 간 갈등은 '리더십의 위기'로부터 나온다. 리더십의 위기는 최고지도자의 카리스마적인 리더십이 노쇠해지거나 사라지면서 나타나는 현상이다. 나이 든 지도자로부터 새로운 지도자의 권력이양 과정에서 나타나는 파벌 간의 권력투쟁, 군부의 정치개입, 사적 야심의 표출 등이 정권을 분열시킨다.[144]

김일성 사망 직후 북한 지도부는 절대적인 카리스마를 지녔던 김일성 사망에 따른 인민대중의 심리적 아노미 상태를 막고자 "위대한 수령 김일성 동지는 영원히 우리와 함께 계신다"라는 구호를 제창하고 유훈통치를 계속하면서 "수령은 곧 우리 당이고 우리 당은 곧 김정일 동지"라는 등식을 내세우면서, 김일성과 김정일, 조선노동당을 동일시하면서 김정일의 리더십을 강화하려는 노력을 지속해 오고 있다.

그러나 당의 권력독점과 부패, 국가기관의 무책임과 무능, 계속된 수해, 체제의 존립을 위협하는 식량난, 사회주의 미래에 대한 불확실성, 원로 혁명지도부의 고령화와 영향력 감소, 세대차와 세대 간 갈등, 당료와 전문관료 사이의 갈등 등으로 북한에서 김정일의 리더십은 김일성에 비해 상대적으로 약한 것으로 평가되고 있다.

1996년 12월 김일성종합대학 창립 50돌 기념 연설에서 김정일은 인민군에 대해서는 "군인들의 사상·정신상태가 매우 좋다"고 하면서 강한 신뢰를 보인 반면, "당조직과 당중앙위원들은 맥을 못 추고 있다"고 질책하면서

143 이상민(1994. 1), pp. 171~176.

144 Howard J. Wiarda, 「마르크스-레닌 정권의 미래」, 한국국제정치학회·민족통일연구원 공동 주최 학술회의 발표논문(1994년 5월 27~28일, 서울).

현재 북한 사회주의 건설에서 적지 않은 혼란이 조성되고 있음을 시사한 바 있다.

> "지금 인민들이 당중앙위원회의 지시를 무조건 받아들이는 것은 나의 권위 때문이지 당조직과 당일꾼들이 일을 잘해서 그런 것이 아닙니다. 오늘 우리 당안에 반당반혁명 종파분자들은 없지만 당조직들이 맥을 못추고 당사업이 잘 되지 않다보니 사회주의 건설에서 적지 않은 혼란이 조성되고 있습니다."[145]

김정일이 군부에 대한 우대와 신뢰를 보이는 반면 당조직과 당일꾼들에 대해서는 불신을 갖고 있는 데서 알 수 있듯이, 김일성 사후 북한은 군부가 정국을 주도하고 있다고 해도 과언이 아니다. 김정일 정권의 권력집단 내 갈등은 그다지 크지 않은 것으로 보인다. 그러나 김정일이 "나의 사업을 똑똑히 도와 주는 일꾼이 없습니다. 나는 단신으로 일하고 있습니다"[146]라고 한 데서 알 수 있듯이, 김정일의 리더십이 제대로 작동하지 않고 있는 부분도 있는 것으로 보인다. 이 문제는 북한 간부들이 김정일의 리더십에 대해 큰 기대를 하지 않고 있다는 의미가 될 수도 있다.[147]

문제는 현재와 같은 체제위기가 지속될 경우 김정일 권력집단 내의 노선갈등이 심화될 수 있다는 점이다. 북한이 처한 위기는 일시적인 것이 아니라 구조적인 것이다. 북한 스스로의 힘으로 이 위기를 해결할 가능성은 거의 없다. 따라서 북한은 어떤 식으로든 기존의 노선을 수정하여 새로운 발전노선을 모색할 수밖에 없다. 이 과정에서 권력집단 내부의 이익이 상충하면서 상당한 갈등을 겪을 것으로 보인다.[148] 북한 사회주의 체제가 개혁·개방을 추진하는 과정에서 당료(red)와 전문기술관료(expert) 사이의 갈등은 필연적으로 나타날 수밖에 없다.

이 절에서는 핵심군중에 속한 간부층 내부의 상대적 박탈감에 대해 살펴보았다. 기회구조와 상대적 박탈감 사이의 관계는 사회적 지위의 상승기회가 많은 집단이 그만큼 상대적 박탈감의 정도가 크다는 것이다. 기회가

145 『월간조선』(1997. 4), p. 308.
146 『월간조선』(1997. 4), p. 316.
147 고유환(1997. 7), pp. 27~31.
148 북한 지도부는 외형적으로 볼 때 김정일이 전권을 장악하고 있는 중앙집권적인 구조이지만 그 내부를 보면 부처 간의 현격한 노선차이로 갈등을 겪고 있는 모습도 나타나고 있다.

많은 집단의 구성원들은 그만큼 기대가 클 뿐만 아니라 기회를 포착하기 위해 투자하는 노력과 시간이 많기 때문에 기회포착에 실패할 경우 이에 대한 상대적 박탈감이 크다는 것이다.

특권층에 속한 간부들은 일반주민들보다 사회적 지위상승에 대한 기대가 큰 만큼 상위직책으로의 이동에 실패할 경우 상대적 박탈감이 그만큼 더 클 수밖에 없다. 반면에 일반주민들은 사회적 상승이동에 대한 기대를 하지 못할 뿐만 아니라 노력도 거의 기울이지 않기 때문에 그들 사이에서 상대적 박탈감은 크게 느껴지지 않을 수도 있다. 이 절에서는 북한 사회불평등구조의 핵심에는 주민성분분류에 기반을 두고 주민들의 체념과 포기를 유도하는 계층구조하의 관료충원제도가 자리하고 있다는 것을 살펴보았다.

## 5. 2000년 이후 발생한 사회불평등구조와 정치적 함의

북한은 2000년대 들어 극단적인 식량난에서 점차 벗어나는 모습을 보이고 있다. 북한 경제의 연착륙 기조는 북한의 붕괴를 바라지 않는 주변 국가들의 이해 합치에 의한 적극적인 대북지원에서 비롯되고 있다. 그러나 이 연착륙 기조는 스스로의 노력에 의한 것이 아니라는 데 한계가 있으며, 결국은 미국과의 관계개선을 통한 국제금융기구 가입 여부가 김정일 정권의 장기적 안정성 확보에 있어 가장 큰 변수가 될 것으로 보이며 북한 당국도 이 점에 주목하고 있는 것으로 보인다.[149]

그러나 미국과의 관계개선은 양국이 그 동안 첨예한 대립을 지속해 왔고 서로의 전제조건이 합치를 이루기 어렵다는 점에서 쉽지 않을 것으로 판단된다. 북한은 지난 60여 년 동안 체제유지와 주민동원을 위해 미국과 관련된 부분을 크게 왜곡해 상징조작을 해 왔는데 실제로 북한 주민들은 남한에서 미국만 몰아 내면 금방 통일이 될 것으로 생각하고 있다고 한다.[150] 또

[149] 서재진 외(2006), p. 242.
[150] 고태우(1996), p. 218.

한 북한이 국력을 과시하고 자랑거리로 내세워 온 것이 핵, 미사일, 생화학무기, 기화폭탄 등 대량살상무기 개발이었는데 미국은 그것을 포기하고 시설을 폐기하라고 주장하고 있다.

김정일 국방위원장의 고민은 미국의 요구를 받아들여 대량살상무기 개발·제조시설을 폐기하고 국제금융기구에 가입해 대규모 지원을 획득하고 경제회복을 가시화해 나가는 것이 나을지, 지금의 체제를 고수하면서 부분수정을 통해 개혁·개방을 시험하는 것이 나을지에 대한 것으로 '김정일이 고민한다는 사실'만으로도 이 부분은 북한의 사회불평등구조를 보는 데 있어 매우 중요한 변수가 될 수 있다.

지금까지 북한은 정치영역이 사회영역의 눈치를 보지 않고 거의 일방적으로 정책을 선택하고 집행해 왔는데, 이 점은 이 일방통행식 사고에 스스로 문제제기를 하고 있는 것으로 절대권력자 김정일이 주민들의 여론추이 등 사회영역의 움직임에 주목하기 시작했음을 의미한다. 더 나아가 향후 김정일이 정책을 선택하고 집행할 때 고려할 사항이 늘어났다는 것으로 정치사회화 기제들이 효율성을 발휘하지 못하고 있으며, 주민들의 요구사항 역시 점차 구체화되고 있는 것으로 일반주민의 정권에 대한 동의와 지지가 크게 약화되었음을 시사한다.

2000년 이후 북한의 사회의식 변화에 가장 큰 영향을 준 요소는 경제난이었다. 북한 체제에서 생필품의 대부분은 국가배급체계를 통해 조달되어 왔는데 1990년대 초반 이후 식량을 비롯한 주요 생필품 공급이 중단되어 오다가, 2002년 7월부터 시작된 '7·1 경제관리개선조치'로 아예 국가배급체계 자체를 포기했다. 그 이후 공급부족으로 인한 엄청난 인플레이션으로 물가가 천정부지로 치솟아 2002년 7월 당시 1달러당 2.2원(북한 원)이던 환율이 2008년 현재 2,800원 정도로 1,000배 이상 치솟은 것으로 알려지고 있다. 북한 노동자 1달 평균급여가 3,000원 정도로 1달러밖에 되지 않으며, 주민들은 여성 등 유휴노동력을 활용한 좌판장사로 생계를 이어가고 있다고 한다.[151]

최근 북한에서는 엄격한 사회통제시스템이 가동되고 있음에도 불구하고 지도부가 통제할 수 없는 사회적 변화가 생겨나고 있다. 북한 주민들의

151 조선일보, 2006. 4. 17, 「북한 주민들 1달러 월급으로 어떻게 생존하나」.

사회의식은 1980년대 후반 사회주의권 붕괴 이후 급격한 경제침체와 더불어 식량과 생필품이 부족하게 되자, 부족한 생필품 확보를 국가에 기대하기보다 개인 스스로 책임질 수밖에 없다는 인식을 하면서 크게 달라지기 시작했다.

북한의 상층부 권력엘리트들도 큰 위기의식에 사로잡혀 자신감을 상실해 가고 있는데 그들 대부분은 사회주의가 모두 붕괴한 지금 북한 체제도 오래가지 못하고 이대로 가다가는 남한에 흡수될지도 모른다는 생각을 하고 있다고 한다. 특히, 외부에 대한 정보를 많이 가지고 있는 고위층일수록 위기감은 더욱 커 북한 체제에 망조가 들었다고 자조하는 사람들도 많이 있는 것으로 알려지고 있다.

2008년 현재 북한 지도부는 사회적 불만의 폭발적 잠재성에 대해 매우 우려하고 있다. 북한 지도부는 현재의 북한 체제와 김정일 정권유지는 체제의 정당성과 효율성 때문이 아니라 군과 국가안전보위부, 보위사령부 등 통제시스템을 활용한 감시와 처벌의 두려움 때문이라는 것을 잘 알고 있다. 북한 체제의 이러한 위기적 징후는 권력엘리트의 정치적 태도에도 영향을 미치고 있다. 권력엘리트들은 체제에 대한 자신감을 상실하고 있으며 체제의 정당성에 대해 회의를 품고 있고 자신들이 피지배계급으로부터 적대감의 대상이 되고 있다는 사실도 느끼고 있다.

이 절에서는 2000년 이후 북한에서 심화되고 있는 사회불평등구조를 김정일 정권의 질서유지 차원의 사회통제시스템 활용시도와 그 한계, 개혁·개방 확대에 따른 사회불평등구조에 대한 주민들의 인식변화라는 시각에서 살펴보려고 한다.

## 5.1. 김정일 정권의 사회불평등구조 심화의지와 한계요인

북한이 당면하고 있는 중장기 과제는 김정일 체제의 공고화와 경제난 극복으로 요약된다. 이 두 가지 목적을 달성하기 위해 북한 당국은 체제유지와 발전이라는 전제하에서 주민포섭과 배제를 위한 다양한 통치기제들을 동원해 주민들을 정치사회화시켜 가고 있다.

김일성 사후 김정일 정권은 군(軍)을 정치 전면에 내세우면서 정권수립 이후 최대의 정치적 시련기를 극복해 가고 있다. 선군정치의 핵심은 기존의 당을 중심으로 이루어지던 당-국가체제의 정상에 국방위원회를 두고 군을 활용해 생산력을 회복하고 사회치안을 유지하는 등 사회 전 부문을 관리하는 군사국가체제의 운영이다. 이는 당과 군의 병렬적 권력구조에서 군이 앞서고 당이 이를 뒷받침하는 선군후당체제로의 전환으로 군대라는 인력과 명령체제를 가지고 국가를 통치하는 방식이다.

김정일은 동구권의 사회주의 몰락과정을 지켜보면서 당 자체의 힘만으로 내부의 혼란과 자유화의 확산을 차단하는 데 한계가 있음을 실감했고 그런 측면에서 군을 활용한 통치의 필요성을 강하게 느꼈을 것이다. 선군정치는 통치엘리트들에게 체제에 대한 믿음과 확신을 심어 주고 주민들에게는 보다 강력한 통제수단으로 작용했다. 북한 당국은 지난 10년 동안 국내외에서 가해지는 위협에 대해 핵개발 등으로 위기의식을 고조시키면서 주민들을 결속하는 동시에 외부에서 유입되는 각종 유해정보와 사상에 대해서는 선군사상[152]의 기치하에 각종 캠페인과 사상교육을 통해 확산을 억제·차단하는 노력을 기울여 왔다.

현재 북한 당국은 군대에 생산목표를 주고 공장과 협동농장을 위임·관리하는 등 경제회복의 전위대로 활용하고 있다. 북한 당국은 1990년대 중반 이후 날로 악화되어 가는 경제사정과 관련해 군대를 공장이나 농장, 광산 등 산업시설에 중대단위로 배치해 직접 생산활동에 종사하도록 해 왔으나, 2000년 이후 최근 들어서는 생산성 저하가 노동자들의 노동의식 해이에서 온 것이 아니라 에너지와 원자재 공급부족 등 경제체제의 구조적 모순에서 비롯되었다는 것을 인지하고 나서 농장관리를 제외한 다른 부문에서는 군대를 철수시켜 가고 있다.

### 감시와 처벌의 강화를 통한 사회영역의 통제 시도

군을 활용한 사회통제는 지속적으로 확대되고 있다. 1990년대 초반 사회주의권 붕괴로 인한 외부사조의 유입차단, 극심한 식량난 과정에서 빚어진 주민들의 국경이동과 대량 탈북 등 국가기강 해이현상에 적극적으로 대

152 선군사상은 그 뿌리가 김일성의 항일유격대 정신으로까지 확대되지만 김정일의 통치방식을 정당화하는 통치 이데올로기라고 할 수 있다. 선군사상은 어떤 난관에도 불구하고 김일성이 설립한 북한 정권, 북한 체제를 안정적으로 유지·계승한다는 것이다. 이른바 혁명의 수뇌부를 결사옹위하거나 총폭탄 정신이나 혁명적 수령관으로 표현되는 선군사상은 그 핵심이 김일성·김정일의 생명과 권력을 무력으로 끝까지 보위한다는 것이다.

처하고자 군내 비밀경찰조직인 보위사령부에 일반주민들에 대한 사찰을 허용하고 기차 내 통행권 검사 등 과거 경찰조직이 맡고 있던 사회통제업무를 담당하게 해 오고 있다. 김정일 정권에 있어 군은 생산증대와 외화벌이를 통한 경제회복의 견인차이자 사회체제 이완을 방지하기 위한 사회통제기구의 하나로 활용되고 있다.

북한 당국은 주민들의 불만표출과 일탈행위에 대해 감시와 처벌을 강화하는 방법으로 대응하고 있다. 1999년 이후 북한 당국은 심화조라고 불리는 사회통제반을 구성해 사회일탈행위에 대한 검거와 처벌의 선풍을 불러일으켰는데 이에 대해 북한 주민들은 "김정일 원자탄이 떨어졌다"고 일컬을 정도로 공포감을 느꼈다고 한다. 이 사건으로 당·정·군의 간부 2만여 명이 철직을 당하거나 정치범수용소에 수용되었으며, 직장에 30분 지각한 사람까지 처벌받는 등 처벌이 자의적으로 행해지자 김정일은 과잉통제에 대한 책임을 물어 사회안전부장 최문덕을 숙청하고 사회안전부원 6,000명을 징계하면서 사회안전부를 인민보안성으로 이름을 바꾸었다고 한다.[153]

북한 당국이 흔히 사용하는 주민통제방식의 하나가 공포심을 조장하는 것이다. 북한 주민들은 북한이라는 사회는 알면 알수록 더 두려움을 느끼게 된다고 한다. 충성스럽게 일하다가도 말 한 마디만 잘못하면 언제고 매장될 수 있는 사회라는 것을 알게 되면서 두려웠고 이것이 탈북의 직접적인 동기가 되기도 했다고 한다.

> "공포심을 유발하는 방식으로는 주민들을 모아놓고 공개처형을 목격하게 한다든지, 온 가족을 모조리 싣고 수용소로 보내는 등의 방식이 있는데 탈북자들은 사람들이 갑자기 하룻밤 사이에 실려 가는 것, 총살을 계속 시켜대는 것 등의 가혹한 처벌방식 때문에 공포에 질려서 살고 있다고 한다. 또 하나의 요소는 처벌의 무자비함이다. 경미한 범죄에 대하여 가혹하게 처벌하는 것이다. 북한 주민들의 표현으로는 '총살이라는 것, 사람 하나 죽이는 거 간단해요. 개 하나 죽이는 것과 같지요. 짐승 하나 쏴 죽이는 거랑 같지요'라고 표현한다."[154]

153 차현철(2004년 4월 탈북) 증언. 이교덕 외(2006) p. 296에서 재인용.

154 마철중(전 협동농장 청년동맹 비서 2003년 탈북) 증언. 이교덕 외(2006) p. 297에서 재인용.

북한 주민들은 항상 주의, 조심, 걱정하면서 살고 있다고 한다. 평양 주민들은 그 동안 외국영화를 많이 접했고 외부세계에 대해 알긴 안다고 한다. 단지 당국이 워낙 엄하게 처벌하니까 순응할 뿐이라고 한다. 문제가 많다는 것은 누구나 느끼고 있지만 비난 발언 한 마디만 해도 그 순간에 자기 목숨이 떨어질 그런 위험이 닥쳐오니까 사람들이 항상 주의하고 조심하고 걱정하는 그런 인간이 되고 말았다고 한다.

북한은 2004년「형법」을 개정하고 같은 해 5월「형사소송법」을 개정하는 등 형사법제를 정비했다. 형법은 경제범죄에 관한 조항을 많이 신설했는데 종전의 계획경제시스템에서는 발생하지 않았던 국가의 통제를 벗어난 외환거래, 상업적 거래 등 시장거래에서 비롯되는 불법적 요소들이 주민들의 일상생활에서 빈번하게 발생하고 있거나 발생할 개연성이 높아 이에 대한 법적 대처의 필요성이 생겨났다는 것을 알 수 있다.

북한 당국은 외환관리질서위반죄, 외화원천동원죄, 불법적인 외화벌이죄 등 불법적인 외화거래를 처벌하는 규정을 신설하고 외국인의 탈세죄, 상표권침해죄, 거간죄, 고리대죄 등 탈세나 불법적 폭리를 처벌하는 규정을 신설하거나 구체화하고 있다. 이는 대외개방으로 인해 외국과의 교역에서 발생하는 범죄유형들로 지금 북한에서는 다양한 형태의 상거래와 경제활동이 행해지고 있으며, 특히 경제난으로 인한 사회통제의 이완에 따라 각종 사회병리현상이 나타나고 있음을 반영한 것으로 판단된다.

주민들의 일상생활에서 발생하는 범죄에 대해 북한 당국은 새로운 범죄유형을 규정하거나 그 내용을 보다 구체화하여 이를 규율하고 있는데, 이는 계속되는 식량난 등 경제악화에 따라 새롭게 발생하는 범죄에 대처하기 위한 것으로 여겨진다.

이런 종류의 범죄에는 기관·개인의 밀주죄, 생산제품의 비법처분죄, 난방열 도용죄, 주민연료 공급질서위반죄 등 경제범죄를 새롭게 신설하는 한편, 경제관리질서를 침해한 범죄의 요건과 처벌을 구체화하고 있으며, 경제범죄 이외에도 군수품을 팔고 산 죄, 국가재산 약취행위에 대한 가중처벌, 자의적인 퇴직죄, 분배질서위반죄, 미성년자에게 노동을 시킨 죄, 사례금·이득금을 바치지 않은 죄 등 일상생활에서 발생하는 새로운 범죄형태를 규율하고 있다.

형법은 사회주의 문화·공동생활을 침해한 범죄에 대해 새로운 조항을 신설하는 한편, 그 내용을 보다 구체화하고 있다. 종전에는 전혀 규정하지 않았던 컴퓨터 관련 범죄를 새롭게 신설했는데 컴퓨터망침입죄, 허위정보입력유포죄 등을 신설하고, 퇴폐문화 반입·유포·행위죄에 있어서 CD나 플로피디스크 등 정보화 매체를 범죄수단으로 하는 경우를 포함하고 있다. 또한 사회주의 공동생활질서를 침해한 범죄로 패싸움죄, 매음죄, 음탕한 행위죄, 거짓행세죄, 칭호참용죄, 미신행위 조장죄, 실력행사죄, 비법혼인죄, 엄중한 결과발생 방임죄 등을 신설하거나 세분화하여 규정하고 있다.[155]

북한 당국은 사소한 일탈행위까지 범죄행위에 포함시키는 등 부패행위를 근절하고 사회질서를 유지하기 위해 안간힘을 쓰고 있는데 이는 주민들의 일탈행위를 통한 불만표출이 체제위기로 가는 것을 막아 보려는 적극적 시도라고 할 수 있다. 그러나 현재까지도 공장가동률이 30%를 밑돌고 출근해 보았자 할 일이 없는 가운데 기업소별 자급자족운영을 강요하는 상황은 부패행위를 통해 먹고 살라는 말과 마찬가지로 이러한 상황을 조장해 놓고 처벌하겠다는 것은 그 자체로 모순이며 한계요인을 내포하고 있다고 할 수 있다.

### 김정일 정권의 사회영역 통제의 한계요인

김정일 정권은 가능한 한 현재의 정치·경제·사회시스템을 유지하면서 주민들로부터 높은 수준의 지지와 동의를 구하고자 애쓰고 있다. 그러나 1980년대 후반부터 시작된 구조적 차원의 경제위기는 1990년대 중반 300여만 명의 아사로 이어졌고, 국제구호기구와 북한의 붕괴를 원치 않는 한국과 중국 등 주변국의 도움으로 아사는 면할 정도로 체제가 유지되고 있지만, 석유와 전력 등의 절대부족으로 공장가동률이 30% 이하로 내려가 직장에 출근해도 할 일이 없는 상황이 10년 이상 지속되고 있다.

북한 당국은 국가 차원의 통합적인 계획경제시스템을 운용할 수 없게 되자 2002년 7월의 경제관리개선조치를 통해 국가배급체계를 공식적으로 포기하면서 독립채산제란 명목하에 기업소 단위로 자력갱생할 것을 지시했다. 그 이후 기업체들은 자사의 주력상품 생산은 포기하고 그 기업의 생산시설과 전혀 관계 없는 물품을 생산해 종합시장에서 판매해 직원들에게 봉

155 이교덕 외(2006), p. 297.

급을 주고 있다. 많은 기업들이 종업원들에게 자신의 급여보다 많은 금액을 직장에 납부하면 출근하지 않고 장사를 하도록 뒤를 보아 주고 있다. 게다가 엄청난 물가상승으로 급여만으로는 생활이 불가능한 상황이 초래되어 대학교수나 의사들도 오전에만 업무를 하고 오후에는 종합시장에서 좌판을 깔고 장사를 하는 실정이라고 한다.

북한에서 정치권력이 고도의 자율성을 누리고 있는 것은 사실이지만 그것은 상대적 자율성이 될 수밖에 없으며, 북한 당국의 정책선택은 다른 사회와 마찬가지로 구조적 변수에 의해 영향을 받을 수밖에 없다. 현재 북한 지도부는 오랫동안 북한 체제를 위협해 왔던 구조적인 경제난을 해결할 수 있는 방안이 없으며, 김정일이 매우 자율적으로 정책선택을 할 수 있을 것으로 생각하지만 실상은 그렇지 못하며 정책선택에 있어 가장 큰 장애요인으로 작용하는 것이 사회부문이다.[156]

실제로 북한이 지난 60여 년 동안 폐쇄체제를 고수하고 엄격한 사회통제를 지속하고 있는 이유는 그러한 사회통제체제를 유지하지 않으면 주민들의 억압된 불만이 표출될 가능성이 높기 때문이다. 김정일은 적대계층으로 낙인찍혀 한 많은 세월을 보내고 있는 사람들이 많다는 것을 알고 있으며, 북한의 사회적 동태성은 억압되어 있는 것이지 사멸한 것이 아니라는 점도 잘 알고 있다는 것이다.

북한이 폐쇄체제를 채택하게 된 것은 스탈린 사망 이후 사회주의권에 불어닥친 수정주의와 우상숭배 비판, 반사회주의 민중봉기의 여파가 북한에 밀어닥칠 것을 우려한 때부터이다. 실제로 수정주의의 바람은 북한에도 밀려와 김일성을 밀어 내려는 목적으로 제 정파가 연합했던 1958년 '8월 종파사건'이라는 현실로 나타났었다. 김일성은 이것을 계기로 폐쇄체제를 채택하고 이를 정당화하기 위한 이데올로기인 주체사상을 만들었었다.

북한이 자본주의권과 적대정책 기조하에 관계를 단절하고 있는 것이 자본주의에 대한 하나의 방어적인 태도라고 본다면, 북한이 다른 사회주의권과도 주체노선이라는 이름하에 폐쇄체제를 유지하고 있는 것이 또 하나의 방어전략이다. 북한은 자본주의와 단절하기 위해 하나의 담을 쌓고 있으며, 사회주의권과 단절하기 위해 또 하나의 담을 쌓고 있는 것이다. 북한은

[156] 서재진(1997. 7), pp. 38~39.

주위에 이중의 견고한 장막을 치고 있는 것이다.

1990년대 초 사회주의권의 붕괴와 격심한 경제난으로 인해 북한 지도부의 우려는 더욱 심화되었고 북한은 우리식 사회주의를 구호로 폐쇄체제와 사회통제를 더욱 강화하고 있다. 1950년대 중반 사회주의가 대변혁을 경험할 때 북한이 외부세계와의 단절과 차단을 통해 김일성 정권을 수호하기 위한 이념적 도구로 주체사상을 만들었듯이, 1980년대 후반 사회주의권의 대변혁 속에서 새로이 단절과 차단 이데올로기를 강화하기 위한 개념들이 만들어졌는데 우리식 사회주의론, 조선민족제일주의론, 사회정치적 생명체론 등이 그것이었다.

사회주의권 붕괴 이후 북한 지도부는 이에 충격을 받았으며 그 여파가 북한에 미치는 것을 매우 우려하고 있는 것으로 보인다. 북한은 사회주의권 붕괴의 원인은 사상의 변질 때문이라고 보고 사회주의 사상고수와 사상통제를 강화하고 있다. 북한 당국은 주민들의 의식변화와 사회통제체제가 흔들리는 상황을 매우 우려하기 때문에 향후에도 폐쇄체제와 사상통제의 강화를 시도할 것으로 보인다. 북한 주민들의 의식변화는 향후 북한 정권의 정책선택에 가장 중요한 영향을 미칠 변수임에 틀림없을 것이며 동시에 한계요인으로 작용할 것이다.

## 5.2. 김정일 정권하 사회불평등구조에 대한 주민들의 인식변화

사회주의 체제에서 사회적 위계는 간부층의 상급자에 대한 의존, 주민들의 간부나 국가에 대한 의존, 정부 하부단위의 상부에 대한 의존관계에 기초를 두고 있다. 북한도 이와 마찬가지로 사회주의 체제가 이식되면서 과거의 사적 소유와 시장원리에 토대를 둔 사회불평등구조는 소멸되었지만, 국가에 의한 일방적인 정치적·행정적 배분이 이루어짐으로써 새로운 정치사회적 위계체계를 가져왔다. 북한은 사회주의 체제가 이식되는 과정에서 국가가 정치적으로 규정하는 위계구조·배급체계·임금구조 등에 의해 전반적인 계층구조가 결정된 것으로 볼 수 있다.

그러나 50여 년 동안 지속되던 북한의 사회주의적 위계구조는 김일성 사후 10여 년 이상 지속된 경제위기로 인해 중앙집중식 계획경제시스템이 무너지는 과정에서 발생한 광범위한 사회경제적 변화와 균열에 의해 과거의 계층적 특성들이 크게 변화되고 있다. 계속되는 경제난에 따라 당-국가의 독점적인 자원추출·배분능력이 크게 약화됨에 따라 더 이상 과거의 위계구조 지탱이 힘들어지고 있으며, 과거에는 직업·서열 등 계층구분이 경제적 구분과 대체로 일치되었지만 현재 당우위체제의 이러한 등식이 크게 약화되고 있다.

이에 따라 정치적으로 국가가 계층구조를 결정하던 능력이 크게 약화되고 탈국가적인 이차 경제[157]영역들이 기존의 국가역할을 일정부분 비공식적으로 수행하면서 계층적 차이와 빈부격차를 확대시키는 양상을 보이고 있다. 따라서 북한 사회는 시장거래를 포함한 불법적 경제행위에 대한 접근가능성에 의해 규정되는 새로운 방식의 사회분화가 진행되고 있다고 할 수 있다. 기존의 정치적 신분과 별도로, 이차 경제활동과 같은 새로운 경제적 요인에 의한 사회계층 분화가 촉진되고 있다.

불법적 경제행위는 대부분 각종 직권이나 특권과 연계되면서 불법적 외화벌이나 밀수행위 등으로 신흥부자들을 양산해 내고 있어 새로운 갈등의 씨앗이 되고 있다. 결국 이러한 새로운 사회계층 분화와 불평등성의 확대는 기존 체제가 지닌 모순의 확대·심화과정으로서 제도적 기반에 근거를 둔 사회주의적 지배의 특성이 현저히 약화되고 있음을 의미한다.

2002년 7월의 경제관리개선조치 이후 국가배급체계의 공식 폐기는 기존의 사회주의적 평등성을 더 약화시켜 가고 있다. 향후 계획부문에서 임금의 균등화가 계속 유지되더라도 합법화된 이차 경제활동이 확대됨으로써 소득불균형은 증대될 수밖에 없을 것이다. 요컨대 계획경제라는 제도적 틀로부터의 이탈은 새로운 계층분화뿐만 아니라 각 지역별·단위별 차별화와 사회불평등구조의 심화로 연결되어 나타날 가능성이 높다.

157 사회주의 체제에서의 이차 경제(The Second Economy)는 합법이냐 불법이냐의 문제를 떠나 모든 사적 경제활동과 계획경제 내부의 불법적인 활동을 포함하는 포괄적 개념이다. 즉, 사회주의 국가의 공식 계획경제의 엄격히 규정된 틀을 벗어나 발생하는 경제현상으로서 중앙으로부터 엄격하게 관리되지 않는 경제활동 모두를 포함하는 개념이다. 다양한 이차 경제현상을 단순히 개인적 부패가 증대되는 것이나 또는 단순한 경제적 현상으로만 좁게 이해할 수는 없다. 이보다는 오히려 사회주의 체제의 정치·경제적인 모순들이 응축되어 나타나는 현상으로서 체제속성 변화의 중요한 매개요인으로 볼 수 있다(정세진, 2000, p. 47).

### 돈과 체제에 대한 주민들의 인식변화

국가 공식 경제의 약화로 인한 각종 불법적 경제행위의 성행은 국가에 대한 주민들의 가부장적 의존성을 약화시킴과 동시에 집단주의 대신 개인주의 경향을 확대하고 국가에 대한 조직화된 의존관계를 약화시켜 갈 수밖에 없다. 향후 북한 주민들의 의식구조에 다소나마 자율성이 신장된다면, 이는 정부의 정책변화에서 비롯된 것이라기보다는 기존의 당-국가체제가 직접적으로 통제할 수 없는 비공식적 반(半)국가영역의 확대에서 비롯될 것이다.

주민들의 탈국가적 자세는 일상적인 경제관념 표출과 경제행위를 통해 두드러지게 나타나고 있다. 사회주의 체제하에서 각 개인들은 정치적 순응이 그들의 물질적 이익을 담보해 주고 국가로부터 사회적 혜택을 받는데 절대적인 도움이 될 것으로 믿어 왔다. 하지만 체제가 정치적 순응과 물질적 만족을 교환하는 일종의 사회계약상 의무를 제대로 이행하지 못하고 무능해질 때 시민들은 그 수요를 충족시키기 위해 불법적 경제활동에 의존할 수밖에 없다. 이러한 경험의 전환효과는 이중(二重) 규범적 시민, 즉 일상생활 속에서는 정직하고 순응적인 시민이지만, 이차 경제와 관련해서는 그것의 불문율에 의해 살아가는 시민을 낳는다. 이는 이차 경제의 존재 자체가 이차 도덕성과 이차 적법성이라는 새로운 시스템을 생성하게 한다[158]는 말이다.

당국의 통제를 벗어난 이차 경제가 일상화됨으로써 주민들은 위법을 당연시하고 거짓말이나 부당한 수단들을 대수롭지 않게 여기게 된다. 시장영역의 급부상으로 인한 새로운 경제관념과 행태들은 당연히 일정부분의 의식변화를 수반할 수밖에 없다. 우선 표면적인 공적 가치추구와 실제에서의 사적 가치추구 사이의 괴리현상을 들 수 있다. 2003년 이후 종합시장에서 생필품을 구입하고 이득을 올리는 장사경험을 통해 북한 주민들의 돈에 대한 가치관이 급격히 달라졌다. 개인주의·물질주의가 대안적 가치로 급속히 자리잡아 가고 있다. 화폐에 대한 가치변화, 개인소유주의, 뇌물의 성행, 절취의 일상화 등 체제 일탈적인 물질주의가 급속히 확산되고 있다.

북한 사회에서도 당의 공적 교시와 이에 상반되는 상업주의 정신이 나

158 정세진(2000), p. 288.

타나고 있다. 사회주의 체제에 있어 시장관계 확대는 구체제의 기존 관념과 충돌하거나 전환되어 나가는 과정으로 볼 수 있다. 즉, 빈번한 시장거래의 확대는 기존의 도덕경제원칙과 서로 상충할 가능성이 많다. 주민수준에서 보더라도 기존의 '집단중시 사회주의적 인간형'과 '시장적 인간형'의 충돌 내지 병존을 예상해 볼 수 있다. 전통적인 사회주의적 지배관계하에서 일상생활을 영위해 온 주민들이 경쟁과 효율 논리가 지배하는 시장적 질서에 적응하는 일은 쉽지 않을 것이다.

### 경제권력의 급부상과 사회불평등구조의 확대·심화

구사회주의권의 사적 영역 확대과정을 보면, 시장경제 도입 이후 과거 노멘클라투라와 그 주변 출신들이 그들의 영향력과 연줄망을 동원하여 배타적 이윤을 창출해 나가는 '노멘클라투라 사유화' 현상이 보편적이었음을 알 수 있다. 사실상 이들 대다수는 사업가로 변신하면서 상당한 부를 축적해 나갔다. 이러한 '정치권력의 경제권력화' 현상은 지금의 북한 체제와 향후 변화를 전망하는 데 있어 매우 중요한 시사점을 제시해 준다.

사회주의 체제에서 각종 불법적 경제행위가 성행한다는 것은 부패나 후원 또는 후견주의에 의존하는 사람들을 양산해 내거나 물질적 이익을 보장받기 위해 조직화된 범죄에 의존하는 사람들을 낳을 수 있다. 향후 북한의 경우에도 이런 현상이 보편화될 가능성이 있다. 정치체제의 근본적인 개혁이 없는 상황에서 불법적 경제행위의 확대는 후견과 부패의 새로운 기회들을 만들어 낼 것이기 때문이다. 간부와 일반주민 사이의 관계에서 비롯되는 불법적 경제행위는 간부들의 권력과 특권들을 변형시킬 뿐이지 감소시키기 어려운 측면이 있다.

간부층은 사적 영역의 확대과정에서 그들이 계획경제시스템하에서 발전시켜 왔던 다양한 비공식 연줄망들을 주요 수단으로 활용하게 된다. 비공식 연줄망들은 시장관계의 급속한 진전에 따라 중요한 사익추구 수단이 되며, 전통적인 계획경제도 아니고 완전한 시장 메커니즘이 작동하지도 않는 '과도기적' 상태에서 가장 잘 작동된다. 또한 보다 큰 문제점은 사회주의 체제에서는 분배 및 처분권을 독점한 관료층이 새로운 특권계급으로 구조화되어 있기 때문에 관료들의 이탈방지를 위한 엄격한 처벌 메커니즘을 제대로 작동시키기도 어렵다는 점이다.

북한에서도 1990년대 중반 이후의 극심한 경제난에서 나타난 바와 같이 급속한 중앙계획경제의 침식은 사회일탈현상을 조장하는 요인이 되고 있다. 예컨대, 국정가격과 시장가격으로 구성되는 가격의 이중구조화 현상은 동시에 일탈현상을 심화시켜 왔다. 게다가 중앙의 지방과 하부단위에 대한 전반적인 통제력 약화는 중하위 간부층의 불법행위를 더욱 조장할 수 있다.

향후 북한에도 시장관계의 확산으로 인한 기형적인 상품경제의 출현을 예상해 볼 수 있는데, 동구권이나 중국의 경험에서처럼 기존의 간부층을 중심으로 한 '정치권력의 경제권력화 현상'이 나타날 수 있을 것이다. 시장이 확대되어 가는 가운데 정치권력을 지닌 중상층 간부들을 중심으로 한 '반(半)관료 반(半)사적 기업가'의 등장이 가능할 것이며, 이들은 주로 불법적인 경로를 통해 부를 축적해 갈 수 있을 것이다. 정치권력에 쉽게 접근할 수 있는 사람들을 중심으로 부의 축적이 가능해지며, 이는 북한식 표현대로 "세도와 관료주의가 없어지는 것이 아니라 그것이 제도화·합법화되고 사회의 지배적 현상으로 되는" 방향인 것이다.

이 밖에 중하위 간부층 수준에서도 부의 축적을 위한 일탈행위들이 생겨나고 있다. 북한의 외화벌이 일꾼들이 중국과 거래할 때 공식 거래와는 별도로 거래이익의 일부를 착복하기 위해 중국측 파트너에게 '별도의 자금관리'를 부탁하는 경우도 드러나고 있다.[159] 외부와의 경제교류 증대로 인한 현상이지만 간부층의 중요한 일탈행위가 아닐 수 없다.

이제 북한에는 여러 종류의 정보유입으로 인해 의식이 깨인 주민이 많아졌다고 한다. 북한에서 '의식이 깬 사람'이란 체제문제의 본질이 간부의 횡포와 부정부패 때문이라고 인식하는 사람이라고 한다. 무식한 사람은 미국이 원수라고 생각하지만 의식이 있는 사람들은 간부문제로 알고 있다는 것이다.

북한 주민들은 북한 사회를 간부들의 세상이라고 느끼고 있다. 자신을 간부와 비교하는 상대적 박탈감에서 생기는 불만이 가장 중요한 사회문제로 확산되고 있다. 북한 주민들에게 간부는 매우 부정적인 존재로 인식되고 있다. 일반주민들은 간부들을 부정부패의 화신, 큰 놈은 크게 해 먹고 작은

---

[159] 권오홍(1997. 10), p. 50.

놈은 작게 해 먹으며 뇌물 없이는 아무 것도 해 주지 않는 자들로 인식하고 있으며, 당의 노선과 달리 간부들은 제 욕심 채우는 데만 급급한 부류로 생각하고 있다.[160]

이처럼 북한에서는 사적 영역이 급속히 확대되고 있다. 이런 추세에서는 당-국가의 하부단위에 대한 통제력이 약화되는 가운데 간부층을 중심으로 한 북한식 '정치권력의 경제권력화' 경향이 강화될 수밖에 없을 것이다.

반면에 일반주민들의 경우, 2003년 종합시장 허용조치 이후 돈으로 시장에서 식량이나 소비재들을 구매해야 하는데 공급부족으로 인한 엄청난 물가인상으로 인해 개인장사나 부업 등 비공식적 수입원을 보다 적극적으로 만들어 내야 하는 상황에 처하고 있다. 이는 공식 경제가 약화되는 데 비해 사적 거래행위가 증대하고, 경제행위자로서 개인의 역할이 점차 중요해짐을 의미한다. 기존 당-국가체제의 정당화 기제가 되어 온 일종의 '사회적 안전망'이 총체적으로 약화되어 가는 과정이다. 따라서 기존의 국가와 간부층에 대한 가부장적 의존관계가 약화됨과 동시에 주민들에 대한 통제력도 약화될 수밖에 없음을 잘 보여 준다.

특히, 일선 공장·기업소에서는 노동력 통제 등 노동자들에 대한 통제력이 현저히 약화되고 있다. 무엇보다 암시장의 물가상승이 소속 직장에서의 공식 임금의 의미를 약화시켜 직장이탈을 촉진하는 유인으로 작용하고 있다. 사회주의 체제에서 공장이나 기업소는 단순히 경제적 의미에서의 기업이라기보다 국가의 공식 하부단위로서 일종의 정치제도이자 사회기구로 기능해 왔음을 상기해 볼 때, 북한은 30% 이하 수준인 공장가동률과 배급제 약화로 인해 사회주의적 지배관계를 뒷받침해 온 제도적 기초들이 무너지고 있음을 알 수 있다.

이 같은 제도적 기반의 침식과 더불어 간부층이나 주민들의 불법적인 경제활동은 국가의 감시나 제제능력을 넘어 진행되고 있다. 향후 공식계획 이외의 이차 경제영역이 넓어질수록 일반주민들은 간부층이나 국가의 입장과 다른 새로운 정치경제적 권리개념을 지니게 될 수도 있을 것이다. 주민들은 간부층과 마찬가지로 새로운 소득원의 창출이 가능하게 되면 상급자들의 이익과 상충되는 새로운 집단 정체성과 이익을 발생시킬 수 있기 때문

160 서재진(1997. 7), p. 42.

이다.

이러한 정치적 지배관계 약화 경향은 기존의 전통적인 중앙계획경제의 약화를 반영한다. 이는 기존의 정치적 지배·피지배 관계를 변화시키고 간부와 주민들의 행태를 감시하고 제재하는 당의 조직화된 통제능력을 감소시킨다. 다시 말하면 당-국가체제의 '정치력 약화' 경향이며 사회주의의 '가부장적 지배'의 조건들이 변화되고 있는 것이다.

이미 북한 체제는 '은밀한 변혁'에 가까울 정도로 내부적인 변화의 단초들을 드러내고 있다. 요컨대 극심한 경제위기가 곧바로 체제붕괴로 연결되는 것은 아니지만, 계획기능 약화와 불법적 경제활동의 확대로 인한 사회경제적 변화는 전통적인 당-국가체제의 정치적 지배관계의 기본틀인 '사회주의적 지배와 피지배관계'를 조직화해 온 정치적 기반들을 이완시키고 있다. 대다수 사회구성원들이 각종 탈계획적 경제영역에 의존할 수밖에 없는 현실을 고려할 때 이러한 경향은 앞으로 더 늘어날 것이다.

북한 주민들이 통제 속에서 살아가는 지혜는 '요령껏' 살아가는 모습이다. 이는 아직까지 자신을 보호하기 위해 방어적이고 소극적인 태도로 반응하는 전략적 행위로 나타나고 있다. 어느 사회나 정치체제적 갈등과 모순, 사회적 불평등과 차별에서 비롯되는 위기는 존재하는 법이다. 언제나 예속에 대한 거부와 불의에 대한 저항의 정치는 있기 마련이다. '체제 내적 변화'는 체제 내 하위체제의 변화가 누적됨으로써 발생하며, 특정 사회체제가 갈등의 자체 조절기능을 상실함으로써 누적된 갈등을 해소하지 못할 때 기존 체제가 붕괴되고 새로운 체제가 대두된다는 것이다.

서방의 연구자들은 체제붕괴시까지 소련과 동구권 국가 주민들의 자유화 의지에 대해 제대로 파악하지 못하고 있었다. 동구권 국가 주민들은 자신의 생존을 위해 소극적인 자세로 체제에 저항해 오다가 더 이상 인내할 수 없는 상황이 되자 폭발시켜 체제변화를 이끌어 냈다. 소련도 보수파 정치인들이 모스크바 시민들의 자유화에 맞서 고르바초프를 감금하고 쿠데타를 기도했을 때 군인들이 주민들을 향해 총을 쏘지 않고 보수강경파들에게 저항함으로써 자유화와 자본주의로의 체제전환을 이끌어 냈다. 북한 사회도 기존의 불평등구조에다 경제적 불평등까지 새로이 추가됨으로써 주민들이 느끼는 박탈감의 정도는 그 도를 넘고 있다.

북한의 최고수뇌부는 군을 앞세운 선군통치를 통해 주민들의 자유화

의지를 억압하면서 체제를 유지하고 있지만 군이 정치세력화되는 조짐을 보이는 등 체제의 위험도가 증가하고 있다. 북한 당국은 폐쇄체제를 개방체제로 전환하고 개혁·개방을 통해 경제를 회복하면서, 이미 구조화되고 심화될 대로 심화되어 있는 사회불평등구조를 완화시켜 나가는 것이 체제안정성 확보의 첩경이라는 것을 잘 알고 있을 것이다.

## 6. 소 결

제5장에서는 소련과 동구권 사회주의 국가들이 붕괴하고 그로 인한 체제적 위기감 속에서 극단적인 경제난이 초래되었던 10년 동안 김정일 정권에 의해 행해진 사회불평등구조를 앞 장에서와 마찬가지로 주민성분분류에 기반을 둔 포용과 배제정책, 당·정·군의 엘리트충원과 퇴출구조, 사회통제정책 변화라는 세 가지 변수를 통해 분석했다.

이 기간은 1994년 7월 북한의 절대권력자 김일성 주석의 사망으로부터 김정일이 국방위원장의 지위로 북한을 통치해 온 2008년 현재까지의 기간으로 이 기간 동안 북한에서 일어난 일련의 사태들[161]을 살펴보고, 그 과정에서 발생한 사회불평등구조 심화현상을 분석했다. 제1절 김정일 정권 등장기의 총체적 위기와 새로운 불평등구조의 발생에서는 김일성의 사망에 따른 주민들의 심리적 공황사태 발생, 식량난으로 인한 계층별·지역별 위계에 따른 배급량 차별화에서 비롯된 사회불평등구조의 심화, 유훈통치와 강성대국론을 통한 사회통합 노력 등으로 나누어 극심한 식량난과 복잡군중

[161] 이 기간은 북한이 총체적 위기상황에서 활로를 모색한 기간으로 1980년대 후반부터 발생한 구사회주의권의 소멸과 그 영향력을 차단하고 폐쇄체제 유지를 위한 우리식 사회주의의 대두, 1990년대 초반 이후 발생한 극심한 식량난에서 비롯된 사회적 위기와 체제유지정책으로서의 '선군정치' 채택, 국가 공식 배급체계의 마비에서 비롯된 각 도별 자급자족체제 시행과 부분적 분권화, 장마당의 묵인, 2002년 7월 1일을 기해 행해진 '7·1 경제관리개선조치'와 2003년 4월부터 행해진 300여 곳의 종합시장 신설운영 등 탈사회주의적 경제개혁 조치들을 취해 나간 시기로 특징지을 수 있다.

의 유민화 과정에서 생겨난 생존을 위한 자구노력을 핵심계층의 풍요와 복잡군중의 박탈이라는 계층 간 사회불평등구조 차원에서 살펴보았다.

제2절 생존을 위한 상호작용 과정에서의 불평등에서는 북한 당국 차원에서 정권유지를 위해 기존에 구조화되어 있던 사회통제시스템의 적극적 활용을 통한 주민통제 노력과 주민들의 생존을 위한 일탈행위 추구현상을 살펴보고, 경제난에 대한 책임 떠넘기기 차원에서 행해진 중간간부들에 대한 숙청과 무자비한 공개처형 등 극단적인 공포정치의 유형을 극단적 생존위기 탈출과정에서 발생한 사회불평등구조, 극단적인 공포정치의 자행에서 비롯된 사회불평등의식으로 나누어 살펴보았다.

제3절 국가배급시스템 포기에 따른 사회불평등심화에서는 고위간부와 중하급 간부 사이, 군과 주민 사이, 주민과 주민 사이의 부패양태에서 파생되는 여러 가지 사회불평등현상을 분석하고, 경제난 과정에서 가족 생계부양자로서 여성들의 이중노동과 성의 도구화 양태까지를 생존을 위한 부패구조에의 적극 가담과 공모라는 차원에서 분석했다.

제4절 간부충원을 둘러싼 사회적 갈등과 불평등심화에서는 경제위기 과정에서 관료충원시 신원조회 강화를 통한 연좌제의 적용폭 확대, 엘리트집단 간 갈등양태, 고위직으로 상향이동시 발생하는 박탈감 등 간부충원을 둘러싼 심리적 차원의 사회불평등구조를 살펴보았다.

제5절 2000년 이후 발생한 사회불평등구조와 정치적 함의에서는 2000년 이후 북한이 국제사회의 적극적 지원에 힘입어 극단적인 위기에서 점차 벗어나고 있는 상황에서 새롭게 발생하고 있는 사회불평등현상에 초점을 두고 정치적 함의를 살펴보았다. 2008년 현재 북한에서 주민들의 사회적 동요가 표면화되고 있지는 않지만 북한 지도부는 사회적 불만의 폭발적 잠재성에 대해 매우 우려하고 있는 것으로 나타났다. 북한의 체제와 정권이 유지되는 것은 체제의 정당성과 효율성 때문이 아니라 군과 국가안전보위부, 보위사령부 등 통제시스템을 활용한 감시와 처벌의 두려움 때문이라는 것을 자신들도 알고 있기 때문이다.

북한 체제의 이러한 위기적 징후는 권력엘리트의 정치적 태도에도 영향을 미치고 있다. 권력엘리트들은 체제에 대한 자신감을 상실하고 있으며 체제의 정당성에 대해 회의를 품고 있고 자신들이 일반주민들로부터 적대감의 대상이 되고 있다는 사실도 느끼고 있다. 다만 체제에 대한 문제점과 불만을 표출하지 못하고 수동적으로 복지부동하고 있을 뿐이다.

이 절에서는 2000년 이후 북한에서 심화되고 있는 사회불평등구조를 김정일 정권의 질서유지 차원의 사회통제시스템 활용시도와 그 한계, 개혁·개방 확대에 따른 사회불평등구조에 대한 주민들의 인식변화라는 차원에서 살펴보았다.

# 6

# 결　　론

Chapter 6

사회불평등에 관한 문제만큼 오랫동안 관심의 대상이 되고 많은 사람들에 의해 논의되어 온 주제도 드물 것이다. 어느 사회에서나 사회불평등은 보편적인 현상으로 간주되어 개혁대상이 되어 왔고, 평가기준에 따라 다양한 차원에서 자리매김되어 왔다는 사실은 제도화된 불평등이 항상 존재해 왔다는 것을 의미한다.

사회불평등현상은 사회 분화와 사회적 평가의 산물이다. 이러한 불평등이 사회의 규범과 제재에 의해 지지를 받게 되면 제도화된 사회불평등이 생겨나고 구조화된다. 구조화된 사회불평등이 합법적 권력을 배경으로 하고 있다면 그것에는 어떤 권위구조가 작용한다는 것을 의미하며, 그것이 다수의 사회성원들에게 강요될 때 그 체제는 권위보다는 권력구조에 기반을 두고 있을 경우가 많다. 이러한 관점에서 한 사회의 권력구조는 사회불평등구조보다 선행한다고 볼 수 있다.

그 동안 사회불평등구조에 관한 많은 연구들이 불평등현상을 타파하고 개혁해야 한다는 목적의식 속에서 진행되었다. 자본주의 사회에서는 배분적 정의의 문제, 기회구조의 불평등문제, 경쟁규칙의 불평등문제 등 세 영역에서 빚어진 사회불평등 이슈들이 주로 논의되었고, 사회주의 사회에서는 당(黨)의 의사결정 및 집행기능 독점에서 비롯되는 간부와 소외계층 사이의 문제와 그 하위개념인 국가배급시스템의 차등적용에서 비롯된 문제들이 분석의 중심이 되어 왔다.

이 책은 북한 사회가 지니고 있는 사회불평등구조를 사회주의 사회 일반이 지닌 보편적인 문제와 북한 사회 특유의 문제로 구분해 북한에서 사회불평등구조가 심화·확대되고 구조화되어 가는 과정을 분석대상으로 삼고 연구를 진행했다. 그 문제들은 북한 체제 밖의 국제관계에서 비롯된 것도 있었고 내부적인 권력투쟁 과정에서 비롯된 것들도 있었으며 북한 당국이 체제유지를 위해 만들어 내고 심화시켜 간 사건들도 있었다.

이 책은 연대기 순으로 김일성 정권하 사회불평등구조, 수령절대주의하 권력분점기의 사회불평등구조, 김정일 정권하 사회불평등구조 등으로 장(章)을 나누고, 사회주의 사회의 불평등구조를 보는 주요 척도인 주민성분분류에 기반을 둔 포용과 배제정책의 시기별 특성과 변화, 당·정·군 엘리트충원 및 계층이동의 특성 및 변화, 체제유지 내지는 정당성 확보 차원에서 행해진 사회통제정책의 특성 및 변화라는 세 가지 변수를 중심으로 분석을 진행했다.

북한의 경우 아직까지도 1950년대 소련식 스탈린주의의 모습이 사회 곳곳에 상당부분 남아 있고 사회주의 사회가 보편적으로 지니고 있었던 불평등구조의 주요 특성 사회 일곱 가지를 모두 지니고 있다. 그 특성은 다음과 같다.

첫째, 무계급 완전 평등사회의 실현을 목표로 하는 사회주의는 그 이상과 달리 과거의 사회불평등구조를 청산하는 과정에서 새로운 사회불평등구조를 구축했다. 사회주의 국가에서 일어난 불평등현상 가운데 가장 큰 특징은 연좌제(連坐制)로 핵심계층이건 적대계층이건 모든 주민의 분류기준이 개인이 아니라 가족이고, 일단 적대계층으로 분류되면 불평등하게 적용되는 여러 가지 제약 때문에 상층부로 진입하지 못하고 각종 사회적 불이익이 대물림되는 특성을 나타내고 있다.

둘째, 각 기관이나 부문에서 직원채용시 각종 시험제도 등 공개채용제도를 채택하지 않고 추천·배치시스템을 활용함으로써 '기회균등의 원칙'이 무시되고 있다는 점이다. 국가산업시설의 운영 및 관리에 대한 책임을 지고 있는 핵심관료나 당료들은 추천·배치시스템 운용시 각종 부패에 연루되면서 사회불평등구조를 심화시키고 있다. 실제로 관리자들은 자본주의 사회의 최고경영자와 마찬가지로 기업이나 산업시설의 운영에 관한 권한을 포괄적으로 행사하면서 직원들의 채용·배치·재배치·퇴직에 관한 모든 기득권을 행사하고 있다.

셋째, 지역별·성별 불평등은 제도적 차원에서는 완벽할 정도로 해소되어 있다는 점이다. 특히, 성별 불평등문제는 적어도 제도적 수준에서는 전혀 문제가 없다. 그러나 사회주의 성립기에 비교적 잘 지켜지던 원칙이 해체기로 가면서 지켜지지 않는 것 또한 보편적인 현상이다. 북한의 경우는 장기간에 걸쳐 극심한 경제난을 겪으면서 직장배치, 전직, 퇴직과정에서 여성들에 대한 심한 차별이 행해지고 있는 것으로 알려지고 있다.

넷째, 인명경시적 태도이다. 인권문제가 되기도 하는 이 문제는 주민들이 최소한으로 누릴 수 있는 종교의 자유, 직업선택의 자유, 거주이전의 자유, 여행의 자유 등 기본권적 자유마저도 극히 제한되며 죄수노동, 전 매스컴의 국가독점, 일당독재 내지는 최고지도자에 대한 우상숭배 등 인권사각지대에 있다는 것이다. 북한의 경우 아직까지도 심한 변화지체현상을 보이면서 사회주의 사회의 전체주의적인 모습을 상당부분 그대로 가지고 있다는 점에서 이 문제는 인권문제이자 불평등문제의 핵심을 이루고 있다.

다섯째, 사회주의 해체기로 오면서 구조적 모순으로 인해 완화·변형·폐지되는 모습을 보이고 있는 '국가배급시스템'으로, 이 제도는 국가가 주민의 이동을 통제하고 충성심을 이끌어 내기 위한 목적으로 활용해 온 제도이다. 배급제도는 주민들을 지위고하에 따라 몇 등급으로 나누고 의식주 각 부문의 배급에 질과 양의 차등을 두고 통제하는 시스템으로 가장 힘든 직업에 종사하는 노동자들이 배급에서 차별을 받는 등 사회불평등구조의 한 축을 이루고 있다.

여섯째, 이른바 청산과 배제의 대상으로 구분된 주민들을 가족단위로 집단수용하는 정치범수용소를 운영하고 있다는 점이다. 구소련·중국·동구권에서도 과거 대규모 소용소를 보유하고 있었던 것으로 널리 알려져 있는데 북한의 경우 아직까지 10여 곳에 약 20만 명이 수용되어 있는 것으로 알려지고 있다.

일곱째, 정보독점에서 비롯된 사회불평등이다. 사회주의 사회는 폐쇄체제를 지향하기 때문에 주민들은 국영언론이나 각종 관제조직의 유도대로 정치사회화되고 동원될 뿐이다. 북한도 국제정세를 둘러싼 각종 정보는 극히 일부의 핵심간부만 접하고 주민들에게 유포되지 않도록 철저히 통제하고 있다. 민간영역이 전무한 북한 사회에서 언론이란 그저 국가의 일방적인 홍보매체일 뿐이다.

북한 사회는 생산수단의 국유화, 공개채용제도나 시험을 통한 승진제도의 불채택을 통한 직업선택의 자유 불허, 거주이전의 자유 불허, 언론 및 종교의 자유 불인정, 중앙집중식 계획경제시스템 등을 통해 엄격한 통제체제가 전일적으로 실시되어 온 사회다. 이러한 북한 사회에서 사회적 불평등은 '국가'라는 이름으로 행해지는 '행정적 배분체계'에 의해 구조화되며, 절대권력자 1인을 중심으로 구현된 수령의 지침이나 현지 지시가 당과 국가에 의해 전적으로 수용되는 독특한 '수령-당-국가체제'를 갖춤으로써, 수령-당-국가에 의해 결정된 정책은 바로 행정적으로 실행되고 그에 따른 배분이 이루어진다.

북한은 사회불평등구조를 창출하는 행정적 배분의 기초가 되는 매우 엄격한 사회적 기준을 가지고 있는데 그것은 성분별(性分別) 위계구조와 기능별(機能別) 위계구조이다. 북한의 사회정책은 당-국가의 일방적인 행정적 배분에 의해 결정되며 북한 사회 계층화 현상은 당-국가가 지시하는 바를 철저히 실행하고자 하는 전략적 선택의 산물이다. 이 전략의 반복적 활용을 통해 불평등현상이 구조화되고, 이 구조화는 사회불평등구조를 심화시키면서 다양한 자원의 행정적 배분에 직접적인 영향을 미치게 된다. 행정적 배분은 사회주의적 '동원'과 '통제'라는 전략적 측면을 기초로 하고 있고, '정치성' 및 '기능성'이라고 하는 개인 및 집단에 대한 평가가 맞물리면서 결정된다. 북한의 불평등한 위계구조는 이러한 평가결과가 구조화된 것이라고 할 수 있다.

북한 주민의 불평등한 위계구조는 1958년부터 지속적으로 시행하고 있는 주민성분조사에서 분명하게 드러난다. 이 조사는 사회주의 혁명을 강력히 추진하기 위해 이전 사회의 다양한 계급, 계층을 사회주의 이념에 부응하는 '정치성'을 기준으로 재분류하는 작업이었다. 여기에는 분단과 전쟁을 치르고 난 이후에 조사가 이루어졌다는 점에서 한국전쟁으로 인한 북한 사회의 특수성이 크게 반영되었다.

주민성분조사는 전략적 측면에서 '사회통제적 배분전략'에 의한 것으로 반대세력을 효율적으로 통제하고자 하는 목적에서 시도되었다. 개인에 대한 평가는 가족을 최소단위로 그들만의 '정치성' 기준에 따라 연좌제를 통해 개인을 그 속에 종속시키면서 위계화하는 것이다. 여기서 '정치성'은 당성에 의해 평가되고, 당에 대한 충성도는 곧 김일성 일가에 대한 충성임은 물론이다.

출신성분에 따라 선천적으로 결정된 계층적 지위는 결정적 규정력을 가진 정치적 자원의 배분에 지대한 영향을 미친다. 즉, 권력기관에서 행정적 배분의 담당자적 지위를 차지할 수 있는 자격이 계층구조에 의해 결정되며 당원의 지위를 차지할 수 있는 자격도 여기서 결정된다. 이러한 정치적 자원의 확보 정도에 따라 경제적·문화적 자원배분도 결정된다.

북한에서 가장 중요한 '정치적 자원'은 당원이 되는 것이다. 모든 행정적 배분이 당-국가에 의해 이루어지기 때문에 당원이 되는 것은 행정적 배분의 담당자로 고위직에 오르기 위한 필수조건이다. 현재 노동당 규약에 명시된 입당절차를 보면 당의 자체심사에 의해 철저한 출신성분 분석을 토대로 선발되는데 그 심사과정에서 가장 중요한 문제는 가족들의 '과거와 현재의 사회정치적 활동'이다. 출신성분에 따른 계층적 위계는 북한 사회에서 기능적 중요성을 가진 직업적 지위로 이동하는 데 있어 핵심요인이 되고 있다.

북한 사회도 다른 사회와 마찬가지로 다양한 직종과 직업에 따라 주민들이 위계화되어 있다. '정치성'은 기능적 중요성을 중심으로 이루어진 직종 및 직업의 층화구조에 인원을 충원하는데 있어 핵심적인 규정력을 갖는 기준이 된다. 북한 사회도 공업화가 진전됨에 따라 사무직 및 전문직 종사자의 직업적인 기능적 중요성이 증대되고 있다. 사무전문직 종사자는 다른 사회주의권에서 이른바 '신중간계급'으로 불리는데 사회주의 이념상 핵심계급인 노동자·농민보다 사실상 높은 지위를 차지하고 있다.

이러한 기능적 중요성의 증대는 북한 사회의 위계구조를 질적으로 규정하는 정치성에도 영향을 미칠 수밖에 없다. 점차 권력엘리트집단으로 진입하는 사회적 상승이동이 사무직 및 근로인텔리 출신이라고 할 수 있는 전문관료집단에서 가장 활발하게 이루어지고 있기 때문이다. 현재 정무원과 노동당의 40~50%, 정치국 정위원의 50%, 후보위원의 70%가 전문관료 출신이라는 사실은 이를 보여 주는 지표이다. 또한 최고인민회의 대의원의 직업별 출신성분에서도 잘 나타나고 있는데 노동자와 농민의 비율은 점차 감소하고 고학력 테크노크라트 중심의 사무직 및 전문직 출신이 크게 증가하고 있다.

이러한 경향은 공업화의 결과 사무전문직 종사자의 수가 크게 증가했다는 사실과 함께 이 직종의 '기능적 중요성'이 증대하여 높은 직업적 지위를 확보해 가고 있다는 점을 보여 준다. 산업화가 확대되어 사회적 분화와 다원화가 증대하면서 실무적이고 실용적인 리더십의 중요성이 점점 더 중요해짐에 따라 전문관료집단의 역할이 커지고 있는 것이다. 그러나 이들의 기능적 중요성이 보다 중시되는 경향이 있다고 하더라도 북한 사회는 여전히 '정치성'이 가장 중요한 요소가 되고 있음은 주지의 사실이다.

사회적 동원과 통제라는 사회주의적 이념의 전략적 측면에 기초한 '정치성'과 '기능성'은 북한 사회의 유지와 재생산 기제이자 불평등구조 형성의 사회적 기초로 작용하고 있다. 이처럼 엄격한 사회적 기준에 따라 행정적 배분이 불평등하게 이루어짐으로써 불평등구조가 심화되고, 그 심화된 모습은 강한 정치성을 띨 수밖에 없다. 이처럼 정치적 기준에 의해 사회불평등이 심화되고 구조화된다는 점에서 성분 중심의 정치적 위계구조를 살펴보는 것은 큰 의미가 있다고 할 수 있다.

북한 당국은 정권수립기부터 지속적으로 국가 전 부문의 인력충원시 '배치의 원칙'을 고수해 오고 있으며 승진시에도 시험제도의 채택 없이 추천과 심사를 통한 재배치와 이동이 있을 뿐이다. 추천과 심사에 있어 당성과 기능성은 가장 중요한 요소가 되고 있다. 당성은 곧 체제에 대한 충성심을 의미하는데 객관적으로 측정할 수 없으므로 가족의 정치적 배경인 성분(成分)이 중심이 될 수밖에 없다.

북한은 인력충원시 가족의 성분을 절대적으로 중요시하며, 직위의 고하, 노동강도에 따라 고려의 정도는 다를 수 있으나 그 어떤 경우도 성분에서 자유로울 수 없다. 중하위 직급의 경우 본인 직계가족의 범위 내 성분이 문제가 되고 고위직으로 올라갈수록 신원조회가 까다로워지며 범위가 넓어진다. 고위층의 경우 직계 8촌, 외가와 처가 4촌까지가 심사대상이 된다. 따라서 같은 노동자라고 하더라도 그가 그 직장에서 성장할 수 있는 한계가 출발단계에서 이미 정해지는 것으로 공개채용과 시험제도의 불채택은 공개경쟁과 균등한 기회부여의 여지가 원천적으로 차단됨을 의미한다.

북한 당국은 주민들을 핵심군중, 기본군중, 복잡군중 등 3계층으로 분류해 관리하고 있다. 의식주 등 국가 공식 배급체계는 지위고하나 직무 성격에 따라 차등적으로 행해지지만 위계구조상 상층으로 이동하는데 있어 성분은 절대적 기준이 되고 있다. 핵심군중은 인구의 23% 정도를 차지하는 성분에 전혀 문제가 없는 사람들로 입당·직장배치·교육·승진시 많은 혜택이 주어진다. 이들은 가족이나 가까운 친척의 지위에 큰 영향을 받으며 추천시 이들의 영향력은 절대적이라고 할 수 있다. 김일성의 친인척인 신성가족이나 항일빨치산 가족은 각종 특수학교에서의 교육을 통해 엘리트코스를 밟게 되며 주요 간부로 육성된다.

기본군중은 인구의 약 40%를 차지하는데 입당이 허락되기도 하고 하급관료로까지 진출이 가능하지만 핵심군중으로의 이동은 거의 불가능하다. 주민 가운데 약 27%를 차지하는 복잡군중의 경우는 계층상승의 통로가 완전히 봉쇄되어 있다. 복잡군중의 자녀들은 군입대와 대학진학이 원천 봉쇄되어 있고 고등중학교 졸업과 동시에 현장에 배치되며 대개의 경우 그 직장에서 사회생활을 마감한다. 아무리 직무상 전문성이 요구된다고 하더라도 교육기회가 원천 봉쇄됨은 그 직무에 대한 접근가능성이 완전 차단됨을 의미한다.

북한의 국가계획위원회는 당의 기본정책에 토대를 두고 생산과 분배에 관한 모든 계획을 종합하고 작성하는 일을 맡고 있다. 국가계획위원회의 기능이 강화된 것은 1964년에 '계획의 일원화 방침'이 채택되고 1965년에 '계획의 세부화 방침'이 정립되면서부터였다. '계획의 일원화'란 전국의 국가계획기관부터 일선의 공장·기업소에 이르기까지 통합적인 계획체계를 구성하여 계획의 유일성을 확보하려는 것이었다. 이 같은 일원화된 국가조직적 배분체계는 매우 강력하고 중앙집중화된 통제관리구조에 의해 획일적으로 집행되는 일방적인 수행의 형태를 갖게 되는 것이다.

당-국가에 의한 일방적인 행정적 배분은 '사회적 동원'과 '사회적 통제'라는 전략적 목표에 토대를 두고 이를 실현하기 위해 '정치성'과 '기능성'이라는 평가적 기준에 따라 자원을 불평등하게 배분한다. 이처럼 불평등하게 배분되는 자원은 '정치적 자원'의 배분이 어떻게 실행되느냐에 따라 나머지 자원의 배분도가 결정되는 경향이 높다. 즉, 당원과 비당원의 구분, 당내에서도 보다 핵심적인 지위의 획득, 김일성 일가와의 근접성 등이 중요한 정치적 자원이며, 이를 획득할 수 있는 사회적 자원의 기초는 대부분 핵심군중에 있다.

그러나 노동자와 농민은 기본계급으로서의 이념적 지향과 가능성에도 불구하고 현실적으로 이러한 정치적 자원의 획득이 쉽지 않다. 노동자와 농민은 현재 피지배계급으로 전락해 있으며, 주체사상이라는 유일사상으로 체계화되어 있는 북한 사회에서는 그 정도가 더 심할 것으로 보인다.

이러한 '정치적 자원'에서 우월적 지위를 확보한다는 것은 '행정적 배분의 담당계층'으로 진입하는 것을 의미하며, 배분담당자가 된다는 것은 경제적·물질적 자원의 사용과 문화적 자원에의 접근을 동시적으로 확보하는 것이다. 이 결과 전 사회적으로 공평하게 배분되어야 할 정치적 자원과 경제 및 문화적 자원은 체계적으로 불평등하게 분배될 수밖에 없다. 따라서 행정적 배분의 담당자를 중심으로 실질적인 지배계급이 존재하게 되는 것이다. 이들은 정치적 자원은 물론이고 경제적·문화적 자원을 동시에 독점하고 있으며 동질성이 매우 높은 단일지배층을 형성하고 있다. 북한 사회주의의 극단적인 획일성과 비민주성은 이러한 배분과정에서의 불평등에서 비롯되었다고 할 수 있다.

북한 사회주의 체제는 1945년 해방과 더불어 소련에 의해 이식되고 지만 60여 년 동안 여러 가지 변화를 경험하면서 현재에 다다르고 있다. 그 동안 북한에서 생겨났던 사회불평등구조도 나름의 변화를 경험하면서 확대·심화·재생산구조 속에서 변화를 거듭해 왔다. 60여 년에 걸친 북한의 사회불평등구조의 특성을 정리해 보면 다음과 같다.

【정권성립기(1948~1953년)】 사회불평등구조는 과거 러시아와 동구권에서 행해졌던 사회주의 혁명과정을 따라 봉건잔재 청산과 친일파 숙청, 종교타파라는 세 가지 대전제 위에서 사회체제를 변혁해 나가는 과정에서 발생했다. 이 과정에서 과거 피지배계층이었던 사람들이 혁명의 중심세력으로 급부상하고 과거 지배계급이었던 기업가, 지주, 친일관료, 종교인 등이 배제와 청산의 대상으로 전락했다. 토지개혁과 주요 산업시설의 국유화, 친일파 청산과정을 통해 배제와 충원구조가 확연히 드러나는 가운데 생산수단의 소유자였던 기업가와 지주들은, 일체의 공직에서 배제됨은 물론 토지와 생산수단을 몰수당하고 생활근거지에서 100리 밖으로 추방당하는 등 새로운 평등사회를 구축하는 과정에서 또 다른 불평등현상이 생겨나 향후 60년 동안 구조화되고 심화되어 나가게 된다.

북한은 관료충원시 각 지방에서 형성된 인민위원회를 국가기구로 통합하고 재조직하는 방법을 취해 나갔다. 그 과정에서 일제시대 총독부 관리로 일했던 사람들은 지위고하를 막론하고 완벽하게 배제되었으며, 인민위원회 위원들을 중심으로 새로운 관료층이 형성되어 나갔다. 북한 당국은 1945년 말부터 1946년 2월 북조선임시인민위원회 수립 이후 본격적으로 성분심사를 통해 국가기구 간부층을 형성해 나갔다. 북한 당국은 국가기구 내에서 친일적 요소와 반사회주의적 요소를 배제하기 위해 지속적으로 숙청과 충원을 병행하였는데, 북한의 공직자 숙청은 보안국이 창설된 직후인 1945년 11~12월부터 광범하게 실시되었다. 북조선임시인민위원회 창립 이후인 1946년 3월 7일에는 '친일파, 민족반역자에 대한 규정'을 채택하여 배제의 기준을 명문화했으며 그 이후 심사와 파면이 본격화되었다.

동시에 북한 정권은 교육을 통한 민족간부 양성정책을 추진해 나갔다. 이를 위해 간부양성을 위한 특수교육기관들이 직능별·지역별로 설립되었다. 신진간부를 양성함은 물론 재직간부를 재교육하는 기관으로 중앙에는 행정·사법·검찰·교육·산업 등 각 분야에 걸친 간부양성기관이 창설되었고, 지방에는 각 도마다 행정간부학교, 교육간부학교, 체신기술원양성소, 상업간부양성소 등을 설치했다. 이 양성기관들은 3개월 내외로부터 2년에 걸친 수료제를 가지고 있었으며 각급 인민위원회와 정당 사회단체로부터 추천 또는 선발된 열성분자들이 학습하고 있었는데 그 중 절대다수는 노동자·농민 출신이었다.

북한 당국은 친일경력자와 반소반공적 입장의 인물 등 그들의 관점에서 볼 때 이른바 '반민족분자'들을 성분심사 후 파면하는 방식으로 국가기구에서 배제해 나갔으며, 혁명성과 전문성을 모두 갖춘 인물들을 특수교육과정을 통해 양성하거나 재교육하면서 충원해 갔다.

이 시기 북한 사회불평등구조의 특성 가운데 가장 중요한 변수 중 하나가 종교탄압이었다. 북한 당국은 1946년 「토지개혁에 관한 법령」을 선포하면서 성당·예배당·사찰 등 종교단체 소유로 되어 있던 1만 5,095정보의 토지를 몰수했으며, 「산업국유화 법령」으로 종교단체가 경영하고 있던 기업체를 무조건 약탈하면서 종교단체 재단을 무력화했다. 또한 종교시설의 개축과 신축은 물론 복구를 일체 허용하지 않은 결과 성당과 예배당은 전폐되었으며, 수많은 사찰이 삼림관리소 사무실, 당간부들의 휴양시설로 활용되었으며 명승지의 일부 사찰만이 대외선전용으로 보존되고 있다.

이 때 북한 당국에 의해 종교인과 그 가족으로 분류된 사람이 약 10만 가구 45만 명으로 집계되었는데 그들과 그 후손들은 아직까지도 복잡군중으로 분류되어 심한 사회적 차별을 당해 오고 있다. 이때 형성된 북한의 사회불평등구조는 한국전쟁을 거치면서 한 번 더 재구조화 과정을 통해 확대·심화의 길로 나가게 된다.

【전후 복구와 국유화 과정(1953~1958년)】 사회불평등구조는 한국전쟁으로 인한 피해를 복구하고 전 산업의 국유화 조치를 취해 나가는 과정에서 발생한 새로운 사회불평등구조를 분석대상으로 했다. 북한 주민의 계층분류는 포용정책을 쓸 때와 통제정책을 쓸 때 다소 다르게 표현되는데 계층과 군중이 그것이다. 1958년 당시 주민분류에서는 계층이란 표현을 썼으므로 그대로 쓰고, 1980년 이후는 군중으로 표현하므로 뒤에서는 군중으로 병행해 사용했다.

한국전쟁은 북한에 엄청난 인적·물적 손실을 가져오면서 북한의 가족구조와 사회구조에 지각변동을 초래했다. 북한의 공식 인구발표에 따르면

1949년과 1953년 사이에 113만 명 정도의 인구가 감소한 것으로 나타나는데 이것은 1949년 북한 인구의 12%에 해당하는 숫자였다. 그러나 인구증가율까지 감안하면 실제 인적 피해는 이보다 훨씬 컸을 것으로 여겨진다.

북한 당국은 전쟁 피해자가 주민 다수를 차지하는 상황에서 전사자·피살자 가족을 사회의 핵심세력으로 등용하면서 계층구조를 재정비했다. 만경대혁명유자녀학원, 강반석혁명유자녀학원 등 각 도별로 유자녀학원을 설립하고 이들을 사회주의 제도에 흡수한 결과 주민의 25~30%를 차지하는 전쟁의 직접적인 피해자들이 사회주의 체제를 지탱하는 핵심세력으로 성장하게 된다.

전후 북한 당국이 취한 계급노선의 질적 변화는 전쟁의 막대한 피해라는 역사적 경험을 반영하는 정치적 위계구조의 형성이었는데, 이는 기존의 계급적 특성에다 한국전쟁과 관련한 피해 정도를 기준으로 한 위계구조를 추가한 것이었다. 북한은 1958년 8월 전 산업부문의 국유화를 완료하고 사회주의 건설을 위한 새로운 전환을 목표로 그 해 12월부터 주민들을 출신성분별로 분류하는 작업을 추진했다. 이는 북한 당국이 전 주민에 대해 가족의 계급적 배경과 사회적 활동 등을 기준으로 정치성향을 파악하고 소집단으로 분류함으로써 효과적으로 주민들을 통제하기 위해 시도한 계급정책이었다.

북한 당국이 추진한 사회주의적 계급정책은 북한 사회주의 혁명과정에서 새롭게 엘리트계급으로 급부상한 핵심계층과 동요계층, 적대계층으로 주민들을 분류하는 것이었다. 주민성분분류에 토대를 둔 사회불평등구조는 한 가족을 연좌제로 묶어서 한 가지 성분으로 평가하고, 의식주나 생필품 등 국가배급의 차등화, 대학진학, 군입대, 직장배치, 입당시 특혜와 불이익을 줌으로써 북한 역사 60년 동안 지속적으로 사회불평등구조가 확대재생산되는 구조를 심화시켜 가게 된다.

1958년 12월부터 행해졌던 '중앙당 집중지도사업' 당시 기준으로 삼았던 성분분류는 이후 새로운 사항이 조금씩 추가되는 경향을 보이기 때문에 당시 행해졌던 분류의 틀을 살펴보는 것은 매우 중요하다. 북한 당국은 주민들의 정치적 성향을 분석하기 위해 성분을 크게 출신성분과 사회성분으로 나누어 평가하는데, 출신성분은 '태어날 때 그 가정이 처한 사회계급적 관계에 따라서 구분되는 성분'으로서 본인이 출생할 당시 부모나 친족의 성분을 의미한다.

북한 당국은 북한 사회 엘리트로의 진입을 위한 대학입시나 입당, 직장배정시 공개채용제도나 시험에 의한 승진제도를 채택하지 않고 배치와 추천제도를 전면 활용함으로써 핵심계층의 충성심을 유도하고 적대계층의 상승이동 통로를 봉쇄하는 '계층이동의 폐쇄성'을 주요 통치기제로 활용해 왔다. 따라서 북한 주민들은 일제시대와 해방 후, 한국전쟁기, 현재 등의 시기에 정치사회적 지위와 역할, 정치적 동향과 반동단체 가담 여부, 출신 및 사회성분이 종합평가되어 핵심집단인 핵심계층, 중간계층은 기본계층, 반동계층인 적대계층 등 3계층으로 구분되었다.

핵심계층은 북한 체제를 이끌어 가는 통치계급으로서 북한 사회의 핵심부류에 속하는 사람들이다. 핵심계층은 김일성 가계와 친인척, 혁명가 가족 등의 특수계층과 전사자·피살자 가족 등 일반핵심계층으로 구분할 수 있다. 이들은 대학입학과 입당, 직장배치, 간부등용과 승진, 배급, 거주, 의료 등 각종 분야에서 국가적인 혜택을 받고 있다.

기본계층은 특수계층에 속하지 않는 일반노동자, 농민, 사무원 및 그 가족을 중심으로 구성된다. 북한은 기본계층을 '혁명에 절실한 이해관계를 가지는 군중'이라고 규정하고 노동계급과 농민, 근로인텔리를 기본계층에 포함시켰다. 그러나 북한이 기본계급이라고 할 때는 혁명의 주력군을 이루는 세력, 즉 노동계급과 농민을 가리킨다. 이들은 노동자, 농민, 사무원, 군인 등 해방전후, 한국전쟁기, 현재까지 직계·외가·처가에 정치적 하자가 없거나 있다고 하더라도 본인과 가족에 직접 영향을 미치지 않는 사람들로서 당중앙위 비서국 비준간부 이하와 그 가족들이다. 대부분 각종 하급간부나 기술자로 진출하고 있으며 평범한 사회적 지위를 가지고 살아간다. 기본계층은 전체 인구의 50%를 차지하며 이 가운데 일부는 준비과정을 거쳐 핵심간부로 등용되는가 하면 일부는 적대계층으로 전락하는 경우도 있다.

적대계층은 이른바 불순분자, 반동분자로 낙인찍힌 자들로서 사회로부터 소외된 계층이다. 적대계층은 특별한 경우를 제외하고는 대학진학이나 입당, 군장교 등 국가권력으로의 진출이 불가능하다. 적대계층은 동요계급과 적대계급으로 구분하여 혁명화나 교양 또는 고립 등의 방법으로 관리한다. 적대계급 가운데 죄과가 비교적 가볍고 본인들이 과오를 뉘우치는 자들에 한해서는 교양대상으로 선정해 포섭하기도 하지만 사회진출이나 인사에서 철저히 배제된 채 평생 최하층의 신분을 유지할 수밖에 없다. 한편, 독재대상으로 분류된 주민들은 사회적으로 철저히 고립시키며 대부분 관리소에서 사망시까지 비참한 수용생활을 하게 된다.

한편, 1958년 집중지도에서 출신성분을 조사한 결과 격리대상을 제외하고 감시해야 할 적대계층으로 판명된 자는 전 주민의 1/3인 320만 명에 달하였는데, 이 가운데 6,000명을 처형하고 나머지 1만 5,000세대 7만 명은 '내각결정 149호'에 따라 산간벽지로 추방조치했다. 그리고 나머지 대부분의 적대계층은 현 거주지에서 계속 감시하면서 주로 육체노동에 배치되었다.

'내각결정 149호'는 북한 당국의 '붉은 도시화 계획'에 따른 것으로써 적대분자, 반혁명분자 등 불순분자들을 색출하여 이들을 주요 도시와 군사요충지에서 멀리 떨어진 곳으로 격리하기 위한 강제이주정책이었다. 이에 해당되는 지역은 주로 평양과 개성으로부터 50km, 휴전선과 해안선에서 20km, 주요 도시로부터 20km 이상 떨어진 곳에서만 거주 또는 행동할 수 있도록 엄격한 통제를 가하게 되어 있었다. 따라서 평안북도의 산간오지, 자강도, 함경남북도의 오지만이 이에 해당되는데 이 지역을 '149호대상지역'이라고 불렀다.

일단 149호 대상으로 추방되면 공민증에 149호 대상이라는 도장을 찍어 일반주민과 구별하고 해당 지역의 사회안전부(인민보안성)에 등록하게 되어 있었다. 재배치된 대부분의 주민들이 적응하지 못해 죽어 갔고 그 후손들이 아직까지도 그 지역에서 성분의 사슬에 묶여 비참하게 살아가고 있다.

【주체사상 등장기(1958~1972년)】 사회불평등구조는 북한의 1960년대를 배경으로 하고 있다. 북한의 1960년대는 정치체제면에서 김일성 유일체계가 형성되면서 체제의 안정적 기반이 형성된 시기이며, 중·소 이념대결 등 사회주의권 분열로 인해 야기된 위기의식으로 사회 전체를 병영집단화하고 고도의 사상통제가 진행되어 유일화된 하나의 사상만이 존재하는 사회로 되어 간 시기이기도 했다.

이 시기에 북한 당국은 각종 노동경쟁운동과 노력동원을 통해 급속한 경제성장을 도모하는데 이 과정에서 노동자·농민 등 육체노동에 종사하는 노동자들이 혹독한 노동현장으로 내몰린 반면, 당이나 국가기관, 사회안전부 등 통치기관에 종사하는 사람들은 시키는 자의 입장에서 편하게 활동하는 등 일하는 자와 감시하는 자 사이에서 사회불평등구조가 심화되어 갔다.

게다가 4대군사노선으로 대별되는 군사적 동원체제화 과정에서 발생한 불평등, 김일성 유일사상체계 등장기에 접어들면서 발생하기 시작한 우상화를 둘러싼 사회불평등구조를 북한 당국의 체제강화 의지와 주민들의 극단적인 피로누적이라는 상호작용의 관점에서 분석했다.

천리마운동은 북한 당국이 가지고 있는 각종 선전·선동시스템을 총동원해 사회주의 이데올로기를 실천함과 동시에 경제발전에 필요한 노동력을 총동원하는 체계였으며, 이 운동은 동원대상인 개인들을 최대한 조직화함으로써 개인을 공적 목적에 동원하고 통제하는 동시에 자율성은 최소한으로 억제하는 특징을 가지고 있었다.

실제로 천리마운동은 과거의 분산적이고 비조직적인 노동경쟁운동을 지양하고 집단적이고 조직적인 활동을 통해 노동생산성을 최고수준으로 올릴 필요에서 제기되었다고 할 수 있다. 이에 따라 주로 제대군인을 중심으로 청장년층을 고무·선동하여 개간지, 광산개발, 철도부설, 발전소 건설 등에 몰아넣었는데 외관상으로는 자발적인 노력경쟁운동처럼 보이지만, 노력경쟁에서 낙오되거나 낮은 실적을 보이면 혹독한 책벌을 받아야 하는 등 실제로는 강제노동이었다.

1960년대 들어 북한 당국은 공장·기업소의 행정과 생산구조를 군대식으로 개편했다. 1962년 12월 노동당 제4기 5차 전원회의 이후, 군수공장을 군대식으로 개편했으며 일반공장·기업소들도 거의 군대식으로 개칭했다. 북한 당국은 군대식 규율을 확립하기 위해 생산목표를 '반드시 점령해야 할 고지'라고 부르며, 이 때부터 일체의 노동조직과 과정을 섬멸전, 전격전, 최후의 돌격전, 결사대 등의 군사용어로 호칭해 오고 있다. 이처럼 북한의 1960년대는 주민들의 총동원 노동경쟁운동을 통해 경제성장을 이루었지만 그 반면에 주민들의 생활은 비참 그 자체였다고 할 수 있다.

1960년대 북한 사회는 북·중관계, 북·소관계의 유동성 증가로 인해 경제원조가 크게 줄어들고 중국에 문화혁명이 시작되면서 중국이 북한의 김일성 우상화를 비난하고, 북한이 이에 맞비난하는 과정에서 급기야는 1967년 조중상호방위조약의 해체로 이어지면서 급속하게 군사동원체제화되어 간 시기였다. 주민들의 시각에서 보면 이 시기는 엄청난 노력경쟁운동에다가 우상화 학습, 군사동원체제로 인해 삶이 피폐해질 대로 피폐해진 때였고, 권력층의 입장에서 보면 통치구조의 공고화로 인해 고도성장을 이룩한 시기였고, 사회불평등구조가 더욱 공고화되어 간 시기였다.

1960년대에 들어서면서부터 북한 당국은 김일성의 권력이 강화되자 김일성의 혁명적 활동과 그 가계를 신비화하기 시작했다. 또한 북한은 김일성의 신격화, 자기희생과 절대복종적 인간형의 강요, 외부세계에 대한 철저한 폐쇄정책, 김일성 권력의 세습적 계승 등을 강요함으로써 김일성 일인독재의 강화와 그 체제에 순종할 수 있는 주민의식을 유일사상화 작업을 통해 이룩했다.

사상혁명의 문제는 1967년 조선노동당 중앙위원회 제4기 15차 전원회의를 계기로 당의 유일사상체계를 세우는 문제로 성격이 전환되었다. 북한은 유일사상의 문제를 제기하면서, 유일사상을 세워야 하는 이유는 부르주아 및 수정주의자들의 반당·반혁명적 책동을 분쇄하기 위해서이며, 유일사상이란 곧 "수령의 혁명사상으로 전당을 무장시키고 모든 당원들을 수령과 당 주위에 묶어 세워 혁명과업을 해 나가는 것"이며, 당의 이 유일사상 외에는 어떤 다른 사상도 있을 수 없다고 주장했다.

1960년대 김일성 우상화가 중점 추진되고 족벌정치가 행해진 데에는 북한 내 권력핵심 4대계파를 피로 청산하는 과정에서 생겨난 권력강화의 의지가 상승작용을 일으킨 것으로 볼 수 있다. 과거 15년 동안의 권력투쟁을 통해 김일성은 무적의 실권자로 군림하게 되었고 김일성에 대한 개인숭배는 어떠한 정치적 도전도 없이 진행되었다.

북한 당국은 김일성체제의 정통성을 뒷받침하기 위해 김일성의 카리스마적 권위를 높였으며 김일성의 무오류성을 강조하지 않을 수 없었다. 김일성에 대한 광적인 개인숭배가 전면적으로 확대된 결과 필연적으로 김일성 가계에 대한 숭배로까지 확대되어 나갔다. 김일성의 증조부, 조부모, 부모들도 모두 혁명투사이며 위대한 애국자로 지칭되었다. 김일성의 형제들과 백부와 숙부, 친척들까지도 그의 선조들로부터 혁명의 피와 애국정신을 이어받았다는 것이다. 김일성은 위대한 혁명투사로서 내외의 혁명투쟁을 승리로 이끈 유일지도자로 자리매김되었으며 그의 가족이 살던 집, 유품, 소유물들은 모두 조선혁명박물관에 보관되었다.

김일성 우상화나 족벌정치는 세 측면에서 권력공고화에 기여했는데, 첫째 김일성의 개인숭배는 그의 옛 동지는 물론 정적들에 대한 숙청을 정당화·합법화하는 역할을 했고, 둘째 김일성의 신격화는 다른 집단들로 하여금 김일성의 권위에 대한 도전이나 저항의지를 좌절시켰으며, 셋째 김일성의 족벌정치는 김일성의 신격화에 대한 도전을 막고 김일성체제의 안전을 공고히 하며 영속화하는 데 기여했다.

또 하나 이 시기에 발생한 사건으로 북한판 분서갱유를 몰고 온 1967년의 이른바 5·25교시가 있다. 이 사건은 김일성대학 창립 20주년을 기념해 당시 김일성대학 총장이던 황장엽이 「사회발전의 동력」이라는 논문을 발표하면서 파생된 논쟁에서 출발했다. 이론투쟁이 전개된 결과 김일성이 직접 나서서 양쪽을 우경 기회주의와 좌경 기회주의로 몰아세우면서 모두 비판하고 주체노선의 관점에서 문제를 올바르게 풀어 가야 한다는 결론을 내리는데 이것이 바로 5·25교시였다.

5·25교시 이후 북한의 인텔리들은 엄청난 고초를 겪어야만 했다. 계급투쟁과 프롤레타리아 독재의 강화, 수령우상화의 심화, 인텔리 혁명화의 파도가 휘몰아치면서 북한 사회 전반은 극좌 분위기로 변해 갔으며, 김영주와 김정일이 만든 '당의 유일사상체계확립을 위한 10대 원칙'에 따라 북한 주민들은 개인이 소장하고 있던 서적들을 불태우거나 도서관에 기증하도록 강요받게 된다. 세익스피어, 톨스토이, 도스토에프스키, 고리키 등 문학서적들은 물론이고 희랍철학, 중국철학, 독일고전철학 등의 서적들이 이 시기에 모두 불태워졌다.

마르크스 관련 서적도 이 무렵부터 개인소장이 금지되고 도서관에서만 열람이 가능하게 되었는데, 열람을 원하는 학자들은 왜 마르크스를 공부하려고 하는지 사유서를 쓰고 책을 빌려 보아야 했다. 마르크스의 변증법적 유물론과 유물변증법이 이 무렵부터 북한에서 사라졌고 북한에는 김일성의 유일사상체계만 남게 되었다. 대대적인 인텔리 제거작업과 '도서정리사업'이라는 명목으로 행해진 북한판 문화혁명은 김정일이 공식 후계자로 선포되는 1974년까지 진행되었다.

북한 교과서에 이순신, 을지문덕, 세종대왕 등이 사라지게 되는 것도 이 무렵이다. 다른 역사서적에 남아 있다 해도 이들은 김일성보다 못한 인물로 기록되었다. 역사상 위대한 인물의 자리에 김일성이 들어서고 김정일이 집권한 이후에는 김정숙과 김정일이 '위대한 백두산 3대 장군'으로 추가된다. 북한판 문화혁명으로 불리는 5·25교시는 문학·철학뿐만 아니라 음악·미술·과학기술에까지 파급되었다. 외국음악은 소련 음악까지 금지되었고,

고전악보는 모두 불태워졌다. 미술관의 석고상은 비너스건 베토벤이건 모두 파괴되었고, 서양화도 모두 찢겨졌고, 서양화를 그리던 화가들은 지방으로 추방되어 농사꾼이 되었다.

【세습체제구축기(1970년 11월~1980년 10월)】 사회불평등구조는 1970년대 초에 김정일 후계체계가 태동해서 1980년 공식화될 때까지의 기간으로, 1960년대 중반 김일성 유일체계가 공고화되기 시작한 이래 김일성 우상화가 체계적으로 행해지는 가운데 김정일이 지도자로 부상하는 시기이다.

김정일은 주민들의 동요를 효과적으로 차단하고 복종을 제도화하기 위한 우상화 행동강령인 '당의 유일사상체계확립을 위한 10대원칙'을 제정하고 전국의 모든 당·정·군의 사무소, 협동농장이나 공장, 학교 등 40여 만 군데에 '김일성혁명사상학습실'을 만들어 놓고 참배하도록 했다.

10대원칙이란 모든 당원들이 "김일성의 사상으로 무장하고 김일성이 숨쉬고 말하는 대로 숨쉬고 말하는 것"을 생활과 사업의 지침으로 삼는다는 것이었다. 이로부터 김일성의 혁명역사도 다시 쓰여졌고, 김일성혁명역사연구실이 북한 전역에 만들어졌으며 곳곳에 김일성 동상이 세워졌다. 이 10대원칙 가운데 핵심은 제10항이었다.

김정일은 제10항을 설명하면서 "수령의 영도 아래 당중앙의 유일지도체제를 견고히 하여야 한다"는 것과 "당중앙의 유일적 지도체제와 반하는 사소한 현상과 요소도 묵과하지 않고 비타협적으로 투쟁하여야 한다"는 것, "당중앙의 권위를 모든 방법으로 보장하고 당중앙을 몸으로 지켜 내야 한다"는 것 등을 강조했다. 결국 김정일이 10대원칙을 제기한 것은 그가 후계자로서 북한의 공식 이념해석권을 장악했음을 의미했다.

북한은 1970년대 들어 수령 김일성과 그 후계자 김정일의 말 한 마디가 헌법보다 훨씬 우위에 서는 '수령제 국가'가 되었다. 북한은 처음 내외의 도전과 난관을 돌파하기 위한 방안으로 지도자와 당, 그리고 주민의 정치적 통일을 강조해 왔다. 그러나 점차 김일성 개인숭배와 맞물려 유일사상체계와 수령의 신격화로 발전했다. 김정일이 후계자로 결정된 뒤 유일사상체계는 더욱 극단화되었으며, 수령에 대한 신격화는 수령에 대한 절대성과 무조건적인 충성을 요구하는 '혁명적 수령관', '주체의 수령관'으로 발전했다.

북한 당국은 1970년대 초 종전의 주민성분분류를 확대한 '3계층 51개 부류'라는 새로운 주민성분분류사업을 실시하고 이에 근거해 주민들의 의식주 생활은 물론 진학, 직장선택 등에 있어 차별대우를 실시함으로써 자기가 속한 계층에 대한 순종과 아울러 상위계층으로의 이동을 위한 충성심 고양을 요구하고 주민들의 노력극대화를 도모했다.

이러한 계급노선은 종래의 경우 중앙당에서 집중지도했던 것과 달리 사상혁명을 주축으로 하는 3대혁명소조운동을 통해 관철시켜 나갔다. 여기서 주목할 것은 3대혁명소조원이 주로 청년인텔리층이었다는 것(약 90%), 그리고 사상혁명의 주대상이 적대계층, 노동자·농민뿐만 아니라 구세대 당료 및 간부들에게도 겨냥되어 있었다는 점이다. 한 마디로 김정일 후계체계 공고화를 위한 3대혁명소조운동의 진전에 따라 계급정책의 방향이 정해졌으며 이 과정을 통해 1970년대 북한 사회 불평등구조도 심화되어 갔다.

사회주의 신계급론의 입장에서 보면 북한의 계급정책은 계급투쟁적 성격이 특히 강하게 나타난다. 계급투쟁은 두 방향으로 전개되었는데 하나는 과거의 지배계급을 청산하기 위한 투쟁을 계속하는 것이고, 다른 하나는 영도계급인 노동계급의 사상변질을 막기 위해 노동계급을 대상으로 지속적인 통제를 실시하는 것이었다. 여기에는 물리적 통제와 아울러 인간개조, 사상개조사업이 포함된다. 북한 당국은 이에 계급노선과 군중노선의 균형을 유지해 나갔다. 군중노선이 가능한 한 많은 사람들을 포섭하여 사회정치적으로 동원하는 전략이라면, 계급노선은 그러한 사회통합에 적대적인 사람들을 통제하거나 감시하는 전략이다. 이 두 가지를 적절히 혼합하여 적용하는 것이 북한 사회통합정책의 기본방향이다.

1970년대 중반에는 대대적인 주민재등록사업도 벌였다. 이 과정에서 '주민대열정비'란 명목으로 독재대상·복잡계층 가운데 부농출신, 적기관 가담자, 만행자 가족, 일제 복무자 및 성분·경력이 밝혀지지 않은 자들을 색출해 특수지역에 수용했다. 북한에서 적대계층의 부분적인 집단이주와 정치범의 수용소 이주는 한 해도 거르지 않고 계속되었다. 그 가운데 1970년대 들어 행해졌던 대규모 주민이동이 바로 판문점 도끼만행으로 인해 발생한 휴전선 인근 강원도, 황해도 주민과 평양지역 성분불량계층 주민 25만 명의 함경도 이주였다.

판문점사건이 나자 북한은 국가동원령을 내려 평양과 황해도, 강원도 등 휴전선 인근지역 주민들을 강제 이주시키기 시작했다. 전쟁발발에 대비해 평양과 휴전선 근처에 거주하는 성분불량계층을 함경도 지역으로 이주시키는 소개작업을 국가보위부 주도하에 실행했던 것이다. 이 작업은 무지막지하게 진행되었다. 8월 말부터 11월 중순까지 평양에서만 약 25만 명의 주민이 다른 지역으로 옮겨 갔다. 황해도, 강원도 휴전선 인근의 성분불량자, 노약자들을 8천 세대나 솎아 냈다. 보위부원들이 소개장을 전달하며 1시까지 짐을 싸라고 지시한 뒤 옆집도 모르게 감쪽같이 소개작업을 진행했다. 이 작업은 '자고 나면 없어질' 정도로 감쪽같이 이루어졌던 것이다.

북한에서 사상혁명·기술혁명·문화혁명에 대한 필요성이 처음 제기된 것은 1960년대 초부터였으나 3대혁명이라는 용어로 통칭되기 시작한 것은 1973년 9월 당중앙위원회 제5기 7차 전원회의 이후부터였다. 3대혁명에 대해 김일성은 "우리가 하는 사상혁명은 결함있는 사람 자체를 반대하고 목을 떼는 투쟁이 아니라 낡은 사상을 뿌리빼고 사람들을 혁명화·노동계급화하기 위한 투쟁이며, 기술혁명은 낡은 기술을 새 기술로 바꾸고 손노동을 기계 화·반자동화·자동화하기 위한 투쟁이고, 문화혁명은 근로자들의 문화기술수준을 높이며 생산문화와 생활문화를 세우기 위한 투쟁"이라고 설명하면서 이러한 3대혁명은 "사회주의 제도가 선 다음 노동계급의 당이 수행하여야 할 계속혁명의 과업"이라고 성격을 규정했다.

3대혁명소조는 초기 지도소조라는 이름으로 당핵심과 대학생들로 구성되어 공장·기업소·협동농장에 파견되었다. 시간이 경과함에 따라 소조원도 당핵심과 대학생에서 점차 확대되어 "당일꾼, 경제기관 일꾼들, 대학생, 대학교원, 공장·기업소의 기술자, 과학자"들로 구성되었으나 약 90%는 청년인텔리(대학졸업생과 대학생)로 구성되었고, 한 소조는 그 규모에 따라 20~30명부터 50명까지로 구성되었다. 파견범위도 경제부문뿐만 아니라 행정기관, 각급 학교에까지 파견되었으며 총인원은 1975년 당시 수만 명에 달한 것으로 밝혀지고 있고, 파견기간도 길게는 2년 이상(농업부문)도 체류하고 있었다.

3대혁명소조운동의 가시적인 목표는 다음과 같았다. 첫째, 청년인텔리를 중심으로 구성되어 있다는 점에서 세대교체를 준비하기 위한 과정으로 볼 수 있다. 김일성은 "대학생들은 우리 당의 유일사상·주체사상으로 튼튼히 무장하였으며, 혁명적 새 세대들이기 때문에 이들을 동원"했으며, "당중앙위원회는 대학생들에게 당의 근위대, 친위대의 영예로운 칭호를 주어 파견"했다고 했지만, 소조원들을 현지에서의 훈련과 투쟁을 통해 차기 간부로 양성하는 데 또 다른 목적이 있었다. 실제로 젊은 세대인 3대혁명 소조원들은 노세대의 일선후퇴를 주장하는가 하면 노세대는 젊은 세대의 미숙함을 들어 이들을 제지하려고 했다. 초기의 3대혁명소조 세대들은 지금 북한의 주요 계층을 형성하고 있고 김정일의 전위대에서 집권세력의 중추로 커 나갔다.

둘째, 기존의 당조직을 통하지 않고 별도 조직을 구성해 중앙에서 직접 파견했다는 것은 당원을 포함한 전 주민을 투쟁대상으로 삼고 있다는 것이며, 김일성의 교시나 김정일의 지시 또는 친필과업을 침투시키고 지시내용의 이행 여부를 감독하라는 것이다. 따라서 반김일성적 요소의 완전 제거를 목표로 했다고 할 수 있다.

셋째, '3대혁명소조'정책의 필연성과 김일성의 독창성을 강조하면서 그 성과를 '당중앙(黨中央)'이란 용어와 결부시켜 부각시키고 있다는 점에서 후계체계와 연결해 볼 수 있다. 예컨대, "영광스러운 당중앙은 위대한 수령 김일성 동지께서 그 발달을 열어놓으시고 이끄시는 3대혁명소조운동을 더욱 힘 있게 벌려 나가기 위해 혁명적인 지도를 하고 있다"라는 등 당중앙이라는 표현이 계속 사용되고 있는 것이다. 3대혁명소조운동은 가시적으로만 보면 낡은 사고, 진부한 자세와 낙후된 기술을 개선하고자 하는 목표를 지니고 있었지만 후계체계문제와 결부시켜 보면 김정일 권력공고화를 위한 수단적인 존재로서 그 전위대였다고 할 수 있었다.

1972년 후반부터 1973년 후반까지 실시한 '주민재등록사업'으로 당원 약 30만 명을 당에서 추방하는 숙청을 감행하는 등 김정일을 후계자로 내세우기 위한 사전 정지작업을 벌였다. 1973년 9월 당중앙위원회 제5기 7차 전원회의에서 김정일이 후계자로 내정되고, 조직 및 선전담당 비서의 실권을 잡게 됨에 따라 자기의 권력행사에 방해가 된다고 인정되는 자는 과거의 공적과 지위고하를 막론하고 무자비하게 숙청했다.

김정일이 조직 및 선전선동담당 비서가 된 후 1973년 말까지는 주로 일반당원과 시·군당의 간부도태작업, 1974년에는 도급간부와 경제기관의 당 및 관리책임자를, 1975년부터는 중앙당 간부와 군부에 손을 대기 시작해 대체로 1976년까지 모든 기관과 기구를 자신의 지지세력으로 개편했다. 물론 김일성의 비호하에 3대혁명소조를 전위대로 하여 김정일의 직접 지휘하에 대대적인 숙청이 이루어졌다.

그 당시 약 30만 명의 당원이 당적을 잃게 되었고 단위책임자 약 50만 명의 이동이 있었던 것으로 알려지고 있다. 그 대신 20대와 30대 초반의 젊은 신입당원 약 60만 명이 새로 들어와 1976년 말 현재 노동당 당원수 200만 명 가운데 65% 가량이 35세 미만의 김정일 지지세력으로 충원되었다. 당에서 추방되고 직책에서 밀려난 자들은 40세 이상, 1960년도 이전 대학졸업자, 주로 함경도 출신자들이며 이는 김정일이 집권하게 될 때 그들이 쉽게 맹종하지 않을 것으로 보았기 때문이었다.

【수령절대주의하 권력분점기(1980~1994년 7월)】 사회불평등구조는 1980년 10월 조선노동당 제6차 전당대회에서 김정일이 실질적인 통치자로 옹립된 이후부터 1994년 김일성 사망시까지 북한에서 발생한 사회불평등구조를 살펴보았다.

사회적으로 1980년대는 김일성이 수령으로서 신적 권위를 확보하고 있었던 시기로 북한 사회가 김일성주의로 일색화되어 있었고, 김정일이 실질적인 통치자로서 그의 역할이 대폭 신장되면서 그의 지위가 헌법개정을 통해 확립되어 갔던 기간이다. 이 시기에 북한 당국은 체제위기를 극복하기 위해 핵심계층에게는 많은 시혜를 주고 이탈이나 저항의 조짐을 보일 수 있는 계층에 대해서는 가혹한 탄압을 가하는 등 통합과 배제의 대상에 대한 극단적인 불평등이 행해졌던 시기였다.

북한의 정치체제는 과거에 존재했거나 현존하는 다른 사회주의 국가들과 구별되는 독특한 특성을 지니고 있다. 북한은 다른 공산국가에서 채택하고 있는 우상화 배격이나 당적 통치의 관행을 벗어난 최고권력자의 자의적인 통치가 행해지고 있다. 특히, 김일성 유일체계를 구축한 이래 1980년대 북한은 김정일 후계구도와 아울러 우상화가 극에 달해 김일성은 신적 권위를 확보하고 수령제라는 독특한 정치체제를 구축하게 된다.

해방당시 북한은 왕조시대에 보였던 강력한 중앙집권제, 권위주의적 통치방식, 관료제의 경직성, 관존민비 관념 등이 상당부분 상존해 있었으며, 이후 사회주의 체제에서도 유교적인 정치적 전통은 상존해 왔다. 중앙집권적 권위주의 체제는 상대적으로 낮은 조직수준을 발판으로 정치권력의 개인숭배나 우상화로 쉽게 전이될 수 있었다.

북한 체제의 이러한 모습은 치자(治者)와 피치자, 즉 당과 인민대중 간의 가부장적 의존관계 설정을 통해 정통화되고 있다. 가부장적 권력관계에서 치자와 피치자의 관계는 전자가 후자를 친권적으로 후견하는 관계로 되어 있다. 북한 정치의 속성상 인치성이 어떤 정치체제보다도 두드러져, 노동당보다 수령이 더 강조되고 있다. 전제적 왕조체제에서 연유된 북한의 지배체제는 가부장적 속성을 지니고 주체사상과 연결되면서 수령제로 발전되어 갔다.

수령제란 어버이인 수령을 존경하고 흠모하며 그에게 충성을 바치는 정치제도이며, 수령이 인민대중에게 정치적 생명을 부여하고 그것을 육성해 주기 때문에 수령과 인민 사이에는 한 가지 피와 사상이 관통하는 이른바 수령-당-인민대중의 유기체적 영도체계를 구성하는 권력구조를 나타낸다. 이런 맥락에서 보면 수령제란 최고지도자에 대한 개인숭배, 봉건적인 지배-피지배의 권위관계를 형성하여 수령의 유일적 영도를 구현하며, 이를 위해 체제 내적으로 통치 이데올로기를 재생산하는 권력구조라고 할 수 있다.

수령제하에서는 최고지도자인 수령에게 전체 사회구성원이 의탁해야 하고 수령과 인민 사이에는 전통적인 지배관계가 형성된다. 이데올로기나 선전선동의 모든 수단이 동원되어 수령과 인민 사이에는 사랑과 의리, 충성, 온정과 효행, 즉 은혜와 보답의 교환관계가 성립되게 된다. 따라서 수령제에서 가장 중시되는 것은 민주적이고 합리적인 인간관계가 아닌 수령의 탁월한 영도에 보답하는 정(情)과 효(孝)의 논리가 되는 것이다.

이러한 체제에서 수령은 신과 같은 무오류의 존재로 인식되기 때문에 체제가 종교국가의 양상을 띠게 되었던 것이며 수령은 신성(神性)을 갖지 않으면 안 되었다. 수령의 신격화와 신화화는 필수적이었으며 의식과 제전이 수반되었고 김일성은 절대권력자로 신격화되었다. 따라서 수령은 전 사회생활에서 중심이자 핵, 뿌리로서 개개인의 관계나 행동양식을 규정하게 되었고 사회 전체는 수령으로 직결되는 구조로 변화되었다.

북한은 1967년 당 제4기 15차 전원회의부터 지도자론을 내세우면서 후계체계를 언급하기 시작한다. 지도자가 갖추어야 할 조건 등을 내세운 것이 지도자론인데, 여기에서는 혁명계승론, 세대교체론, 혈통계승론, 역사적 준비단계론, 김일성 화신론을 주장한다. 첫째, 혁명계승론이란 수령이 개척한 혁명위업은 한 세대에서 끝나는 것이 아니라 대를 이어 계승해 나가야 완수될 수 있는 역사적 위업이라는 논거이다.

둘째, 세대교체론에 의하면 후계자는 수령과 같은 세대에서 나오는 것이 아니라, 새로운 세대에서 나와야 하며 수령의 후계자는 새 세대를 대표하는 인물이어야 한다는 것이다.

셋째, 혈통계승론이란 수령의 핏줄을 이어받은 자가 후계자가 되어야 한다는 논리로 수령의 혈통을 계승하는 후계자라야 인민대중과 혼연일체를 이루게 된다는 것이다.

넷째, 역사적 준비단계론이란 수령의 후계자는 수령이 지니고 있는 사상과 논리, 영도예법을 배우고 이어받을 역사적 준비기간이 필요하다는 논리이다.

다섯째, 김일성 화신론은 김정일 동지는 수령의 혁명사상, 불멸의 주체사상과 탁월한 영도예술, 고매한 공산주의적 덕성을 체현하고 있다고 강조하면서 김정일을 김일성의 화신으로 미화하고 있다.

한 국가는 사회의 전 부문이 각자 독립된 역할범주 속에서 상호작용하면서 합리적으로 운영되어 가는 게 원칙이고, 한 영역의 지나친 독주는 다른 영역의 역할축소를 가져와 사회의 기형화를 초래한다. 북한의 경우 정치영역, 특히 최고권력자의 무제한적 권한행사로 인해 다른 영역이 심하게 축소되어 있다. 정책선택과 집행의 합리성이 전제되지 않는 사회에서는 효율성만 중시되기 때문에 명령을 하달하는 자와 시킴을 당하는 자 사이에 극심한 불평등의식이 생겨나고 심화될 수밖에 없다. 따라서 수령제하에서 북한의 사회불평등현상은 더욱 구조화되고 심화되어 갈 수밖에 없었다.

사회주의 국가들은 종교를 아편에 비유하면서 종교의 자유를 금지시켜 왔다. 구소련의 스탈린체제나 중국의 마오쩌둥체제, 동구권 여러 국가에서도 종교의 자유는 금지되었는데 이는 종교활동의 이면에 절대 자유에 대한 동경과 갈망이 전제되어 있기 때문이었다. 북한 당국도 소련군 점령하 사회주의가 이식되는 과정에서 전 종교를 금지하고 승려나 신부, 목사 등 성직자들을 적대계층으로 분류하고 종교단체 소유의 토지와 건물을 모두 압류했으며, 한국전쟁 과정에서 수많은 종교인들을 처형하고 살해하는 등 매우 엄혹한 종교탄압을 실시했다. 그러나 북한 사회는 1970년대를 거쳐 1980년대로 접어들면서 김일성 우상화가 그 도를 더해 가고 주체사상이 각종 총화제도의 중심 의제로 자리잡게 되면서 총화의 진행과정이 기독교의 예배절차와 매우 유사한 모습을 보이면서 국가 전체가 유사 종교집단화되어 갔다.

북한은 기독교의 예배당과 같은 '김일성혁명사상학습실'을 갖추고 그

안에서 각종 총화라는 이름으로 모임과 학습 등 예배의식을 행한다. 김일성 혁명사상학습실은 김일성의 혁명사상과 주체사상, 높은 덕성을 배우기 위한 곳이라고 한다. 혁명사상학습실은 “북한 전 지역의 당 및 국가기관, 공장, 기업소, 협동농장들과 교육문화, 과학기관, 인민군 부대 및 경비대” 등 인민 생활의 전 부문 약 40만 곳에 걸쳐 갖추어져 있는 것으로 추정되고 있다. 이 곳에서는 학습활동 이외에 각종 선서모임과 충성의 편지전달모임 등의 여러 행사를 진행한다. 이 곳은 일상적이고 세속적인 장소와 구별되는 엄숙하고 성스러운 장소로 김일성과 깊은 관계를 맺고 있다고 믿어지기 때문에 주체사상의 성소로 간주된다.

기독교 특히 개신교가 주일예배를 비롯하여 수요예배, 새벽기도회, 철야기도회, 토요집회, 금요구역예배, 가정예배 등 일주일 주기의 모임과 집회를 갖는 것처럼 북한에서도 일주일을 단위로 여러 종류의 모임과 학습을 진행한다. 주간 생활총화, 수요강연회, 아침독보회, 월요학습침투를 비롯하여 인민반 학습, 철야작업, 새벽참배 등의 집회를 유지하고 있으며 체계적인 학습을 통해 신앙을 유지하고 있다. 그 가운데 토요일에 직장 각 조직단위에서 실시하는 생활총화는 일종의 자기반성적 종교집회로 매우 중요한 종교의식이다.

생활총화는 공장과 기업소, 학교, 군대 등 북한의 모든 기관과 단체가 소년단, 청년동맹, 직업동맹, 농업근로자동맹, 여성동맹, 당원 등 조직별로 나뉘어 전국적으로 진행된다. 생활총화는 초급단체단위로 실시하는 것이 기본이며 일반노동자들의 경우 기업소나 직장의 작업반별로 실시한다. 총화는 주기에 따라 일일총화, 주간총화, 월간총화, 분기총화, 연간총화 등으로 구분된다. 총화시 김일성 부자의 교시와 말씀을 먼저 인용하고 나서 자신의 생활을 비판하는 것은 기독교에서 설교를 하거나 신앙교육을 할 때 먼저 성경을 인용하고 그것을 기준으로 실생활을 분석하거나 점검해 나가는 방식과 같다. 또한 자아비판은 기독교의 예배에서 하나님께 자신의 잘못을 회개하고 결심하는 기도의 행위에 해당하는 것으로 북한 사회의 종교성을 유지하는 골간이며, 북한 체제를 다른 사회주의 체제와 구별되게 하는 중요한 요인이다.

1980년대 북한 사회가 고도의 정치사회적 통합을 이루고 있었던 이면에는 이데올로기적 통제를 통한 정치사회화와 가혹한 주민격리정책이 있었다. 이 시기는 배제계층에 대한 물리적 통제가 극에 달해 주민들의 차별과 격리가 매우 극단적으로 이루어진 시기였다. 공산주의적 사회통제는 자유민주주의는 물론 전체주의와도 다른 철저한 통제를 특징으로 한다.

북한은 김일성체제에 저항하는 정치범들을 반혁명분자로 몰아 처형하거나 산간오지로 추방하다가 1966년 4월부터는 특정 지역에 수용소를 만들어 집단수용해 오고 있다. 북한 당국은 세습체계를 보다 확고히 하기 위해 특별독재대상구역이라는 정치범수용소를 설치하고 위험분자로 판단되는 사람들을 수용해 왔는데, 1990년까지 15만 2,000명의 사상범이 12개 수용소에 분산 수용되어 있었던 것으로 밝혀지고 있다.

특별독재대상구역에 수용된 사람은 적대계층 가운데 반김일성주의·반당종파분자, 지주, 친일파, 반혁명적인 종교인과 그 가족들이다. 특히, 수용인원의 상당수는 노동당 간부로 있다가 밀려난 자들의 가족이다. 특히, 1970년대에 들어와서는 김일성 부자세습체제 구축과정에서 희생된 정치범들이 급증하여 수용인원의 주류를 이루고 있으며, 3대혁명소조에 의해 반당·관료주의자로 지탄을 받고 국가안전보위부나 법무생활지도위원회의 판정으로 숙청된 당원과 그 가족들도 많이 있다. 일본에서 간 북송동포 가운데 북한 체제를 비판한 자들도 반혁명분자로 몰려 상당수 수용되고 있는 실정이다.

북한에서 물리적 억압기구로 중요한 기능을 하는 것이 '통제구역'으로 알려져 있는 정치범수용소이다. 북한 당국은 정치범수용소를 대외적으로 위장하기 위해 '○○호 관리소'라는 명칭으로 부르고 있으나, 북한 주민들은 대체로 '특별독재대상구역', '정치범집단수용소', '유배소', '종파굴', '이주구역' 등으로 부르고 있다.

초창기에는 수용소 면적이 한국의 면단위에 해당하는 1개 리 정도에 그쳤으나 1973년 김정일 후계체계 구축을 위한 3대혁명소조 활동이 시작되면서 수용소와 수용인원이 기하급수적으로 늘어났다. 이어 1980년 노동당 6차 당대회를 통해 김정일이 당권을 장악한 이후 세습체계에 반대해 온 당·군·정 간부들을 숙청하는 과정에서 특별독재대상구역이 최소 4곳 이상 더 늘어났고, 1982년에는 8개 정치범수용소에 약 10만 명이 넘는 인원이 수용되어 사회와 격리된 채 종신 강제노역에 시달리게 되었다. 그 이후 1980년대 말 동유럽 붕괴로 인한 개혁바람이 북한으로 밀려들어오는 것을 막기 위해 내부통제를 강화하면서 특별독재대상구역은 더 늘어났으며 수용인원도 20여만 명에 달하게 되었다.

새터민들의 증언에 의하면 정치범수용소는 두 종류가 있는데 하나는 '완전통제구역'이고, 다른 하나는 '혁명화 구역'이다. 완전통제구역은 종신수용소로서 여기에 한 번 수용되면 다시는 일반사회로 돌아갈 수 없다. 수용자는 광산, 벌목장 등에서 강제노동에 시달리다 수용소 내에서 죽게 된다. 따라서 완전통제구역 수용자들에게는 사상교육을 시키지 않고 채광 및 영농기술 등 생산에 필요한 지식만을 교육시킨다고 한다. 혁명화 구역은 '가족구역'과 '독신자구역'으로 구분되는데 여기에 수감되는 정치사상범은 일정기간(1년에서 10년) 경과 후 심사결과에 따라 출소가 가능하다. 출소시에는 수용소 내의 생활상을 일체 누설하지 않겠다는 서약서를 쓰고 나오는데 이를 위반하면 재수감된다.

많은 수용자들은 열악한 환경에서의 영양실조와 극심한 육체노동으로 인해 폐렴, 결핵 및 펠라그라 등의 질병에 걸려 시달리고 있으나 모두 예외없이 작업장에 동원되고 있다. 작업반장이 더 이상 일을 시킬 수 없다고 판정하는 수용자들은 중환자가 수감되는 요양소로 보내지는데, 이들을 치료해 줄 의사나 약이 없기 때문에 격리수용되어 방치되는 경우가 일반적이다. 이들은 노예와 다를 바 없으며 그 곳에는 인권이나 자유는 전혀 없으며 일을 시키는 자와 시킴을 당하는 자 사이에 엄청난 차별과 불평등이 있을 뿐이다.

【김정일 정권하(1994년 7월~2006년 현재)】 사회불평등구조는 50년 동안 북한을 통치해 온 절대권력자 김일성의 사망부터 현재에 이르기까지 김정일 정권에서 발생한 사회불평등구조를 분석했다.

사회주의권 국가들의 자본주의로의 체제전환은 북한에게 엄청난 충격을 주었다. 사회주의 형제국으로서 우호가격으로 석유를 제공하던 러시아는 경화결제를 요구하면서 1991년부터 송유관을 잠가버렸고, 중국도 경화결제를 요구하면서 북한은 에너지 위기를 맞았고, 에너지 위기는 공장가동률을 30% 이하로 떨어뜨려 막대한 생산차질을 초래하게 되었다. 게다가 1995년부터 3년에 걸친 대홍수 등 극심한 자연재해는 주민들을 수백만 명씩 아사시키면서 '고난의 대행군'이라는 엄혹한 시련의 한 가운데로 내몰게 되었다.

북한 당국도 경제위기의 심각성을 인정하고 '고난의 대행군이라는 기치하에 주민들을 독려해 왔으나, 1990년대 중반 북한에서 일어난 사태는 질서 있는 '행군'이라기보다는 주민 각자의 생존을 위한 투쟁이었다. 1990년대 초반 이후 북한에서 일어난 현상은, 식량의 총량부족으로 인해 기존의 분업체계가 와해되면서 일반주민들이 스스로 먹는 문제를 찾아 해결해야 하는 각개약진 과정이었다고 할 수 있다.

1995년에 북한 당국은 전 계층에 대한 배급량을 줄이되 정권유지에 절대적으로 필요한 군인, 당·정간부와 평양 거주자 등 특수계층의 배급량은 확보된 국내생산량을 통해 우선적으로 해결하고, 일반주민에 대해서는 배급을 포기하고 외부지원을 통해 보충하는 것을 기본정책으로 정했다. 식량상황이 악화되면서 북한은 심각한 고통에 직면했다. 식량배급이 끊기면서 자강도 일부 오지에서부터 아사자가 생겨났고, 북한 전역으로 확대되어 나갔다. 북한과 중국 국경지대에는 식량을 구하기 위해 30여만 명의 북한 주민이 몰려들기도 했다.

북한 식량난의 최대 피해자는 병약한 노인과 어린아이들이었다. 영양실조로, 질병으로 수많은 사람들이 희생되었다. 불교 우리민족서로돕기운동본부는 북한이 겪고 있는 어려움을 "20세기 말 비극 가운데 최대의 참사"라고까지 표현했다. 북한 당국은 22만 명이 굶어 죽었다고 공식 발표했고, 황장엽을 비롯한 새터민들은 300만 명 가까이 굶어 죽었다고 언급하기도 했지만 그 실상이 정확히 파악되지는 않고 있다. 한국의 통계청에서는 1995~1998년에 대략 27만 명이 기아로 숨진 것으로 평가했다.

1990년대 중반의 극심한 경제위기는 북한 당국과 주민들로 하여금 각자가 생존하는 방법을 새롭게 인식시켜 주었다. 간부들은 각종 부패와 연루되면서 돈을 모아 상류층의 생활을 누리게 된 반면, 일반주민들은 기아선상에서 사회일탈행위를 통해 생존을 모색해 나갔다. 이 과정에서 북한 사회는 경제력 격차에 기반을 둔 새로운 사회불평등구조가 생겨나 심화되어 갔다.

북한에서는 1980년대 중반 이후 각종 범죄가 급증하고 있는 것으로 알려지고 있다. 이 가운데 가장 두드러진 것이 절도와 같은 경제사범의 증가였다. 생필품 절도는 일상적으로 일어나고 있으며 절도한 물건을 전문적으로 거래하는 장물아비도 출현했다고 한다. 장마당에서의 암거래가 급증한 것도 1990년대 중반 이후 최근의 현상이다. 비누·치약·담배·신발 등 생필품이나 고춧가루·술·도토리묵 등 기초식품도 암거래되고 있다고 한다. 개인 차원을 넘어 집단수준의 절도도 증가하고 있는데 경제난으로 인해 식량배급 중단이 장기화되자 군인과 주민들은 식량운반차들을 위협하여 식량을 탈취하는 경우도 있다는 것이다.

일반절도사건뿐만 아니라 당·정·군 등 국가기관의 부패사범도 증가하고 있으며, 탈북자 대부분이 김정일시대에 부패가 더 심해졌다고 증언하고 있다. 뇌물공여와 수수로 대표되는 부정부패사범은 광범위하게 확산되어 있는데, 직장배치, 교육회피 등 일상적인 이해관계를 미끼로 담당자와의 뇌물거래가 이루어지고 있다고 한다. 뇌물공여는 통제기관인 국가안전보위부, 인민보안성의 요원들에게도 이루어지고 있으며, 심지어는 군인들도 돈을 모으는 데 열중하고 있다고 한다.

범죄와 일탈행위의 조직화도 두드러지고 있다. 과거의 깡패조직보다 조금 더 조직화된 폭력조직도 존재하고 있는데, 함북 회령시의 경우 '길동이' 등 보스의 이름을 딴 폭력조직이 조직원 100여 명을 거느리고 이권에 개입하고 장사꾼의 신변을 보호해 주는 형태로 조직을 운영하고 있다고 한다. 이들은 보위부나 인민보안성과도 결탁하여 일정한 보호를 받고 있다고 한다.

경제난이 심화되면서 북한의 최빈층으로서 국경지역 탈북자 유민집단과 꽃제비가 등장했다. 탈북자는 현재 20만 명에 이르는 것으로 추정되고 있다. 이들 가운데 대부분은 식량을 구하러 국경을 넘었다가 다시 북한으로 되돌아가고 있지만, 북한 당국의 감시와 처벌이 심해지면서, 탈북에 성공하면 다시는 북한으로 돌아가지 않으려는 경향이 높아지고 있다. 꽃제비는 구걸생활을 통해 생계를 유지하는 북한 청소년을 말하는데, 이들은 극심한 경제난으로 인해 가족의 일부가 굶어 죽거나, 가족해체가 일어나 스스로 생존을 위해 가출함으로써 발생한다.

유민집단이나 꽃제비의 경우 현재 상태가 지속되면 북한 내에서 사회불만세력으로 등장할 것으로 예측된다. 특히, 이들이 북한에서 본격적으로 발생하고 있는 폭력조직과 연계된다면 북한판 마피아의 등장가능성도 있다. 이와 관련해 평양시를 비롯한 지방도시에도 상당수의 폭력조직이 활동하고 있으며, 북한 전체에 적어도 100여 개 조직이 있으며 조직원은 3,000명을 넘는 것으로 알려지고 있다. 그리고 사회일탈이 증가하고 이에 대한 반작용으로서의 주민통제가 강화되면서 정치범은 물론 경제사범, 강력사범, 인신피해사범이 급증하고 있다.

적대계층의 증대는 북한의 사회갈등이 어떤 계기만 주어지면 현재화될 가능성이 높아짐을 의미한다. 핵심계층이나 기본계층들은 현재의 생활을 유지하기 위해 체제에 대한 불만을 직접적으로 드러내지는 못하지만, 적대계층들은 더 이상 잃을 것이 없다는 생각에서 체제에 대한 저항을 시도하게 된다. 그 사례로 "1998년 9월 회령시 전거리 교화소에서는 죄수들이 난동을 일으키고, 그 과정에서 400명이 넘는 죄수들이 사살되었다"고 한다.

북한 사회의 심각한 균열조짐은 북한 주민들이 간부와 비간부의 관계를 이조시대의 양반·상놈의 구도로 인식하고 있다는 점이다. 북한 사람들은 최근 들어 양반과 상놈, 잘 사는 사람과 못 사는 사람이라는 이분법적 표현을 많이 쓴다고 한다. 북한 주민들은 "네 놈들은 양반이고 우리는 상놈이다"라고 적대시한다고 한다. 그런 의미에서 북한은 신분사회이다. 북한에서 "제비는 제비끼리, 까치는 까치끼리 논다"는 속담이 유행한다고 한다.

경제난이 악화됨에 따라 북한 여성들이 과도한 노동부담에 시달리고 있으며, 특히 식량문제 해결과 관련한 노동의 양이 크게 증가했다고 한다. 가족부양을 떠맡은 여성들은 식량을 구하기 위해, 또는 장사를 하기 위해 장거리를 오랫동안 걸으며, 대체식품 마련을 위해 산과 들에 나가 산나물, 풀뿌리, 나무껍질 등을 채취하며, 산비탈을 개간하여 뙈기밭을 만들어 농작물을 경작한다는 것이다.

이와 동시에 경제난으로 실직하여 가정으로 돌아온 기혼여성들은 가사노동 외에도 인민반에서 조직하는 각종 무보수노동(위생청결, 협동농장 지원 등)에 무조건 동원되었으며, 가정에서 가사 및 양육분담이 이루어지지 않음으로써 과도한 이중노동에 시달리고 있으며 이로 인해 여성들의 삶의 질이 크게 저하되고 있다.

기근으로 인한 북한 여성들의 영양실조가 초래한 심각한 결과는 임신·출산·육아와 관련된 건강악화이다. 북한 여성, 특히 어머니들은 나머지 가족들을 위해 음식을 먹지 않거나, 줄임으로써 영양실조로 인한 건강악화가 보다 심각했던 것으로 알려지고 있다. 북한 이탈여성들에 따르면 대부분의 어머니들은 가족들을 먼저 먹이고, 음식이 남으면 겨우 한 끼를 때우는 정도였으며 4~5일씩 굶는 경우도 드물지 않아 영양실조로 인해 발병하는 펠라그라, 결핵 등으로 사망하는 사례가 많았으며, 특히 할머니들의 사망률이 높았다고 한다.

남존여비의 관념과 가부장적 의식이 팽배해 있는 북한 사회에서 성추행 및 성희롱, 아내구타 등 여성에 대한 성폭력은 일상화된 현상이며 여성들 스스로가 이에 대한 문제의식이 희박한 것으로 알려져 있다. 이러한 실태는 북한 사회에 확산되어 있는 남성위주의 성에 대한 그릇된 통념에서 비롯된 것으로 볼 수 있고 학교 및 사회에서의 성교육 부재에도 원인이 있다고 할 수 있다. 북한 여성에 대한 성폭력은 1990년대 이래 식량난을 겪는 과정에서 보다 심화되었으며, 특히 여성 인신매매와 강간 등의 성폭력사례가 크게 증가한 것으로 알려지고 있다.

성폭력과 관련해서는 인신매매와 성폭행 외에 남편의 아내구타, 곧 가정폭력의 심각성도 제기되고 있다. 가정마다 차이가 있겠지만 남편의 아내구타가 '거의 일상화되어 있으며' 이는 식량난 이후에도 달라지지 않았다고 한다. 북한 이탈여성들에 의하면 주부들이 장사를 통해 식량문제를 해결함에 따라 오히려 남편의 음주와 구타가 심화되는 경향을 보인 가정들이 적지 않으며, 남편의 구타로 인해 부인이 가출하는 경우도 많아졌다고 한다.

북한에서 간부충원은 계층구조와 마찬가지로 동심원 구조를 이루고 있다. 가장 핵심에 김일성 친인척인 신성가족이 있고, 바로 그 주위에 항일빨치산 활동자들의 가족이 있고, 그 주위에 한국전쟁 피해자 가족이 있고, 27%에 해당하는 핵심군중의 가족이 그 주위에 있다. 북한은 간부충원시 가족단위의 성분을 중시하기 때문에 능력보다는 당성이 우선되고 있다.

북한은 장기간 동안 사회가 역동성을 상실하고 정체해 있음으로 인해, 당국이 새로운 자리를 만들어 내지 못하자 간부들 사이에서 제한된 자리를 놓고 무한경쟁하는 치열한 경쟁의 장이 펼쳐지게 되었다. 하급자들은 상급자들에게 복종하면서도 이중성을 보이고 있다. 이 과정에서 고위간부층에서도 갈등이 생겨나 엘리트충원을 둘러싼 사회불평등구조를 심화시키고 재생산해 내고 있다.

관료충원과 관련해 개인 차원의 문제와 조직 차원의 문제, 국가사회적 차원에서 문제가 생기고 있다. 관료 개인 차원의 문제로는 충원통로의 경직화로 능력개발이 제한되고 배타적인 이데올로기적 경직성으로 인해 창의성이 결여되어 있으며, 충원범위를 당성과 성분 위주로 제한한 탓으로 사회적 에너지의 총체적 동원이 불가능하다. 당이 모든 엘리트충원의 요람으로서 당을 통하지 않은 관료엘리트충원이란 상상할 수 없기 때문이다. 북한과 같은 폐쇄사회에서는 당조직을 통한 의도적 충원과 정치적 통제에 의해서만 충원이 가능하므로 그에 따른 많은 문제점이 생겨나고 있다.

관료조직 차원에서는 공산주의적 조직원칙에서 파생되는 역기능적 병폐가 누적되고 있다. 관료주의와 기회주의가 만연하고 사회변동에 따른 적응성과 창의성이 결여되고 있으며 소외계층인 복잡군중이 양산됨으로써 사회적 불만세력이 확대되고 있다고 할 수 있다.

국가사회적 차원에서는 충원의 통합성 또는 계통성, 조직의 경직성, 충원요건의 배타성 등으로 인해 정책의 비융통성과 폭력성향이 유발되고, 사회적 활성도를 약화시켜 통제효율을 격감시킬 뿐만 아니라 체제역량의 발전가능성을 한정하는 결과를 초래하고 있다. 특히, 관료의 충원통로 및 충원요건의 배타성과 관련해 볼 때 공개채용제도나 승진시험제도 없이 일정 수준의 학교졸업이나 수련생 또는 관리자계층에서 당성과 출신성분이라는 토대 위에서 배치라는 형태로 충원되고 있다는 점에 관료충원의 근본적인 문제점이 있다고 할 수 있다.

관료의 행태는 관료 개인의 동기나 욕구와 행정목표 간의 상호연관성 속에서 야기되는 행동양식이라고 할 수 있으며, 그러한 관료의 행태는 관료의 사회화 과정과도 밀접한 관계가 있는데 어떠한 가치관과 의식구조 속에서 사회화 과정을 거쳤느냐와 직결된다. 이런 측면에서 볼 때 북한 관료들의 행태는 권위주의, 연줄주의, 의식주의, 운명주의 등과 결부되어 있다고 할 수 있다.

국가의 상부단위가 관료들에 대한 실적 감독 및 독려, 관료체들 간의 행위를 조정하기 위해 간섭해야 할 필요성은 경제성장전략 때문에 더 커진다. 감당하기 어려운 높은 성장목표는 경제에 여러 종류의 거시·미시적 불균형, 상부의 하부에 대한 증산압력, 하부단위의 자기방어 등을 야기한다.

따라서 관료체제의 실제 운영과정에서 중·하위 관료는 끊임없는 불확실성과 운영상 부조화에 직면한다. 이를 극복하기 위해 중·하위 관료들 간에 그때그때 상황에 따른 즉응적인 담합과 거래, 공모와 조율의 관계가 지속적으로 발생한다. 이러한 관계는 시간이 지남에 따라 자연스럽게 관료제적 연줄관계의 축적과 인간적 의리까지 함축하는 비공식적 후견-피후견 관계로 발전된다. 북한의 경우 산업 간 균형보다는 속도를 강조하는 과정에서 산업 간 우선순위에 따라 심한 불균형이 나타나게 된다.

여러 가지 불균형 중에서도 최하부 생산단위인 공장과 기업소가 직면하는 가장 심각한 문제는 만성적인 자재부족이다. 그 다음은 잦은 설비고장으로서, 과도한 목표달성을 위해 설비를 무리하게 가동시키는 것이 가장 큰 원인이다. 자재부족과 설비고장은 기업소의 생산목표 달성을 위협하고, 기업 내부의 노동과정을 혼란에 빠뜨리며, 기업소 간의 조화로운 협동생산체계를 흐트러 놓는다. 이에 따라 기업소 지배인과 당간부는 행정경제 상급단위와 당계통, 지역단위, 협동생산 연계공장들과 여러 형태의 즉응적 조율과 담합, 경우에 따라 상대편의 매수, 정치적·행정적 압력 등의 방법을 통해서 혼란과 불확실성을 통제하고자 노력하게 된다.

관료체제의 혼란과 부조화를 처리하는 가운데 관료제적 연줄이 활용되고 축적되며, 그에 기초한 후견-피후견 그룹이 발생한다. 이런 후견-피후견 그룹의 특징을 보면 ① 공식 업무를 집행해 가는 과정에서 발생하고, ② 관료체계의 수직적 계선을 따라 중층적으로 형성된다. 즉, 이러한 중층적 후견-피후견 그룹은 업무처리 과정에서 형성되며 상급자를 핵으로 하는 비공식적이고 그 경계가 다소 뚜렷하지 않은 상하급자 혼합그룹이다. 그 내부에서 비동시적·비대칭적·비등가적 호혜, 그리고 인간적 의리와 친목이 공유되고 있다. 이러한 그룹은 공장단위, 행정계선단위, 지역단위, 그리고 관료와 주민 사이에 널리 퍼져 있다.

관료들의 운명주의적 사고행태는 김일성 리더십의 카리스마화·신격화 풍조를 파생시켰고 이에 영향을 준 요인으로서 정책집행 과정에서의 전 인격적 투신봉사형태가 유발되고 또 각종 비현실적·비합리적 관료행태를 양산하는 결과를 가져왔다. 그 결과 북한 관료들의 행태는 김일성 교시와 김정일 지시에는 무조건성의 원칙과 절대성의 원칙이 적용된다는 점을 알고 이를 앞장서서 구현해야 할 '분신'으로서의 충성심 경쟁, 광적 열성, 그러면서도 눈치보아 행동하는 요령주의적 행태가 도사리고 있고, 하층관료제로 내려갈수록 무사안일주의와 책임회피적 행태가 만연해 있고, 또 한편으로는 입신출세를 위한 과잉충성과 내면적인 자기소외성, 관료들의 공격적이고 전투적인 성향 등으로 요약할 수 있다.

2000년 이후 발생한 사회불평등구조와 정치적 함의는 2000년 이후 북한이 한국과 중국 등 국제사회의 적극적인 도움으로 극단적인 경제난으로부터 점차 벗어나는 시기에 발생한 사회불평등구조를 살펴보았다. 이 시기는 극심한 경제난을 타개하기 위해 북한 당국이 허용한 종합시장에서의 장사와 서비스부문의 개인 임대를 통해 발생하는 빈부격차가 새로운 사회불평등의 변수로 등장해 심화되어 가는 시기이기도 하다.

2000년 이후 북한의 사회의식 변화에 가장 큰 영향을 준 요소는 경제난이다. 북한에서 대부분의 생필품은 국가배급체계를 통해 조달되어 왔는데 극심한 경제난으로 인해 식량을 비롯한 주요 생필품 공급이 중단되어 오다가 2002년 7월부터 시작된 '7·1 경제관리개선조치'로 아예 국가배급체계 자체를 포기했다. 그 이후 공급부족으로 인한 엄청난 인플레이션으로 물가가 천정부지로 치솟아 2002년 7월 당시 1달러당 2.2원(북한 원)이던 환율이 2008년 현재 2,800원 정도로 1,000배 이상 치솟은 것으로 알려지고 있다. 북한 노동자 1달 평균급여가 3,000원 정도로 1달러도 채 되지 않는 현실이 펼쳐지고 있으며, 주민들은 여성 등 유휴노동력을 활용한 좌판장사로 생계를 이어가고 있다고 한다.

최근 북한에서는 매우 엄격한 사회통제시스템이 가동되고 있음에도 불구하고 지도부가 통제할 수 없는 사회적 변화가 생겨나고 있다. 북한 주민들의 사회의식은 1980년대 후반 사회주의권 붕괴 이후 급격한 경제침체와 더불어 식량과 생필품이 부족하게 되자, 생필품 확보를 개인 스스로 책임질 수밖에 없다는 인식을 하면서 크게 달라지기 시작했다.

북한의 상층부 권력엘리트들도 위기의식에 사로잡혀 자신감을 상실해 가고 있는데 그들 대부분은 사회주의가 모두 붕괴한 지금 북한 체제도 오래 가지 못하고 남한에 흡수될지도 모른다는 생각을 하고 있다고 한다. 특히, 외부 정보를 많이 가지고 있는 고위층일수록 위기감은 더욱 커 북한 체제에 망조가 들었다고 자조하는 사람들도 많이 있는 것으로 알려지고 있다.

2008년 현재 북한에서는 사회적 동요가 심화되고 있으며 북한 당국은 사회적 불만의 폭발적 잠재성에 대해 우려하고 있다고 한다. 북한의 체제와 김정일 정권이 유지되는 것은 체제의 정당성과 효율성 때문이 아니라 군과 국가안전보위부, 보위사령부, 인민보안성 등 통제시스템을 활용한 감시와 처벌의 두려움 때문이라는 것을 자신들도 알고 있기 때문이다.

김일성 사후 김정일 정권은 군(軍)을 정치 전면에 내세우면서 정권수립 이후 최대의 정치적 시련기를 극복해 가고 있다. 선군정치의 핵심은 당·국가체제의 정상에 국방위원회를 두고 군을 활용해 생산력을 회복하고 사회치안을 유지하는 등 군대가 사회 전 부문을 관리하는 군사국가체제의 운영이다. 이는 당과 군의 병렬적 권력구조에서 군이 앞서고 당이 이를 뒷받침하는 선군후당체제로의 전환으로 군대라는 인력과 명령체계를 가지고 국가를 통제하는 방식이다.

동구권 사회주의의 몰락과정을 지켜 본 김정일로서는 당 자체의 힘만으로 내부의 혼란과 자유화의 확산을 차단하는 데 한계가 있음을 실감했고 그런 면에서 군을 활용한 통치의 필요성을 강하게 느꼈을 것이다. 선군정치는 통치엘리트들에게 체제에 대한 믿음과 확신을 심어 준 반면 주민들에게는 보다 강력한 통치기제로 작용했다. 현재 북한 당국은 군대에 생산목표를 주고 공장과 협동농장 경영을 위임하는 등 군을 경제회복의 전위대로 활용하고 있다.

군을 활용한 사회통제는 지속적으로 확대되고 있다. 1990년대 초반 사회주의권 붕괴로 인한 외부사조의 유입차단, 극심한 식량난 과정에서 빚어진 주민들의 국경이동과 대량 탈북 등 국가기강 해이현상에 적극적으로 대처하고자 군내 비밀경찰조직인 보위사령부에게 일반주민들에 대한 사찰을 허용하고, 기차 내 통행권 검사 등 과거 경찰조직이 맡고 있던 사회통제업무를 담당하게 해 오고 있다. 군은 김정일 정권에 있어 생산증대와 외화벌이를 통한 경제회복의 견인차이자 사회체제 이완을 방지하기 위한 사회통제기구의 하나로서 활용되고 있다.

북한 당국은 주민들의 불만표출과 일탈행위에 대해 감시와 처벌을 강화하는 방법으로 대응해 오고 있다. 1999년 이후 북한 당국은 심화조라고 불리는 사회통제반을 구성해 사회일탈행위에 대한 검거와 처벌의 선풍을 불러일으켰다. 이 사건으로 당·정·군의 간부 2만여 명이 철직을 당하거나 정치범수용소에 수용되었으며 직장에 30분 지각한 사람까지 처벌받는 등 처벌이 자의적으로 행해지자, 김정일은 과잉통제에 대한 책임을 물어 사회안전부장 최문덕을 숙청하고 사회안전부원 6,000명을 징계하면서 사회안전부를 인민보안성으로 이름을 바꾸었다고 한다.

북한은 2004년 형법을 개정하고 같은 해 5월 형사소송법을 개정하는 등 형사법제를 정비했다. 형법은 경제범죄에 관한 조항을 많이 신설했는데 종전의 계획경제시스템에서는 발생하지 않았던 국가의 통제를 벗어난 외환거래, 상업적 거래 등 시장거래에서 비롯되는 불법적 요소들이 주민들의 일상생활에서 빈번하게 발생하거나 발생할 개연성이 높아 이에 대한 형사법적 대처의 필요성이 생겨났다는 것을 알 수 있다.

신설된 법안들에는 외환관리질서위반죄, 불법적인 외화벌이죄 등 불법적인 외화거래를 처벌하는 규정을 신설하고 외국인의 탈세죄, 상표권침해죄, 거간죄, 고리대죄 등 탈세나 불법적 폭리를 처벌하는 규정을 신설하거나 구체화하고 있다. 이는 대외개방으로 인해 외국과의 교역에서 발생하는 범죄유형들로 지금 북한에서는 다양한 형태의 상거래와 경제활동이 행해지고 있으며, 특히 경제난으로 인한 사회통제의 이완에 따라 사회병리현상이 나타나고 있음을 반영한 것으로 판단된다.

이런 종류의 범죄에는 기관·개인의 밀주죄, 생산제품의 비법처분죄, 난방열 도용죄, 주민연료 공급질서위반죄 등 경제범죄를 새롭게 신설하는 한편, 경제관리질서를 침해한 범죄의 요건과 처벌을 구체화하고 있으며, 경제범죄 이외에도 군수품을 팔고 산 죄, 국가재산 약취행위에 대한 가중처벌, 자의적인 해직죄, 분배질서위반죄, 사례금·이득금을 바치지 않은 죄 등 일상생활에서 발생하는 새로운 범죄형태를 규율하고 있는데, 이는 2002년 경제관리개선조치 이후에도 물자와 자원의 부족 등 경제사정 악화로 인해 주민생활이 더 어려워진 현실을 반영하고 있는 것으로 보인다.

북한 당국은 사소한 일탈행위까지도 범죄행위에 포함시키는 등 부패행위를 근절하고 사회질서를 유지하기 위해 안간힘을 쓰고 있는데, 이는 주민들의 일탈행위를 통한 불만표출이 체제위기로 가는 것을 막아 보려는 적극적 시도라고 할 수 있다. 그러나 현재까지도 공장가동률이 30%를 밑돌고 출근해 보았자 할 일이 없는 가운데 기업소별 자급자족운영을 강요하는 상황은, 부패행위를 통해 먹고 살라는 말과 마찬가지로 상황을 조장해 놓고 처벌하겠다는 것은 그 자체로 모순이며 한계요인을 내포하고 있다고 할 수 있다.

북한에서 정치권력이 고도의 자율성을 누리고 있는 것은 사실이지만 그것은 상대적 자율성이 될 수밖에 없으며, 북한 당국의 정책선택은 다른 사회와 마찬가지로 구조적 변수에 의해 영향을 받을 수밖에 없다. 현재 북한 지도부는 북한 체제를 위협해 온 구조적인 경제난을 해결할 수 있는 방안이 없으며, 김정일이 매우 자율적으로 정책선택을 할 수 있을 것으로 생각하지만 실상은 그렇지 못하며 정책선택에 있어 가장 큰 장애요인으로 작용하는 것이 사회부문이다.

실제로 북한이 지난 60여 년 동안 폐쇄체제를 고수하고 엄격한 사회통제를 지속하고 있는 이유는 그러한 사회통제체제를 유지하지 않으면 주민들의 억압된 불만이 표출될 가능성이 높기 때문이다. 김정일은 체제로부터 낙인찍혀 한 많은 세월을 보내고 있는 사람들이 많이 있다는 것을 알고 있으며, 북한의 사회적 동태성은 억압되어 있는 것이지 사멸한 것이 아니라는 점도 잘 알고 있다.

북한이 자본주의권과의 적대정책 기조하에 관계를 단절하고 있는 것이 자본주의에 대한 방어적 태도라고 한다면, 북한이 다른 사회주의권과도 주체노선이라는 이름하에 폐쇄체제를 유지하고 있는 것은 또 다른 방어전략이라고 할 수 있다. 북한은 자본주의와 단절하기 위해 하나의 담을 쌓고 있으며, 사회주의권과 단절하기 위해 또 하나의 담을 쌓고 있는 것이다. 북한은 자신의 체제를 지키기 위해 그 주위에 이중의 견고한 장막을 치고 있다.

사회주의권 붕괴 이후 북한 지도부는 이에 큰 충격을 받았으며 그 여파가 북한에 미치는 것을 매우 우려했던 것으로 보인다. 북한은 사회주의권 붕괴의 원인이 사상의 변질 때문이라고 보고 김일성 유일사상체계의 고수와 사상 통제를 더욱 강화하고 있다. 북한 당국은 주민들의 의식변화와 사회통제체제가 흔들리는 상황을 매우 우려하기 때문에 향후에도 폐쇄체제와 사상통제정책의 강화기조를 유지할 것으로 보인다.

국가의 공식 경제약화로 인한 각종 불법적 경제행위의 성행은 주민들의 국가에 대한 가부장적 의존성을 약화시킴과 동시에 개인주의 경향을 확대시키고 국가에 대한 조직화된 의존관계를 약화시켜 갈 수밖에 없다. 사회구성원의 의식은 사회구조의 반영이기도 하지만 역으로 주민들의 의식변화가 사회구조 변화를 초래할 수도 있다는 것이다.

주민들의 탈국가적 자세는 일상적인 경제관념 표출과 경제행위를 통해 두드러지게 나타나고 있다. 사회주의 체제하에서 각 개인들은 정치적 순응이 물질적 이익을 담보해 주고 국가로부터 사회적 혜택을 받는데 절대적인 도움이 될 것으로 믿어 왔다. 하지만 체제가 정치적 순응과 물질적 만족을 교환하는 일종의 사회계약상 의무를 제대로 이행하지 못하고 무능해질 때 시민들은 그 수요를 충족시키기 위해 불법적 경제활동에 의존하게 된다.

불법적 경제행위들은 범죄집단뿐만 아니라 이차 경제를 통해 활동하는 다른 모든 이들에 의해서도 수행된다. 따라서 불법적 경제활동의 활성화는 기존의 도덕적 경계선을 후퇴시켜 '이차 도덕성'도 수용되게 한다.

2003년 종합시장 허용 이후 시장에서 생필품을 구입하고 이득을 올리는 직접적인 장사경험을 통해 북한 주민들의 가치관이 급격히 달라졌다. 개인주의·물질주의가 대안적 가치로 급속히 자리잡아 가고 있다. 화폐에 대한 가치변화, 개인소유주의, 뇌물의 성행, 절취의 일상화 등 체제일탈적인 물질주의가 급속히 확산되고 있다.

북한 사회에서도 당의 공적 교시와 상반되는 상업주의 정신이 나타나고 있다. 사회주의 체제에서 시장관계의 확대는 구체제의 기존 관념과 충돌하거나 전환되어 나가는 과정으로 볼 수 있다. 즉, 빈번한 시장거래는 기존의 도덕경제원칙과 서로 상충할 가능성이 많다. 주민수준에서 보더라도 기존의 '집단중시 사회주의적 인간형'과 '시장적 인간형'의 충돌 내지 병존을 예상해 볼 수 있다. 전통적인 사회주의적 지배관계하에서 일상생활을 영위해 온 주민들이 경쟁과 효율논리가 지배하는 시장질서에 적응하는 일은 쉽지 않을 것이다.

구사회주의권의 사적 영역 확대과정을 보면, 시장경제시스템 도입 이후 과거 노멘클라투라와 그 주변 출신들이 그들의 영향력과 연줄망을 동원하여 배타적 이윤을 창출해 나가는 '노멘클라투라 사유화' 현상이 보편적이었음을 알 수 있다. 사실상 이들 대다수는 기업가로 변신하면서 상당한 부를 축적해 나갔다. 이러한 '정치권력의 경제권력화' 현상은 지금의 북한 체제와 향후 변화를 전망하는 데 있어 매우 중요한 시사점을 제시해 준다.

사회주의 체제에서 불법적 경제행위의 성행은 부패나 후원 또는 후견관계에 의존하는 사람들을 양산해 내거나 당-국가 위계체계 내에서 물질적 이익을 보장받기 위해 조직화된 범죄에 의존하는 사람들을 낳을 수 있다. 향후 북한의 경우도 이런 현상이 보편화될 가능성이 있다. 특히, 주요 권력기관과 연계된 외화벌이 관련 간부 등 간부층의 사익추구를 위한 계속적인 일탈가능성을 예견해 볼 수 있다. 정치체제의 근본적인 개혁이 없는 상황에서 불법적 경제행위의 확대는 후견과 부패의 새로운 기회들을 만들어 낼 수 있을 것이기 때문이다.

간부층은 사적 영역 확대과정에서 그들이 계획경제시스템하에서 발전시켜 왔던 다양한 비공식 연줄망들을 주요 수단으로 활용하게 된다. 비공식 연줄망들은 시장관계의 급속한 진전에 따라 중요한 사익추구 수단이 되며

‘과도기적’ 상태에서 가장 잘 작동될 수 있다. 또한 보다 근원적인 것은 사회주의 체제에서는 각종 재화의 분배 및 처분권을 독점한 관료특권층이 새로운 계급으로 구조화되어 있기 때문에 관료들의 이탈방지를 위한 엄격한 처벌 메커니즘을 제대로 작동시키기도 어렵다는 점이다.

북한에서도 1990년대 중반 이후 극심한 경제난에서 나타난 바와 같이 급속한 중앙계획경제의 침식은 사회일탈현상을 조장하는 요인이 되고 있다. 예컨대, 국정가격과 시장가격으로 구성되는 가격의 이중구조화 현상은 동시에 일탈현상을 심화시켜 왔다. 게다가 중앙의 지방이나 하부단위에 대한 전반적인 통제력이 약화되고 있는 상황은 중하위 간부층의 불법행위를 더욱 조장할 수 있다.

향후 북한에도 시장관계 확산으로 인한 기형적인 상품경제의 출현을 예상해 볼 수 있는데, 동구권이나 중국의 경험이 보여 주는 것처럼 기존의 간부층을 중심으로 한 ‘정치권력의 경제권력화 현상’이 발견될 수 있을 것이다. 시장이 확대되어 가는 가운데 정치권력을 지닌 중상층 간부들을 중심으로 한 ‘반(半)관료 반(半)사적 기업가’의 등장이 가능할 것이며, 이들은 주로 비생산적인 불법 경로를 통해 부를 축적해 갈 수 있을 것이다. 정치권력에 효과적으로 접근할 수 있는 사람들을 중심으로 부의 축적이 가능해지며, 이는 북한식 표현대로 “세도와 관료주의가 없어지는 것이 아니라 그것이 제도화·합법화되고 사회의 지배적 현상으로 되는” 방향인 것이다.

이제 북한에는 여러 종류의 정보유입으로 인해 의식이 깨인 주민이 많다고 한다. 북한에서 ‘의식이 깬 사람’이란 체제문제의 본질이 간부의 횡포와 부정부패라고 인식하는 사람이라고 한다. 무식한 사람은 미국이 원수라고 생각하지만 의식이 있는 사람들은 간부의 문제로 알고 있다는 것이다. 북한 주민들은 북한 체제를 간부들의 세상으로 인식하고 있다. 이는 간부와 비간부 사이의 심한 불평등에 대해 불만을 느끼고 있다는 것이다. 간부와 비교하는 상대적 박탈감에서 생기는 불만이 가장 중요한 사회문제로 확산되고 있는 것이다.

이처럼 북한에서는 사적 영역이 급속히 확대되어 가고 있다. 이런 추세에서는 당-국가의 하부단위에 대한 통제력이 크게 약화되는 가운데 간부층을 중심으로 한 북한식 ‘정치권력의 경제권력화’ 경향이 강화될 수밖에 없을 것이다.

반면 일반주민들의 경우 2003년 종합시장 허용조치 이후 돈으로 식량이나 소비재들을 시장에서 구매해야 하는데, 공급부족으로 인한 엄청난 물가인상으로 인해 개인장사나 부업 등 비공식적 수입원을 보다 적극적으로 만들어 내야 하는 상황에 처하고 있다. 이는 공식 경제가 약화되는 데 비해 개인 간의 사적 거래행위가 증대하고, 경제행위자로서 개인의 역할이 보다 중요해짐을 의미한다. 기존 당-국가체제의 정당화 기제가 되어 온 국가공급체계라는 '사회적 안전망'이 총체적으로 약화되어 가는 과정이다. 따라서 기존의 국가와 간부층에 대한 가부장적 의존관계가 약화됨과 동시에 주민들에 대한 조직화된 통제력도 약화될 수밖에 없을 것이다.

특히, 일선의 공장·기업소에서는 노동력 통제 등 노동자들에 대한 통제가 현저히 약화되고 있다. 무엇보다 급격한 물가상승으로 인해 직장에서의 공식 임금이 생계비로서의 의미를 상실하게 되어 직장이탈을 촉진하는 유인으로 작용하고 있다. 사회주의 체제에서 공장이나 기업소는 단순히 경제적 의미에서의 기업이라기보다 국가의 공식 하부단위로서 일종의 정치제도이자 사회기구로 기능해 왔음을 상기해 볼 때, 대체로 30% 이하 수준인 공장가동률과 배급제 포기로 인해 사회주의적 지배관계를 뒷받침해 온 제도적 기초들이 한꺼번에 무너지고 있음을 알 수 있다.

이 같은 제도적 기반의 침식과 더불어 간부층과 주민들의 불법적인 경제활동은 기존의 당국가체제가 공식 조직 내에서 구조화시켜 온 감시나 제제능력을 넘어서서 진행되고 있다. 향후 공식 계획 이외의 영역이 넓어질수록 일반주민층은 간부층이나 국가의 입장과 다른 새로운 정치경제적 권리 개념을 지닐 수도 있을 것이다. 주민들은 간부층과 마찬가지로 새로운 소득원을 창출할 수 있는 상황에서 상급자들의 이익과 상충되는 새로운 집단 정체성과 이익을 발생시킬 수 있기 때문이다.

이러한 정치적 지배관계의 약화 경향은 전통적인 계획경제시스템의 약화를 반영하는 것이다. 이는 기존의 정치적 지배와 피지배 관계를 변화시키고 간부와 주민들의 행태를 감시하고 제재하는 당의 조직화된 통제능력을 약화시키게 된다. 이는 당국가체제의 '정치력 약화' 경향이며 북한 사회 '가부장적 지배'의 조건들이 변화되고 있는 것이다. 이미 북한 체제는 '은밀한 변혁'에 가까울 정도로 중요한 내부적인 변화의 단초들을 드러내고 있다.

최근 북한 주민들이 통제 속에서 살아가는 지혜는 '요령껏' 살아가는 모습이다. 이는 아직까지 자신을 보호하기 위해 방어적이고 소극적인 태도로 반응하는 합리적 행위로 나타나고 있다. 어느 사회든지 정치체제적 갈등과 모순, 사회적 불평등과 차별에서 비롯되는 위기는 늘 존재하는 법이다. '체제내적 변화'는 체제 내 하위체계의 변화가 누적됨으로써 발생하며, 특정 사회체제가 갈등의 자체 조절기능을 상실함으로써 누적된 갈등을 해소하지 못할 때 기존 체제가 붕괴되고 새로운 체제가 대두한다는 것이다.

서방의 연구자들은 소련과 동구권국가들의 체제가 붕괴될 때까지 그곳 주민들의 자유화 의지에 대해 제대로 파악하지 못하고 있었다. 동구권국가 주민들은 자신의 생존을 위해 소극적인 자세로 체제에 저항해 오다가 더 이상 인내할 수 없는 상황이 되자 폭발시켜 체제변화를 이끌어 냈다. 소련도 보수파 정치인들이 모스크바 시민들의 자유화 요구에 맞서 고르바초프를 감금하고 쿠데타를 기도했을 때 군인들이 주민들을 향해 총을 쏘지 않고 보수강경파에게 저항함으로써 자유화와 자본주의 체제로의 전환을 이끌어 냈다. 북한 사회도 기존의 불평등구조에다 경제적 불평등까지 새로이 추가됨으로써 주민들이 느끼는 박탈감의 정도는 그 도를 넘고 있다.

북한 당국은 군을 앞세운 선군정치를 통해 주민들의 자유화 의지를 억압하면서 체제를 유지하고 있지만 군이 정치세력화 조짐을 보이는 등 체제의 위험도가 증가하고 있다. 북한 당국은 폐쇄체제를 개방체제로 전환하고 개혁·개방을 통해 경제를 회복하면서 이미 구조화되고 심화될 대로 심화되어 있는 사회불평등구조를 완화시켜 나가는 것이 체제안정성 확보의 첩경이라는 것을 명심해야 할 것이다.

# 참고문헌

## I. 단행본


김남식, 『김일성 후계체계구축에 관한 연구』, 서울: 국토통일원, 1979.

김병식, 『김일성수상의 사상』, 도쿄: 요미우리신문사, 1970.

김성윤, 『북한체제의 해부: 분석과 전망』, 서울: 대왕사, 1997.

김성철 외, 『북한이해의 길잡이: 전환기의 북한사회』, 서울: 박영사, 1999.

김승철, 『북한동포들의 생활문화양식과 마지막 희망』, 서울: 자료원, 2000.

김원조, 『환멸의 동토 북한』, 서울: 정암, 1984.

김원홍 외, 『개정증보 오늘의 여성학』, 건국대학교출판부, 2001.

김일성, 『김일성저작선집』 22권, 평양: 노동당출판사, 1830.

______, 『김일성저작선집』 14권, 평양: 노동당출판사, 1980.

______, 『주체의 혁명관을 튼튼히 세울데 대하여』, 평양: 조선중앙통신사, 1988.

______, 『세기와 더불어』, 평양: 조선로동당출판사, 1992.

김재기, 『북한사회의 이해』, 광주: 전남대학교 아시아태평양지역연구소, 1999.

김정원, 『분단한국사: 남북한 정치발전론』, 서울: 예진, 1992.

김창희, 『김정일의 딜레마』, 서울: 인물과 사상사, 2004.

김학준, 『북한50년사』, 서울: 동아출판사, 1995.

김한길, 『현대조선역사』, 서울: 일송정, 1988.

김현수 외, 『북한정치경제론』, 서울: 박영사, 1995.

김현식·손광주, 『김정일』, 서울: 천지미디어, 1997.

나초스 저, 황재옥 역, 『북한의 기아: 기아정치 그리고 외교정책』, 다할미디어, 2003.

나탈리아 바자노바 저, 양준용 역, 『기로에 선 북한경제』, 서울: 한국경제신문사, 1992.
내외통신사, 『북한실상종합자료집』, 서울: 내외통신사, 1995.
도홍렬 외, 『김정일정권』, 서울: 남북문제연구소, 1993.
______, 『민족사 입장에서 본 북한정권』, 서울: 남북문제연구소, 1996.
동용승, 『북한의 경제정책변화와 남북한 경제협력』, 서울: 대한상공회의소, 2002.
리진규, 『주체의 정치론』, 도쿄: 구월서방, 1988.
민병천, 『북한공산주의』, 서울: 대왕사, 1983.
민족화해협력범국민협의회, 『북한주민의 일상생활과 대중문화』, 서울: 오름, 2003.
민주평화통일자문회의, 『북한의 오늘』, 서울: 민주평화통일자문회의 사무처, 1997.
박길용 외, 『김일성 외교비사』, 서울: 중앙일보사, 1994.
박동운, 『북한통치기구론』, 서울: 고려대 아세아문제연구소, 1970.
박명림, 『한국전쟁의 기원 2』, 서울: 나남, 1996.
박완신, 『북한행정론: 관료체제와 행정행태』, 서울: 희성출판사, 1988.
박진환, 『장마당에 밀려나고 있는 북한의 계획경제』, 서울: 국제농업개발원, 2005.
박한식, 『북한의 실상과 전망』, 서울: 동화연구소, 1991.
박현선, 『현대 북한사회와 가족』, 서울: 한울아카데미, 2003.
박형중, 『북한적 현상의 연구: 북한 사회주의 건설의 정치경제학』, 서울: 연구사, 1994.
______, 『북한의 정치와 권력: 지배관계의 기원과 개념, 구조와 동태』, 서울: 백산자료원, 2002.
______, 『북한의 경제관리체계: 기구와 운영, 개혁과 변화』, 서울: 해남, 2002.
방하남 외, 『현대 한국사회의 불평등』, 서울: 한울아카데미, 2004.
방찬영, 『기로에 선 조선민주주의 인민공화국』, 서울: 박영사, 1995.
백준기, 『1950년대 남북한의 선택과 굴절』, 서울: 역사비평사, 1998.
변진일, 『북조선 x파일 100』, 서울: 한국산업훈련연구소, 1999.

북한연구소, 『북한사회론』, 서울: 북한연구소, 1984.
______, 『북한 형법의 실상』, 서울: 원일정보, 1990.
______, 『북한총람』, 1994.
북한연구소 편집부, 『북한총람 1983~1993』, 서울: 북한연구소, 1994.
브루스 커밍스 저, 김자동 역, 『한국전쟁의 기원』, 서울: 일월서각, 1986.
(사)좋은벗들, 『북한의 식량난과 북한인구』, 서울: 좋은벗들, 2000.
______, 『북한주민의 북한사회·경제에 대한 인식 및 태도조사』, 서울: 좋은벗들, 2000.
사회과학연구원, 『경제사전 I』, 평양: 사회과학출판사, 1985.
______, 『경제사전 II』, 평양: 사회과학출판사, 1985.
사회과학원 언어학연구소 편찬, 『현대조선어사전』, 평양: 백과사전출판사, 1981.
사회과학원 역사연구소, 『조선전사』, 평양: 백과사전출판사, 1982, 1988.
사회과학출판사, 『정치용어사전』, 1971.
서대숙, 『현대 북한의 지도자 김일성과 김정일』, 서울: 을유문화사, 2000.
______, 『북한의 지도자 김일성』, 서울: 청계연구소, 1989.
서재진, 『주체사상의 이반: 지배이데올로기에서 저항이데올로기로』, 서울: 박영사, 2006.
______, 『또 하나의 북한사회: 사회구조와 사회의식의 이중성 연구』, 서울: 나남출판, 1995.
서재진 외, 『세계체제이론으로 본 북한의 미래』, 서울: 황금알, 2004.
세종연구소 북한연구센터 엮음, 『북한의 경제』, 파주: 도서출판 한울, 2005.
석현호, 『한국사회의 불평등과 공정성』, 서울: 나남출판, 1997.
손광주, 『김정일 리포트』, 서울: 바다출판사, 2004.
손봉숙 외, 『북한의 여성 생활』, 서울: 나남, 1992.
송복 편저, 『사회불평등갈등론』, 서울: 전예원, 1986(G. Lenski, *Marxist experiment in Destratification: An Appraisal, Social Forces*, Vol. 57, December 1978).
신광영, 『한국의 계급과 불평등』, 서울: 을유문화사, 2004.
신일철, 『북한정치의 시네마폴리티카』, 서울: 이지북, 2002.
______, 『북한 주체사상의 형성과 쇠퇴』, 서울: 생각의 나무, 2004.

신지호·김연철, 『남북경협 가이드라인』, 서울: 삼성경제연구소, 2001.
심형일, 『주체의 법리론』, 평양: 사회과학출판사, 1987.
안드레이 란코프, 『평양의 지붕 밑』, 서울: 연합통신, 1991.
안명철, 『탈북자가 증언하는 북한의 현실』, 서울: 남북문제연구소, 1995.
안정수 외, 『북한정권의 행동: 분석과 전망』, 서울: 문우사, 1993.
안찬일, 『주체사상의 종언』, 서울: 을유문화사, 1997.
안찬일 외, 『10년 후의 북한』, 서울: 인간사랑, 2006.
양춘 역, 『사회불평등: 고전 및 현대이론』, 서울: 고려대출판부, 2003 (Edward G. Grabb, *Theories of social Inequality: Classical and Contempory Perspectives*, Harcourt Canada Ltd. 1997).
엄재호 외, 『북한개론』, 서울: 대왕사, 1998.
엔터니 기든즈 저, 장정수 역, 『선진사회의 계층구조』, 서울: 종로서적, 1982.
연합뉴스, 『북한연감 2000』, 1999.
오일환 외, 『현대북한체제론』, 서울: 을유문화사, 2000.
오코노키 마사오 저, 강성윤·이종국 역, 『김정일과 현대북한』, 서울: 을유문화사, 2000.
월간조선, 『북한, 그 충격의 실상』, 서울: 조선일보사, 1991.
유호열, 『북한의 사회주의건설과 좌절』, 서울: 생각의 나무, 2004.
육군사관학교, 『북한학: 정치·군사·통일의 역동성』, 서울: 박영사, 1999.
윤원구, 『공산주의의 7대 비밀』, 서울: 현대사상연구원, 1990.
이계만, 『북한국가기관론』, 서울: 대영문화사, 1992.
이대근, 『북한군부는 왜 쿠데타를 하지 않나』, 서울: 한울아카데미, 2003.
이도형 외, 『북한의 대남전략 해부』, 서울: 남북문제연구소, 1994.
이민룡, 『김정일체제의 북한군대해부』, 서울: 황금알, 2004.
이봉협, 『중국교포 무역상을 통해 본 북한의 실상』, 서울: 남북문제연구소, 1996.
이병관, 『어, 그래? 북한편』, 서울: 새로운 사람들, 1995.
이상우 외, 『북한 40년: 조선민주주의인민공화국의 특성과 변천과정』, 서울: 을유문화사, 1989.
이성봉, 『북한사회 불평등구조 분석』, 서울: 고려대학교 아세아문제연구소,

1991.
이영선, 『북한의 개혁 전망과 통일과제』, 서울: 연세대학교 동서문제연구원, 1994.
이영형, 『러시아정치사』, 서울: 엠애드, 2000.
이영화, 『평양 비밀집회의 밤』, 서울: 동아출판사, 1994.
이온죽, 『북한사회의 체제와 생활』, 서울: 법문사, 1993.
이재근, 『엽기공화국 30년 체험』, 서울: 월간조선사, 2001.
______, 『납북어부 이재근의 귀환보고서』, 서울: 조선일보사, 2001.
이정희, 『남북한 비교사회론』, 대구: 경북대학교 출판부, 2000.
이종석, 『새로 쓴 현대북한의 이해』, 서울: 역사비평사, 2000.
이찬행, 『북한 사회주의의 현실과 변화』, 서울: 두리, 1993.
이항구, 『북한의 현실』, 서울: 신태양사, 1988.
임성한, 『관료제의 민주주의』, 서울: 법문사, 1978.
임영태, 『민족화해와 협력의 시대에 읽는 북한50년사 1, 2』, 서울: 들녘, 1999.
임홍군, 『흔들리는 북한군』, 서울: 신서&생명의 숲, 2005.
장명수, 『배반당한 지상낙원』, 서울: 동아일보사, 1992.
재스퍼 베커 저, 김구섭·권영근 역, 『불량정권: 김정일과 북한의 위협』, 서울: 기파랑, 2005.
전영선, 『북한의 사회와 문화』, 서울: 역락, 2005.
전 웅, 『북한학, 인간성·이데올로기·권력투쟁』, 서울: 홍익대학교 출판부, 1997.
정경환, 『김정일시대 북한체제 연구』, 부산: 신지서원, 1999.
정광민, 『북한기근의 정치경제학』, 서울: 시대정신, 2005.
정명환 외, 『프랑스 지식인들과 한국전쟁』, 서울: 민음사, 2004.
정병갑, 「조선인민군은 혁명의 믿음직한 보위자」, 『근로자』, 1967년 제2호.
정석홍, 『남북한 비교론』, 서울: 사람과 사람, 1999.
정성산, 『평양 무공해섹스 모르디요』, 서울: 제일미디어, 1996.
정세진, 『계획에서 시장으로: 북한체제변동의 정치경제』, 서울: 한울아카데미, 2000.
정창현, 『곁에서 본 김정일』, 서울: 토지, 1999.

______, 『변화하는 북한 변하지 않는 북한』, 서울: 선인, 2005.
정현수 외, 『북한정치경제론』, 서울: 신영사, 1995.
조동호, 『북한의 노동제도와 노동력 실태』, 서울: 한국개발연구원, 2000.
조명철 외, 『7.1경제관리개선조치 현황평가와 과제: 북한경제개혁의 전망』, 서울: 대외경제정책연구원, 2003.
조창호, 『돌아온 사자: 조창호의 북한생활 43년』, 서울: 지호, 1995.
좋은벗들, 『북한사람들이 말하는 북한이야기』, 서울: 정토출판, 2000.
______, 『북한사회 무엇이 변하고 있는가』, 서울: 정토출판, 2001.
______, 『두만강을 건너온 사람들: 중국 동북부지역 2.479개 마을 북한 식량난민 실태조사』, 서울: 정토출판, 1999.
중앙일보 특별취재반, 『김일성과 북조선 건국의 숨겨진 이야기들: 조선민주주의 인민공화국』 상·하, 서울: 중앙일보사, 1994a.
______, 『한반도 절반의 상속인 김정일』, 서울: 중앙일보사, 1994b.
중앙정보부 편, 『북괴군사자료집』, 서울: 중앙정보부, 1974.
중앙통신사, 『조선중앙연감』, 평양: 중앙통신사, 1950(1974).
최성철, 『북한 인권의 이해』, 서울: 북한인권개선운동본부, 1995.
통계청, 『남북한 경제사회상 비교』, 서울: 통계청, 2005.
통일교육원, 『북한사회의 이해』, 서울: 통일부, 1999.
통일부, 『2004 북한개요』, 서울: 통일부, 2004.
통일연수원, 『북한의 정당 사회단체현황』, 서울: 통일원, 1991.
통일원, 『김정일 우상화 사례집』, 서울: 통일원, 1992.
______, 『1995 북한개요』, 서울: 통일원, 1995.
______, 『북한개요 2000』, 서울: 통일부, 2001.
하종필, 『북한의 종교문화』, 서울: 선인, 2003.
한국인문과학원, 『북조선인명록』, 서울: 한국인문과학원, 1990(1967).
한국정신문화연구원, 『예화와 증언으로 엮은 북한의 실상』, 서울: 고려원, 1986.
한국정치연구회, 『북한정치론』, 서울: 백산서당, 1990.
한배호, 『비교정치론』, 서울: 법문사, 1994.
한용원, 『북한학』, 서울: 오름, 1998.
합동참모본부, 『심리전 소재 백과』, 서울: 군인공제회, 1995.

현소환,『북, 행복도 강요되는 땅』, 서울: 연합통신사, 1991.
홍성국,『자력갱생의 기로』, 서울: 피씨라인, 2005.
홍순호 역,『노멘클라투라』, 서울: 평민사, 1982.
홍순호 외,『통일세대를 위한 북한교실: 북한인식과 한반도』, 서울: 살림, 1999.
______,『북한인식과 한반도』, 서울: 살림, 1999.
황만유,『숨겨진 비밀 속의 북한 사회와 정치: 반역자의 땅』, 서울: 삶과꿈, 2002.
황의각 외,『북한사회주의경제의 침체와 대응』, 서울: 경남대학교 극동문제 연구소, 1995.
황장엽,『황장엽 비밀파일』, 서울: 조선일보사, 1997.
______,『개인의 생명보다 귀중한 민족의 생명』, 서울: 시대정신, 1999.
______,『나는 역사의 진리를 보았다』, 서울: 한울, 1999.
______,『어둠의 편이 된 햇볕은 어둠을 밝힐 수 없다』, 서울: 조선일보사, 2001.
Beetham, David, *The legitimacy of power*, Atlantic, Highland: Humanities Press, 1991.
Friedrich, Carl J. and Zbigniew K. Brezinski, *Totalitarian Dictatorship and Autocracy*, New York: Frederick A Puger, 1964.
Gerth, H. and C.W. Mills, *From Max Weber: Essay in Sociology*, Oxoford University Press, 1967.
Haliday, Jon and Bruce Comings, *Korea: The Unknown War*, New York: Pantheon Books, 1988.
Hall, Peter, *Governing the Economy: The Politics of State Intervention in Britain and France*, New York: Oxford University Press, 1986.
Homans, G.C., *Social Behavior: Its Elementary Form*, N.Y.: Harcourt Jovanovich, 1974.
Lenski, Gerhard, *Power and privilege: A Theory of Social Stratification*, New York: McGraw-Hill, 1966.
Poulantzas, Nicos, *State, Power, Socialism*, London: New Left Books, 1978.
Wallerstein, Immanuel, *The Capitalist World-Economy*, Cambridge: Cambridge

University Press, 1979.
Wittfogel, Karl A., *Oriental Despotism: A Comparative Study of Total Power*, Yale University Press, New Heaven, 1957.

## Ⅱ. 논 문

강성윤, 「3대혁명소조운동의 정치적 기능에 관한 연구」, 『안보연구』 제9권, 1979.
______, 「북한의 '우리식 사회주의'의 출현과 전개과정」, 『안보연구』 제24권, 1994.
강정구, 「한국전쟁과 북한사회의 사회구조변화」, 손호철 외, 『한국전쟁과 남북한사회의 구조적 변화』, 경남대학교 극동문제연구소, 1991.
______, 「남북한 농지개혁 비교연구」, 『분단과 전쟁의 한국현대사』, 서울: 역사비평사, 1996.
강철환, 「북한 정치범수용소에서 들려오는 비명」, 『월간 북한』, 1998년 8월호.
고성윤, 「북한 권력엘리트의 위기의식과 체제 안정화 전략」, 『한국정책학회보』, 1995. 1.
고유환, 「사회주의 위기와 북한의 우리식 사회주의」, 『통일문제연구』 제23호, 1995.
______, 「북한 사회주의체제의 구조적 위기와 김정일정권의 진로」, 『한국정치학회보』 제30집 2호, 1996.
______, 「김정일 권력집단의 응집력과 내부갈등」, 『통일경제』, 서울: 현대경제연구원, 1997년 7월호.
고태우, 「백두산과 김일성가계 우상화 실태」, 『월간 북한』, 1991년 1월호.
국가정보원, 『최근 북한실상』, 1999년 4월호.
권오윤, 「북한의 동원이데올로기에 관한 연구」, 『안보연구』 제24권, 1994.
권오홍, 「북한의 상관행연구」, 『월간 통일경제』, 1997년 10월호.
권혁기, 「북한의 사상범집단수용소 실태」, 『통일문제연구』 제11집, 1984.
길태근, 「북한의 사회적 불평등 재생산 구조에 대한 이론적 모델 구성」, 『계간 북한연구』, 1994년 여름호.
김광인, 「북한의 종교정책 어떻게 변해왔나」, 『통일경제』, 서울: 현대경제연구원, 1998.

______, 「최근 북한의 공장·기업소 구조조정」, 『월간 통일경제』, 서울: 현대경제연구원, 2000년 3월호.

김귀옥, 「1980년대 북한사회의 발전과 좌절의 기로」, 『현대북한연구』 제7권 1호, 서울: 경남대학교 북한대학원, 2004.

김근식, 「북한의 혁명적 군중노선 연구」, 서울대학교 정치학과 석사학위논문, 1991.

김남식, 「3대혁명소조운동의 분석」, 『월간 북한』, 2004년 5월호.

김범수, 「아사사태 속에서 '심화조' 통해 간부만 2500명 숙청」, 『미주통일신문사』, 2005. 4. 20.(www.unitypress.com/zboard/view.php).

김병조, 「북한의 사회갈등구조와 요인분석」, 『국방연구』 43권 2호, 2000. 12.

김성보, 「북한 정치 엘리트의 충원과정과 경력분석: 정권기관 간부를 중심으로」, 『동북아연구』, 서울: 경남대학교 북한대학원, 1997.

김승만, 「북한의 식량난과 그 파장」, 『월간 북한』, 1993년 10월호.

김승철, 「북한 주민의 노동의식에 관한 연구」, 『월간 통일경제』, 서울: 현대경제연구원, 1998년 7월호.

______, 「시장과 지배인」, 『월간 북한』, 2004년 5월호.

김연극, 「북한 최대의 명절, 김정일 생일」, 『월간 통일경제』, 서울: 현대경제연구원, 1997년 2월호.

김영수, 「북한의 인테리 개념과 인테리정책」, 『계간 북한연구』, 1994년 여름호.

김영종, 「북한의 정치부패와 인권」, 『계간 북한연구』, 1995년 여름호.

김　용, 「북한 정치범수용소의 실상」, 『월간 북한』, 2000년 4월호.

김용준, 「한국과 북한의 동원체제에 관한 연구」, 『월간 북한』, 1997년 1월호.

김용현, 「북한사회의 군사적 동원에 관한 연구: 1950~1960년대를 중심으로」, 『북한연구학회보』 제5권 2호, 2001.

______, 「북한체제 군사화의 정치·사회적 기원: 1950, 1960년대를 중심으로」, 『통일문제연구』 제35호, 2001.

______, 「북한국의 성격과 구조」, 민병천 외, 『북한학 입문』, 서울: 들녘, 2001.

김인구, 「북한의 식량난과 김일성 생일행사」, 『월간 통일경제』, 서울: 현대경제연구원, 1997년 4월호.

김일성, 「사회주의건설에서 혁명적 대고조를 일으키기 위하여」, 『김일성저작선집』 10권, 평양: 노동당출판사, 1970.

______, 「천리마운동과 사회주의건설의 대고조에 대하여」, 『김일성저작선집』 10권, 평양: 노동당출판사, 1970.

______, 「조선로동당창건 30돌에 즈음하여」, 『근로자』, 1975년 11월호.

______, 「천리마 기수들은 우리 시대의 영웅이며 당의 붉은 전사이다」, 『김일성저작집』 14권, 평양: 조선로동당출판사, 1981.

______, 「현정세와 우리 당의 과업(조선로동당 대표자회의에서 한 보고 1966년 10월 5일)」, 『김일성저작집』 20권, 평양: 노동당출판사, 1982.

______, 「당중앙위원회 사업 총화보고」, 『북한 '조선로동당대회' 주요문헌집』, 서울: 돌베개, 1988.

______, 「주체의 혁명관을 튼튼히 세울 데 대하여」, 『친애하는 김일성동지의 문헌집』, 평양: 조선로동당출판사, 1992.

______, 「사회주의에 대한 훼방은 허용될 수 없다」, 『김정일선집』 제13권, 평양: 조선로동당출판사, 1998.

______, 「조선노동당은 위대한 수령 김일성 동지의 당이다」, 『김정일선집』 제13권, 평양: 조선로동당출판사, 1998.

김재기, 「북한의 근로단체와 대중동원운동」, 『북한사회의 이해』, 광주: 전남대학교 아시아태평양지역연구소, 1999.

김정민, 「북한사회에 만연된 '빽'의 정체」, 『월간 북한』, 1995년 5월호.

김창희, 「북한정채의 딜레마: 수령체제의 지속과 변화」, 『동북아논총』 제1집, 1996.

김태형, 「북한의 생존전략에 관한 연구」, 국방대학교 안전보장대학원 석사학위논문, 2002.

김태환, 「북한의 4대군사노선 채택의 파장」, 『월간 북한』, 1985년 8월호.

남성욱, 「북한의 식량난과 인구변화 추이, 1961~1998」, 『현대북한연구』 제2권 1호, 1999.

노홍렬, 「엘리트 형성과 순환」, 『북한사회의 구조와 변화』, 서울: 극동문제연구소, 1987.

도홍열, 「북한사회의 동원체제와 '사상우선'의 한계」, 『월간 북한』, 1985년 9월호.
레베테프, 「수행해야 할 의무를 자각하며」, 『레닌그라드로부터 평양까지』, 서울: 함성사, 1989.
류길재, 「북한 '수령제' 권위주의체제의 등장에 관한 연구」, 『월간 통일경제』, 서울: 현대경제연구원, 1997년 6월호.
박석균, 「북한 사회의 당원과 비당원의 차이」, 『월간 북한』, 1987년 4월호.
방영준, 「불평등 문제에 대한 사회윤리적 접근」, 『국민윤리연구』 제47호, 1999.
배성인, 「북한 식량난으로 인한 대내외적 변화와 새로운 모색」, 『국제정치논총』 제40집 1호, 2000.
______, 「북한의 권력구조 개편과 김정일 정권의 권력 엘리트」, 『북한연구학회보』 제4권 1호, 2000.
서재진, 「북한의 사회변화와 김정일체제 안정성」, 『월간 통일경제』, 서울: 현대경제연구원, 1997년 7월호.
송정호, 「북한 권력승계문제의 쟁점과 전망: 사회주의 사례와의 비교를 중심으로」, 『현대북한연구』 제7권 3호, 2005.
신동석, 「북한군부 엘리트 충원과정의 특징」, 『군사논단』 제39집, 2004.
신준영, 「재미언론인 문명자의 김주석 장례식 참관기」, 『말』, 1994년 9월호.
양 춘, 「사회불평등과 배분」, 『한국사회학』 제12집, 1978.
오일환, 「김정일시대 북한의 군사화 경향에 관한 연구」, 『국제정치논총』 제41집 3호, 2001.
유승경, 「시나리오로 본 북한체제의 미래」, 서울: LG경제연구원, 1997. 4.
유호열 외, 「특집: 북한은 어떻게 변화될 것인가」, 『월간 북한』, 2006년 2월호.
유흑열, 「북한 사상범집단수용소」, 『월간 북한』, 1982년 4월호.
윤 현, 「북한 정치범 수용소에서 들려오는 비명」, 『월간 북한』, 1998년 8월호.
이무철, 「북한의 경제관리체계 분권화과정과 구조적 한계」, 중앙대 정치학과 박사학위논문, 2003.
이순옥, 「북한 정치범수용소에서 들여오는 비명」, 『월간 북한』, 1998년 8월호.
이상민, 「공산제국의 관료체제연구」, 『북한학보』 제5집, 1981.

______, 「사회주의국가의 관료제도: 북한의 관료제도를 중심으로」, 『아세아연구』 제81호, 1994년 1월.

이우정, 「북한체제 '엘리트'의 이동양태 및 갈등분석」, 『안보연구』 제11권, 1981.

이정윤, 「북한 노동자의 일상생활과 문화재생산: 노동자의 순응, 갈등, 저항행위를 중심으로」, 동국대 북한학과 석사학위논문, 2004.

이주철, 「북한주민의 정권인식과 체제선전에 대한 반응」, 『KBS 연구보고서』, 2001.

이항구, 「북한의 종교탄압과 수난의 강」, 『월간 북한』, 1978년 11월호.

______, 「북괴치하에서의 노동생활 실태」, 『월간 북한』, 1978년 11월호.

______, 「북한의 천리마운동」, 『월간 북한』, 1979년 6월호.

임영선, 「출신성분에 따른 간부 임명과 처벌원칙」, 『월간 통일경제』, 서울: 현대경제연구원, 1995년 8월호.

임원혁, 「북한경제의 몰락과 대북정책의 과제」, 『KDI 정책연구시리즈』, 서울: 한국개발연구원, 1998.

전광희, 「한국전쟁과 남북한 인구의 변화」, 『한국전쟁과 사회변동』, 서울: 풀빛, 1992.

전현준 외, 「특집: 북한은 무너질 것인가」, 『계간 사상』, 1997년 가을호.

전홍택, 「북한 제2경제의 성격과 기능」, 『월간 통일경제』, 서울: 현대경제연구원, 1997년 2월호.

정기방, 「개방화와 마르크스-레닌주의 이념에 따른 사회주의 국가 내에서의 평등/효율간 갈등」, 『21세기 정치학회보』 제11집 2호, 부산: 동의대학교, 2001.

정세진, 「북한의 이차경제와 지배구조의 변화에 관한 연구」, 중앙대 대학원 박사학위논문, 1999.

______, 「90년대 북한 경제난의 정치사회적 함의」, 『국제정치논총』 제40집 1호, 2000.

______, 「북한의 지하경제 확산과 지배구조 변화」, 『통일경제』 통권 62호, 서울: 현대경제연구원, 2000.

정우곤, 「북한 수령제 정치체제의 제도화와 특성」, 『통일문제연구』, 서울: 평화문제연구소, 1997.

조동호, 「북한 노동력 수준의 평가와 활용방안」, 『북한경제리뷰』, 2000.11.
주성환 · 조영기, 「북한의 '제2의 천리마대진군'운동에 관한 연구」, 『북한연구학회보』 제4권 2호, 2001.
차문석, 「북한의 노동영웅에 대한 연구: 영웅탄상의 정치경제적 메커니즘」, 『사회과학연구』 제12집 1호, 2004.
최광석, 「북한의 숙청과 반항운동」, 『월간 북한』, 1978년 8월호.
한대선, 「관료제의 일원적 이중구조의 특성」, 『북한사회의 구조와 변화』, 서울: 극동문제연구소, 1987.
한승조, 「김일성의 우상화와 족벌정치」, 『월간 북한』, 1976년 11월호.
허만호, 「북한의 인권과 사회통제」, 『월간 북한』, 2000년 12월호.
홍 민, 「북한체제의 도덕경제적 성격과 변화 동학」, 『계간 진보평론』, 2005년 여름호.
홍승원, 「북한의 사회통제와 변화가능성」, 『북한학보』 제14집, 1990.
Dahrendorf, Ralf, "On the Origin of Inequality Among Men," in R. Dahrendorf, *Essays in the theory of society, Stanford*, Calif.: Stanford University Press, 1968.
Di Palma, Giuseppe, "Legitimation from Top to Civil Society: Polotoco-Cultural Change in Eastern Europe," *World Politics*, Vol. 44, No. 1, October 1991.

## Ⅲ. 통일연구원 자료

곽태환, 『북한은 어떻게 변화하고 있는가』, 서울: 통일연구원, 2000.
김병로, 『북한의 지역자립체제』, 서울: 통일연구원, 1999.
______, 『북한사회의 종교성: 주체사상과 기독교의 종교양식 비교』, 서울: 통일연구원, 2000.
______, 『북한 종교정책의 변화와 종교실태』, 서울: 통일연구원, 2002.
김병로 · 김성철, 『북한사회의 불평등 구조와 정치사회적 함의』, 서울: 통일연구원, 1998.
김성철, 『북한 관료부패 연구』, 서울: 통일연구원, 1994.
______, 『북한 지식인정책의 변화』, 서울: 통일연구원, 1995.
______, 『북한 간부정책의 지속과 변화』, 서울: 통일연구원, 1997.

______, 「정권위기시 북한정치시스템의 적응과정」, 서울: 통일연구원, 1997.
김성철 외, 『북한의 경제전환모형: 사회주의국가의 경험이 주는 함의』, 서울: 통일연구원, 2001.
박영규, 『김정일정권 10년: 변화와 전망』, 서울: 통일연구원, 2004.
박형중, 『북한의 관료제적 연줄연구: 기업소 관리운영문제를 중심으로』, 서울: 통일연구원, 1995.
______, 『90년대 북한체제의 위기와 변화』, 서울: 민족통일연구원, 1998.
______, 『북한의 변화능력과 방향, 속도와 동태』, 서울: 통일연구원, 2001.
______, 『제11기 1차 최고인민회의 동향 분석』, 통일정세분석 2003-7, 서울: 통일연구원, 2003.
박형중 외, 『김정일시대 북한의 정치체제: 통치이데올로기, 권력엘리트, 권력구조의 지속성과 변화』, 서울: 통일연구원, 2004.
북한사회인권연구센터, 『북한인권백서 2001』, 서울: 통일연구원, 2000.
북한연구실, 『북한체제의 실상과 변화전망』, 서울: 민족통일연구원, 1991.
______, 『김정일정권의 권력엘리트 연구』, 서울: 민족통일연구원, 1995.
북한인권연구센터, 『2005 북한인권백서』, 서울: 통일연구원, 2005.
서재진, 『북한 사회의 계급갈등 연구』, 서울: 민족통일연구원, 1996.
______, 『주체사상의 형성과 변화에 대한 새로운 분석』, 서울: 통일연구원, 2001.
______, 『북한의 개인숭배 및 정치사회화의 효과에 대한 평가연구』, 서울: 통일연구원, 2003.
서재진 외, 『북한체제의 현주소: 개원 11주년 기념학술대회 발표논문집』, 서울: 통일연구원, 2002.
옥태환 외, 『북한인권백서』, 서울: 민족통일연구원, 1996.
이교덕, 『북한체제의 변화주도세력 연구』, 서울: 통일연구원, 1996.
______, 『북한의 후계자론』, 서울: 통일연구원, 2003.
이교덕 외, 『북한체제의 분야별 실태평가와 변화전망: 중국의 초기 개혁개방과정과의 비교분석』, 서울: 통일연구원, 2005.
이 석, 『1994~2000년 북한기근: 발생, 충격 그리고 특징』, 서울: 통일연구원, 2004.
이우영, 『전환기의 북한 사회통제체제』, 서울: 통일연구원, 1999.

______, 『북한의 자본주의 인식 변화』, 서울: 통일연구원, 2000.
임강택, 『북한의 개혁·개방정책 추진전망: 대북경제협력정책에 대한 시사점』, 서울: 통일연구원, 2001.
임순희, 『북한주민의 정신문화체계연구: 종교관을 중심으로』, 서울: 통일연구원, 1996.
______, 『식량난과 북한 여성의 역할 및 의식변화』, 서울: 통일연구원, 2004.
임순희 외, 『북한인권백서 2004』, 서울: 통일연구원, 2005.
전상인, 『북한민족주의 연구』, 서울: 민족통일연구원, 1994.
전현준, 『북한체제의 정치적 특성과 변화전망』, 서울: 통일연구원, 2000.
______, 『김정일시대 통치이념의 변화』, 서울: 통일연구원, 2002.
______, 『북한의 사회통제기구 고찰: 인민보안성을 중심으로』, 서울: 통일연구원, 2003.
정영태, 『김정일의 당권장악과정 연구』, 서울: 민족통일연구원, 1996.
______, 『북한의 국방계획 결정체계』, 서울: 민족통일연구원, 1998.
______, 『북한의 국방위원장 통치체제의 특성과 정책전망』, 서울: 통일연구원, 2000.
최수영, 『북한의 강성대국 건설: 경제부문을 중심으로』, 서울: 통일연구원, 1999.
최진욱, 『김정일의 당권장악과정 연구』, 서울: 민족통일연구원, 1996.
______, 『북한의 인사행정』, 서울: 통일연구원, 1999.
통일연구원, 『최고인민회의자료집 I』, 서울: 통일연구원, 1998.
______, 『북한인권백서 2001』, 서울: 통일연구원, 2001.
______, 『북한인권백서 2004』, 서울: 통일연구원, 2004.
홍용표, 『북한의 지방행정체제: 중앙과 지방관계 및 당정관계를 중심으로』, 서울: 통일연구원, 1997.

# 찾아보기

【ㅂ】

【ㅇ】

【ㅍ】



【ㅎ】

## 필자약력

학　력
- 1961년 충북 제천 출생
- 제천고, 연세대 영어영문학과 졸업
- 연세대 행정대학원 졸업(행정학 석사)
- 중앙대 대학원 정치외교학과 졸업(비교정치/북한 전공, 정치학 박사)

주요 경력
- 월간 『장생』 기자
- (사)한국지체장애인협회 홍보국장
- (사)한국공업표준협회 출판부 근무
- 한국경제신문사 근무(1991~현재)
  - 출판국 출판부 기자
  - 격월간 『서강 Harvard Business』 편집장
  - (현)대외협력국 대외협력부 차장
- 뉴라이트안보연합 안보연구소 연구위원
- 제17대 대선 이명박선대본부 국제위원회 북한팀장(2007)

주요 논문
- 북한의 경제구조와 대외무역에 관한 연구(석사학위논문)
- 북한 사회불평등구조의 성격과 심화과정(박사학위논문)
- 북한의 핵개발과 국제관계적 역동성 분석(2004)
- 역대 정부의 대북정책기조와 바람직한 남북관계(2007)


### 북한의 사회불평등구조
—기원과 심화과정, 정치경제적 함의를 중심으로—

2008년 11월 18일 초판인쇄
2008년 11월 25일 초판발행

저자와 협의하에 인지생략

저　자　이 성 로
발행인　노 현 철
발행처　도서출판 해남
서울특별시 서대문구 냉천동 182 냉천빌딩 4층
전화 739-4822　팩스 720-4823
e-mail haenam30@dreamwiz.com
homepage www.hpub.co.kr
등록 1995. 5. 10 제1-1885호

정　가　25,000원　ISBN 978-89-6238-008-8